U0541997

包容性改革论
Inclusive Reform Theory
——中国新阶段全面改革的新思维
The new thinking of comprehensive reform in the new stage of China

常修泽 著

经济科学出版社
Economic Science Press

图书在版编目（CIP）数据

包容性改革论：中国新阶段全面改革的新思维/常修泽著.
—北京：经济科学出版社，2013.10
ISBN 978 - 7 -5141 -3961 -7

Ⅰ.①包…　Ⅱ.①常…　Ⅲ.①体制改革 – 研究 – 中国
Ⅳ.①D61

中国版本图书馆 CIP 数据核字（2013）第 262367 号

责任编辑：刘　莎
责任校对：徐领柱
版式设计：齐　杰
责任印制：邱　天

包容性改革论
——中国新阶段全面改革的新思维
常修泽　著
经济科学出版社出版、发行　新华书店经销
社址：北京市海淀区阜成路甲 28 号　邮编：100142
总编部电话：010 – 88191217　发行部电话：010 – 88191522
网址：www. esp. com. cn
电子邮件：esp@ esp. com. cn
天猫网店：经济科学出版社旗舰店
网址：http://jjkxcbs. tmall. com
北京季蜂印刷有限公司印装
710×1000　16 开　28.25 印张　450000 字
2013 年 10 月第 1 版　2013 年 10 月第 1 次印刷
ISBN 978 - 7 -5141 -3961 -7　定价：88.00 元
（图书出现印装问题，本社负责调换。电话：010 –88191502）

（版权所有　翻印必究）

题　　记

海纳百川
因为海有博大的胸怀
壁立千仞
因为壁有擎天的境界

21 世纪的文明史
将昭示一条规律
包容性体制
总体优越于排斥性体制

值此中国面临历史性转型之际
谨以这部《包容性改革论》
献给所有
关心中国改革前途和命运的人们

——本书作者

前　言

　　这是一部探讨包容性改革的理论著作，也是为中国新阶段全面改革提供新的战略思维的一个尝试。

　　自从笔者积多年之研究"磨"出的两部学术著作《人本体制论》*和《广义产权论》**于 2008 年和 2009 年出版以后，就开始思考如何在"人本体制论"和"广义产权论"两个元理论基础上，进一步探讨中国全面改革的战略问题。摆在您面前的这本《包容性改革论》，就是近五年潜心探索的理论成果。

　　为什么要提出《包容性改革论》？

　　从理论上说，一则，是来自笔者从青年时代起受老子《道德经》"知常容，容乃公"哲学长期熏陶的结果；二则，是马克思关于"为什么却要求世界上最丰富的东西——精神只能有一种存在形式呢"的反诘和笔者的反思；三则，是近年美国学者达伦·阿西莫格鲁（Daron Acemoglu）和詹姆斯·鲁宾逊（James Robinson）出版的《国家衰落之谜：权利、繁荣和贫困的根源》（*Why Nations Fail：The Origins of Power，Prosperity，and Poverty*）一书观点的启发。

　　从现实来说，主要是基于对中国改革、两岸整合与世界文明格局现状的思考，特别是对中国改革现实的思考。

---

　　* 常修泽. 人本体制论——中国人的发展及体制安排研究［M］. 北京：中国经济出版社，2008.
　　** 常修泽. 广义产权论——中国广领域多权能产权制度研究［M］. 北京：中国经济出版社，2009.

正如本书所揭示的，我观未来中国之改革，可能将面临极其复杂的格局，两端都是"悬崖"：一端，是传统体制复归的"悬崖"（中国不是没有这种可能性，一段时间内局部地区出现的某些现象，已经昭示这一点）；一端是社会震荡的"悬崖"（2013 年"埃及之夏"出现的国家"被撕裂"的情况，值得国人注意）。在两端"悬崖"面前，怎么办？唯有包容性改革。

"包容性改革论"正是在这种背景下提出的。

包容性改革论的基本要义是什么？如果用最简单的语言来概括，有如下三点要义。

第一要义——包容性思想：海纳百川　包容互鉴

第二要义——包容性制度：公正市场　社会共生

第三要义——包容性运作：超越极端　双线均衡

这里讲的"公正市场　社会共生"，只是对"第二要义——包容性制度"的简要概括。如果展开，按笔者"五环改革"的思路，则具体化为以下"五位一体"的体制。

经济改革：寻求公正的深度市场化经济体制

社会改革：寻求各阶层社会共生的社会体制

政治改革：寻求最大政治公约数的政治体制

文化改革：寻求多元文明交融互鉴的文化体制

生态体制改革：寻求以天地人产权为基础的环资制度

围绕上述三点要义和"五位一体"的体制，本书提出了一些自己的观点。为便于读者把握，仅把几个核心观点提炼如下：

● 包容性改革要"知常"（"常"即"客观规律"）：上见"天光"，下接"地气"，中立"人本"。

● 包容性改革论三点要义：包容性思想；包容性制度；包容性运作。一是根基；二是核心；三是实现路径。

● 包容性的根基在"人本体制论"：横向全体人；纵向多代人；

内核多需人。寻求人权制度化。

- 21世纪的文明史，将昭示一条规律：包容性体制总体优越于排斥性体制。

- "五环改革"：经济转型，社会共生，政治变革，文明交融，天人合一。环环瞄准"包容性体制"。

- 经济转型：在市场化和公正化"两个鸡蛋上跳舞"，市场化谨防权贵，公正化谨防民粹。

- 社会共生：穷人不能再穷，富人不能出走，中产必须扩大。

- 政治变革："包容"与"选取"，是一对始终难以切割的命题，寻求最大政治公约数。

- 文明交融：以东西方文明的交融互鉴，应对文明冲突。

- 天人合一："天"上环境产权，"地"下资源产权，"人"间自身人权。以"天""地""人"产权破解生态困局。

- 包容性运作：超越极端 双线均衡。在均衡中突破，该"破垄"处"破垄"，该"砍手"时"砍手"。

- 包容的关键是包容"异类"。特别关注：21世纪创新新现象——"无限制"的新人。

书中还有一些探索性的观点，在各章将展开具体论述，以便与读者细细交流，这里不再赘述。书中所提理论和战略，未必妥当，甚至有误，欢迎读者批评指正。借用马克思的一句话，期待您给予我"世界上最丰富的东西——精神"的"另一种"存在形式。我盼望着。

常修泽

2013年9月19日于北京

| 目　　录 |

183

第二篇
分论篇

357

第三篇

运作篇

| Contents |

Part Two
The Sub-Pandect

Part Three
The Operation

357

Chapter Ten   The operation of inclusive reform: equilibrium strategy of the reform   359

第一篇 总论篇

第一章

绪论：
包容性改革论的提出
及核心观点

本 章 导 言

中国正处在由"第二波历史大转型"向"第三波历史大转型"转换的历史时刻*。按照大历史观，与上述转换相适应，中国改革应该进入全面改革的新阶段。新阶段应该有新的战略、新的思维。这本著作，就是笔者对新阶段改革理论与战略探索的成果结晶。

作为开局之章，本章着重阐述包容性改革论提出的理论和现实考虑、全书核心观点、全面改革的运作方略和全书理论框架。

首先申明，"包容性改革"与"包容性增长"是内涵不同的两个命题。后者属于"经济增长"范畴，前者属于"制度创新"或"体制改革"范畴。包容性改革论三点要义：第一要义——包容性思想；第二要义——包容性制度；第三要义——包容性运作。

包容性思想。提出包容性改革，并非作者的主观臆想，而是有其深刻的理论来源和现实考虑。理论来源有三，即"中"，中国古代"知常容，容乃公"哲学；"马"，马克思的"多元包容"思想；"西"，西方学者达伦·阿西莫格鲁（Daron Acemoglu）和詹姆斯·鲁宾逊（James Robinson）的"国家衰落之谜"理论。现实考虑三个方面：中国改革面临的现实；民族统一、两岸关系的现实；国际关系，特别是新型大国关系的现实。提出包容性改革论，旨在为中国中长期全方位改革提供一个战略选择。

包容性制度。实践已经证明并将继续证明：包容性体制总体优越于排斥性体制。中国的"五环改革"应"环环瞄准"包容性体制。经济改革：寻求公正的深度市场化经济体制；社会改革：寻求各阶层社会共生的社会体制；政治改革：寻求最大政治公约数的政治体制；文化改革：寻求多元文明交融互鉴的文化体制；生态体制改革：寻求以天地人产权为基础的环资制度。这些观点是笔者经多年潜心研究形成的思想结晶，不是"术"的层次，而是在"道"的层次。因为，对中国来说，首要的问题不是"术"的问题，而是"道"的问题。

包容性运作。实施"大均衡"改革方略，但"均衡点"不等于中间点。要瞄准目标，把握动态均衡；突出重点，寻求实质突破；尊重首创，包容"创新型异类"；突破藩篱，该"砍手"时就"砍手"。其中，"攻重点"所提出的十余项改革重点，是实实在在的有待突破之处。

根据全书的主题、核心观点，本章提出了全书的理论框架和结构安排，并指出书中的不足。

---

* "第三波历史大转型"系笔者于 2009 年 11 月 1 日在中国海南举行的国际会议上提出.

见常修泽. 中国正面临第三波历史大转型［N］. 经济参考报，2010 - 3 - 12.

另见常修泽等. 创新立国战略. 学习出版社，海南出版社联合出版，2013：1 - 2.

第一节　包容性改革论的提出：思想来源与现实考虑

【提要】

本节沿着两条线索来展开论述：一条是理论线；一条现实线。

理论的思考，理论来源有三，即"中"（中国古代"知常容，容乃公"哲学）、"马"（马克思的"多元包容"思想）、"西"（西方学者达伦·阿西莫格鲁和詹姆斯·鲁宾逊的"国家衰落之谜"理论）。

现实考虑，主要是三个方面：中国改革面临的现实；民族统一、两岸关系的现实；国际关系，特别是新型大国关系的现实。提出包容性改革论，旨在为中国中长期全方位改革提供一个战略选择。

基于上述的现实考虑和理论启迪，着眼于中国改革的新阶段，本节提出包容性改革论的三大要义。

为什么要提出包容性改革战略？深层的考虑是什么？笔者是沿着两条线索来思考的：一是理论线；一是现实线。

一、思想来源："中"、"马"、"西"三方面的来源

提出包容性改革，并非作者的主观臆想，而是有其深刻的理论来源和现实考虑。理论来源有三："中"、"马"、"西"，分别指中国老子的"知常容，容乃公"哲学，马克思的"多元包容"思想，西方学者达伦·阿西莫格鲁（Daron Acemoglu）和詹姆斯·鲁宾逊（James Robinson）的"国家衰落之谜"理论。

（一）中国老子的"知常容"理论

世界哲学界有诸多探讨"包容性"的理论（如融贯性理论等），但对笔者影响最大的是中国古代人文主义思想家的"包容性"理论。

在数千年人类文明史上，中国的先哲率先发出了"人文主义"的先声。有史料为证：早在中国的商周时期，被誉为"群经之首，大道之源"的《易经》就明确写道："文明以止，人文也……观乎人文，以化成天下。"正是在这种极其深厚的"人文"氛围中，两千多年前，中国的大思想家老子在其《道德经》中，提出了颇具"大智慧"的"包容"性理论：

"知常容，容乃公，公乃王"（《道德经》第十六章）①。

这里"王"是指"领导、统治"。怎样才能成为好的领导、才能统治得好呢？老子说，必须要"公"——办事公平、公正、公道。那么，怎样才能做到"公"呢？老子说，必须要胸怀宽广，"容"量宏大。怎样才能做到"容"量大呢？老子说，根本在知"常"。"常"是什么？"常"是常规、规律。

"知常容，容乃公，公乃王"告诉我们，掌握了客观规律的人，"容量"才能宏大；"容乃公"——胸怀宽广、容量大以后，才能够"公"，公平、公正、公道。

根本在"知常"，关键在"容量"。不仅老庄哲学有此思想，而且孔孟哲学也有类似思想。中国先哲们提出的这一"大智慧"，启迪中华民族一代代的后人，特别是执政者，采取包容性的治国安邦之策：三国时期的诸葛亮"七擒孟获"，唐太宗李世民"爱之如一"的治国大策②，都是包容性的生动实践，特别是被称为近代中国"睁开眼睛看世界第一人"的林则徐，更把"海纳百川，有容乃大"作为座右铭题于自己的书室，在思想界传为佳话。

进入 21 世纪后，世界重新发现中国"包容性"的思想价值。2007 年，亚洲开发银行提出"包容性增长"的概念，后被多国高层引用。随之，"包容性增长"一词不胫而走，以此命名的作品甚为热烙，就经济增长来说，这当然是好事。

然而，在笔者看来，"包容性增长"与本书阐述的"包容性改革"，是两个内涵完全不同的命题：前者属于"经济增长"范畴，后者属于制度创新或体制改革范畴。将此"区隔"之后发现，"包容性改革"的声音相当微弱，相关文献也微乎其微。经多方检索，以《包容性改革论》命名的著作迄今尚未检到。倘果真如此，不能不说，这是制度经济学研究领域的一个重大缺憾。当代中国需要从"制度变革"的角度，探讨"包容性改革"问题。

（二）马克思的"多元包容"理论

国外学术界关于包容性的哲学源远流长。马克思主义的对立统一哲学，从一定意义上说也是包容性哲学。马克思是主张包容的，特别是在精神领域，他认为"世界上最丰富的东西"是"精神"。既然"精神"如此丰富，他主张应该允许"千姿百态"，而不应该"只能有一种存在形式"。对那种"只准产生一种色彩"的排斥性的思维和行为，马克思是厌恶的、反对的。这在马克思的第一篇政论文

---

① 老子. 道德经［M］. 长春：吉林文史出版社，2004.
② 《资治通鉴》曾记载了唐太宗在处理与周边民族关系时讲过的一段名言："自古皆贵中华（指中原），贱夷狄，朕独爱之如一。"（《资治通鉴》卷一百九十八，唐纪十四，太宗贞观二十一年）。

章《评普鲁士最新的书报检查令》中得到允分体现。

这里让笔者摘引《评普鲁士最新的书报检查令》一文中那段经典的段落："你们赞美大自然令人赏心悦目的千姿百态和无穷无尽的丰富宝藏，你们并不要求玫瑰花散发出和紫罗兰一样的芳香，但你们为什么却要求世界上最丰富的东西——精神只能有一种存在形式呢？……精神的太阳，无论它照耀着多少个体，无论它照耀什么事物，却只准产生一种色彩，就是官方的色彩。"①

这一精彩论断中所蕴含的"千姿百态"、"多元包容"思想，是贯穿于马克思的理论之中的。这种思想是马克思主义思想的重要组成部分，应该引起重视。

（三）美国学者的"国家衰落之谜"理论

国外从"制度经济学"的角度探讨"包容性制度"的著作已经出现。远的不说，就说最近，在国际上，一部探讨"包容性制度"的制度经济学著作受到广泛的关注：这就是美国著名经济学者达伦·阿西莫格鲁（Daron Acemoglu）和詹姆斯·鲁宾逊（James Robinson）于 2012 年出版的《国家衰落之谜：权利、繁荣和贫困的根源》（*Why Nations Fail：the Origins of Power，Prosperity，and Poverty*）一书。

该书用新的政治经济学理论，解释了为什么世界上的国家会呈现不同程度的繁荣。他们认为：造成这一切的，不是气候、地理或文化，而是制度（institution）。

在此，两位朋友提出了"包容性经济制度"和"包容性政治制度"的概念：所谓"包容性经济制度"：（1）拥有产权保护、法治基础、市场环境以及政府通过公共服务和监管形成对市场的支持；（2）新企业相对自由地进入；（3）尊重契约；（4）绝大多数公民拥有受教育的权利以及各种机会。所谓"包容性政治制度"：（1）允许广泛的参与（多元化）、对从政者形成约束和制衡；（2）具备法律和秩序（与多元化密切相关）；（3）同时政府也保有一定的政治集中度，以便有效地施行法治。

与"包容性经济制度"相对的是"汲取性经济制度"：法治缺失；产权保护不力；存在进入壁垒；规制环境阻碍市场作用发挥、带来不公平竞争等。与"包容性政治制度"相对的是"汲取性政治制度"：权力集中、缺少约束、制衡以及法律和秩序等。②

《国家衰落之谜：权利、繁荣和贫困的根源》的作者在考察并分析了数百年

---

① 马克思恩格斯全集（第一卷）（1833～1843）. 北京：人民出版社，2001.
② 达伦·阿西莫格鲁（Daron Acemoglu）、詹姆斯·鲁宾逊（James Robinson）的上述观点，转引自范世涛. 包容性制度、汲取性制度和繁荣的可持续性. 经济社会体制比较，2013（1）.

的历史资料后，提出了"两个凡是"的结论：凡是建立包容性制度（Inclusive Institutions）的国家和地区，经济都实现了长期的持续发展和人民生活的持续提高；凡是采取汲取性（Extractive Institutions）制度（有译为"榨取性"的，也可理解为"排斥性制度"——笔者注）的地方，要么长期陷入贫困落后状态，要么增长无法维持而出现大起大落。[①]

虽然，达伦·阿西莫格鲁和詹姆斯·鲁宾逊直接讨论的是有关国家的经济发展问题（至于对经济发展的复杂性因素考虑是否充足，是否带有某种绝对和简化的成分，不在本章研究范围），而不是中国体制改革问题，但两位经济学家主张的"兼容并包"体制优于"排他性"体制的观点，对笔者研究中国中长期全方位改革是具有启发意义的。它构成笔者包容性改革论的第三理论来源。

二、现实考虑：中国改革、两岸整合与"人类命运共同体"

笔者的现实考虑，主要是三个方面：中国（大陆）改革的现实；两岸关系的现实；中共十八大提出的构建"人类命运共同体"的现实。

（一）中国（大陆）改革的现实

经过35年的改革，中国（这里指大陆部分）经济社会发展取得了显著成果，但是也积累了相当深刻的社会矛盾，改革取得的成果固然可以承继下来，但积累的社会矛盾，则不允许再"传"下去。目前正处在向既定目标艰难"爬坡"的阶段。

现在客观的现实格局是，中国已进入多元社会的新阶段，社会阶层的多元化，利益格局的多元化，以至于思想倾向的多元化，不管承认不承认，已成为不争的事实[②]。中国新阶段的改革，是在这种基础上起步的。

新阶段改革的新形势，引发了笔者对改革战略的新思考，主要有三：

其一，在改革的理念上，考虑到中国当今社会客观存在的"多元与共"的格局，如何站在中华民族伟大复兴和人类文明多元交融的时代高度，以"海纳百

---

① 达伦·阿西莫格鲁（Daron Acemoglu），詹姆斯·鲁宾逊（James Robinson）．国家衰落之谜：权利、繁荣和贫困的根源（*Why Nations Fail：the Origins of Power，Prosperity，and Poverty*）．2012．其观点读者可参阅范世涛．包容性制度、汲取性制度和繁荣的可持续性．经济社会体制比较，2013（1）．

② 2013 年 5 月，有关社会科学研究机构公布了对民众的政治倾向问卷调查结果（参见凤凰网（新闻）．社科院调研内地公民政治观念．2013－5－3）．据该新闻透露，调查机构在全国四类城市——直辖市及特大城市、省级及副省级城市、地级市、县及县级市中，随机抽取北京、深圳、孝感、榆林做随机入户调查．对象锁定在"18 周岁以上的在城镇生活的公民"，样本数量为1750 人次．虽然对于该机构公布的不同政治倾向百分比的准确性，学界有不同意见，但是，中国政治倾向多元化已成不争事实．

川、有容乃大"的胸怀，包容各种改革的力量，形成宏大的改革大军；而不是唯我独尊，把本可以"包容"、本可以"整合"、至少本可以"结盟"的力量，摈之于改革大军之外？

其二，在改革的体制目标上，着眼于金融危机后，当今世界呈现的市场经济、公平正义和包容互鉴三道"天光"，如何立足于中国大地的"地气"，在经济、政治、社会、文化和生态环境领域，探索建立具有"最大公约数容量"的包容性体制；而不是"胸襟狭窄"，把本可以"包容"或者"兼容"，甚至本可以"融合"的体制因素，排斥于体制创新之外，去建立那种单向度的"排斥性"体制？

其三，在改革的运作方略上，考虑到未来中国改革将面临"两端都是悬崖"的风险格局，如何以极大的智慧，超越惯性，采取均衡（或者说平衡）的改革方略，"在两个鸡蛋上跳舞"，以尽可能小的社会稳定成本，取得具有实质性的改革成果；而不是剑走偏锋，以致酿成社会震荡或者出现乱局？

思想、制度、运作，笔者以为是当今中国改革亟待解决的三个问题。

（二）两岸关系的现实

从中华民族伟大复兴的大局着眼，寻求最大政治公约数，除了大陆自身的改革以外，还有一个"两岸"问题。这是作为转型国家的中国特有的情况。从世界发展的历史来看，任何一个世界强国都不可能是分离的。一个没有完全统一的民族，不可能真正实现完全意义上的伟大复兴。

两岸关系又是极其复杂的，也是很独特的：这种关系在本质上不同于历史上的南北朝鲜、南北越、东西德等分裂国家关系，也不同于俄罗斯 - 车臣、英国 - 北爱尔兰等分离地区问题，甚至也不完全等同于香港、澳门"回归祖国"的问题。这是由中国内战遗留下来的历史遗存、现实纠结和外部搅扰的混合物。

从现实考虑，如何使两岸关系在经济、文化、社会、政治等方面逐步沟通、交流和包容，以实现和平发展、两岸双赢，最终实现民族统一？也是每一个身在大陆的改革者必须思考的现实问题。

（三）当今世界构建"人类命运共同体"的现实

当今世界格局是一个与冷战时期不同的新格局。尽管个别大国还有称霸世界的野心并提出所谓的"再平衡"战略，但是国际关系的实质表明：大国之间已经不可能是冷战时期的那种"你死我活"的关系了。中共十八大报告提出，中国"倡导人类命运共同体意识"①，是一个高瞻远瞩的战略性思维。

中国的崛起是一个重要的因素。2012年中国大陆GDP达51.9万亿元人民币，折成美金超过8万亿美元。权威国际机构预测，到21世纪30～40年代，中国的GDP总量有可能超越美国（但人均水平很低）。中国经济总量（非人均水平）实力的提升，引起国际社会关注，进而引发利益攸关方提出如何构建新型大国关系的问题。

2013年6月7～8日，习奥安纳伯格庄园会谈表明，一种区别于以往大国冲突的新型大国关系正在构建当中。基于此新型大国关系，不同文明的包容互鉴，势在必行，这是打造新型大国关系的社会文明基础。如何包容互鉴，涉及文明交融问题。应重视"安纳伯格精神"，并进一步挖掘这些东西背后深层的文明价值。如果真的包容互鉴，而不是外交辞令的话，现在的一些思路是否符合"包容互鉴"的精神？世界潮流对中国的改革产生何种倒逼作用？改革研究者不能不思考这些问题。

总之，中国改革、两岸整合和国际关系的新格局的实践表明，唯有包容，才能平衡；唯有包容，才能公正；唯有包容，才能实现两岸与国际关系的双赢。这是不得不正视的现实。从这个意义上说，包容性改革不是某人的主观臆想，而是经济政治社会现实提出的课题。理论研究工作不过是把这种实践提出的问题进行探讨，进而揭示内在规律而已。

三、包容性改革论的要义：包容性思想、包容性体制、包容性运作

正是基于上述的理论启迪和现实考虑，引发笔者的思考：作为从事制度经济学的研究者，着眼于中国改革的新阶段，能不能以"包容性"思想来研究新格局下的体制改革，出一部《包容性改革论》的著作？

这不是一部讨论"包容性增长"的著作。

这是一部探讨"包容性改革"的著作。

这不是一部美国式的探讨"包容性制度"的著作。

这是一部中国式的探讨"包容性改革"，以建立"包容性体制"的著作。

对于包容性改革，笔者是这样给它下定义的：所谓包容性改革，是指在"知常"（掌握规律）的基础上，海纳百川，包容互鉴，推进全方位的体制创新；通过改革，在经济、政治、社会、文化和生态环境领域，探索建立新型的符合国情的包容性体制；在改革过程中，超越极端，均衡运作，"在两个鸡蛋上跳舞"，

---

① 中共十八大报告．北京：人民出版社，2012：47.

以尽可能小的社会成本，取得具有实质性的改革成果，并将成果惠及全体人民。

这个定义包括三层要义：

第一要义：包容性思想——海纳百川，包容互鉴。

这一层强调的是改革思想的包容性，针对的是实际存在的"容量狭隘，唯我独尊"。笔者在本书题记第一句写道："海纳百川，因为海有博大的胸怀；壁立千仞，因为壁有擎天的境界。"海纳百川，包容天下，尤其要做到能"容那些传统观点难以包容之人"，即在传统观点看来的所谓"异端"。

历史的经验值得今天借鉴。29 年前即 1984 年，中共十二届三中全会制定第一个改革决定前，就涉及"社会主义"与"商品经济"能否相互"兼容"的问题。当时曾参加十二大报告起草的一位部门负责人给有关部门写信说，"绝不能把我们的经济概括成商品经济"，如此概括，"必然会削弱计划经济"。在时任中共中央总书记胡耀邦同志领导下"重新调整了文件起草班子"，最后按社会主义商品经济的思路统领改革决定①。通过后，邓小平在评价这次会议文件的时候说，"这次经济体制改革的文件好……有些是我们老祖宗没有说过的话，有些新话。我看讲清楚了。过去……会被看做'异端'"②。新阶段全方位改革，要注意包容"过去……会被看做'异端'"的东西。而要做到此点，必须要解放思想，如同当年冲破"两个凡是"一样，现在更需要解放思想、破除心中"凡是"的阴影。

第二要义：包容性体制——公正市场，社会共生。

这一层强调的是体制目标的包容性，即在经济、政治、社会、文化和生态环境领域，探索建立具有包容性的体制（Inclusive Institutions），针对的是非包容性的或称排斥性的体制。

2012 年 2 月 3 日，《人民日报》在"大家论道"专版刊登了笔者的论文《以体制创新支撑包容性发展》，该文在学术界原有"包容性发展"理论的基础上，尝试性地提出了"包容性体制"的概念，主张"以包容性体制创新支撑包容性发展"。之后，笔者意犹未尽，发表了专题论文《包容性体制创新论》，从制度经济学的角度系统阐述了"包容性体制"的命题，指出："通过构建更大范围和更高境界的制度治理框架，来促进包括中国在内的转轨国家的制度创新以及人类文明的进步。"③

有意思的是，同在这一年，达伦·阿西莫格鲁（Daron Acemoglu）和詹姆

① 张卓元等著. 新中国经济学史纲（1949~2011）. 北京：中国社会科学出版社，2012：172.

② 邓小平文选（第三卷）.

③ 常修泽. 包容性体制创新论——关于中国改革、两岸整合和新普世文明的理论探讨. 上海大学学报，2012（5）. 中国香港、台湾地区报刊曾经转载. 收入创造公平开放和可持续发展的社会——中青年改革开放论坛（莫干山会议 2012）文集. 中国市场出版社，2013.

斯·鲁宾逊（James Robinson）提出了"包容性制度"的命题（笔者在发表《以体制创新支撑包容性发展》和《包容性体制创新论》之前，尚未见到达伦·阿西莫格鲁和詹姆斯·鲁宾逊的论作及其国内介绍性文字或评论①）。一个用语是"包容性制度"，一个用语是"包容性体制"，可谓不谋而合。

在中国，问题的关键在于，不仅应从总体上创建"整体性的包容性体制"，而且应进一步把"包容性体制"这条主线贯穿到"五环改革"的各"环"中，使经济、政治、社会、文化、生态制度等都能建立各自领域的"包容性体制"。这是需要中国学者着力开掘的地方（笔者的具体见解见本章后面理论框架的五大支柱）。

第三要义：包容性运作——超越极端，双线均衡。

这一层强调的是改革运作的包容性，针对的是绝对极端，防止剑走偏锋。总的思想是，"在两个鸡蛋上跳舞"，以尽可能小的成本，取得具有实质性的改革成果。

讲到"平衡"，古代中国甲骨文的两个象形字"吉"、"凶"颇能点题。文化学者的"说文解字"讲，"吉"字上面的"十"字是端正的，表示平衡，而平衡则"吉"；"凶"字上面的"十"字是斜歪的，表示失衡，而失衡则"凶"。由此使笔者想到，中国的改革如何"避凶化吉"？在改革运作中，这就要有"大平衡"的智慧。

包容性思想、包容性体制、包容性运作，由此组成的包容性改革的理论体系和战略思想，可能是中国在目前情况下比较可行、且较富理性的选择。

第二节　包容性制度：围绕此核心范畴的主要观点释要

【提要】

基于上述的现实考虑和理论，在提出"包容性改革论要义"基础上，围绕立论的主题，在十章中阐述了十二个核心观点。

这些核心观点是笔者近十年潜心研究形成的思想结晶。其主要不是在"术"的层次，而在"道"的层次。

本书的前言，已简单提及十章中的核心观点，但未及展开。本节按顺序，围绕"包容性制度"这一核心范畴，就各篇核心观点，提纲挈领做一释要。

上面，阐述了包容性改革论的基本要义，下面阐述本书提出的核心观点。分

---

① 此类评论，可参见范世涛．包容性制度、汲取性制度和繁荣的可持续性．经济社会体制比较，2013（1）．

总论篇、分论篇、运作篇依次展开。

一、总论篇的核心观点

1. 包容性改革要"知常"（常：客观规律）：上见"天光"，下接"地气"，中立"人本"

改革要"知常"。这是从老子《道德经》学来的。"知常容"寥寥三字，深刻揭示出"包容"的根本在"知常"（把握规律）。

把握规律，笔者以为要讲"三层论"：第一层，世界普遍规律；第二层，发展中国家和转型国家的特殊规律；第三层，更加特殊的中国发展和中国转型的规律。

依据更加特殊的中国发展和转型规律，制定改革战略时，须上见"天光"，下接"地气"，中立"人本"。

上见"天光"。前已指出，当今世界，有三大发展趋势，本章称为三道"天光"：其一，市场经济，到目前为止，人类还没有找到比市场经济更有利于资源配置的机制；其二，公平正义，全球民众呼唤"社会公平正义"的诉求是共同的；其三，包容互鉴。尽管"人类命运共同体"目前还只是处在"倡导意识"阶段，但可期待能成为世界潮流，能成为全球"普照之光"。

下接"地气"。在中国搞改革，必须立足于中国大地。其一，国情；其二，民意（包括民众对社会腐败、贫富差距、公民权利得不到应有保障的意见等）。笔者2012~2013年关于国内实际调查与对民众改革意愿的摸底分析，有助于摸准民意的脉搏。①

---

① 为使改革能"接地气"，2012~2013年笔者对中国东、中、西和东北四大地区进行了实地调查，并对部分地区作了问卷和摸底分析，结论如下：第一，经济体制改革：被排在前的是与社会改革交叉的收入分配体制改革（47%）、国有企业改革（21%）。其中：（1）收入分配体制改革：36%的人认为应当降低政府、企业收入同时提高居民收入，31%的人认为应当限制垄断行业高收入；（2）国有企业改革："深化垄断性行业改革"（46%）和"将国有企业更多利润用于充实社保基金"（37%）两项呼声最高；（3）财政体制改革：48%的人认为应当公开政府财政支出，43%的人认为应当增加民生支出；（4）税收体制改革：27%的人认为应当扩大房产税覆盖范围，23%的人认为应当开征遗产税、资源税等新税种；（5）金融体制改革：36%的人认为应当降低民营资本进入国有银行门槛，27%的人认为需要加强银行、证券、保险监管。第二，政治体制改革方面，"建立官员财产公示制度"（34%）、"司法机构独立行使权力"（30%）和"加快政府改革"（27%）是呼声最高的三项。第三，社会体制改革方面，除收入分配体制改革外，72%的受访者认为"健全养老医疗等社会保障体系"。第四，在文化体制改革方面，43%的人认为"推进文化产权版权技术等市场建设"最重要。第五，在生态文明制度建设方面，有40%的人认为"强化耕地保护水资源管理和环境保护制度"最重要。第六，当前改革的主要阻力，61%的人认同阻力主要来自"既得利益集团阻挠"，其次来自"政府职能转变不到位"（14%），再次来自认识不统一（9%）、各领域改革不协调（9%）。需要说明的是，56%的人都完全赞同"既得利益集团是改革的最主要障碍"这一提法。

中立"人本"。讲"人本",一则针对"物本";二则针对"官本";三则拒绝"民粹"。

2. 包容性改革论三点要义:包容性思想;包容性制度;包容性运作。一是根基;二是核心;三是实现路径

"包容性改革论"是笔者近五年形成的一个思想体系。从总体看,其包括三点要义:

——"包容性思想",即改革思想的包容性。这一层的包容性针对的是"容量狭隘,唯我独尊"。

——"包容性体制",即体制目标的包容性。在经济、政治、社会、文化和生态环境领域,探索建立具有包容性的体制(Inclusive Institutions),体制的包容性针对的是非包容性的或称排斥性的体制。本书不仅在"总论"中从总体上探讨了"包容性体制",而且把"包容性体制"这条主线贯穿到"五环改革"的各"环"中,使经济、政治、社会、文化、生态制度等都能贯穿"包容性体制"的思想。这是本书理论上着力开掘的地方。

——"包容性运作",即改革运作的包容性。针对的是绝对极端,防止"剑走偏锋"。

包容性思想、包容性体制、包容性运作。一是根基;二是核心;三是实现路径。由此组成的包容性改革的理论体系。

3. 包容性根基在"人本论":横向全体人;纵向多代人;内核多需人。寻求人权制度化

全面改革以人权为根基,实现人权制度化。把握人的三层含义。

横向全体人。不应指某一部分人,甚至也不应指多数人,而应指"全体人"。长期以来,中国的社会生活中存在着根深蒂固的"着眼于部分人"的观念。应转换思维:改革动力靠"全体公民"注入;改革成果由"全体公民"共享。

纵向多代人。不应仅指当代人,而应包括后代人,是"多代人"的概念。讲再平衡,除了"当代人之间的再平衡",还应考虑"代际之间的再平衡"。

内核多需人。不应是"单需"之人,而应是"多需"之人,包括物质生活、精神生活、健康和生命安全,以及参与社会生活、政治生活的需求。这里,最核心的是人的主体性、人的尊严,人的不受权力与金钱束缚的心灵的放飞。如何打破"双重奴役"(集权主义和金钱拜物教的奴役)?整个民族需要反思。

横向到"边儿",纵向到"底儿",内核到"心儿"。到此境界,方有资格说:"以人为本"。

4. 21世纪的文明史,将昭示一条规律:包容性体制总体优越于排斥性体制

21世纪的文明史,将昭示一条什么客观规律?经过多年研究,笔者认为,撇开短视的、局部的、表象的东西，用长远的、全局的、战略的眼光看问题，包容性体制总体优越于排斥性体制。

仅就中国改革来说，在经济改革方面，是建立单一的排斥市场化的"计划经济的公正机制"，或是建立单一的排斥公正化的"原教旨的市场机制"，还是建立把公正化和市场化包容起来的社会主义市场经济体制呢？包容性体制与排斥性体制哪个更优越？我看还是建立公正的市场化经济体制优越。同样，政治改革，还是建立符合最大政治公约数的政治体制更优越；社会改革，还是建立多元阶层社会共生的社会体制更优越；文化改革，还是建立多元文明交融的文化体制更优越；生态领域改革，还是建立以天地人产权为基础的环资体制更优越。价值的判断都是比较的，从比较中，本书得出"包容性体制总体优越于排斥性体制"的结论。

5. "五环改革"：经济转型、社会共生、政治变革、文明交融、天人合一。环环瞄准"包容性体制"

下一个 30 年，历史赋予中国的，是类似奥运"五环"的改革，包括经济、政治、社会、文化、生态环境制度改革。20 个字：经济转型、政治变革、社会共生、文明交融、天人合一。"五环"的改革，环环相扣，融为一体①。这一命题是笔者在 2008 年《人本体制论》正式提出的。本书的新进展是"五环式"改革的制度设计问题。

结合中国新阶段的新情况，探讨创新各"环"的"包容性体制"：经济改革，建立公正的深度市场化经济体制；政治改革，建立符合最大政治公约数的政治体制；社会改革，建立多元阶层社会共生的社会体制；文化改革，建立多元文明交融的文化体制；生态领域改革，建立以天地人产权为基础的环资体制。探讨这五方面的"包容性体制"，是本书在理论上的创新之处。

二、分论篇的核心观点

1. 经济转型：在市场化、公正化"两个鸡蛋上跳舞"，市场化谨防权贵，公正化谨防民粹

"在两个鸡蛋上跳舞"是笔者在考察南美玻利维亚和智利时学到的民间谚语。南美改革的教训是十分沉痛的。有的采取计划经济，搞得天怒人怨；后来，又搞"刺刀下激进的市场经济"，也走不通。在探讨中国和拉丁美洲国家经济体制改革时，笔者逐步形成了在市场化和公正化"两个鸡蛋上跳舞"的思想。

---

① 常修泽. 中国下一个三十年改革的理论探讨［J］. 上海大学学报，2009（5）；新华文摘，2009（20）.

在"两个鸡蛋上跳舞",实质就是寻求建立包容性的经济体制。首先应包容市场经济。中国现在有两个"苦于",一则苦于市场经济发展所带来的一些负面的东西,二则苦于市场经济之不发达。尤其是当前,作为市场经济微观基础的国有经济改革尚未到位;作为市场经济重要支撑的要素市场(包括资本、土地及其他资源等要素)市场化改革滞后。故此,需深化垄断性行业改革、资源产品价格改革以及土地流转权等举措,旨在进一步推进市场化改革。

现在的难点在于如何建立市场化与公正化"内在融合"的经济体制?各国都在探索。笔者认为,不仅要两个"互不排斥"(市场化不能排斥公正化;公正化也不能排斥市场化),而且还要"内在融合"。如果踩破了经济市场化这个"鸡蛋",中国就会倒退;如果踩破了社会公平这个"鸡蛋",中国就会动荡。

结合金融危机的教训,在重申"社会公平和市场经济可以兼容"的基础上,需要提出一些切实的制度性安排,如建立"混合所有制经济"(包容"国有"与"民营"、包容"国富"与"民富")以及按"产权人本共进论"推进国有经济改革等改革战略。

要经济市场化,但要防止"权贵";要实现社会公正,但要防止"民粹"。无论是"权贵"还是"民粹",对中国广大人民群众来说,都是不利的。从拉美国家看,这两者现象是互为依存、恶性互动的:上面越"权贵",社会越"民粹";社会越"民粹",上面越"权贵",甚至可能会集权。比较而言,中国当前主要是防止"权贵"问题。①

2. 社会共生:穷人不能再穷,富人不能出走,中产必须扩大

中国正处在社会大变动、利益大调整的历史时期。不管你是否承认,中国社会已开始分层(至少雏形已出现),甚至有逐步固化趋势(中低收入者难以向上流动)。分层与固化,已成为社会利益冲突和社会危机事件爆发的内在因素。在此情况下,为避免社会严重分裂状态,寻求社会各阶层(特别是中低阶层)的共生共存共富之路,已成为当务之急。

中国需要的不是虚幻的、高调的"社会美妙"理论,而是实在的、大家都有活路的"社会共生"理论:穷人不能再穷,富人不能出走,中产必须扩大,社会各界都有奔头。其中,扩大中产,是"社会共生"中心环节。参照有关社科研究机构分析,估计目前中国中等收入群体规模只占总人口的25%～30%,逐步提高中等收入群体的比重,刻不容缓。社会改革,应寻求建立这样一种多元阶层社会共生的社会体制。

关键在于深化收入分配改革。中国的收入差距扩大,已接近"社会容忍红

---

① 常修泽. 人本体制论——中国人的发展及体制安排研究 [M]. 北京:中国经济出版社,2008:(前言)11.

线"。欲做到大家都有活路，必须缩小贫富差距，远离"社会容忍红线"。改革中要注意防止陷入拉萨尔"就分配谈分配的窄圈"，重在突破收入分配的"体制瓶颈"，特别要正视产权制度和政府制度问题：由分配制度改革切入，向产权制度改革提升；由分配机制转型切入，向政府制度转型提升。

多元阶层欲共生，需要编织基本公共服务均等化的"安全网"。在"安全网"能兜住的情况下，着手创新社会管理体制。

3. 政治变革："包容"与"选取"，是一对始终难以切割的命题，寻求最大政治公约数

在政治改革领域，如何建立包容性的体制？对各国来说，都是难度极大的命题。达伦·阿西莫格鲁和詹姆斯·鲁宾逊提出的"包容性政治制度"主张，包括允许广泛的参与、具备法律和秩序、同时政府保有一定的政治集中度，以便有效地施行法治等，当中不少意见对中国是有借鉴意义的，当然也不能完全照搬。须知，医学上的"器官移植"尚有个"排异反应"问题，何况社会？"包容"与"选取"，是一对始终难以切割的命题。

中国的改革开放"是一场深刻的革命"，同时又是"社会主义制度的自我完善"。这给我们一个大体框架，需在"一场深刻的革命"与"社会主义制度自我完善"之间做文章。如果把改革目前达到的水平视为"地平线"，把基本的"红线"比喻为"天花板"，两"线"之间改革的空间还是相当大的。

在"地平线"与"天花板"之间，如何探索中国的包容性体制？"题"怎么破？从哪里破？"把最大公约数找出来，在改革开放上形成聚焦"可成为"破题"的一把钥匙。

当今中国社会"最大的政治公约数"是什么？实现中华民族的伟大复兴。以此为轴心形成一种"聚焦"，厘清并清除影响中华民族伟大复兴的体制障碍，则可有助于建立符合最大政治公约数的政治体制。

从现实生活来看，腐败问题的形成与发展，根源于权力运行缺乏严格有效的体制机制约束。抗日战争时期，美国人访问延安后，被延安的清廉所打动，回南京说中国的希望在延安。宋美龄评论一句："那是因为他们还没有尝到权力的滋味。"在"尝到权力的滋味"后，如何加强严格有效的体制约束？鉴于现实状况，可从政府体制改革搞起，真正"把权力关进制度的笼子里"，有效约束权力、监督权力，提高政府公信力。

4. 文明交融：寻求东西方文明交融互鉴，应对文明冲突

文化领域"包容性改革"，深层的是"文明交融"问题。

美国学者塞缪尔·亨廷顿的《文明的冲突与世界秩序的重建》一书，阐述了"文明冲突论"。他认为，冷战后世界冲突的基本根源不再是意识形态，而是文化方面的差异。未来世界的冲突将是由文明间冲突引起的。①

当今世界文明确有很大的差异性，或者说"文明的隔阂"。正是文明隔阂的现实，引发了笔者的思考：能否由"文明隔阂"走向多元基础上的"文明交融"？②

如果不是从绝对意义而是从相对性的角度来理解，人类的共同文明是存在的，如中国古典哲学讲的"天人合一"、"和为贵"等等，倡导人与自然、人与社会、人与人的和谐相处。这种价值适用于所有的人群，对此不能持虚无主义态度。

但是，人类的共同文明不能简单地全部等同于西方文明。笔者的公式是：西方发达国家文明中的精华，加上发展中国家即东方文明的精华，等于人类的共同文明。

经济全球化和新科技革命两大浪潮，正在使多样化价值理念之间发生频繁的交集、碰撞和融合。笔者把这个命题的解，称为"文明融合论"。构建当代"新普世文明"的"大屋顶"，是"包容性改革论"的高境界诉求。

5. 天人合一："天"上有环境产权，"地"下有资源产权，"人"有自身产权。以"天"、"地"、"人"产权破解生态困局

司马迁在《史记》中有一句名言："究天人之际，通古今之变，成一家之言"（见《太史公自序》）。其中，"究天地之际"乃是强调人与自然界和谐相处，实现天人合一。

当代人的生存发展，是一个包括人的生存发展环境（"天"）、人的生存发展资源（"地"）和人的生存发展自身（"人"）在内的完整体系。③人类生态环境正面临前所未有的挑战。

探讨人类可持续发展，有四条路线：技术创新路线、结构调整路线、政府规制路线、市场机制路线（包括产权与价格机制）。市场路线是四线中的"短线"，而"产权"则是"短线中的短线"。生态环境体制改革，需要向产权拓展。

"天"上有环境产权吗？"地"下有资源产权吗？"人"有自身产权吗？《广义产权论》中的"天地人产权论"告诉您："天"上有环境产权——应建立环境产权界定、环境产权交易、环境产权保护制度。"地"下有资源产权——瞄准

---

① 参见塞缪尔·亨廷顿. 文明的冲突与世界秩序的重建（*The Clash of Civilizations and the remaking of World Order*）. 新华出版社，1998.

② 参见笔者关于 21 世纪初人类文明的主流结构的谈话要点，见（香港）华夏纪实 2010（29）（30）.

③ 冯友兰曾提出人生四境界：自然境界、功利境界、道德境界、天地境界说，对中国知识界的影响很大。他的天人合一思想与后期海德格尔哲学所提出的"天—地—神—人"四重奏理论和现代西方的生态主义思想不谋而合。笔者的思想，既得益于中国传统文化之熏陶，又得益于海德格尔理论和现代西方的生态主义。

"五项权能"：农民土地经营的流转权、林地经营权和林木转让权、矿产资源的探矿权和采矿权、水资源产权、海洋"用益物权"。"人"有自身产权——重点是劳动力产权、管理产权和技术产权，还有环境人权。

以"天"、"地"、"人"产权破解生态困局。

三、运作篇的核心观点

1. 包容性运作：超越极端　双线均衡。在均衡中突破，该"破垄"处"破垄"，该"砍手"时"砍手"

中国改革面临极其复杂的格局。两极都是悬崖：一极，恢复计划经济；另一极，搞休克疗法，造成整个社会的动荡。为避免掉入悬崖，需采取"大均衡"改革方略，找准各自"均衡点"。

五大"均衡点"：经济改革，找准市场化和公正化的均衡点；政治改革，找准"深刻革命"与"自我完善"的均衡点；社会改革，找准多元阶层"社会共生"的均衡点；文化改革，找准东西方文明交融的均衡点；资源环境制度改革，寻求"天地"与"人"的均衡点。

"均衡点"不等于中间点，它是动态均衡的。跟"跷跷板"一样，哪边失衡要适当地往哪边移动一下，找准平衡。

如笔者实际调研的材料所显示，腐败是当前群众最关注、最痛恨的问题，其中最难的在于解决体制性腐败问题。权力与资源的结合，产生体制性腐败，应成为均衡中突破的重点。

均衡中突破，有一个正确应对既得利益集团的问题，从一定意义上说，也不能够用传统的"你死我活"的思维来应对，而应该采取差别化的对策。这里的关键在于摆脱既得利益格局中某些"障碍力量"的束缚。从现实情况看，现今官方体制的一些"手脚"已经烂掉。切除它恰好防止这种溃烂祸及全身、特别是伤及头脑。从这个意义上说，"切除烂手烂脚"这种手术是"非做不可的"。

2. 包容的关键是包容"异类"。特别关注：21 世纪创新的新现象——"无限制的新人"

这本是第八章提出的观点，我把它放在压轴处。

衡量包容与否的标志是"你敢于不敢于、能够不能够包容所谓'异类'？关键是包容不同思想，包容奇特的东西"。"从一定意义上说，包容异端才是包容的真谛"①。

---

① 常修泽. 论转型国家均衡性改革方略（在 2013 年亚洲转型国家经济政策对话所作的演讲）. 共识网，2013 – 5 – 1.

1997 年夏，美国学者戴维·布鲁克斯在《旗帜》杂志发表的论文提出，"新的技术力量创造出来的新人"——"无限制新人"。三个特点：他们"是技术专家，是商人，又是艺术家"；"他们喜欢新概念、新思想、新的思维方式，喜欢变革，喜欢破除传统的东西"；他们"不喜欢等级制，认为等级、职务头衔是限制性的，已经过时"。① 受此启发，笔者在 1998 年撰写的《21 世纪初期中国企业创新探讨》中，提出"无限制新人"将成为 21 世纪创新的新现象。②

如果说，在 20 世纪末"无限制新人"还只是理论推演的话，那么到了 21 世纪第二个 10 年，看得很清楚：美国的乔布斯、中国的马云等等，不就是活生生的一代"无限制新人"吗？当初他们出现时，是被人们作为"异类"看待的，但在他们身上体现了一代新人的爆发力。

中国的改革是几代人从事的前所未有的创新事业，特别需要一代"喜欢变革，喜欢破除传统的东西"的新人。如果说他们属于"异类"的话，讲包容恰恰是包容这些"异类"。整个社会应当为一代"无限制新人"的崛起和成长开辟道路。

第三节　包容性运作：新阶段全面改革的方略

本节讨论包容性改革的实现方式：关于包容性运作问题。根据目前中国改革的实际状况，建议把握如下四点。

一、瞄准目标，把握动态均衡

全方位改革，无疑要凝聚共识、协同推进。但"共识"向哪个中心"凝聚"？"协同"起来向哪个方位"推进"？有一个基本方向问题。依据国家在现代文明基础上实现伟大复兴的目标，新阶段的改革，应当握好"五环改革"各自的核心目标（前已阐述）。目标确定之后，必须执著秉持，不能犹豫彷徨。须知，"在科学的入口处，正像在地狱的入口处一样，必须提出这样的要求：'这里必须根绝一切犹豫；这里任何怯懦都无济于事'。"③

中国改革面临极其复杂的格局。为避免掉入悬崖，需采取"大均衡"改革方略，找准各自"均衡点"。经济改革，找准市场化和公正化的均衡点；政治改革，找准"深刻革命"与"自我完善"的均衡点；社会改革，找准多元阶层

---

① 戴维·布鲁克斯. 无限制资本家［N］. 旗帜（美），1997 - 7 - 14；参考消息，1997 - 7 - 31.

② 常修泽. 21 世纪初期中国企业创新探讨. 经济改革与发展，1998（9）；新华文摘，1998（12）.

③ 马克思恩格斯选集（第 2 卷）.

"社会共生"的均衡点；文化改革，找准东西方文明交融的均衡点；资源环境制度改革，寻求"天地"与"人"的均衡点。

"均衡点"不等于中间点，它是动态均衡的。跟"跷跷板"一样，哪边失衡要适当地往哪边移动一下，找准平衡。

二、突出重点，寻求实质突破

由于中国改革走的是一条"边际演进"的渐进式改革之路，经过30余年，迄今容易改的差不多已经改完，余下的都是"坚硬的堡垒"。在改革的"战车"跨越边缘性障碍之后，现在需要推进到核心部位的"堡垒"面前。改到此时、此处，需要突出重点，啃硬骨头。应当考虑实施紧迫的、有重点的、可操作性的改革方案。具体意见如下①：

(一) 经济改革：围绕"公正性的深度市场化"改革，突出5个重点

一是，垄断行业改革。垄断行业改革是中国经济体制改革的重要领域，但又是十分复杂的改革。依自己对"垄断行业改革"的研究②，提出"结构性破垄"方略，即对中国垄断的三大类、六种情况区别对待，"三不破、三破"：

——对真正的自然垄断性环节（如电网、铁路网、航空网、骨干电讯网等），可暂时不破垄，但要实行一定范围的"争夺市场的竞争方式（competition for the market）"；而对过时的、假冒的所谓"自然垄断"和垄断性行业中的竞争环节（如发电、铁路运输、航空运输、电讯运营业务等），要坚决破垄。

——对法令性的垄断（如烟草），可不破垄；但对不合理的行政垄断（指利用行政权力保持不合理垄断地位的），要坚决破垄。

——对竞争基础上形成的产业集中，不应破垄，还应进一步加强，以提高中国产业的国际竞争力；但对阻碍和限制竞争的经济性垄断（厂商串谋、寡头垄断以及利用行政权力实施垄断行为等），应坚决破垄。在此，要消除社会上包括一些领导干部将"产业集中"等同于"垄断"的误区，化解以"提高国际竞争力"为由而排斥垄断性行业改革的"心结"③。

二是，农村土地制度改革。重点是锁定使用权人的土地用益物权，要尊重农民对承包土地的占有、使用、收益和处置（包括流转和抵押）的权利。这里提出三点：其一，建议改换"赋予农民权利"的提法，这种提法带有自上而下的

---

① 这里的具体意见，参见常修泽. 给三中全会全面改革方案的四点框架性意见.（香港）经济导报，2013（17）（2013 – 8 – 26）.

②③ 常修泽. 中国垄断性行业深化改革研究 [J]. 宏观经济研究，2008（9）.

"恩赐"色彩。从产权关系来说，农民的土地不同于"国产"，也不同于"党产"，是农民自己的资产。"农民的权利"是"内生"的。建议采用"承认"、"尊重"、"保障"的提法。其二，明确农村集体土地可以依法进入市场流转，使农民最大限度地享受土地增值带来的利益。其三，不要武断地排斥农民的土地抵押权，而应根据新情况修改《物权法》，予以确认。

三是，金融体制改革。重点是打破大银行垄断，推进私人及草根金融发展；同时推进利率、汇率市场化；逐步实现人民币资本项目可兑换。利率市场化改革要把握两个抓手：存款保险制度和 SHIBOR（上海银行间同业拆放利率）为基准的市场化利率。

四是，财税体制改革。重点改革分税制和预算管理体制，开征房产税、遗产税、环境税，以及改革资源税等。

五是，资源性产品为重点的价格改革。这是要素价格改革的重要内容，也是将市场体系建设进行到底的重要方面。

(二) 社会改革。围绕"社会共生"和社会组织创新，5 个重点

一是，收入分配改革；二是，户籍制度改革；三是，事业单位改革；四是，城乡基本公共服务制度创建；五是，社会组织改革（如各种社团组织，重点是"去行政化"、实行登记制、取消主管部门、经费自筹等）。

(三) 政治改革。围绕"把权力关进制度的笼子里"，突出 4 个重点

一是，政府自身体制改革。重点是减少政府干预权力，可从改革审批制度切入，对各级政府事权进行大幅度调整，大力度精简机构和人员，减少对经济和社会事务的直接管理。推动政府由管制性政府向"中立型政府"和"服务型政府"转变。

二是，鉴于腐败是当前群众最关注、最痛恨的问题，其中最难的在于解决体制性腐败，应将官员及亲属的财产公开制度和子女留学返国制度作为重点，要有明确的时间表。

三是，以独立公正为旗帜的司法体制改革，如可将各地法院独立于地方政府和地方政法委，由最高法院直接领导；监察局和反贪局也从行政序列中独立出来等。

四是，有关党内和社会民主化改革（如党内最高领导层差额选举）等。

文化和生态领域，不一一列举。

这场攻坚战将会打得十分艰苦。因此，务必寻求有"实质性的突破"[1]，这

---

① 常修泽. 寻求"实质性"改革（2013 年经济学家新年献词）. 经济参考报，2013 - 1 - 3.

是当前老百姓最期待的东西。

三、尊重首创，包容创新性"异类"

人民是历史的创造者，也是中国改革的真正主体。回顾中国改革实践，联产承包责任制这种新的制度安排是谁设计的？是中国"农民的伟大创造"。在这里，农民表现了历史的主动精神和创新精神，体现了人民作为创新主体的基本价值。

新阶段的全方位改革，就其深度和广度来说，是 13 亿人自己的事业。一定要尊重、发挥人民的主人翁精神和首创精神，最广泛地动员和组织人民投身到改革的洪流中去。

衡量尊重与否、发挥与否的标志是敢于不敢于、能够不能够包容所谓创新型"异类"。"从一定意义上说，包容创新型才是包容的真谛"[①]。

而要包容创新型"异类"，就需要特别关注笔者在第八章阐述的：21 世纪创新的新现象——"无限制的新人"。美国的乔布斯、中国的马云等等，就是活生生的一代"无限制新人"。当初他们出现时，是被人们作为"异类"看待的，但在他们身上体现了一代新人的爆发力。中国的改革，特别需要一代"喜欢变革，喜欢破除传统的东西"的新人。如果说他们属于"异类"的话，讲包容恰恰是包容这些"异类"。

四、突破藩篱，该"砍手"时"砍手"

新阶段的全方位改革，将会遇到一些障碍，其中，固化的利益格局是最大的障碍。笔者在第一章的问卷调查中，56% 的人都完全赞同"既得利益集团是改革的最主要障碍"这一提法，值得重视。

这就产生一个如何应对既得利益集团的问题，从一定意义上说，也不能够用传统的"你死我活"的思维来应对，而应该采取"差别化"的对策。其中的关键在于摆脱既得利益格局中某些"障碍力量"的束缚。

改革开放以来，在传统体制下形成的利益集团的利益受到了较大的削弱，但在一些改革尚未攻坚的领域，其能量依然较大。在新的条件下，可能会以新的形式来表现自己。同时，近年来还产生了新的固化利益格局。其中的一小部分人，既不希望倒退回计划经济体制，也不赞成继续深化改革，极力维持目前某种"胶着"状态的局面，期望从这种"未完成的改革"状态中获得好处。新、老两种

[①] 常修泽．论转型国家均衡性改革方略（在 2013 年亚洲转型国家经济政策对话所作的演讲）．共识网，2013 – 5 – 1.

情况的交叉并存，形成相当复杂的利益格局，并对政策的制定产生某种程度的影响。当改革进入新阶段之后，能否超越这种利益格局的羁绊，是一个关乎改革全局的重大问题。

从现实情况看，现今官方体制的一些"手脚"已经烂掉。切除它恰好防止这种溃烂祸及全身、特别是伤及头脑。从这个意义上说，"切除烂手烂脚"这种手术是"非做不可的"。可采取"壮士断腕"的举措，该"砍手"时"砍手"。在这方面要有知难而进的勇气和智慧。

第四节　本书的理论框架、结构安排与缺憾

【提要】

根据全书的主题、核心观点，本节提出了全书的十章结构安排及其内在的逻辑关系，并坦承有诸多不尽如人意之处，指出书中的三点不足。

一、本书的理论框架与结构安排

根据全书的主题、核心观点，本书总体理论框架大体如图1-1所示。

这个理论框架图，总体上说是一个五层的架构。

第一层，包容性改革的时代背景（也称战略视野）。

包括全球背景和国内背景。

从全球背景来看，重点是三大潮流：其一，经济领域中的"市场经济"——到目前为止，人类还没有找到比市场经济更有利于资源配置的机制。其二，社会领域中的"公平正义"——尽管各国民众表达形式不尽相同，但民众呼唤"社会公平正义"诉求的本质是共同的。其三，包容互鉴，建立"人类命运共同体"。关于"人类命运共同体"，在前面已经简要提到，这里只补充两点新情况，也是近年来笔者比较关注的两个问题。

第一个是关于用包容的胸怀"尊重世界文明多样性"问题。到底如何对待当今人类的文明？中共十八大报告讲到："包容互鉴，就是要尊重世界文明多样性、发展道路多样化，尊重和维护各国人民自主选择社会制度和发展道路的权利，相互借鉴，取长补短，推动人类文明进步。"[①] 这里，"文明多样性"的提法，与马克思关于"千姿百态"的"丰富精神"说，是一脉相承的。这是包容

---

① 中共十八大报告.北京：人民出版社，2012：47.

性改革论最深刻的时代背景，也是中国中长期全方位改革最应具备的战略视野。

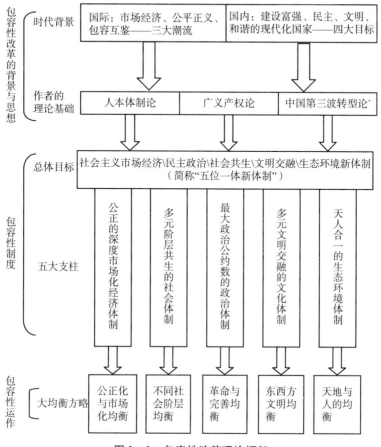

图1-1　包容性改革理论框架

　　第二个是关于"跨太平洋战略经济伙伴协定"（简称TPP）问题。国家有关研究机构曾组织专人研究，笔者作为评审专家看了研究报告，笔者发现，跨太平洋战略经济伙伴协定（TPP）对相关参与国家的影响是很大的。中国是不是要参与这个协定的谈判，笔者不得而知，那是决策层的事情。但是，不管你参与谈判与否，不管你将来加入与否，都对相关协议国家的内部体制，产生强大的压力。就中国来说，主要涉及五个方面的体制：第一，国有企业公平竞争的体制。第二，各级政府行为（包括政府采购）的体制。第三，企业劳工权利保障的体制。第四，环境保护的体制。第五，知识产权的保障体制，等等。这些将对中国的全方位改革产生影响。这是背景之一：全球视野。

　　国内背景。在21世纪的"上半场"，实现中华民族伟大复兴的具体目标是什么，中共十八大已经明确：到2050年，"建成富强、民主、文明、和谐的社会主义现代化国家"。如何建成这样一个"现代化国家"？这一艰巨的历史任务严峻地摆在每一个中国人的面前。中华民族的这个远景，同时也是未来30年包容性改革论最重要的国内背景。

背景分析主要本书第二章展开，这既是本书的逻辑起点，也是新的历史起点。

第二层，理论支撑：三论——人本体制论、广义产权论、第三波转型论。

本章第一节指出，包容性改革论有三个理论来源：即中国老子的"知常容，容乃公"哲学、马克思的"多元包容"思想、西方学者达伦·阿西莫格鲁（Daron Acemoglu）和詹姆斯·鲁宾逊（James Robinson）的"包容性制度"概念。但这只是"来源"。一个理论能否成立，关键要有自己的理论支撑。包容性改革论的理论支撑，乃是笔者探讨的"三论"——人本体制论、广义产权论、第三波转型论。

（1）人本体制论。人文关怀与包容性息息相关。一个没有人文关怀的体制，不可能成为包容性的体制。从1986年提出"关于社会主义人本经济学的初步构想"（课题申请报告）① 到2008年出版《人本体制论》，积20多年之经验，笔者深感，马克思在《共产党宣言》所宣示的"每个人的自由发展"② 是人类发展的核心命题，也是包容性改革论的根基。笔者在《人本体制论》一书题记中指出："在传统的计划经济模式下，人的主体性被集权所压制；在原教旨的市场经济模式下，人的主体性被金钱所浸蚀。至于在未来某个虚拟世界的体制下，人性会不会被过度纵欲而扭曲，尚不得而知。我现在最想探求的是，在21世纪的中国，如何建立无愧于人自身解放和发展的新体制"③。在这里，"建立无愧于人自身解放和发展的新体制"是包容性改革论的第一基础。

（2）广义产权论。笔者在《广义产权论》一书的题记中写道："反思这场金融危机和环境危机，我发现：美国人透支的是家庭财产，中国人透支的是国民资源——从人力资源到自然资源到环境资源。透支资产的困于当前，透支资源的危及长远。为寻求有未来、有尊严的发展，本书尝试着探索广义产权。"④ 广义产权论是相对于"狭义产权论"而提出的⑤。其要点可用九个字概括："广领域、多权能、四联动"。"广领域"广到哪？广到天（环境产权），广到地（资源产

---

① 见常修泽. 关于社会主义人本经济学的初步构想（课题申请报告，1986）. 人本体制论 [M]. 北京：中国经济出版社，2008.

② 马克思，恩格斯. 共产党宣言 [M]. 马克思恩格斯选集，1：273.

③ 常修泽. 人本体制论 [M]. 北京：中国经济出版社，2008.

④⑤ 常修泽. 广义产权论 [M]. 北京：中国经济出版社，2009.

权），广到人（人身的各种经济性权利）。"多权能"有哪些？不仅包括初始所有权，而且包括所有权以外的各种经济性权利，如垄断行业特许经营权、土地经营权的流转权等。"四联动"怎么联动？产权界定、产权配置、产权交易、产权保护一起联动。确立广义产权理论，对于深化新阶段的经济体制改革（特别是垄断行业改革、土地制度改革、资源性价格改革等）、社会体制改革（特别是确立"劳权"和其他人力资源产权以促进社会平衡等）、生态环境制度改革（特别是建立资源产权制度和环境产权制度）等，都具有支撑作用。

（3）第三波转型论。所谓"第三波历史大转型"，就是包括经济、政治、社会、文化、生态环境制度在内的"全方位转型"。[①] 未来十到十五年正是第二波历史大转型和第三波历史大转型的交叉期，也可以说是第三波历史大转型的启动期。经济体制改革没有完成的任务，可以在全方位转型的大框架下，与社会改革和政治改革等一并突破和深化。以这样的大历史观观察，现在探讨并即将制定的中长期全面改革方案，应该更带有战略性和历史性。

这一层，理论支撑：三论，将在第三章展开。

第三层，总体战略。

邓小平在1992年南方谈话中指出："要总结经验，对的就坚持，不对的赶快改，新问题出来抓紧解决。恐怕再有三十年的时间，我们才会在各方面形成一整套更加成熟、更加定型的制度。在这个制度下的方针、政策，也将更加定型化。"[②] 从1992年至今，已经过去20余年，但体制现实状况同此目标相比仍有较大距离。受邓小平"各方面形成一整套制度"的启发，2008年，笔者在《人本体制论》一书中提出了"五环式"改革（即经济、政治、社会、文化、生态环境制度改革）的战略[③]。后概括为20个字：经济转型、政治变革、社会共生、文明交融、天人合一[④]。

2012年11月，中共十八大明确提出了"五位一体"深化改革的命题和任务：（1）要加快完善社会主义市场经济体制；（2）加快推进社会主义民主政治制度化、规范化、程序化；（3）加快完善文化管理体制和文化生产经营机制；（4）加快形成科学有效的社会管理体制；（5）加快建立生态文明制度。总之，是要"构建系统完备、科学规范、运行有效的制度体系，使各方面制度更加成熟、更加定型"。请注意，中共十八大讲的不是构建某一种制度，而是构建"制

---

① 常修泽. 中国正面临第三波历史大转型. 经济参考报，2010 - 3 - 12.
② 邓小平文选（第三卷）. "在武昌、深圳、珠海、上海等地的谈话要点"第二部分：372.
③ 常修泽. 人本体制论. 北京：中国经济出版社，2008：（前言）1.
④ 常修泽. 中国下一个三十年改革的理论探讨［J］. 上海大学学报，2009（5）；新华文摘，2009（20）.

度体系";不是使某一种制度更加成熟、更加定型,而是使"各种制度"更加成熟、更加定型。这是历史赋予的全面改革的新任务。2012 年笔者曾以《新阶段中国改革战略探讨》为题发表过看法。[①] 基本框架是建立社会主义市场经济、民主政治、社会共生、文明交融、生态环境新体制。[②] 总体战略,将在第四章展开。

第四层,五大支柱。分别阐述各领域的改革目标。经济改革:建立公正的深度市场化的经济体制;社会改革:建立多元阶层社会共生的社会体制;政治改革:建立最大政治公约数的政治体制;文化改革:建立多元文明交融互鉴的文化体制;生态领域改革:建立以天地人产权为基础的环资体制。五大支柱,即阐述各领域的改革目标,将在第五、第六、第七、第八、第九章展开。

第五层,包容性改革的运作。阐述大均衡改革方略,即每一环改革都要找准两个方面的"均衡点",以防止掉入两边的悬崖。同时,在均衡运作过程中,寻求改革的实质性突破。将在第十章展开。

通过以上五层,试图形成一个中国新阶段包容性改革的"路线图"框架。

二、本书的不足之处

写这本《包容性改革论》,对笔者而言,实在是难以承受之重。在本书成稿之际,掩卷思之,感到有诸多不尽如人意之处,主要有三点不足:

第一,虽然书中提出了"包容性体制"的核心范畴,并力求把它贯穿到经济政治社会文化和生态环境五方面的体制创新中,但是现在看来,并未贯穿到底。例如,在政治体制改革方面,如何建立"包容性的政治体制",自感尚未讲清。"建立最大政治公约数的体制",也只是原则构想,展开分析不够。再如,在社会改革方面,基于建立多元阶层社会共生的体制构想,对于收入分配、基本公共保障、中产阶层等关注较多,但对于社会主体特别是社会组织的创新展开分析不够。

第二,从顶层设计的角度分析,本书虽然按照经济、社会、政治、文化和生态环境五大领域,分别提出了公正的深度市场化经济体制、多元阶层社会共生的社会体制、最大政治公约数的政治体制、多元文明交融的文化体制和以天地人产权制度为基础的环资制度(这在一定程度上可以看作是改革的"路线图"),也初步提出了制定中长期全方位改革规划的框架性意见,但是并未给出明晰的时间表和行动步骤。从应用角度考虑,本想在书的最后部分,提出类似"廉政建设八

---

① 常修泽. 新阶段中国改革战略探讨//"新兴经济体国家"国际会议论文集——2020 年的中国. 中国经济出版社,2013.

② 常修泽. 未来十年中国改革战略. 财经,2012 – 10 – 29.

条规定”那样的若干条规定，以更具操作性，但尝试结果，未能如愿。

第三，由于本书部分章节的内容是近年来以“专论”的形式完成并发表的，彼此之间文字上有一定的重复，也有一定的缺漏。在通稿的过程中，尽力做了一些增删，但仍有文字上的“斧痕”，敬请读者谅解（顺便说明：为了便于读者了解自己的思想发展脉络，凡以“专论”的形式完成并发表的，书中均标明出处，基本保持历史原貌，“立此存照”）。除此之外，还有诸多不尽如人意之处，希望得到社会各界批评指正。

曹雪芹诗云：“字字看来都是血，十年辛苦不寻常”。虽然本书未达到“字字是血”的程度，但字里行间毕竟渗透了自己的心血，个中的“辛苦”，个中的“不寻常”，如果能对改革有一点推动，也就聊以自慰了。

第二章

中国
进入全方位改革新
阶段：战略背景

本章导言

本章重点阐述中国进入全面改革新阶段的战略背景。这既是本书的逻辑起点，也是本书的历史起点。

分析中国全面改革新阶段的战略背景，从哪里开始？笔者想来想去，还是从中国共产党的历史性觉醒开始。

诚如习近平所言："改革开放是中国共产党历史上的一次伟大觉醒"。本章一开始，首先论述了这个基本性的命题，指出中国共产党的觉醒，最根本的是思想理论上的觉醒。

从历史长河来看，中国共产党觉醒并决定实行改革开放，意义重大：其一，只有改革开放才能实现中华民族的伟大复兴；其二，改革开放促进人的全面发展，特别是有助于人的"主体地位"实现；其三，改革开放对促进世界和平发展和人类进步具有重要意义。

21世纪国内面临的两大挑战——以劳动力为代表的要素供给格局的改变和资源环境约束增强的挑战，要求必须转变粗放型发展战略。同时，全球新技术革命、后金融危机时代的全球化和注重人的自身发展的三大潮流，也要求必须实施创新立国战略。它不仅涉及"技术自主创新"，更涉及"制度创新"问题，包括创新型人才体制、创新型教育体制、知识产权保护制度以及相关配套的经济体制等。创新立国战略呼唤全面改革。

"人不能两次踏进同一条河流。"以2012年春天邓小平视察南方20年和中共十八大为标志，中国改革进入新阶段。下一步，踏进的将是一条"深水河"。从这个意义上说，中国面临"改革再出发"新的历史使命，必须以更大的政治勇气和智慧，不失时机地深化重要领域改革。

改革的顶层设计需要有国际视野和人类关怀。围绕此，本章在对北欧和南美两国经济社会进行考察的基础上提出了自己的思考。北欧几国作为市场经济国家，经济竞争力名列前茅，同时社会贫富差距很小，社会廉洁度很高。南美改革的教训深刻。当年阿连德搞计划经济，搞得天怒人怨，证明计划经济死路一条；后来，皮诺切特搞"刺刀下激进的市场经济"，也走不通。近年来，某些国家"向左转"又带来了另一种利益失衡，出现社会动乱。北欧寻求市场化目标与社会公正目标的实践和南美在"两个鸡蛋上跳舞"的改革思路，对中国改革有深刻启示。

中国新阶段改革必须立足于中国的实际（包括两岸经济社会实际）。从笔者的实地调查中得知，广大民众对改革充满期盼。同时两岸发展也促进大陆自身改革。本章公布了在国内实际调查的基础上，对民众改革意愿的分析结论。

第一节　改革开放：中国共产党的觉醒与新的使命

【提要】

解放思想，实事求是，团结一致向前看——从主体角度研究，强调"解放"，是呼唤谁"解放"？首先是执政党。从哪里"解放"？从计划经济体制和"左"的思想里解放出来。

"如果现在再不实行改革，我们的现代化事业和社会主义事业就会被葬送。"这是中国共产党的历史上一次伟大觉醒。其最根本的是思想理论上的觉醒。

中国共产党觉醒并决定实行改革开放，影响深远：只有改革开放才能实现中华民族的伟大复兴；改革开放促进人的全面发展，特别是人的"主体地位"实现；改革开放对促进世界和平发展和人类进步具有重要意义。

中国面临"改革再出发"新的历史使命，必须以更大的政治勇气和智慧，不失时机深化重要领域改革*。

改革开放是中国共产党历史上的一次伟大觉醒，正是这个伟大觉醒孕育了新时期从理论到实践的伟大创造。其关键词：改革、觉醒、创造。

这无疑释放一个重要信号：中共十八大后，中国的改革将不会停顿，开放将不会止步，中国共产党将领导全国人民坚定不移走改革开放的强国之路，并将这一伟大事业继续推向前进。

为什么说改革开放是中国共产党历史上的一次伟大觉醒？这次伟大觉醒具有什么深刻影响或重大意义？在新的历史起点上，如何担负起新的改革开放使命？

一、改革开放：中国共产党历史上的一次伟大觉醒

中国的改革开放是以中共十一届三中全会为起点的。在这一具有重大历史意义的会议召开之前5天，也就是1978年12月13日，邓小平在中央工作会议闭幕会上的重要讲话，值得回味。

这个讲话题为《解放思想，实事求是，团结一致向前看》。邓小平振聋发聩指出，"一个党，一个国家，一个民族，如果一切从本本出发，思想僵化，迷信盛行，那它就不能前进，它的生机就停止了，就要亡党亡国。"① 从主体角度研究，强调"解放"，是呼唤谁"解放"？首先是"一个党"。从哪里"解放"？从

＊　此节内容在作者2012年12月底完成的一篇理论探讨论文（刊发于《群言》杂志2013年第3期"理论探讨"专栏）基础上扩充而成。

①　邓小平文选（第二卷）：143.

计划经济体制和"左"的思想里解放出来。其内涵，诚如邓小平当时所言——是一个"打破精神枷锁"的问题，或者说，是呼唤中国共产党"觉醒"的问题。

这个讲话，从基本价值取向来说，实际上是为中共十一届三中全会"奠基"的"主题报告"。在此基础上，中共十一届三中全会作出了实行改革开放的重大决策，以此为标志，拉开了中国经济体制改革的序幕。

中国不改革开放就没有出路，甚至可能"亡党亡国"。改革开放前，长期实行的计划经济体制，加之"左"的路线，对中国经济社会所造成的负面影响是相当严重的，突出的是，严重束缚着生产力的发展和人的全面发展。

只举一例：1978 年，按中国当时的贫困标准（即年人均纯收入 100 元）计算，中国农村贫困人口为 2.5 亿人，贫困发生率为 30.7%。如按联合国"贫困标准"（即人均纯收入每天 1.25 美元）计算，1978 年，中国贫困人口为 8 亿多人。人民生活的改善同人民付出的劳动不相适应。

特别是 10 年动乱，更使中国国民经济陷入困难的低谷，人民群众从物质到精神都遭受苦难。

"经济长期处于停滞状态总不能叫社会主义，人民生活长期停止在很低的水平总不能叫社会主义。"① 邓小平如是说。

正是在这一背景下，中国共产党在总结过去经验教训的基础上，以敏锐的洞察力意识到，中国不改革开放就没有出路，国家现代化没有希望，甚至可能亡党亡国。正如邓小平所说："这种情况，迫使我们在 1978 年 12 月召开的党的十一届三中全会上决定进行改革"，"如果现在再不实行改革，我们的现代化事业和社会主义事业就会被葬送"。这是中国共产党的历史上一次伟大觉醒。

中国共产党的伟大觉醒是与广大人民群众的"民心"相符合的。人民群众内心深处蕴藏着极大的改革积极性。就在 1978 年 12 月中共十一届三中全会作出改革开放重大决策的当年，在当时不允许"包产到户"的情况下，安徽省凤阳县小岗村的 18 户农民，冒着坐牢的危险，以类似"梁山好汉"生死与共的形式，自发地将集体的耕地"包产到户"。以此为开端，在整个中国农村掀起了一股"包产到户"的浪潮。

这里值得深思的是，同一时间，1978 年，两个地点：一个北京，一个凤阳——虽然一个居"庙堂之高"，一个处"江湖之远"，但彼此的心是息息相连的。这是中国共产党伟大觉醒的群众基础和政治支撑之所在。

中国共产党的伟大觉醒，最根本的是思想理论上的觉醒。长期以来，经济理论界存在一种"社会主义与商品经济（市场经济）水火不容"，"只能实行计划

---

① 邓小平文选（第二卷）：312.

经济体制"的传统观念。这种计划经济模式是以两个理论"假定"作为其前提条件的：其一，中央计划能够准确地掌握全国社会生产、需求的各种信息，作出正确的决策；其二，全社会成为一个没有利益差别的共同体。这种理论被斯大林推向极端，造成了原社会主义计划经济国家灾难性的厄运。

然而，实践表明，上述两个前提条件是不具备的：第一，即使是"云计算"也不可能对纷繁复杂而且瞬息万变的社会需求和社会生产了如指掌；第二，在社会主义条件下没有也不可能达到物质利益的"无差别境界"。

针对这种状况，20世纪80年代的中共十二届三中全会上，作出的中国第一个关于改革的决定，就勇敢地打破了长期以来将商品经济视为与社会主义水火不容的传统观点，标志着思想突破的成功。邓小平在评价这次会议文件的时候说，"我的印象是写出了一个政治经济的初稿，是马克思主义基本原理和中国社会主义实践相结合的政治经济学，我是这么个评价。""这次经济体制改革的文件好……有些是我们老祖宗没有说过的话，有些新话。我看讲清楚了。过去……会被看做'异端'。""国内外对这个决定反应很强烈，都说是有历史意义的。"①

1984 年围绕经济体制改革理论的争论

中共高层作出决定，拟在1984年10月召开中共十二届三中全会，对经济体制改革若干重大问题进行讨论和决策。

从理论上来说，当时遇到的突出问题是关于中国经济体制改革的目标模式问题，即到底是继续按照传统的计划经济体制（或计划经济体制的变形"计划经济为主，市场调节为辅"）惯性运作，还是另辟社会主义商品经济新路？本来，在20世纪80年代初期，学术界就已经提出了以"社会主义商品经济"作为改革的理论依据。例如，老一代经济学家薛暮桥在《关于经济体制改革的初步意见》的说明中，就指出"现在我们提出现阶段的社会主义经济，是生产资料公有制占优势，多种经济成分并存的商品经济，是对30年来占统治地位的教条的挑战。"② 但是，这种观点受到党内另一势力的坚决反对。例如，参加中共十二大报告起草的××给×××写信说，"绝不能把我们的经济概括成商品经济"，如此概括，"必然会削弱计划经济"。×××批转了这封信，此后"社会主义商品经济论"受到批判。到1984年起草中共十二届三中全会《关于经济体制改革的决定》时，就不可避免地遇到这一重大问题。据史料记载，"这一文件的起草于1984年6月开始。用了一个多月时间提出了一个提纲，但这个提纲，没有脱离原

---

① 邓小平文选（第三卷）：83，91.
② 在各省市自治区书记会上的说明.1980.

来的'计划经济为主,市场调节为辅'的调子,当时的中共中央总书记胡耀邦对此很不满意,因此,重新调整了文件起草班子"①。写什么?写"计划经济",还是写"商品经济"?莫干山会议前夜,国家正面临历史性抉择②。

来源:常修泽. 史料版1984年莫干山会议. 学术研究,2012 (11).

1992年,邓小平针对长期以来流行的"计划经济姓'社',市场经济姓'资'"这样一个传统观念,明确地指出:"计划多一点还是市场多一点,不是社会主义与资本主义的本质区别。计划经济不等于社会主义,资本主义也有计划;市场经济不等于资本主义,社会主义也有市场。"③ 这是觉醒后的"石破天惊"之语。它从根本上打破了传统思想束缚,为中国改革确立社会主义市场经济体制的目标模式扫清了理论上的障碍。

二、中国共产党觉醒并决定改革开放的深远影响

经过30多年的改革开放,国家的面貌发生了很大的变化。但是,要认识到,改革开放的意义,不仅在于它已经带给了我们什么,而且在于它开辟了一条引领中国迈向社会主义现代化的康庄大道。④ 对于中国共产党觉醒并决定实行改革开放的意义,笔者拟从以下三方面进行分析:

第一,改革开放才能实现中华民族的伟大复兴。

当今,中国社会"最大的政治公约数"是什么?或者说能够凝聚当今社会各种政治力量,各个社会阶层的最大共识是什么?是实现中华民族的伟大复兴。习近平同志在中共十八大以后一再讲,"实现中华民族伟大复兴,就是中华民族近代以来最伟大的梦想","现在,我们比历史上任何时期都更接近中华民族伟大复兴的目标"。

按照中共十八大报告所提出的设想,在21世纪前半叶,实现中华民族的伟大复兴,分为两个相互衔接的目标:其一,到2020年,"全面建成小康社会";其二,到2050年"建成富强民主文明和谐的社会主义现代化国家"。

2050年时,中国和主要国家情况如何?可以看看国际两家经济研究机构的

---

① 张卓元. 新中国经济学史纲(1949~2011)(第14章)[M]. 北京:中国社会科学出版社,2012:172.

② 常修泽. 史料版1984年莫干山会议 [J]. 学术研究,2012 (11).

③ 邓小平文选(第三卷):373.

④ 习近平同志有几句话:改革开放是当代中国发展进步的活力之源,是决定当代中国命运的关键一招,也是决定实现"两个100年"奋斗目标、实现中华民族伟大复兴的关键一招。这几句话,阐释了改革开放的重要性,讲得比较实在。

预测。

先看高盛的预测（见表2−1）。

表 2−1 预测2050年GDP排名前十的国家

（按2050年GDP预测值排序） 单位：10亿美元

2050 年排名		国家	2000 年GDP	2010 年GDP	2020 年GDP	2030 年GDP	2040 年GDP	2050 年GDP
1	CHN	中国	1 078	2 998	7 070	14 312	26 439	44 453
*	EU	欧盟 *	9 395	12 965	16 861	21 075	28 323	35 288
2	USA	美国	9 825	13 271	16 415	20 833	27 229	35 165
3	IND	印度	469	929	2 104	4 935	12 367	27 803
4	JPN	日本	4 176	4 601	5 221	5 810	6 039	6 673
5	BRA	巴西	762	668	1 333	2 189	3 740	6 074
6	RUS	俄罗斯	391	847	1 741	2 980	4 467	5 870
7	UK	英国	1 437	1 876	2 285	2 649	3 201	3 782
8	GER	德国	1 875	2 212	2 524	2 697	3 147	3 603
9	FRA	法国	1 311	1 622	1 930	2 267	2 668	3 148
10	ITA	意大利	1 078	1 337	1 553	1 671	1 788	2 061

注：＊仅作比较之用，不参与排名。
资料来源：高盛集团。

再看普华永道按购买力平价法的预测（见表2−2）。

表 2−2 预测2030年与2050年全球最大的20个经济体

排名	2011 年		2030 年		2050 年	
	国家	购买力平价法GDP（2011 年，10 亿美元）	国家	购买力平价法GDP（2011 年，10 亿美元）	国家	购买力平价法GDP（2011 年，10 亿美元）
1	美国	15 094	中国	30 634	中国	53 856
2	中国	11 347	美国	23 376	美国	37 998
3	印度	4 531	印度	13 716	印度	34 704
4	日本	4 381	日本	5 842	巴西	8 825
5	德国	3 221	俄罗斯	5 308	日本	8 065
6	俄罗斯	3 031	巴西	4 685	俄罗斯	8 013

续表

排名	2011 年		2030 年		2050 年	
	国家	购买力平价法GDP（2011 年，10 亿美元）	国家	购买力平价法GDP（2011 年，10 亿美元）	国家	购买力平价法GDP（2011 年，10 亿美元）
7	巴西	2 305	德国	4 118	墨西哥	7 409
8	法国	2 303	墨西哥	3 662	印度尼西亚	6 346
9	英国	2 287	英国	3 499	德国	5 822
10	意大利	1 979	法国	3 427	法国	5 714
11	墨西哥	1 761	印度尼西亚	2 912	英国	5 598
12	西班牙	1 512	土耳其	2 760	土耳其	5 032
13	韩国	1 504	意大利	2 629	尼日利亚	3 964
14	加拿大	1 398	韩国	2 454	意大利	3 867
15	土耳其	1 243	西班牙	2 327	西班牙	3 612
16	印度尼西亚	1 131	加拿大	2 148	加拿大	3 549
17	澳大利亚	893	沙特阿拉伯	1 582	韩国	3 545
18	波兰	813	澳大利亚	1 535	沙特阿拉伯	3 090
19	阿根廷	720	波兰	1 415	越南	2 715
20	沙特阿拉伯	686	阿根廷	1 407	阿根廷	2 620

资料来源：2011 年为世界银行预测；2030 年和 2050 年为普华永道预测。

而要把中国建成一个"现代化的强国"，对于仍处在不发达阶段的中国来说，发展仍是解决所有问题的关键。

改革开放 30 多年来，由于全体中国人的努力，中国经济发展确实是令人瞩目的（见图 2 - 1）。

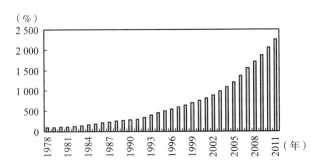

图 2 - 1　1978～2011 年中国经济增长趋势图（GDP）

资料来源：中国统计年鉴.

以上是大陆部分，从中华民族的角度，大陆经济与台湾经济增长都比较强劲。30 年内，中国（大陆）经济在世界的位次不断提升，以至于在 2011 年跃升为世界第二大经济体。这些，已有大量报道，不再赘述。

但是，笔者要指出的是，在这些成绩的背后，是传统的经济发展模式所付出的沉重代价：其一，是劳动力低廉的代价。可以这样说，高增长的经济红利是以牺牲广大劳动者（特别是农民工）的利益来换取的，这其中不乏"带血的 GDP"和"带泪的 GDP"；其二，资源环境的代价。表现为大量的资源消耗和环境严重污染。笔者在《广义产权论》一书的题记中写道："反思这场金融危机和环境危机，我发现：美国人透支的是家庭财产，中国人透支的是国民资源——从人力资源到自然资源再到环境资源。透支资产的困于当前，透支资源的危及长远。"[①]考虑到中国所付出的沉重代价，在发展思路上必须改弦易辙。

如果说，前些年，那种粗放型的高消耗、高污染、低劳动力成本的传统的经济发展模式，还能勉强维持的话，那么，在 21 世纪第二个十年开启的新阶段，则已走到尽头，再也不能维持下去了。必须改变战略，转变经济发展模式。

那么，转变经济发展方式最大的障碍是什么？是体制障碍。这就呼唤进一步改革开放。

30 多年来，中国向社会主义市场经济转变，进展当然值得肯定。但是，一些关键性的、要害性的领域和环节并没有攻下来，经济领域一些深层次的体制性"瓶颈"依然存在。例如，作为市场经济改革"关键环节"的政府职能转变远未到位，作为市场经济重要支撑的要素（包括资本、土地及其他资源、技术等要素）市场化改革滞后，作为市场经济微观基础的国有经济改革处于胶着状态，垄断性行业改革基本没有"破题"，等等。倘若没有关键性领域和环节的体制突破，就难以实现经济发展方式的根本性转变。

这里，笔者以出口导向型的发展方式向"内需主导型"的发展方式转变为例，来说明关键性领域和环节的体制突破的重要性。

读者可能知道，世界局势发生变化，逼着我们不能沿袭出口导向型的发展方式。未来导向应是"扩大内需"。而"投资内需"和"消费内需"两个比较起来，消费内需更重要，消费内需里面的重点又是居民消费。中国居民消费率在全世界的格局中的水平，位于很多发达国家与发展中国家之后。根据《2012 年统计年鉴》，2011 年，居民消费率为 35.5%。另根据世界银行世界发展指标数据库的信息，对居民最终消费率进行了国家比较（见图 2-2）。从中可以看出，无论是与高收入国家，还是与中等收入国家平均水平相比，中国的居民最终消费率都显著偏低。

---

① 常修泽. 广义产权论——中国广领域多权能产权制度研究 [M]. 北京：中国经济出版社，2009.

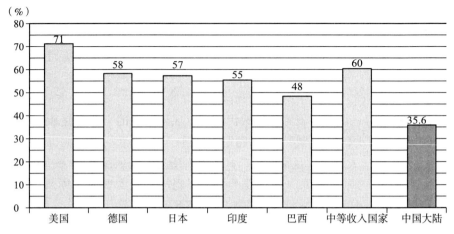

图 2 - 2　居民最终消费率的国际比较

资料来源：参考世界银行世界发展指标数据和国家统计局数据。

　　怎样让老百姓消费？除了降低投资率之外，从积极方面提高消费率而言，必须解决三个问题："能消费"、"敢消费"、"放心消费"。所谓能消费，就是要增加老百姓的消费能力，收入上不来，说 100 遍扩大内需也是枉然。这就倒逼进行收入分配改革，特别是提高中等收入者的比重。所谓敢消费，就是让群众没有后顾之忧，这就要推进社会保障、教育、医疗制度改革。否则，即便有钱也不敢消费。第三个放心消费，就是购物和服务要安全，才能放心消费。这就倒逼政府相关部门的自身改革。仅仅由消费这一个方面深入研究下去，就会发现，唯有改革开放，才能扫清科学发展之路上的一切障碍，才能实现民族复兴的强国梦。

　　第二，改革开放促进人的全面发展特别是"主体地位"实现。

　　发展的核心是"以人为本"。中共十八大明确提出"必须坚持人民主体地位"。传统的计划经济体制，不仅阻碍经济发展，而且阻碍人的发展：即依附性、等级性、封闭性①。

---

　　①　对于计划经济体制如何阻碍人的发展，笔者在 1992 年《市场经济的发展意味着将使人获得一次新的解放》中指出，现在束缚和抑制人的积极性、创造性的主要问题有三：（1）由行政运行造成的各种公开的和变相的行政依附（包括人身依附）；（2）由非市场关系造成的机会不均等、地位不均等甚至某种特权；（3）人的思想与行为的封闭、狭隘。市场经济的发展将有利于冲击这三大障碍：（1）市场经济中的活动主体具有独立性，主体间不存在依附关系，你是你，我是我，每个商品生产经营者都是独立的经济实体。（2）市场经济具有平等性，当事人之间结成一种平等关系，交换中地位平等、机会平等，并实行等价交换原则。（3）市场经济具有开放性，市场活动是面向社会又依赖于社会的，它要求破除人为的分割和封锁，使人走向开放。从这一角度来研究市场经济，可以说它是人的解放和全面发展的必由之路。见常修泽. 市场经济的发展意味着将使人获得一次新的解放 [J]. 南开经济研究，1992（5）.

马克思在阐述新社会的本质要求时明确指出：新社会是实现"人的自由的全面发展"的社会，在这一社会中人们可以"在最无愧于和最适合于他们的人类本性的条件下来进行这种物质变换"，"在那里，每个人的自由发展是一切人的自由发展的条件"。改革开放对中国的深远影响，最深刻地表现在"促进"人的全面发展、特别是人的"主体性"增强上。

改革开放30多年来，人的主体性得到增强和发展的，首先是农民。风起云涌的农村联产承包责任制，使农民开始萌生一种"主体"意识；第二，两亿多进城务工者进入城市，开始成为产业工人的新军，有的开始融入城市文明，其主体性也在释放过程中；第三，企业职工和管理者的"主体性"得到释放和促进；第四，一批具有开拓精神的科技创新者崭露头角；第五，个体经营者和私营企业主阶层的出现也形成一定气候。尤其是各个领域"一代新人"的迅速崛起，特别值得关注。这一代新人所表现出的自信、热情、坦率和开放，展现了中国人的精神风貌，代表着中国的希望。这是改革开放最有价值的成果之一。

独立的人格力量和自主的经济力量初露端倪

党的十一届三中全会开辟了解放生产力、解放生产关系、同时也解放人的自身的新纪元。回顾20年的历程，最突出的，我认为就是独立的人格力量和自主的经济力量在中国大地的崛起。尽管这种力量还很幼小，还只是"初见端倪"，但是它的生命力和影响力是不可估量的。

20年间这种力量在中国的崛起，大体可分为两个阶段：

第一阶段是前10年，即从1978年年底到1988年年底。中国的改革走的是一条累积性的边际演进的道路。改革先从计划经济控制比较薄弱的环节启动，然后逐步推进。与此相联系，上述新的力量先在"体制外"得以萌生。其主要的生长点有三：一是农村；二是特区、开发区；三是城乡新经济组织。人们也许尚未意识到，正是在这个10年中，数以亿计的农民和特区、开发区的开拓者以及城乡各类新经济组织的创造者，率先以独立的人格力量和自主的经济力量出现在中国经济舞台上，并演出了一幕幕活剧。这一阶段到1988年年底纪念党的十一届三中全会10周年前后形成高潮。

第二阶段是后10年，特别是1992年党的十四大以后。1992年春小平南方讲话和党的十四大的召开是一个新阶段的开始。"三个有利于"的提出和社会主义市场经济体制目标的确立,不仅使社会生产力,而且"使人获得新的解放"①。计划经济体制把"人"变成了"物",而市场经济则把这种"物"回归为"人"。

在发展市场经济这一背景下,国有经济开始重组,企业制度开始创新,要素市场开始建立,政府行为开始转换……隐含在这一切深层的,是在旧体制下被束缚的人们开始苏醒,并在"体制内"寻求"突围"。这种"体制内"的"突围",其意义远远超过"体制外"的启动,它标志着中国人民向着自身解放的目标迈出重要的一步。

可以这样说,在向现代化迈进的过程中,中国人民尤其是其中的先进部分,开始以独立的人格力量和自主的经济力量登上中国经济舞台,这是 20 年改革开放最显著的成就。

来源:改革:一部恢宏的交响诗——作者论中国改革与发展的制度效应(作者之一常修泽论中国改革与发展的制度效应).中国改革与发展的制度效应[M],北京:经济科学出版社,1998:10 - 11.

第三,改革开放对促进世界和平发展和人类进步具有重要意义。

"人类只有一个地球,各国共处一个世界。"中国改革开放的意义,绝不仅局限于国内,对促进世界和平发展和人类进步也具重要意义。

记得 1992 年,美国学者弗朗西斯·福山曾出版一部《历史的终结与最后的人》,提出了"历史的终结"的命题。他说:"我们在见证的或许不仅仅是冷战的终结或者战后某个历史阶段的过去,而是历史的终结。"② 意味深长的是,从 1992 ~ 2012 年,20 年过去,其"见证"的历史并未完全出现,至少中国没有被"终结"。相反,在这些年中,中国经济蓬勃发展。正如世界银行专家所评论的,"中国只用了一代人的时间,取得了其他国家用了几个世纪才能取得的成就。"这样的进步对世界是不是有益呢?

这里有个典型事实:2008 年,出美国次贷危机引发的人类 21 世纪第一场国际金融危机从天而降,使包括美国、欧洲以及中国自身等在内的世界各国发展遭遇前所未有的困难,在"黑云压城城欲摧"的紧急关头,中国的决策是果断的,举措总体上说也是有效的(当然也有值得总结之处),不仅自己在全球率先实现经济企稳回升,而且也尽力帮助朋友应对风险冲击。中国在此过程中之所以能够"拉得出,顶得上",从而对人类有所贡献,"底气"从何而来?还不是改革为中

---

① 引自常修泽(笔谈).市场经济的发展意味着将使人获得一次新的解放[J].南开经济研究,1992(5).

② 弗朗西斯·福山.历史的终结与最后的人.原为 1989 的论文,后在 1992 年成专著.

国奠定了良好的基础吗？

当今，世界正在发生深刻复杂变化，和平与发展乃时代之主题。在这一时代主题面前，中共十八大报告鲜明指出，中国"倡导人类命运共同体意识"。按照"和平、发展、合作、共赢"这面"旗帜"来促进中国的改革开放，是不是有利于经济全球化深入发展呢？是不是有利于世界文化多样化和社会信息化持续推进呢？是不是有利于科技革命实现新突破呢？是不是有利于全球合作向多层次全方位拓展呢？历史已经回答，并将继续回答：会的。

这就是中国的改革开放推动人类文明进步的意义之所在。

三、以更大的政治勇气和智慧推进改革

古希腊哲人曾云："人不能两次踏进同一条河流。"① 因为事物是变化的。如果说，此前中国改革踏进的是一条浅水河的话，那么，下一步，即将踏进的将是一条深水河。中共十八大指出，我国的改革已经进入"攻坚期"和"深水区"。从这个意义上说，国家面临"改革再出发"新的历史使命，必须以更大的政治勇气和智慧，不失时机深化重要领域改革。可把握四条：

其一，坚持改革开放的正确方向。

深化改革开放，"共识"向哪个中心"凝聚"？"协同"起来向哪个方位"推进"？有一个基本方向问题。依据中华民族在现代文明基础上实现伟大复兴的目标，中共十八大报告首次提出了"五位一体"的总体布局。与此相适应，新阶段的改革，也应当是包括经济体制、政治体制、社会体制、文化体制、生态环境体制在内的"五环式"改革。

应把握好每个"环"各自的核心目标：经济体制改革的核心目标是建设社会主义市场经济，政治体制改革的核心目标是建设社会主义民主政治，社会体制改革的核心目标是建设社会主义共生社会，文化体制改革的核心目标是建设社会主义先进与多元文化，生态环境体制改革的核心目标是建设社会主义生态文明。认清改革方向，绝不能停顿，更不能倒退，"停顿和倒退没有出路"。

其二，尊重人民首创精神。

人民是历史的创造者，也是中国改革的真正主体。回想中国改革实践，联产承包责任制这种新的制度安排是谁设计的？是中国"农民的伟大创造"。在这里，农民表现了历史的主动精神和创新精神，体现了人民作为创新主体的基本价值。

新阶段的改革，就其深度和广度来说，更是 13 亿中华儿女自己的事业。一

---

① 赫拉克利特. 古希腊哲学. 转引自哲学百科.

定要尊重、发挥人民的主人翁精神和首创精神，最广泛地动员和组织人民投身到改革的洪流中去。

针对现在存在的问题，应切实保障人民权益，包括经济权利、社会权利、政治权利、文化权利以及生态环境权利，更好地保证人民当家做主。

与此同时，在尊重实践、尊重创造、上下结合、深入调研的基础上，提出全面深化改革的顶层设计和总体规划，包括总体方案、路线图、时间表。即使有了总体规划，也应该鼓励大胆探索，勇于开拓。

其三，敢于啃改革的"硬骨头"。

"空谈误国，实干兴邦"。发展要靠实干，改革更要靠实干。由于中国改革走的是一条"边际演进"的渐进式改革之路，经 30 余年，迄今容易改的差不多已经改完，余下的都是"坚硬的堡垒"。在改革的"战车"跨越边缘性障碍之后，现在需要推进到核心部位的"堡垒"面前。改到此时、此处，面临一个很严峻的"攻坚克难"问题。

这场攻坚战将会打得十分艰苦。因此，务必要增强改革的实质性，寻求有"实质性的突破"[①]，这是当前老百姓和我们这个时代最期待的东西。要选好突破口，一个一个地突破，真正地攻坚克难，勇涉险滩，而不停留在一般口号，实实在在开创新的改革局面。

其四，勇于突破利益固化的藩篱。

深化重要领域改革，将会遇到一些障碍，其中，固化的利益格局是最大的障碍。改革能否突破的关键所在，是能否摆脱利益格局中某些"障碍力量"的束缚。

改革开放以来，在传统体制下形成的利益集团的利益受到了较大的削弱，但在一些改革尚未攻坚的领域，其能量依然较大。在新的条件下，可能会以新的形式来表现自己。

还应当看到，近年来还产生了新的固化利益格局。其中的一小部分人，既不希望倒退回计划经济体制，也不赞成继续深化改革，极力维持目前某种"胶着"状态的局面，期望从这种"未完成的改革"状态中获得好处。

新、老两种情况的交叉并存，形成相当复杂的利益格局，并对政策的制定产生某种程度的影响。当改革进入新阶段之后，能否超越这种利益格局的羁绊，是一个关乎改革全局的重大问题。要尽可能减少既得利益集团的干扰破坏，必要时可采取"壮士断腕"的举措。在这方面要有知难而进的勇气和智慧。

---

① 常修泽. 寻求"实质性"改革（2013 年经济学家新年献词）. 经济参考报, 2013 - 1 - 3.

第二节　红利结构变化及其对全面改革的呼唤

【提要】

新阶段推进全面改革，不仅基于思想上的"伟大觉醒"，而且基于新阶段中国红利结构的变化与创新立国战略对改革所形成的倒逼。本节从这一角度进一步探讨。

21 世纪 10 年代以来，国内面临的人口红利和资源环境红利明显变化——以劳动力为代表的要素供给格局的改变和资源环境约束增强的挑战，要求必须寻求新的红利。同时，全球新技术革命、后金融危机时代的全球化和注重人的自身发展的三大潮流，也要求必须有新的战略思维。

在人口红利、资源环境红利，乃至全球化红利发生不同程度的变化（减弱或消解）之后，重点应关注两大红利：一个是改革的红利，一个是技术的红利，其中改革是中国最大的红利。*

笔者探讨的"创新立国战略"，是一个涵盖国家、产业、企业三个层面在内的创新体系。更重要的，它不仅涉及"技术自主创新"，更涉及"制度创新"问题，包括创新型人才体制、创新型教育体制、知识产权保护制度以及相关配套的经济体制等。

红利结构的变化与创新立国倒逼中国全面改革。**

21 世纪 10 年代以来，中国经济的内外环境已经并将继续发生重要的变化和挑战：就国内来说，主要是中国人口结构的重大变迁和"刘易斯拐点"的到来，以及资源环境矛盾的进一步显现。上述以劳动力为代表的要素供给格局的改变和资源环境矛盾的进一步显现，表明国内人口红利和资源环境红利已经枯竭或者明显减弱，要求必须寻求新的红利；就全球来说，全球新技术革命潮流、后金融危机时的全球化潮流和注重人的自身发展潮流三大潮流，也要求必须有新的战略思维。适应这些变化，必须推进全面创新，实行"创新立国战略"①。

创新立国战略是一个涵盖国家、产业、企业三个层面在内的创新体系。更重要的是，它不仅涉及"技术自主创新"，更涉及"制度创新"问题，包括创新型人才体制、创新型教育体制、知识产权保护制度以及相关配套的经济体制等。基于此，本节从红利结构变化与创新立国战略的角度探讨改革问题。

---

* 高尚全主编. 改革是中国最大的红利. 北京：人民出版社，2013.

** 本节文稿载于上海大学学报（社会科学版），2013（4）.

① 常修泽. 创新立国战略［M］. 学习出版社，海南出版社，2013. 该书被列为国家发展战略研究丛书.

一、国内劳动力红利与资源环境红利的变化

为什么说红利结构变化？从国内角度分析，基于以下两个方面的理由：

（一）以劳动力要素为代表的要素供给格局之变化

科技革命的核心是人的发展问题。笔者认为，传统经济发展模式遇到的挑战，首先是劳动力供给结构变化及"人口红利"的变化所带来的新情况。

从未来发展趋势看，中国的资源禀赋结构和低要素成本优势将会逐步发生变化。特别是由于中国的人口结构所发生的根本性变化，"人口红利"对加工出口的推动效应将会逐步减弱直至消失。

相关资料表明：由于快速的人口转变，目前新增劳动年龄人口数量正经历着急剧的下降过程。2007 年新增劳动年龄人口的数量，由前一年（2006 年）的 1 491 万人，大幅下降到 894 万人，并可能由此开始单边下降的趋势。据预测，2017 年新增劳动年龄人口将"首次出现负值"，即劳动年龄人口的总量将开始减少。

与此同时，中国的老龄化问题在加重。2011 年 4 月 28 日公布的大陆第六次人口普查数据（2010 年 11 月 1 日时点数据）显示，中国大陆总人口为 13.4 亿人，其中 0 ~ 14 岁少年儿童人口 2.22 亿人，占 16.6%，比 2000 年人口普查下降 6.29 个百分点；15 ~ 59 岁年龄人口为 9.4 亿人，占总人口比重 70.14%；60 岁及以上老年人口总量增至 1.78 亿人，占 13.26%，比 2000 年人口普查上升 2.93 个百分点，其中 65 岁及以上人口占 8.87%，比 2000 年人口普查上升 1.91 个百分点。在 1953 年，中国老年人口为 0.45 亿人，只是 0 ~ 14 岁少年儿童人口的 1/5；至 2010 年，老年人口数量增加到 1.78 亿人，相当于少年儿童人口的 4/5。

中国人口的结构性变化也将使人口抚养比的走势出现扭转。图 2 - 3 显示，自 20 世纪 80 年代初以来，中国少儿抚养比大幅下降，老年抚养比只是缓慢上升，总抚养比持续下降，这使得中国此阶段得以凭借"人口红利"，在国际竞争中充分享受到低要素成本的优势。但这种格局在未来几年将会发生某种转变。有预测认为，从 2013 年开始，人口抚养比将停止下降的趋势，转而逐步上升并呈现加快趋势，中国的人口红利将耗尽，劳动力供给的优势将不复存在[①]。

---

① 蔡昉. 失衡世界经济背景下的中国经济调整 [J]. 经济学动态, 2006 (11)：11-15.

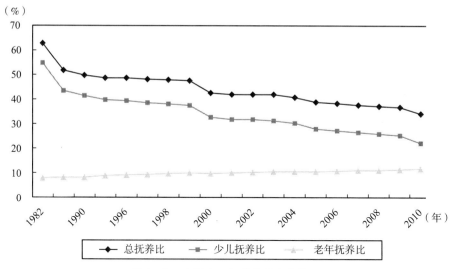

图 2 - 3　中国人口抚养比的变化情况

资料来源：中国统计年鉴.

可以预期，随着劳动力资源从"无限供给"，发展到"供求趋于平衡"，再到出现"结构性的短缺"，将导致工资成本的相应提升。事实上，近年来，中国名义劳动力成本已经呈现出持续上涨的态势。特别是由于劳动者主体的变化（所谓"二代新移民"），以及其他因素的作用，这一态势更加明显。根据国家统计局农村调查队入户调查数据，2003～2009年，农村外出务工人员月平均工资，东部地区从760元增加到1455元，年均增速为11.4%；中部地区从570元增加到1389元，年均增速为16%；西部地区从560元增加到1382元，年均增速为16.2%。

从国际比较的角度看，近十年来，中国工资的上涨速度一直高于亚洲其他地区（见图2-4）。国际劳工组织（ILO）的研究表明，从2000～2009年，中国工人实际工资的年均涨幅为12.6%，而印度尼西亚为1.5%，泰国为零。这无疑在中国依托低劳动力成本优势，与亚洲周边国家进行出口加工竞争的格局中，增添了掣肘性因素。

（二）国内资源环境约束增强的挑战和倒逼

探讨中国的红利，不仅应"远虑"劳动力格局的变化，而且还要"近忧"资源环境对经济和人的影响。

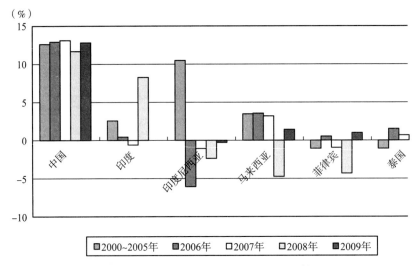

图 2－4　近年来工资增长率的国际比较

注：这里的工资增长率为实际平均月工资的年度增长率。
资料来源：国际劳工组织全球工资数据库。

中国古代典籍《庄子·达生》曰："天地者，万物之父母也。"《易经》则更强调"三才之道"，即"天之道"、"地之道"、"人之道"。当代人类可持续发展是一个包括人的生存发展环境（"天"）、人的生存发展资源（"地"）和人的生存发展自身（"人"）在内的完整体系。

在现实当中，人类正面临着环境问题（"天"）和资源问题（"地"）的严峻挑战，以及前面分析的劳动力（"人"）成本变化的挑战。"天""地""人"三界所出现的诸种新情况、新矛盾，向中国的"加工大国"发展模式提出了新挑战，需要寻求新的红利——制度创新红利和技术创新红利。

1. 先看"天"（环境）

中国的环境压力不断增大。近年来，主要的污染物排放处于较高水平，单位GDP 二氧化碳排放约是世界平均水平的两倍。而中国一些传统出口优势产品，如印染、皮革、毛皮等制品本身就是对环境污染较大的产品。同时，部分发达国家利用中国尚不完善的环保体系，将一些对环境不利的加工工业，如化工、建材、冶炼、制药等向中国转移，从而进一步加重了中国污染的程度。据统计，在中国吸收的 FDI 中，约有25％进入了污染型产业。这些外资企业产品的出口给中国的生态环境带来严重后果。此外，为扩大出口而过度开采资源的做法也加重了生态破坏。

我们跳出出口，从更广阔的视野审视问题。看看 2012 年全球碳排放格局（见表 2－3）。

表 2 - 3　　　　　　主要国家碳排放和能源消耗比较（2012 年）

国家、地区	碳排放（百万吨 CO_2）	能源消费量（百万 toe）	人均碳排放（吨 CO_2/人）
美国	5 786.1	2 208.8	18.43
法国	383.4	245.4	5.84
孟加拉国	66.1	26.3	0.43
中国	9 208.1	2 735.2	6.82
印度	1 823.2	563.5	1.47
欧盟	3 977.5	1 673.4	7.88
世界合计	34 466.1	12 476.6	4.89
其中：OECD	13 899.8	5 488.8	11.06
非OECD	20 566.3	6 987.8	3.55

资料来源：http：//www. bp. com/en/global/corporate/about-bp/statistical-review-of-world-energy – 2013. html. http：//datacatalog. worldbank. org.

2009 年，哥本哈根联合国气候大会前夕，中国政府明确提出碳减排目标——到 2020 年，单位国内生产总值二氧化碳排放比 2005 年下降 40% ~45%，作为约束性指标已纳入国民经济和社会发展中长期规划。这无疑会对过度依赖加工出口、过度依赖要素投入的增长模式构成约束，势必倒逼由"粗放"到"集约"的转变，这里最关键的是制度创新和技术创新。

2. 再看"地"（资源）

中国是一个人均资源占有量相对缺乏的国家。请看以下事实：

——土地资源方面，尽管中国土地总面积约占世界土地总面积的 7% 左右（排在俄罗斯和加拿大之后，位居世界第 3 位），但人均土地面积仅相当于世界平均水平的 1/3，其中人均耕地 1.4 亩，只相当于世界人均耕地水平的 43%。

——矿产资源方面，尽管中国已探明的矿产资源总量约占世界的 12%（见表 2 - 4），仅次于美国和俄罗斯，居世界第 3 位，但人均矿产资源储量不及世界平均水平的 1/2。

表 2 - 4　　　世界及主要国家化石能源探明储量和储采比对照 （2012 年）

	石油		天然气		煤炭	
	探明储量（亿吨）	储采比（年）	探明储量（万亿 m^3）	储采比（年）	探明储量（亿吨）	储采比（年）
世界	2 358	52.9	187.3	55.7	8 609.38	109
中国	240	11.4	3.1	28.9	1 145.00	31
印度	8	17.5	1.3	33.1	606.00	100

续表

	石油		天然气		煤炭	
	探明储量（亿吨）	储采比（年）	探明储量（万亿 m³）	储采比（年）	探明储量（亿吨）	储采比（年）
美国	42	10.7	8.5	12.5	2 372.95	257
欧盟-27	9	12.1	1.7	11.7	561.48	97

资料来源：BP Statistical Review of World Energy，June 2013.（bp.com/statisticalreview）.

——水资源方面，尽管中国拥有的水资源总量占全球水资源的6%，位于巴西、俄罗斯、加拿大、美国和印度尼西亚之后，居世界第6位，但人均水资源占有量仅相当于世界人均水资源占有量的1/4，是联合国认定的"水资源紧缺"国家之一。

——森林资源方面，中国森林覆盖率（2011年全国的森林覆盖率为12%）仅相当于世界平均水平的61.52%，居世界第130位；人均森林面积不到世界平均水平的1/4，居世界第134位；人均森林蓄积不到世界平均水平的1/6，居世界第122位。

在资源匮乏的情况下，传统的高加工、高出口格局受到资源约束的矛盾进一步凸显。目前，中国出口的产品中相当一部分为高度依赖于原料加工的劳动密集型和资源密集型产品，这种产品出口越多，对能源和资源消耗就越大，由此导致对世界市场的资源依赖也就越强。为什么近年来不断发生其他国家与中国之间展开资源战争（包括"矿石战"、"石油战"等）？此为深层的原因之一。

图2-5显示，进入21世纪，中国能源消费出现了前所未有的高增长态势。能源消费总量从2000年的14.6亿吨标准煤增加到2010年的32.5亿吨标准煤，这10年的能源消费增量竟是之前20年（1980~2000年）能源消费增量的2倍。

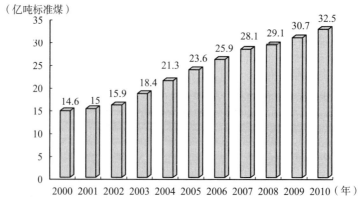

图2-5 近年来中国能源消费总量的变化情况

资料来源：中国统计年鉴.

中国能源消耗量的剧增，从其在全球工业原材料用量增长中所占的比重中，可以清晰地看出来。以 2005 年为例，中国的铝用量增长占了全球铝用量增长的 50％、铁矿石占 84％、钢材占 108％、水泥占 115％、锌占 120％、铜占 307％，而镍更远超 307％的水平。中国已经成为全球最大的铜、镍和锌耗用国。

能源消费的快速增长和能源消耗强度的急剧增加，导致了资源供需缺口逐渐增大。从 1992 年开始，中国能源消费量开始超过能源产量，特别是 2003 年以来，能源产量与能源消费量之间的缺口快速拉大，从 2003 年的 11886 万吨标准煤扩大到 2010 年的 28023 万吨标准煤。这也使中国资源对外依存度不断攀升，未来将可能不得不承受资源价格上涨所带来的典型的外部供给冲击。

——石油方面，由于石油消耗与产量之间的巨大缺口，中国从 1993 年开始就成为石油净进口国，近几年，石油对外依存度持续上升，2010 年超过 55％，目前中国已是全球第二大石油进口国。

——铁矿石方面，对外依存度从 2002 年的 44％提高到 2009 年的 69％，中国已成为全球最大的铁矿石进口国。

——煤炭方面，中国目前已经是全球最大的煤炭消费国。尽管本国拥有巨大煤炭资源，但正在超越日本成为全球最大煤炭进口国。而仅在几年前，中国还是煤炭净出口国。

未来十年情况如何？根据《全国矿产资源规划（2008～2015 年）》预测，到 2020 年，如果不加强地质勘查和转变经济发展方式，届时，中国 45 种主要矿产中，有 19 种矿产将出现不同程度的短缺。石油的对外依存度将上升到 60％，铜和钾的对外依存度仍将保持在 70％左右。

探讨人类的生存和可持续发展问题，可以有四条路线，即：技术创新路线、结构调整路线、政府规制路线、市场运作路线。在上述四条路线中，技术创新路线和市场运作路线（即改革路线）是极为重要的路线。世界有识之士指出："未来属于领先新能源技术的国家。"[1] 美国总统奥巴马之所以不遗余力地推进新能源革命，盖源于此。中国要实现可持续发展，必须重视制度创新和科学技术的支撑和引领作用。这是研究资源环境约束得到的最深切的体会和结论。

二、世界新技术革命的兴起和全球化红利的变化

上一部分，着重分析了国内因素及其带来的挑战，虽然其中也涉及国际，但主要着眼点还是国内问题；本部分，将换一个视角，着重从全球新技术革命的潮

---

[1]　詹姆斯·利普．未来属于领先新能源技术的国家．瞭望［J］，2010（11）．转引自 baidu.com.

流、后金融危机时代的全球化潮流和注重人的自身发展潮流的战略高度，来探讨红利结构变化以及创新立国战略的客观必然性。

（一）21 世纪全球新技术革命的潮流

20 世纪 80 年代，美国经济学家罗默（Romer，1986）、卢卡斯（Lucas，1988）在研究经济增长时，曾将知识作为"内生变量"放入生产函数中，从而在理论上揭示了知识对经济增长的作用，卢卡斯因此获得诺贝尔经济学奖。进入21 世纪以来，科技进步比 20 世纪更为显著。这场革命也被人称为"第三次工业革命"，主要表现在信息革命和生物技术革命等方面。

在信息革命方面，人类社会的"先头部队"正在从工业社会迈向信息社会，包括"云计算"、"e 世界"等信息技术以异乎寻常的速度迅猛发展。信息技术作为当代最具潜力的生产力和人类最重要的"经济"资源，已成为诸多生产要素中的第一要素，统领资本、土地和劳动力等生产要素，为经济增长作贡献。同时，在生物技术领域也正在进行着一场革命。

信息技术和生物技术的革命性变革，必将给人类经济和社会发展带来巨大的挑战，包括对整个社会的经济——技术模式以及对产业、行业、企业等各方面产生影响。由于新技术革命的推动，曾经对经济增长发挥作用的生产要素、交易方式、主导产业及消费领域，都将或先或后地发生变化，甚至是革命性的变化。

在当今全球科技革命深入推进、国际竞争日益激烈的时代，一国要获得持久的竞争力，不能仅仅依靠资源禀赋和要素成本的比较优势，而必须着力发挥竞争优势，而要获取竞争优势，其根本和关键的一招是实行创新驱动，包括制度创新和技术创新驱动。

我们可以看一下世界经济论坛（WEF）发布的《2011～2012 年全球竞争力报告》。该报告依据全球竞争力指数（GCI），对全球 142 个经济体进行了评测。该指数由美国哥伦比亚大学经济学教授萨拉－伊－马丁（Xavier Sala－I－Martin）设计，于 2004 年首次引入。GCI 由基础条件、效率提升、创新与成熟度三大类共 12 个项目决定。基础条件是指制度、基础设施、宏观经济稳定性、健康与初等教育；效率提升因素有高等教育与培训、商品市场效率、劳动市场效率、金融市场成熟性、技术准备、市场规模；创新和成熟度因素包括商务成熟性和技术创新。

在 2011～2012 年度竞争力排名中，瑞士、新加坡和瑞典位列前三位，被称作三"S"国家。这三国共同点是在创新方面有较强的实力。以瑞士为例，其在12 个大项中表现均很强劲，其中最强的三项为创新、技术设备、劳动力市场效率。瑞士的科研机构领先，产学研结合紧密，企业研发投入可观，研发成果也能迅速转变为可进入市场、受到知识产权保护的商品。

除三"S"国家外，另一个较好发挥创新优势的国家是日本。该国总体排名第9位。其中，商业成熟度排名第一，创新性排名第四。日本企业注重研发，拥有大批高素质的科学家和工程师，产品附加值高。

再看中国在12个分项的排名：制度第48名，基础设施第44名，宏观经济稳定性第10名，健康与初等教育第32名，高等教育与培训第58名，商品市场效率第45名，劳动市场效率第36名，金融市场发展第48名，技术设备第77名，市场规模第2名，商务成熟度第37名，技术创新第29名。从中可以看出，尽管中国在市场规模、宏观经济稳定性方面优势明显，但在"制度"和"技术创新"方面的表现却差强人意，特别是在"制度"、技术设备、高等教育与培训等方面亟待提高。

另外一份由"信息技术和创新基金会"（ITIF）于2011年7月发表的题为《大西洋世纪》的研究报告也传达出类似的信息。该报告对全球40个国家和若干国际经济体的"全球创新型竞争力"（Innovation-based Global Competitiveness），依据特定的指标体系进行了排序。中国在40个经济体总排名中，位列第34名，而另外两个东亚国家——韩国和日本则分别位列第5位和第11位。这也反映出中国与世界发达国家在"创新型竞争力"方面的明显差距。

总之，当今世界新技术革命的崛起，逼迫中国必须采取"创新立国"战略。

（二）后金融危机时代经济全球化新趋势的挑战

讨论中国面临的全球挑战，尤其要重视后金融危机时代全球经济再平衡问题。从世界经济角度来看，此次国际金融危机和世界经济衰退，是长期以来欧美等发达国家主导下国际金融和贸易体系失衡的结果。欧美等发达国家意识到，如果想从根本上走出危机，就有必要使世界经济达到一个新的制衡点。而这种再平衡将对中国的创新带来严峻的挑战。此处依据最新的资料从四个方面的挑战进行分析。

挑战之一：未来几年全球经济将进入一个相对缓慢的增长期。根据国际货币基金组织对全球经济增长的预测，今后几年全球经济增速将难以恢复到全球金融危机前的水平。其中，发达经济体在2011~2014年间的"最高"年增长率预期为2.6%，这与其在2004~2007年期间"最低"年增长率为2.6%的情形构成鲜明的反差（见图2-6）。

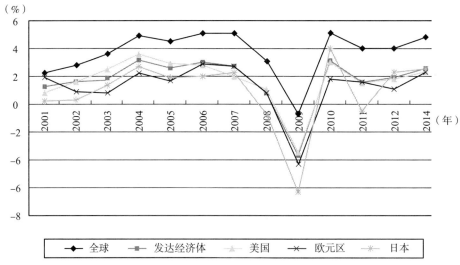

**图 2-6　21 世纪以来及未来几年全球和主要发达经济体
经济增长率的变化情况**

注：2011 年、2012 年、2014 年数据为预测值。
资料来源：国际货币基金组织：《世界经济展望》。

　　挑战之二：主要发达经济体主权债务问题日益突出。表 2-5 和表 2-6 显示，原本政府债务水平和赤字负担率就比较高的一些发达经济体，经过本轮危机的刺激计划之后，赤字率和债务率均进一步上升。据国际货币基金组织预测，到 2014 年，除了德国、英国和加拿大，七国集团的其他几个国家政府债务占 GDP 的比重都将超过 100%。

表 2-5　　　　近年来主要发达经济体政府债务占 GDP 比重的变化情况　　　　单位：%

国家	2007 年	2008 年	2009 年	2010 年	2011 年	2012 年
加拿大	66.5	71.3	83.4	84.2	85.9	88
法国	72.3	77.8	89.2	94.1	97.3	100
德国	65.3	69.3	76.4	87	87.3	86.9
意大利	112.8	115.2	127.8	126.8	129	128.4
日本	167	174.1	194.1	199.7	212.7	218.7
英国	47.2	57	72.4	82.4	88.5	93.3
美国	62	71	84.3	93.6	101.1	107

注：2011 年、2012 年数据为预测数。
资料来源：OECD 数据库。

表2－6　　近年来主要发达经济体财政盈余（赤字）占 GDP 比重的变化情况　　单位：%

国家	2007 年	2008 年	2009 年	2010 年	2011 年	2012 年
加拿大	1.4	0	－5.5	－5.5	－4.9	－3.5
法国	－2.7	－3.3	－7.5	－7	－5.6	－4.6
德国	0.3	0.1	－3.0	－3.3	－2.1	－1.2
意大利	－1.5	－2.7	－5.3	－4.5	－3.9	－2.6
日本	－2.4	－2.2	－8.7	－8.1	－8.9	－8.2
英国	－2.8	－4.8	－10.8	－10.3	－8.7	－7.1
美国	－2.9	－6.3	－11.3	－10.6	－10.1	－9.1

注：2011 年、2012 年数据为预测数。

资料来源：OECD 数据库。

在发达经济体中，作为中国最大的贸易伙伴，欧洲受到主权债务危机的冲击最为明显。中国的另一大贸易伙伴美国同样面临严重的政府债务和财政赤字问题。日本的政府债务率更是长期居高不下，在 2008 年的时候就达到 174.1%，此后进一步上升。中国主要贸易伙伴的问题，对中国也产生着影响。

挑战之三：发达经济体家庭可支配收入持续下降和消费者"去杠杆化"趋势日益明显。这或许是未来几年对中国外部需求最直接的负向冲击因素。

一方面，在发达经济体经济增长前景不甚乐观的同时，就业形势也受到明显影响，甚至出现"无就业的增长"。在失业率居高不下的情况下，家庭可支配收入增幅放缓甚至出现绝对水平下降（见表 2－7），这必然会影响家庭的消费能力。

表2－7　　近年来主要发达经济体实际家庭净可支配收入年增长率的变化情况　　单位：%

国家	2004 年	2005 年	2006 年	2007 年	2008 年	2009 年
加拿大	3.8	2.5	5.7	3.8	3.8	1.4
法国	2.4	1.4	2.5	3.1	0.2	1.7
德国	0.2	0.6	1.1	－0.1	1.5	－1
意大利	0.6	0.5	0.7	0.9	－1	－2.9
日本	1.7	1.7	1.3	0.6	－0.7	—
英国	0.4	2.2	1.1	0.2	2.2	1
美国	3	1.4	3.9	2	1.9	0.9

资料来源：OECD 数据库。

另一方面，国际金融危机发生后，随着全球经济出现再平衡过程，部分发达经济体"低储蓄、高消费"的经济发展模式被动调整，居民消费方式从

"过度消费"向"量入为出"变化，家庭净储蓄占可支配收入的比重开始上升（见表2-8）。这一消费者的"去杠杆化"趋势也大大压缩了中国外部需求的增长空间。

表2-8　　近年来主要发达经济体家庭储蓄占可支配收入比重的变化情况　　单位：%

国家	2005 年	2006 年	2007 年	2008 年	2009 年	2010 年
加拿大	2.1	3.5	2.8	3.6	4.6	4.4
法国	15	15	15.5	15.4	16.2	16
德国	10.5	10.6	10.8	11.7	11.1	11.4
日本	3.9	3.8	2.4	2.2	5	6.5
英国	3.9	3.4	2.6	2	6	5.4
美国	1.4	2.4	2.1	4.1	5.9	5.8

注：法国和英国为家庭总储蓄占可支配收入的比重；其他国家为家庭净储蓄占可支配收入的比重。
资料来源：OECD 数据库。

挑战之四：国际经济衰退引发较为明显的贸易保护主义。事实上，近年来，随着中国出口的大幅增长，中国与别国的贸易摩擦数量就已经急剧上升，成为全球贸易摩擦目标国之首。不单"两反两保（反倾销、反补贴、保障措施和特别保障措施）"等贸易摩擦案件一如既往地猛增，各种技术性贸易壁垒、知识产权壁垒等新型保护主义手段也日益增多。随着国际金融危机的爆发，贸易摩擦进一步加剧。2009 年，中国年度遭受贸易调查突破 100 起大关。在各类贸易壁垒中，反倾销是中国遭遇最早、对中国影响相当大的措施。中国已连续 15 年成为全球遭受反倾销调查、被实施反倾销措施数量最多的国家。同时，作为全球碳排放量最大的发展中国家，随着气候变化逐渐成为各国关注的焦点，一旦碳关税被发达国家普遍采用，中国的出口产品将遭遇更多的绿色壁垒。

上述种种国际经济环境的不利变化，都凸显了外部依赖的脆弱性和不可持续性，一度颇为"殷实"的全球化红利遇到挑战。

（三）当代世界注重人的自身发展提出的新课题

讨论全球化的挑战，除了科技革命和经济全球化之外，还有一个新的角度——人类自身发展的潮流问题。在笔者看来，当今世界"人的主体性"的释放对传统发展模式的影响不可忽视。

1998 年，笔者在《21 世纪中国企业创新探讨》中提出：从当代世界新技术革命兴起后的最新实践看，新技术革命不仅推动着经济的发展，同时也在重塑着人自身。① 2008 年，笔者在《人本体制论》里，进一步发挥了"无限制的新人"观点，提出在这批新人所体现的"无限制"特点背后所隐含的思想，就是更富独立性和开放性②。一批一批的"乔布斯"呼唤"乔布斯的发展模式"③。

除了"无限制的新人"以外，另一个相关的问题是"人本发展导向"问题。环顾世界，这些年来，一些具有人文主义思想的学者日益关注人自身的命运问题。

促进人的自身发展的提出，对传统的经济增长模式提出挑战：那种以 GDP 为主导，为追求粗放增长而不惜牺牲"人的主体性"的路子再也不能继续下去了。

通过对新技术革命、后金融危机时代全球化和人的发展潮流的分析，可以看到，在新的历史阶段，中国经济社会发展的国际经济环境已经发生了很大变化。在这种情况下，作为世界第二大经济体，就必须要转变经济发展方式，推进全面创新。从这个角度讲，包括制度创新和技术创新在内的创新立国是应对新技术革命、全球化挑战，并适应当今世界人的发展潮流的战略举措。

三、创新立国战略倒逼体制改革

创新立国战略作为国家发展战略的重要组成部分，强调的是战略性、宏观性和思想性；而不是战术性、微观性和技术性。"创新立国"战略包括"企业层面创新"，但不限于"企业层面创新"；它包括"产业层面创新"，但不限于"产业层面创新"；它更包括"国家层面创新"，但也不限于"国家层面创新"。它是一个涵盖国家、产业、企业三个层面在内的创新体系。更重要的，它不仅涉及"技术自主创新"，更涉及"制度创新"问题。

基于建立一个完整的创新立国战略体系考虑，应分为三大部分。

第一部分，相当于大厦的"顶层"，包括两个层次：第一个层次从中华民族复兴的历史使命和时代挑战的高度提出中国创新立国战略；第二个层次从化解加工大国内在矛盾（包括结构性矛盾、体制性矛盾以及政策性扭曲的矛盾）的视角提出必须由"加工大国"向"创新（包括制度创新和技术创新）大国"战略转型。

第二部分，相当于大厦的"横梁"，三个层面的创新（包括制度创新和技术创新）体系：（1）国家层面创新：中国迈向"创新大国"，首先应推动国家层面的创新，这是整个战略体系的制高点。（2）产业层面创新：创新型国家的栋梁。

---

① 新华文摘，1998（12）转载，同时收入别无选择——北京青年经济学家谈当前经济改革. 中国经济出版社，1999.

② 常修泽. 人本体制论［M］. 北京：中国经济出版社，2008：227－228.

③ 在 2012 年 8 月中国第四届"人的发展经济学研讨会"上，笔者提出并进一步探讨了"无限制新人"的理论问题。

（3）企业层面创新：创新型国家的主体。中国创新之伟力源于千千万万个有活力的企业。沿着笔者早年所提出的"企业创新萎缩症"问题的分析思路势必涉及制度问题。

第三部分，相当于大厦的"立柱"，探讨创新立国战略的体制支撑，从而直接倒逼相应的改革，至少倒逼出四大制度性问题：

第一，创新型科技人才体制：创新大国的基础。创新立国必须要有创新型人才。要界定清楚"人才"、"创新型人才"、"创新型科技人才"的内涵与特征，构建一套科技人才创新能力评价指标体系，并对中外科技人才创新能力进行比较分析。针对创新型科技人才的培养与引进、配置与使用、评价与考核、激励与保障、创新环境与创新文化的营造与构建、科技人才投入与公共服务体系建设等诸问题，明确提出相匹配的实施方略。

第二，创新型教育体制：创新型人才的摇篮。人才的根本在教育。"为什么我们的学校总是培养不出杰出人才？"这一著名的"钱学森之问"，值得作为创新型人才的"摇篮"——中国高等教育反思。笔者认为，创新型人才之所以"难产"的根源，在于高校现存的包括"行政化"在内的根深蒂固的制度性缺陷。要培育和打造创新型人才，高等教育制度必须进行重大改革。

第三，知识产权保护体制：创新型国家的制度保障。知识产权是中国的一块"短板"。要创新立国，没有知识产权保护，万万不可。随着知识经济和全球化深入发展，知识产权日益成为国家发展的战略性资源和国际竞争力的核心要素。为此，需要从中国知识产权战略、中国知识产权的创造、中国知识产权管理及运用，特别是法律保护等方面进行深入探讨。

第四，其他与之相应的经济政治体制：迈向"创新大国"的经济政治体制支撑。相应的经济体制安排，对于"创新立国"极端重要。当前和今后一段时期，应着力推进财税体制、金融体制、市场体制、产权激励机制、政府管理体制等一系列体制机制创新。唯有此，才能为"创新大国"营造不可或缺的、良好的经济和政治制度环境。

第三节　新阶段：中国改革再出发

【提要】

上一节，用一万多字的篇幅和详细数据，分析了新阶段中国红利结构变化与创新立国战略对全面改革的倒逼。既然如此，本节就要顺理成章地讨论"中国改革再出发"问题。恰好，2012年，为纪念邓小平视察南方20年，《21世纪经济报道》邀请笔者与高尚全先生在《21世纪北京圆桌》围绕"中国改革再出发"进行对谈。这里以此表达笔者有关"再出发"的观点。

中国目前处于第二波历史大转型和第三波历史大转型的交叉期。与此相适应，中国改革需要再出发。

"不改革开放，死路一条。"邓小平这句话，对今天仍具有警世意义。只有按照正确的方向和路径推进改革，方能避免中国陷入"陷阱"。

人民要求"有尊严地生活"。整个发展的思路，需从"物本导向"向"人本导向"战略提升。

推进制度创新，要研究新情况，解决新矛盾。关注民生和社会领域的体制创新。

中国的社会结构、组织形式和利益格局已发生并将继续发生深刻变化。当前社会管理面临诸多新课题，应围绕"促进社会公平正义"推进社会领域体制创新。

社会管理应当"维权第一"，通过维权来促进维稳；要学会并采取措施与公民对话，用"有组织的对话"来代替"无组织的对抗"*。

《21世纪经济报道》导语：1992年1月18日至2月21日，邓小平视察南方武昌、深圳、珠海、上海等地，发表了重要讲话，击中了当时中国最迫切的追问，提出发展才是硬道理，他明确指出，"要坚持改革开放不动摇，不改革开放只能是死路一条"。20年后的今天，经历了大发展之后的中国改革又面临着艰巨的挑战：世界经济萎靡不振，改革难点、重点屡突不破，长期积累的矛盾到达临界点，反改革之声又逐渐尘嚣直上。中国改革到了攻坚阶段，下一步如何改、朝哪个方向改，甚至还要不要改都处于激烈的争论当中，中国改革再一次面临重大的历史关头。在此，我们有必要重温小平同志南方谈话的重要精神，为正步入深水区的中国改革指明方向。为此，本报本期采访了中国经济体制改革研究会名誉会长高尚全、清华大学中国经济研究中心研究员常修泽教授，是为21世纪北京圆桌第333期。

一、南方谈话的当代意义

《21世纪经济报道》（以下简称《21世纪》）：1992年1月18日至2月23日，邓小平视察南方并发表了重要讲话，驱动了中国经济的长周期发展。您如何看待小平南方谈话的历史意义及地位？如何把握当前所处的改革或转型阶段？

高尚全：20世纪90年代初，由于众所周知的原因，中国正处于改革低潮期，反对改革开放、反对市场经济的声浪非常大，苏东剧变更使有些领导同志对是否继续推进改革开放、是否继续推进市场经济建设心存疑虑，改革开放陷入了激烈

---

* 原载于21世纪经济报道，2012 - 2 - 27，http：//people. chinareform. org. cn/c/cxz/media. 收入21世纪经济报道. 改革意见书. 二十一世纪出版社，2013.

的思想交锋中，并且有被否定倒退的危险，改革开放面临严峻的挑战，国家命运面临艰巨抉择。

在这个重要历史关头，小平同志以88岁高龄南下巡视武汉、珠海、深圳、上海，途中发表了著名的南方谈话，以其伟大政治家的高瞻远瞩和非凡胆魄，极其坚定地肯定了十一届三中全会制定的基本路线，有力回击对改革开放和市场经济的纠缠和质疑，为十四大的召开作了充分的思想准备。

小平同志的南方谈话拨云见日，一扫改革被不断羁绊的阴霾，极大地振奋了广大干部群众的建设热情，奠定了国家进一步发展繁荣的基础。我认为，小平同志南方谈话的历史意义和地位不亚于他在1978年开启改革开放进程这一历史事件，是中华民族复兴历史上的一个关键事件，必将作为历史的丰碑永载青史。

常修泽：按照我的"中国第三波转型论"，从现代史来看，中国目前处于第二波历史大转型和第三波历史大转型的交叉期。

第一波转型，社会制度转型。从1919～1949年，转变到新民主主义社会制度，是符合中国国情的；但1956年却转向斯大林苏俄式的传统制度，这里有深刻历史教训。

第二波转型，经济体制转型。从1978年至今，已33年，小平同志的南方讲话至今也已20年。我们需要深思的是：从历史长河来看，这一波转型完成了吗？当初制定的经济体制改革目标实现了吗？从资源配置方式来看，在竞争领域市场机制的作用已得到较大发挥，但市场化改革整体并未完成。当初提出的一些重要战略任务还未取得满意的结果。有些当初定的"攻坚"战还未攻下来。如垄断性行业改革、政府职能转型等，到今天恐怕都很难说已经到位，有的恐怕还没有"破题"。此外，收入分配改革、要素和资源性产品价格改革等也没有到位。

第三波转型，实质是"整体或全方位发展模式和体制模式转型"。我之所以用"整体"这两个字，就是试图来表达未来中国不仅是经济体制转型（当然经济是主要的，是基础层面的），但不限于经济。它应该包括经济、政治、社会、文化及生态环境制度五个方面，我称为"五环式"改革与发展转型，即经济转型、政治变革、社会共生、文明交融、天人合一。这是一个整体的发展体系和体制创新，不是单一的。

我们处在一个什么历史方位？概括地说，第二波大转型尚未完成，第三波大转型又严酷地摆在面前，中国目前处于这样一个历史交叉点上。与此相适应，中国当前面临的改革任务既迫切，也相当艰巨和复杂。

《21世纪》：20年前，邓小平以最直接的方式击中了当时中国最迫切的追问，提出发展才是硬道理。20年后的今天，发展是否仍是中国面临的主要问题？如何看待未来改革的任务和方向？

常修泽：可以说，仍是中国面临的主要问题，但要有新思维。作为一个拥有13亿人口的发展中大国，面对人民日益增长的物质文化需要同落后社会生产之间的矛盾，不发展行吗？在中国要不要发展问题上，我认为，社会是有共识的。

问题在于，我们到底追求什么样的"发展"？这里的"发展"不能狭义地理解为经济增长。我在《人本体制论》一书中提出，到底是单一地唯GDP挂帅，还是更加注重人的发展？从当今世界潮流看，"促进"人的发展是人类的历史使命。人民要求"有尊严地生活"、"幸福指数提高"，为此"发展"必须要有新思维，要强调人本导向、"包容性"发展，特别是把社会公平正义纳入"发展"的内涵。当前，中国正处在新的发展理念与传统发展理念博弈的时刻，我们面临从"物本导向"向"人本导向"战略提升的历史性任务。

提高发展的包容性，不仅要提高即期发展的包容性，还要提高可持续发展的包容性。这就涉及人与自然的关系问题。去年（2011年）9月《新华文摘》转载了拙作《天地人产权论》，指出，可持续发展是一个包括人的生存发展环境（"天"）、人的生存发展资源（"地"）和人自身的生存发展（"人"）的完整体系。而"天"、"地"、"人"都有各自的产权，只有建立完备的环境产权（"天"）、资源产权（"地"）、人力产权等（"人"）广义产权制度，才能实现可持续发展。

高尚全：小平同志在90年代初，特别强调改革和发展的重要性，强调社会主义也可以搞市场经济。共和国前三十年的历史已证明计划经济行不通，后三十年则表明市场经济能够使经济发展、人民幸福、社会进步。改革开放的历史可以说是市场逐渐代替行政计划作为配置资源的主要手段的过程。30多年来，我国经济社会发展取得了举世瞩目的成就。这些变化是改革开放和社会主义市场经济带来的，是市场在资源配置中发挥基础作用的结果。

实践证明，改革一定要坚持社会主义市场经济的发展方向。有些人在建设市场经济的过程中，提出了"中国模式"，认为这种行政主导、受控市场的模式在应对金融危机时发挥了巨大作用，应作为"中国模式"固定下来。但这种提法本质上是对市场经济这个改革方向的扭曲，因为当行政主导的资源配置模式固化时，市场便失去了用武之地。实践是检验真理的唯一标准，小平同志说，人民群众就是看实践。毫无疑问，改革的目标就是建立并不断完善社会主义市场经济体制。

二、深化改革呼唤制度创新

《21世纪》：20年来市场经济的发展，是制度红利推动经济增长，也是增量式改革，这种改革模式在当前是否已走到尽头？深化改革需要怎样的制度创新？

高尚全：小平同志的南方谈话是改革开放的动力源泉。20年前，中国处于一个历史十字路口，极左回潮严重阻滞改革前进的步伐，小平同志不顾八十高龄，毅然南巡发表重要讲话，让中国改革获得了充沛的思想动力和巨大的前进勇气。小平同志在深圳考察时鼓励广大干部群众："改革开放胆子要大一些，敢于试验，不能像小脚女人一样。看准了的，就大胆地试，大胆地闯。""深圳的重要经验就是敢闯。没有一点闯的精神，没有一点'冒'的精神，没有一股气呀、劲呀，就走不出一条好路，走不出一条新路，就干不出新的事业。"20年来，我们就是凭这么一口气、一股劲，取得了经济建设的巨大成就。

但20年来的成就让一些同志们懈怠了，满足于已取得的成绩，甚至唯恐自己在改革过程中因机制尚不健全获得的一些利益在下一步改革中被取消掉，从而沦落为阻碍改革的既得利益阶层，并急于将现在这种不平衡、不可持续的发展模式固定下来。

譬如"利率市场化"，目前几个国有大商业银行，都是80年代到90年代通过改革打破原来财政金融不分家、又打破各种条块限制的结果，是改革的受益者。由于改革尚不彻底，金融领域的行政干预仍在：贷款利率放开了，存款利率仍由行政控制，使得国有大商业银行在这种仍然较扭曲的体制下获得了很高的存贷差收益，造成了资源配置扭曲，影响实体经济的发展。据银监会最近发布的材料，2011年商业银行净利润全年10 412亿元，比上年同期增长36.3%。但当今天需要进一步推进"利率市场化"改革时，曾经的改革受益者、推动者却屡屡以条件不成熟为借口阻挠"利率市场化"的改革进程。若这样的金融改革不彻底，导致实体经济困境，那么最终国有大银行也将受损。既得利益者不是不知道这种后果，但由于既得利益使他们迈不动步子，从而变得目光短浅。

要突破改革的羁绊，必须从思想、组织、制度上落实南方谈话精神。小平同志明确指出，稳定是相对的，不是绝对的。他告诫我们："不敢解放思想，不敢放开手脚，结果是丧失时机，犹如逆水行舟，不进则退。"当前，深化改革必须加快以政府转型为主线的行政管理体制改革、加快以适应社会公共需求转型为主线的社会体制改革、加快以完善生产要素市场为重点的经济体制改革，在行政、社会、经济体制等各领域吸收先进经验、大胆创新。我们必须有紧迫感，真正拿出更大的决心和勇气推进改革，同时要加强改革的顶层设计，避免改革目标落空的危险。

常修泽：推进制度创新，要研究新情况，解决新矛盾。当前的新情况、新矛盾是什么？除经济领域外，我很关注民生和社会领域的体制创新。

民生领域主要是公共服务体制创新问题，既涉及经济，又涉及社会。中国在进入新阶段后，社会经济领域矛盾已发生某些变化。私人用品的供给矛盾得到一定程度缓解，目前比较突出的是公共产品和服务的短缺，如保障房短缺，教育、医疗卫生短缺，社保、就业短缺，公共文化、环境保护等短缺。政府必须承担起为老百姓提供基本公共产品和服务的责任，这是加快推进民生工作的关键所在。而公共产品供给不足，公共服务资源配置不合理，又与社会领域改革滞后直接相关，迫切需要通过改革加以解决。所以，我主张，围绕保障和改善民生推进体制创新，下一步应扎实推进，重点在"破题"和"落实"上下工夫。

社会领域主要是社会管理体制创新。改革开放 33 年来，中国的社会结构、组织形式和利益格局已发生并将继续发生深刻变化。当前社会管理面临诸多新课题，应围绕"促进社会公平正义"推进社会领域体制创新，这是下一步中国改革的新境界、新天地。

首先，设法让公民和社会组织在社会公共事务管理和服务中发挥更大作用，强化城乡社区自治和服务功能。

其次，建立利益表达协调机制，拓宽群众表达自己利益诉求的渠道，在此基础上建立起协调各阶层利益的机制，注重建立矛盾的预防和调解机制，尽量把矛盾化解在初始状态。

再次，处理好"维稳"与"维权"、"对抗"与"对话"的关系。我建议社会管理应当维权第一，通过维权来促进维稳（因为一些不稳定因素是由于公民权利得不到保障才产生的）；同时要学会并采取措施与公民对话，用"有组织的对话"来代替"无组织的对抗"。

最后，要按照培育发展和监督管理并重的原则，对社会组织认真培育和管理，支持社会组织依法自主参与社会管理和服务。近年来，广东、上海等地积极创新社会管理体制，取得了新鲜经验，应及时总结交流，通过创造性工作，促进社会管理体制创新。

《21 世纪》：当前收入分配不公和贫富差距日益引发社会的关注，"共同富裕"如何实现？

高尚全：当前，经济发展已取得了不错的成绩，但在小平同志要求的促进共同富裕方面还要进行很大的努力。小平同志指出，"走社会主义道路，就是要逐步实现共同富裕"。"如果富的愈来愈富，穷的愈来愈穷，两极分化就会产生，而社会主义制度就应该而且能够避免两极分化。""什么时候突出地提出和解决这个问题，在什么基础上提出和解决这个问题，要研究。可以设想，在本世纪（20 世纪）末达到小康水平时，就要突出地提出和解决这个问题。"

实现共同富裕，减轻贫富分化不仅仅是小平同志的要求，也是我们在未来发展过程中能否避免陷入中等收入陷阱的关键所在，实事求是地面对、分析问题是解决问题的基础。消除两极分化、实现共同富裕不仅牵涉经济体制改革，而且基于导致贫富差距扩大的一些深层原因，它的最终解决及社会主义市场经济进一步发展完善有赖于公民权利保障、公民权力制约、政府转型等更深层次的问题的解决。

市场经济更多地是解决发展的问题，当经济发展有了一定基础，就需要将过去有所忽视的与市场经济的配套体制改革提上日程。21世纪已过去10年，在实现共同富裕方面可以说与小平同志的要求还有很大差距，现阶段改革的重点就是要加快行政体制改革，加快政府职能转变，把管制型政府转变为服务型政府。

常修泽：确实，分配领域矛盾比较尖锐，收入分配不公和贫富差距日益引发社会关注，深刻影响着经济和社会的可持续发展。因此，需要强化"包容性发展"、"共享性发展"的理念，实现由"国富"到"国民共富"的转型。不久前（2012年2月3日），我在《人民日报》关于"包容性体制创新"中，专门提出了"分配体制创新：包容"国富"与"民富"的命题。针对"当前我国收入分配领域矛盾比较突出"的现实，我强调三点：居民收入与经济发展、劳动报酬与劳动生产率"两个同步"增长；努力扭转收入差距扩大趋势；突破收入分配的体制瓶颈。

收入分配是一个相当复杂的制度体系，其中潜藏着诸多深层次体制性障碍，如劳资关系、土地资源产权、垄断行业壁垒、个税体制、国资红利问题等。因此，需要超越收入分配，寻求收入分配改革的三个提升：一是由促进经济发展切入，向促进人的自身发展来提升，主要是劳动者权利问题。二是由分配制度改革切入，向产权制度改革来提升（因为收入不公的问题，其深层原因是产权制度的缺陷，如土地资源产权缺失导致收入差距扩大等）。三是由财富创造和分配机制转型切入，向政府和社会方面的转型来提升，包括控制政府的"三公消费"和国资分红制度问题。

三、寻求改革共识

《21世纪》：20年前，邓小平一语"不争论"终结了对"左"与右的无谓纷争，开启了中国市场经济改革的航程；20年后，为获得改革的共识，需要把握什么精神？

常修泽：问的有意思。我年轻时读老子的《道德经》，记得一句名言："知常容，容乃公"。"常"是常规、规律，包括经济、自然、社会规律。"知常容"是说掌握了客观规律的人，胸怀就会宽广，"容量"就大；"容乃公"，胸怀宽广、容量大以后，才能够公平、公正、公道。今天研究改革，寻求改革的共识，应当树立"海纳百川，有容乃大"的精神。

经过 33 年的改革发展，中国正处在历史的十字路口，下一步往哪里去？需要深思，这涉及对改革大局的把握。正像二十年前邓小平在南方说的那句话，"不改革开放，死路一条"，这点应该看得很清楚。现在社会矛盾比较尖锐：社会腐败严重；收入分配不公；公民权利缺乏有效保障（特别是在征地、拆迁中的矛盾较尖锐）。小平讲的"不改革开放，死路一条"这句话，对今天具有警世意义。应按照正确的方向和路径推进改革，使体制创新取得较好结果，从而使中国避免陷入"陷阱"。

从全球范围看，2011 年世界爆发的几起重大事件（如美国"占领华尔街运动"和"北非变革"事件等）表明，尽管各国民众诉求的侧重点和表现形式不尽相同，如发达国家的民众主要不满经济不公平，发展中国家的民众除了不满经济不公平外，还不满政治不公平。由此看来，民众呼唤"保障和改善民生"、"社会公平正义"的诉求是共同的、本质的。这是时代的最强音，也是中国体制创新的基本价值取向，坚持这一点，可凝聚社会各方面的改革共识。

基于这一判断，改革要有"双线均衡"思维，我在《人本体制论》一书中讲到"两个鸡蛋"理论，即"在社会公平和市场化两个鸡蛋上跳舞"，而不要把任何一个"鸡蛋"打破。打破经济市场化这个"鸡蛋"，中国很麻烦；打破社会公平这个"鸡蛋"，中国同样麻烦。在改革过程中，要注意防止两种现象：一方面，要推进经济市场化，但要防止"权贵"；另一方面，要寻求并实现社会公平，但要防止"民粹"。当前主要是"权贵"问题。我认为，无论是"权贵"还是"民粹"，对广大人民群众来说，实质上都是不利的。要把这点看透。总之，本着"有容乃大"的精神，胸怀更广一些，思想更超越一些。

高尚全：纵览中国历史，但凡改革者，从商鞅到戊戌六君子，且不论改革者的结局，在任何一次改革过程中，改革所受到的反对、抵制、污蔑乃至改革者遭受的诋毁、谩骂等都如出一辙。面对各种压力，除了决策层必须坚定不移，改革者也必须有巨大的勇气直面各种非议。

今天的改革，同样如此。有些人抓住改革过程中的一些疏漏及政治体制、社会配套制度等改革滞后产生的一系列问题，利用民粹思潮，对改革开放、普世价值大肆攻击。这些明显与十一届三中全会确定的方针路线截然相反的言论不仅没有受到约束，反而愈演愈烈，而一些改革呼声尤其是政治体制改革呼声却屡遭非议。经济体制的进一步改革完善和社会、政治体制改革前进的步伐似乎都受这些因素影响而裹足不前。反改革的言论聒噪不已，支持改革的声音反而战战兢兢、如履薄冰。中国改革事业似乎又面临严峻挑战。

在这种情况下，我们有必要温故小平同志的讲话，小平同志要求"不争论"的目的就是要争取时间干。他告诉我们："允许看，但要坚决地试。看对了，搞一两年对了，放开；错了，纠正，关了就是了。关，也可以快关，也可以慢关，也可以留一点尾巴。怕什么，坚持这种态度就不要紧，就不会犯大错误。""总之，社会主义要赢得与资本主义相比较的优势，就必须大胆吸收和借鉴人类社会创造的一切文明成果。"他更一针见血地指出：有右的东西影响我们，也有"左"的东西影响我们，但根深蒂固的还是"左"的东西。有些理论家、政治家，拿大帽子吓唬人的，不是右，而是"左"。小平同志在南方谈话时就交代我们，不要怕被扣帽子，甚至不要怕犯错误。

改革必须要有敢闯、敢拼的勇气。前不久，广东在深化体制改革时提出："要大力培育发展和规范管理社会组织。加大政府职能转移管理力度，舍得向社会组织'放权'，敢于让社会组织'接力'。凡是社会组织能够'接得住、管得好'的事，都要逐步地交给社会组织。"把政府权力，大幅度地交给社会组织，这是我们从未尝试过的事情，但小平同志说过，要大胆地试，即使犯点错误都没关系，这种改革的勇气就是我们今天特别需要的。改革必须充满勇气，天变不足畏，祖宗不足法，人言不足恤，这是国家和民族的希望所在。

第四节　改革顶层设计需要有国际视野和人类关怀

【提要】

在新的历史阶段，中国改革再出发有个"顶层设计"问题。

讨论"顶层设计"，不仅要着眼于国内（包括大陆自身与两岸和平发展的总体格局），而且要有国际眼光，要注意吸收其他转型国家（例如越南）的有益做法（在某些方面其他转型国家也有不少新的创造）。

改革要有"人类关怀"。当代人的生存发展，是一个包括人的生存发展环境（"天"）、人的生存发展资源（"地"）和人的生存发展自身（"人"）在内的完整体系。顶层设计当中，一个不可忽视的问题是需要重视对环境产权、资源产权和人力产权制度的设计。

顶层设计和顶层的人设计是两个不同的概念。中国农村大包干改革是谁设计的？是小岗村等地农民设计的。人民，是改革的原创设计师[*]。

中国在新的历史阶段，推进全面改革，必须做好"顶层设计"。清人陈澹然曾云："不谋万世者，不足谋一时；不谋全局者，不足谋一域"。澹然先生是光绪十九年恩科举人。这段话第一句讲的是纵向，要有时代感。第二句是横向，要有全局观。改革推进到新的历史阶段，必须在深入调查研究基础上提出科学的顶

---

[*] 原载于内部经济决策参考，2011 - 6 - 30；群言，2011（11）.

层设计。所谓顶层设计，就全面改革阶段而言，就是要对经济体制、社会体制、政治体制、文化体制、生态环境体制等作出统筹设计，为此需要对各项改革统筹协调，要有"谋万世"、"谋全局"的胸怀。

一、顶层设计需要有国际视野

讨论中国改革的"顶层设计"问题，不仅要着眼于国内（包括大陆自身及两岸和平发展的总体格局），而且要有国际眼光。现在世界上 190 多个国家，既有美欧日等发达国家和地区，也有诸多发展中国家和地区。中国作为世界上最大的发展中国家，可从不同角度去考察。比如，从"金砖"角度去考察，中国与印巴俄和南非是一个系列；从"上合"角度去考察，中国与中亚及俄等是一个系列；从"东盟 10 + 1"或"10 + 3"角度去考察，中国与东盟诸国是一个系列；从今天讨论的"制度变革"角度去考察，中国与越、老、朝、古又是一个系列。

但是，这五个共产党执政的国家，情况并不完全一样。中、越、老是实行改革比较早的三个，国外转轨经济学界普遍认为是"越南学中国、老挝学越南"。还有两个，一个是古巴，一个是朝鲜。古巴，2011 年有新情况，尽管在领导体制上 85 岁的交给 80 岁的，年龄仍偏大，但劳尔在经济改革领域有新的举措，从了解的材料看，力度比较大；朝鲜是否有新的迹象，还看不清楚。值得关注的是越南的改革。

为什么说这个呢？因为前一段——2011 年 6 月 5 日到 9 日，应越南中央经济管理研究院的邀请，笔者和几位同志一起前往河内，出席由越南中央经济管理研究院和中国（海南）改革发展研究院举办的第八届"中越经济改革比较论坛"。这是我第 7 次赴越南访问，也是在越共举行十一大之后一次新的访问，这样有个前后比较。尽管在河内使馆前曾发生令人不快的事情，但在会场内就改革论坛本身来说，讨论还是比较正常的。因为大家都遇到同样的问题，在制度改革上有共同的追求。

讨论涉及，第一个，到底现在越南和中国改革处在什么阶段？呈现什么态势？例如，两国的国有垄断性部门改革到底进展如何？垄断性部门至今存在什么问题？面临什么挑战？这是需要判断的。第二个，两国的改革顶层设计到底按照什么思路和框架进行？第三个，下一步要突破哪些关键点，突破哪些领域或者环节？怎样解决发展改革过程中的通货膨胀问题（越南的通货膨胀率 2011 年前几个月平均 16% 以上，最高月达 19.5%，中国这边是 5.5%），以及在治理通货膨胀过程中如何防止传统体制回潮等。

在交流中了解到，在越共十一次代表大会上，采用越共十大的一些"革新型"做法，比如说，越共中央总书记的人选采取两位候选人差额制（这次是由阮富仲与张晋创PK），由党内的同志进行选择，结果阮富仲胜出任总书记，张晋创据说将任国家主席。虽说总的框架没变，但在党内民主方面确有推进。而且，越共代表大会的政治报告提前印发给全党和全国人民审议讨论，广泛征求意见。这也有一些探索的意味①。

这只是举一个自己了解的实例而已。无非是想说，讨论中国改革的"顶层设计"问题，不能就中国论中国，要有国际眼光，要注意吸收其他转型国家的有益做法。

二、顶层设计需要有人类关怀

2007～2008年笔者在参与联合国开发计划署（UNDP）《惠及13亿人的基本公共服务——中国人类发展报告2007/08》研究写作时，对人类发展指数（HDI）颇受启发并引发对此指标研究。② 2009年6月，在国务院研究室召开的"十二五"发展战略专家座谈会上，我建议用HDI（"人类发展指数"）——这个衡量人类发展水平的实用指标来替代GDP。当然，现行的"人类发展指数"，也未必能全面反映人自身发展的要求和机理，比如说，它没有反映收入贫困、不平等趋势及环境状况，但比较而言，比GDP指标要更富有人性化的特点。若按GDP总量，2009年中国排在世界第3位，但若按HDI计算，根据2009年《人类发展报告》公布的以2007年数据的计算，中国人类发展指数为0.772，排名世界第92位。哪个更能反映马克思说的"每个人的发展"情况呢？显然是HDI（"人类发展指数"）。

此后，笔者一直跟踪人类发展指数（HDI）及中国的排行情况（见表2-9）。

---

① 这里要特别关注越南。作者曾七次去越南讲学和交流，他们的"革新"起于1986年，比中国晚8年，但一直在奋起直追。他们总结了国内外的经验教训，选择了一条适合越南国情的社会主义民主化道路。2013年越南在做什么？据了解，他们在讨论修改宪法，以民主的现代化的文明社会作为核心理念，开门征求全党、全国人民的意见（已经收上来的意见达2600万条），由此激发人们的改革激情，形成一个强大的改革氛围。对此需要高度关注并予以重视。

② "人类发展指数"是健康、教育和收入三个分指数的算术平均值。自联合国开发计划署于1990年公布第一份《人类发展报告》以来，人类发展指数一直被用来评估世界各国的人类发展水平。参见联合国开发计划署（UNDP）.2007/08中国人类发展报告——惠及13亿人的基本公共服务.中国对外翻译出版公司，2008.

表 2 – 9　　　　　　　部分国家人类发展指数（2011）及在全球的地位

HDI 位次	国家、地区	人类发展指数（HDI）	期望寿命（岁）	人均国民总收入（GNI）（美元）	城市化率（%）
3	美国	0.937	78.7	43 480	82.6
10	日本	0.912	83.6	32 545	91.9
20	法国	0.893	81.7	30 277	86.4
40	智利	0.819	79.3	14 987	89.4
55	俄罗斯	0.788	69.1	14 461	74.0
61	墨西哥	0.775	77.1	12 947	78.4
85	巴西	0.730	73.8	10 152	84.9
101	中国	0.699	73.7	7 945	51.9
121	南非	0.629	53.4	9 594	62.4
137	印度	0.554	65.8	3 285	31.6
146	孟加拉国	0.515	69.2	1 785	28.9
HDI 组别					
	极高人类发展水平	0.905	80.1	33 391	81.2
	高人类发展水平	0.758	73.4	11 501	74.1
	中等人类发展水平	0.64	69.9	5 428	43.7
	低人类发展水平	0.466	59.1	1 633	33.6
	世界	0.694	70.1	10 184	52.6

资料来源：http://hdr.undp.org/en/reports/global/hdr2013/，http://datacatalog.worldbank.org/.

这里，笔者要指出，不仅发展要考虑人类问题，改革更要有人类发展观照，或者简称"人类关怀"。2011年，我写了篇论文，题为《天地人产权论》，副标题为《当代人的发展多维产权探讨》已作为"国家发展和改革委员会经济研究所 2011 年 001 号研究报告"上报。

研究报告指出，当代人的生存发展，是一个包括人的生存发展环境（"天"）、人的生存发展资源（"地"）和人的生存发展自身（"人"）在内的完整体系。从宏观层面审视，期间蕴涵着多维产权关系：环境产权、资源产权、人力产权。顶层设计当中，一个不可忽视的问题是需要重视对环境产权、资源产权和人力产权制度的设计。

为什么提出应重视这个问题？不妨研究一下 2011 年上半年的国内外事件给我们提出哪些问题。

其一，从环境方面来讲，有几个重大事情要关注：第一个，日本的地震海啸及其核危机。这是人类面临的重大问题，对世界环境保护产生影响。2011 年 5 月 7 日、8 日，我应邀主持两岸论坛的发展规划专题时，曾把两岸的核电安全机制合作作为一个议题讨论，取得实在的成效。这里有个环境产权问题需要研究。第二个，从 2012 年 1 月 1 日起，欧盟将对所有飞经欧洲的飞机收取高昂的碳排放费用，按此构想，据估计，仅 2012 年，中国航空公司需要支付的这笔"买路钱"就将高达 7.43 亿元人民币，到 2020 年将高达 30.8 亿元。中国对此有异议。你不研究环境产权行吗？第三个，国内屡屡出现一些环境污染的严重事件，如紫金矿业污染福建的河流等，这涉及环境的治理问题和环境产权的补偿问题。环境问题是人类面临的大问题，这是其一。

其二，从资源方面来讲，有几个重大事情也值得关心。第一，北非战争。这场战争有很复杂的原因，有部族的问题、教派的问题、社会民主的问题，内部原因是主要的，但后来美国和北约的介入，有没有资源原因？围绕着石油等战略利益，产生大国博弈。第二，2011 年以来全球大宗商品价格猛烈上升，给一些国家的通货膨胀起了推波助澜的作用。第三，我们国家对海外资源性产品的依赖度很高，未来国家经济发展潜伏着隐忧。怎么由原来的资源消耗型大国转向资源节约型大国，面临发展模式的重大转变，要探索新的模式。这是资源问题。

其三，从人的发展方面来讲，更值得关心。现在世界面临"劳动力低成本"发展模式的转换问题。为什么在一些国家出现那么多工人罢工事件？法国报纸把工人的群体性事件作为 2010 年中国出现的大事，虽然有它的角度，但这是非常值得重视的。低成本增长模式与劳工"发展性权益诉求"之间的矛盾，是发展中国家面临的尖锐的社会问题。

两千多年前，中国的先哲曾率先提出了"天、地、人"的哲学理念。借用这组概念来研究当今中国和世界现实，就会发现：人类正面临着环境问题（"天"）和资源问题（"地"）的严峻挑战。2011 年爆发的上述事件再次将"天"、"地"和"人"的发展自身尖锐地摆在了面前。"天""地""人"三界所出现的诸种新情况、新矛盾，向人类的发展提出了新课题。我们要有这种"宏观观照"。

从顶层设计角度研究，面对"大""地""人"三界所出现的新矛盾及其向人类的发展提出的新课题，需要把笔者此前提出的"人本体制论"和"广义产权论"打通，建立"人的发展多维产权制度"。我的具体观点是：（1）"天"：环境领域存在"产权缺失"。（2）"地"：资源领域存在"产权残缺"。（3）"人"：人力产权是以人为"本体"和"轴心"的产权，重点是劳动力产权、管理产权和技术产权。（4）"合"："天—地—人"产权关系具有内在耦合性。简言之，归纳为"天、地、人、合"四点。这篇论文已发《上海大学学报》2011 年第 3 期（2011 年 6 月），《新华文摘》已转载，这里就不赘述了。

三、顶层设计的客体与主体

顶层设计的客体是什么？即设计的主要内容是什么？有论者讲顶层设计首先是政治体制改革设计，我是赞同的。"十二五"规划指出，未来5年，是"四位一体"改革（包括经济政治社会文化改革）；我有一个补充建议，除了这四个方面的改革之外，我建议把环境资源制度作为一个独立的问题（因为它涉及的是"天人关系"问题）。这样就是"五环"式改革，即经济、政治、社会、文化和环境资源制度五个方面。现在的"短边"是政治体制改革。

顶层设计的主体是什么？或者说是由谁设计？感觉现在思想不是特别清晰。看到最近有朋友写的文章，把"顶层设计"等同于"顶层人设计"，而且有的文章明确提出"反泛化"的命题，值得研讨。笔者认为，顶层设计和顶层的人设计是两个不同的概念。中国农村大包干改革是谁设计的？那是小岗村等地农民设计的，当时中共中央的文件是"不准包产到户"的。可见，一些新的制度未必是"顶层的人设计"的。人民，是改革的"原创设计师"；高明的领导，可以说是顺应历史潮流，总结群众的创造，作出科学的总结和决策。

今天中国面临的改革更加复杂、更加艰难。经过30年实践探索，应该说传统体制的弊端及其改革路径已大体摸清。一方面，需要"高层"以更大决心和勇气全面推进各领域改革，主持制定改革的总体规划；另一方面，在新的历史条件下需要激发人民群众的首创精神，解决改革的现实动力源源不断的供给问题。这是中国改革纵深化和制度化的双重要求。基于此，顶层设计，应该是顶层的人、中层的人、底层的人一起设计为好，这涉及人民群众首创精神与中枢科学决策相结合的问题。

顶层设计过程中的关键是如何摆脱既得利益集团的掣肘。现在有些部门受利益集团的约束比较严重，这样设计出来的东西会有一些偏差。怎样摆脱或者驾驭既得利益集团，是设计过程中一个命脉性问题。不管是高层、中层、或是底层，大家都应该超脱一点，站得高一点，如杜诗所云"会当凌绝顶，一览众山小"。这样设计的东西才能接近于客观实际。

第五节　北欧实践对中国全面改革的启示

【提要】

上一节提出，改革顶层设计需要有国际视野和人类关怀。从作者国外考察的情况看，北欧实践对中国改革具有启示意义。

启示1：要把政府自身的体制改革作为新阶段整体改革的重点。中国当前改革的总体态势表明，政府自身改革的滞后，是导致经济社会发展出现诸多矛盾的深层原因。

启示2：实现社会公平并不必然与市场化和全球化的趋势相冲突，也不必然形成"左倾"，北欧就是一例。这对中国具有重要启示，要寻求一条社会公平和市场化改革统一的新的道路。

启示3："民主健全"和"社会和谐"是现代文明社会的基本要求，也是中国的薄弱环节。应寻求取得突破性的进展，否则，全面建设小康社会就会落空。

启示4：需要以"大智慧"来吸收当代世界人类的共同文明，包括吸收北欧的某些有益成分。根据中国现在的国情和时代潮流，来推进中国特色社会主义道路的发展＊。

中国的全面改革正处在历史性推进的前夜。在此历史时刻，从研究制定推进方略的角度来说，一方面，需要植根本土，对本国体制的内在矛盾及其运行状况，有一个比较全面、客观且鞭辟入里地认识和把握；另一方面，又要开阔视野，对当代世界，特别是一些"社会和谐"国家，在打造"善治（Good Governance）"政府方面的经验和做法，有比较深入的考察和了解，以此作为推进中国政府改革之借鉴。本着这一宗旨，笔者以"北欧模式：政府职能转变与制度安排"为题，对北欧三国（芬兰、瑞典、丹麦）进行了比较深入的考察。根据考察内容，笔者就北欧国家政府在公共服务方面的作用、机制及其对中国改革的启示提交长篇研究报告。这里选取的是研究报告的第四部分：北欧国家政府作用对中国改革的几点启示。

一、把政府改革作为整个社会经济体制改革的重点

中国的经济体制改革，已历时多年。从当前及今后改革的总体态势分析，政府自身改革的滞后，是导致经济社会发展出现诸多矛盾的深层原因。因此，要把政府自身的体制改革作为整个改革的重点。

政府自身的体制改革有诸种思路，从北欧国家的实践来看，应当把推动政府由过去偏重于"直接参与和干预"经济活动的模式向服务管理型模式转变。在这方面国内有一个颇有流行的理念，似乎认为坚持以经济建设为中心，政府就要直接参与并干预经济活动，其实，这是一种很深的误解。以经济建设为中心，并不意味着政府直接干预微观经济活动，这是两回事，在这方面需要更新观念，做

＊ 此节原为一内部报告。曾载于国家发展和改革委员会宏观经济研究院内部刊物《调查·研究·建议》增刊第5期（2004－11－17）。

根本性的转变。

政府经济职能的重点之一转到以公共服务方面来，从北欧的实践来看，主要应在以下四个方面着力推进：（1）提供面向劳动力市场的"民生性"服务；（2）提供促进社会事业发展的"公益性"服务；（3）提供非竞争性领域的"基础性"服务；（4）提供促进市场主体正常运转和创新的"主体性"服务。在实施公共服务的同时，政府还应做好自身应当承担的管理职能包括规划协调、市场监管和社会管理工作。总之，努力把原来的"经济管制型"政府转变为服务管理型政府，但又对管理作出科学界定，防止在"管理"的旗号下，使旧的体制"惯性运作"。

这里需要强调，政府改革，实质是与政府有关的权力和利益关系的再分配，不可避免地会受到相关利益集团的阻挠和干扰。作为为最广大人民群众根本利益服务的政府应该以极大的勇气和魄力，排除既得利益集团的干扰，推动这场波澜壮阔的"政府革命"，这是中国经济体制改革和政治体制改革的关键性战役，必须坚决而且稳步的推进。

二、寻求市场化目标与社会公正目标的协调和统一

中国的改革是以市场化为目标的，在改革的过程中，经济增长和居民收入水平有了明显的提高，但与此同时，也出现了收入差距过大的矛盾。有一种观点认为，市场化目标与社会公平目标存在矛盾，两者不得兼得，实现收入分配公平和更大范围的社会公正，必然导致方针政策的"左倾"，必然与改革的目标——市场化和全球化相冲突。

从北欧的实践来看，这种把市场化和社会公平对立起来的观点是站不住脚的。实现社会公平并不必然与市场化和全球化的趋势相冲突。这对中国具有重要启示，我们要寻求一条社会公平和市场化改革统一的新道路，追求社会公平完全可以与改革开放的路线相衔接、相适应。

当前，中国在这方面面临相当复杂的情况，一方面必须坚定不移地推进市场化改革，不能因出现某些不公平现象而使改革方向逆转（现在有些问题并不是市场化改革过度造成的，而是市场化改革不到位所致。只要搞市场经济，势必要讲公平的原则，包括地位平等、机会均等和实行等价交换的原则。从这个意义上说，市场经济是反特权的）；另一方面也要看到，即使按照平等的交换原则，由于每个参与分配的个体的能力和各方面情况不同，分配结果会造成不平等；特别是当前社会腐败问题严重，对改革产生了极大的干扰和腐蚀作用，从而造成了社会的不公平。鉴于此，必须把社会公正放在重要位置，特别是克服"权贵腐败"

对改革的干扰，真正做到市场化改革和社会公平的"双赢"。

三、加强"民主健全"和"社会共生"两个薄弱环节

对于中国在 21 世纪前 20 年的发展战略，国家提出了"全面建成小康社会"的战略任务，并明确规定了六条标准，即：（1）经济发展；（2）民主健全；（3）科教进步；（4）文化繁荣；（5）社会和谐；（6）生活殷实。从各地的实际情况看，普遍存在一种简单化、狭隘化的倾向，把上述一个全面转型的现代化概念仅仅归结为一个经济概念和生活概念。其中，最为忽视的是"民主健全"和"社会和谐"这两条。这是必须引起注意的。

从目前实践情况看，虽然在民主健全方面也有所动作，但是，民主化进程不尽如人意，同时，社会和谐的局面尚未形成，几个方面的社会矛盾和社会冲突比较严重。

下一步在改革发展过程中推进民主化的进程，建议重点是做好"三个尊重、三个提高"：尊重公民的知情权，提高公民对我国政治、经济和社会情况的知情度；尊重公民的表达权，提高公民比较自由地表达个人思想和见解的程度；尊重公民的参与权，提高公民对政治生活、经济生活和社会生活的参与程度（包括对公共政策的制定、执行和监督的参与程度）。

在社会和谐方面，突出抓三条：一是积极培育和发展"民间社会"，尤其是注意发挥非政府组织（NGO）的作用；二是着手建立各种社会力量之间的协商对话机制，实现"决策多元化"；三是平衡不同社会群体之间的利益矛盾，尽力使各个社会阶层的利益都得到保障，防止改革的成果落入少数人之手而引发的社会冲突。总之，"民主健全"和"社会和谐"这两方面是我们的薄弱环节，应当努力推进，寻求取得突破性的进展，否则，实现全面建设小康社会的历史性任务，就可能扭曲，甚至落空。

四、以"大智慧"来吸收当代世界人类的共同文明

考察中深深地感到，北欧经济社会模式的理论基础是所谓"第三条道路"，这条道路的实质，就是在古典资本主义道路和传统的社会主义道路之间，寻找一条新的道路。

中共十一届三中全会以来，在解放思想，实事求是方针的指引下，中国在"如何建设社会主义"方面取得了重大突破。特别是，邓小平关于"社会主义的本质"的论断，表明了中国共产党对社会主义道路新的认识和新的探索。现在的

问题是，需要在此基础上进一步开拓进取。根据中国现在的国情和时代潮流，需要以"大智慧"来吸收当代世界人类的共同文明，包括吸收北欧的某些有益成分，来推进中国特色社会主义道路的发展。可以在以下几方面进行探索：在所有制问题上，既不搞"全盘私有化"，也不坚持"传统的单一国有化"，而应该借鉴 PPP 的思路，以混合所有制经济作为中国经济的主体（包括在社会财产结构和企业财产结构两个层次发展混合所有制经济）；在社会分配问题上既不复活平均主义，也绝不放纵贫富悬殊和两极分化，而以社会公平为主旨，寻求经济效率和分配公平的统一；在经济运行和管理问题上，既不搞市场放任主义（或以"市场化"为名搞市场原教旨主义），也不容忍传统计划配置的惯性复归（或以"强化宏观调控"为名，实施变相的计划配置），而是按照"国家与市场之间平衡性"的思路，寻求现代市场经济和政府"善治"的有机结合；在社会运行方面，既不忽视作为社会成员绝大多数的广大工人、农民的利益（尤其要注意保护弱势群体），也不挫伤虽然人数较少但对经济发展发挥重要作用的企业管理者和技术专家的利益，真正以构建和谐社会为目标，实现社会力量之间的平衡和协调。这个问题涉及执政建设及中国社会的进一步转型和完善问题。这些都有待于继续探索。

[补充]

北欧经济社会考察引出的思考[*]

列宁说过，纪念伟人最好的方式，就是把伟人的事业继续推向前进。我们不仅仅要铭记过去，关键是要向前看。今天这样的学习既要缅怀伟人的业绩，更需要的是对未来的探索，对"未知"的探索。

邓小平在理论上的突破，是提出了社会主义初级阶段论、社会主义市场经济论、社会主义本质论等，其基本取向是力求把握社会主义发展的基本规律。到底什么是社会主义，建设一个什么样的社会主义，这是时代提出的历史性课题。近百年来，特别是近几十年产生过较大的分歧。中国长期以来采取的是苏联政治经济学教科书的几条，但在实际生活中，新的实践不断对传统社会主义理论进行挑战。邓小平对社会主义本质进行了界定，提出"解放生产力，发展生产力，消灭剥削，消除两极分化，最终达到共同富裕"。社会主义的核心问题是共同富裕，小平同志抓住了社会主义的本质，是对传统社会主义认识的突破。从一个更长的历史视野来看，有很多东西值得我们搞经济理论的同志反思。

这段时间，大家一直在讨论"以人为本"，这是社会主义的核心问题。早在 1895 年，即恩格斯逝世的前一年，瑞士《新世纪》杂志创刊，杂志主编请恩格斯为杂志题词，恩格斯经

---

[*] 此附件系作者在国家发展和改革委员会宏观经济研究院"纪念邓小平诞辰 100 周年"学习扩大会议上的发言，原载国家发展和改革委员会宏观经济研究院内部《工作简报》（2004－8）。后作为拙作《人本体制论》（2008）一书的附录。

过思考，引用了马克思著作中的一段话：每个人的自由发展是一切人自由发展的条件。我认为这是社会发展的核心问题。我们学习马克思列宁主义要抓住问题的本质。

恩格斯逝世后，国际共产主义出现分裂，一派以列宁、斯大林为代表，一派以社会民主党人为代表，他们都自称坚持和奉行恩格斯的社会主义。从1895年到现在，一直在争论。苏联的情况大家已经清楚，那么社会民主主义者搞的所谓"北欧社会主义"，到底情况如何？

最近我有机会做了实地考察，到北欧的芬兰、瑞典、丹麦进行学术交流。特别令人深思的是，我看到我们讲的一些东西，正在北欧、在斯堪的纳维亚地区有所体现，北欧的经济社会发展模式，值得重视。比如：

我们强调"发展经济"，解放和发展生产力。我考察的这几个国家的综合经济竞争力都排在世界前几名，据世界经济论坛最近公布，在100多个样本国家中，芬兰排第1名，瑞典排第3名，丹麦排第5名。芬兰这个只有500万人口的国家，却出现了"诺基亚"这样世界闻名的大财团，其手机销售量曾经占过世界市场的1/3；还有瑞典的"爱立信"、ABB和沃尔沃等，经济充满活力。

我们强调"共同富裕"，这是我们的基本目标。我调查了北欧地区的收入差距，基本的概念是，最富的10%人群与最贫穷的10%人群的比例，如果只算劳动收入，是2.5：1，如果再加上资本收入大约是3.5：1。基尼系数大约在0.25~0.3之间，同时他们还有相当完备的社会保障制度，总之贫富差距不大。中国的基尼系数可能到了0.4~0.5之间，社会分化比较严重。收入差距这么大，这是一个深层次的问题。现在人们呼唤"社会公平"，不满情绪在滋长，未来5~10年，要防止"收入分配问题"集中爆发。这就要寻求市场目标和社会公平目标之间的平衡点。

我们强调"社会和谐"，这是中共中央关于社会发展问题的一个"新理念"，也是国家提出的社会发展目标之一。可惜，并没有引起整个社会的重视，现在有许多深层次的矛盾，社会还处于不够协调的状态，有些矛盾还相当突出。北欧有自己的解决办法，为实现社会和谐，他们建立了所谓"金三角"的社会协商制度，即政府、工会、雇主协会三者对话协商制度。比如关于工人利益问题，经过多次谈判，签定了"盐湖巴登"协议，形成共同要遵守的条款，这样防止社会出现大规模的冲突。

我们强调"政府廉洁"。北欧国家一讲公开、透明，二讲开放，三讲廉洁度。从世界近百个国家政府清廉指数顺序来看，他们名列前茅，特别是芬兰排在第一位，中国大陆排在四十几位。陪同的朋友告诉我，政府有关部门请吃饭的菜单都要在网上公布。在丹麦一位出租车司机对我说，他们的首相没有专车，曾坐过他的出租车。

当然在全球化的影响下，他们也存在许多问题，正在酝酿新的改革。有机会我再讲他们的"问题"。

今天我们纪念小平同志，从一个更广的视野看，邓小平为我们开创有中国特色的社会主义道路奠定了基础。现在的问题是，要沿着这条道路继续开拓。根据中国的国情和时代潮流，建议吸收当今世界人类文明的先进成果。走有中国特色社会主义道路，对于党的建设也会提出新的要求，从这个意义上说，党也面临历史性创新，这是新一代乃至下一代领导人需要解决好的。

第六节　南美两国改革的考察与启示：
"在两个鸡蛋上跳舞"

【提要】

"在两个鸡蛋上跳舞"本是拉丁美洲民间谚语，是笔者在考察南美玻利维亚和智利时学到的。在探讨中国和拉丁美洲国家经济体制改革时，逐步形成在市场化公正化"两个鸡蛋上跳舞"的思想。

南美改革的教训是十分沉痛的。当年阿连德搞计划经济，搞得天怒人怨，结果被炸死，证明计划经济死路一条；后来，皮诺切特搞"刺刀下激进的市场经济"，也走不通。

发展中国家的体制改革应选择什么样的价值取向？计划经济体制和"激进的自由市场经济"两种模式，拉丁美洲国家都采取过，但都不成功；近年来，某些国家"向左转"又带来了另一种利益失衡，出现社会动乱。出路在于超越单一模式，采取综合的方式，把经济市场化和社会公平结合起来。在"两个鸡蛋上跳舞"的改革思路，值得重视 *。

笔者近年应玻利维亚和智利有关方面的邀请，对这两个南美国家进行了考察。在我到达玻利维亚圣克鲁斯的当晚，爆发了震惊世界的、以当地为中心的玻利维亚东部地区动乱，这一不期而遇的情况，使我能在第一时间对该国的经济社会进行观察。离开玻利维亚后，我又赴智利考察。以上的亲身经历和考察引起我对南美经济体制模式的思考，最深的体会是：发展中国家的改革，应努力寻求社会公正与经济市场化之间的最佳均衡点。

一、计划经济体制和"激进的原教旨市场经济"：两条路都走不通

通常，人们把南美看成"自由市场经济"改革的典型。我感到这个界定是不够准确的。从我所了解的几个国家经济体制的变迁看，南美在 20 世纪八九十年代实行的不是一般的"自由市场经济"，而是一种"激进的自由市场经济"（有的国家甚至是"刺刀下的自由市场经济"）。另外，还实行过苏联式的计划经济。这样，20 世纪人类两种极端的体制——计划经济和"激进的自由市场经济"，南美都先后尝试过。结果如何？实践表明，两条路都走不通。

---

　　* 此节系作者在考察南美玻利维亚和智利后撰写的调研报告。刊于同舟共进，2012（11）；收入新华月报，2012（12）.

（一）计划经济体制，死路一条

南美有的国家在 20 世纪六七十年代曾效法苏联，一度实行过高度集权的计划经济体制。这方面，苏联曾树立的"和平过渡到社会主义"的典型——智利，是突出的代表。

在南美期间，我来到位于智利首都圣地亚哥市中心的总统府地区，看到了阿连德总统当年演讲的阳台。1970 年，阿连德领导的社会党联合共产党，组成人民联盟参加竞选获胜，同年 11 月上台执政。在苏联的影响下，智利采取计划经济体制模式，包括在生产资料所有制方面实行"急风暴雨式的国有化"路线；在经济运行机制方面，实行严格的政府价格管制和计划供应；分配方面，实行平均主义和"大锅饭"体制等。这样做的结果，虽然打击了大资本家和大庄园主的利益，短期内也取得一些成效，但在随后的实践中，计划经济体制的弊端逐步暴露出来：一是国有工商企业管理混乱，连年亏损；二是国营农场和农村合作社缺乏激励，生产效率下降；三是商品匮乏，供应紧张，导致物价上涨。这种情况最终导致广大中产阶级和底层民众对政府不满，给军队发动政变提供了口实。1973 年 9 月 11 日，军人发动政变，轰炸总统府，阿连德总统遇难身亡。

在阿连德生前发表演说的阳台前，我久久不愿离去，内心深处尤感疼痛：计划经济体制——这个人类 20 世纪的"幽灵"，不仅对苏联和东欧国家，而且对智利这样的拉美国家和它的人民、它的领导者，都是"死路一条"。

（二）"激进的自由市场经济"，难解社会公平之结

从 20 世纪 70 年代末开始，智利皮诺切特政府接受"激进的"自由市场经济的主张，并与政治上的集权主义结合在一起。据介绍，皮诺切特军政府统治时期，先后有 13 万人被捕，6.5 万名政治犯失踪，上万人流亡国外，我把它称为"刺刀下的自由市场经济"。

从该体制具体的实施路径看：在所有制结构方面，对已经收归国有的企业、矿山、银行实行"全盘私有化"，已建立的农村合作社也实行"土地私有化"；在价格体制方面，取消价格控制和政府补贴，据有关资料显示，政府控制价格的日用商品由计划体制时期的两万多种减少到只剩 8 种；在金融体制方面，除实行"银行私有化"外，金融机构的利率完全自由化。此外，在财政体制方面，也采取了一些强力缩减公共支出的措施。

这种政治强权加经济自由的体制，使智利急速地成为拉美市场化程度最高的国家。对于这种极端的市场经济模式，在我参加的国际研讨会议上，玻利维亚前总统兼历史学家卡洛斯·梅萨曾做过分析，他指出：20 世纪 80 年代拉美国家的

自由市场改革，在强化市场作用的同时，却使贫富差距进一步拉大。

二、"向左转"难以平衡新的利益矛盾：出现社会动乱

为解决"激进的自由市场经济"所带来的"贫富差距拉大"问题，拉美有的国家近年来"向左转"，在这方面玻利维亚比较典型。

2005年12月，贫困土著农民出身的"社会主义运动"领袖莫拉莱斯赢得总统选举，成为历史上第一位原住民总统。莫拉莱斯上台后采取"向左转"的政策，在所有制方面实行"再国有化"；分配方面实行"抽肥补瘦"和用"抽肥"的资金建立全民养老保险等，并称为"在民主制度下推行社会主义运动"。

那么，这场"运动"进展如何？我在圣克鲁斯期间，正好赶上支持总统的土著农民与反对总统的中产阶级之间发生冲突，亲眼看到利益冲突演变成社会骚乱并实行戒严。我当晚在酒店听到爆炸声，起初以为是鞭炮声，后来确认是枪声。开会期间，在由住处前往会议中心的大街上，我见到手握冲锋枪的军人（我在车内悄悄照了相）。由于参加会议的玻利维亚方面的代表大多来自东部，基本上是反对总统者，所以军方对会议严加管制，在开会的酒店大堂外有军人持枪巡视，还一度传出军方将关闭圣克鲁斯机场的消息。

圣克鲁斯动乱的原因是什么？经多方了解，原因相当复杂，但从经济转型角度研究，深层根源是决策者"向左转"后，未能协调好经济利益矛盾，导致几个方面利益失衡。

第一，在"国有化"过程中，未能摆平"国有资本"与"非国有资本"的利益关系。

玻利维亚是南美洲第二大天然气生产国，巴西和阿根廷在玻有能源利益，两国都在玻投资建设石油和天然气企业，并曾支持莫拉莱斯担任总统。莫拉莱斯上台后，强力推进天然气和石油企业的"国有化"，但没有处理好被"收回"外资企业的经济利益问题，从而酿成两个邻国的不满。同时电信国有化也有此类问题。抗议者冲击国有电视公司和国有电信公司，导致圣克鲁斯市许多地方电话服务短暂中断，以表明他们对"强制国有"的不满情绪。

这里的深刻教训是，在市场化和经济全球化的历史条件下，处理"国有化"过程中的"非国有资本"问题，不能照搬苏联等计划经济国家"强制实行国有化"的办法，而应采取当今世界通行的"产权交易"的商业原则，要讲资产评估，要讲价格合理，要讲资金到位。至于有些经济领域是否有必要实行"再国有化"或"新国有化运动"，则需要根据产业的特性而定。

第二，围绕自然资源的配置问题，未能摆平中央与地方的利益关系。

玻利维亚的自然资源特别是石油天然气资源，主要集中在东部四省。现任总统主要代表玻西部人口占多数的土著农民的利益，而比较富裕的东部四省地方政府，则是中产阶级的代表。在中央政府与东部发达省份政府之间，围绕自然资源的控制权和收益权问题，未能协调好利益关系。本来资源税归地方所有，但新政府上台后，将资源税强制"收归"中央政府所有，从而引起中央与地方关系的紧张。可见，执政党及中央政府应统筹好中央与地方、发达地区与不发达地区的利益，在资源的占有和分配问题上，反复磋商，寻找"利益攸关方"大体都能接受的合理方案。

第三，通过强制性的"抽肥补瘦"建立"养老保险"，未能摆平富裕地区与贫困地区的利益关系。

动乱的前一年，玻利维亚国会批准政府计划，为每位超过60岁的公民每月提供26美元养老金。这本是一件好事，而且就人均资金来说数量也不大，问题是国家太穷，中央政府"有其心，无其力"。怎么办？便从东部省级政府的天然气税收中抽取金额，建立国家退休基金。这种强制性的做法激怒了东部省份。抗议者之所以冲击国家税务局多间办公室，就是发泄对此的不满。

综上所述，玻利维亚出现的动乱是中央政府与发达省份之间、资源富集地区与资源贫乏地区之间、土著印第安人与外来移民后裔之间、低收入人群与中产阶级之间的冲突，其中蕴涵着深刻的利益矛盾。玻利维亚一些有识之士对此已有清醒认识。他们说，玻利维亚需要建立"民族和解政府"，实行有利于社会和谐的政策。实践启示我们，在纠正贫富差距拉大的利益失衡时，应采取统筹协调的做法，避免新的利益失衡。这对包括中国在内的其他发展中国家的改革，也具有借鉴意义。

三、出路：在市场经济和社会公平"两个鸡蛋上跳舞"

拉丁美洲向何处去？发展中国家的体制改革应选择什么样的价值取向？计划经济体制和"激进的自由市场经济"两种模式，拉丁美洲国家都采取过，但都不成功；近年来，某些国家"向左转"又带来了另一种利益失衡，出现社会动乱。于是它们在寻找新的体制模式。拉丁美洲有的思想家已有新的思考，例如，我在玻利维亚会议上听到拉美著名政治分析家（阿根廷籍）安德鲁斯说：出路在于超越单一模式，采取综合的方式，把经济市场化和社会公平结合起来。

我在考察中发现，智利在平衡市场经济和社会公平两方面进行的探索，值得重视。

智利是南美第一个与中国建立外交关系的国家。我在智利考察时，恰逢该国独立建国 198 周年，首都举行各种国庆纪念活动。从我了解的情况看，一是该国近几年经济稳步增长，发展水平较高，全国 1 600 多万人口，2010 年人均 GDP1 万多美元，在世界 180 个排名国家中居第 49 位。二是社会比较稳定，没有发生类似玻利维亚的骚乱。从电视中看到，女总统巴切莱特和民众在街上一起载歌载舞，气氛和谐。三是政治比较廉洁，根据"透明国际"发布的"腐败印象排行榜"，智利是拉美地区唯一进入世界"相对清廉"前 20 位的国家。

智利是如何做到上述诸点的呢？从调查情况看，这与该国近年来在改革中所遵循的价值取向有关。2006 年，社会党人巴切莱特带领"中左联盟"执政，成为智利历史上首位女总统。巴切莱特是具有社会公正思想的女政治家，在少女时代（19 岁）即加入社会党，20 多岁曾遭军政府拘捕，获释后到马克思的故乡留学。她在上台时表示，一定要建设一个"更加公正的社会"，其执政的基本价值取向，是试图在市场经济和社会公平"两个鸡蛋上跳舞"，再加上在政治领域推行廉政建设，努力打造"市场—扶贫—反腐"的金三角体制结构。

第一个"金角"，是实行自由市场经济的体制。

一是在所有制方面，发展包括公有和非公有共存的混合经济。二是在市场运行机制方面，土地等生产要素可以自由流转，价格主要由市场决定，确保要素的供求双方作为平等的市场主体直接谈判。特别是在土地流转过程中，严格保护农民的土地权利，政府管理部门不直接参与土地流转，只作为市场监管者对流转过程进行监管。在确需征用农地建设基础设施和公用设施时，由建设单位与农户谈判价格，谈不拢价格则必须另选地址，从而使市场的自由交易原则得到充分体现。此外，作为一种特殊的要素价格，智利实行灵活浮动汇率制度。三是在对外经济关系中，积极参与经济全球化，实行自由贸易的经济政策。智利年出口值为 500 亿～600 亿美元，其中铜出口量占世界第一位，木材占拉美第一位。此外，黄金、银、葡萄酒以及水果、水产品等也是该国的主要出口产品，进出口比较发达。

第二个"金角"，是在坚持市场经济体制的同时，实行向公平方面倾斜的社会政策。

从了解的情况看，智利在维护民众的基本权利和减少贫困方面有所作为。

首先，保护原住民的土地权利。智利有 7 个少数民族，其中马普切族的地位最为重要。法律规定，马普切人拥有的土地只能在马普切族内部流转。如果想使用马普切人拥有的土地，建设单位就必须出资先购买比现有土地更好的土地，建设比原来更好的新居住区，才能动员马普切人搬迁。

其次，扶持处在弱势地位的小农户。鉴于在土地流转自由的情况下，智利小农户在多方面处于弱势地位，该国在政策制定和执行方面尽量向小农户（耕地面积 12 公顷以下者，约占农户总数的 85%）倾斜，向其提供多方面的支持，包括提供农业生产服务，加强农业基础设施，引导建立农民协会、提供贴息贷款等，还专门成立了为小农户提供政策性金融支持的政府机构。

最后一个"金角"，是切实建立反腐机制。

鉴于南美国家在发展过程中存在严重的腐败问题，智利近年来注重反腐败，特别注重建立防范腐败的制度和机制。座谈中，不论政府部门还是事业单位，都在强调这一点。

一是加强反腐立法，倚重制度来预防和遏制腐败。二是打造"阳光政府"。巴切莱特总统执政以来，实施了包括"官员财产据实申报制度"和"确保公民获得信息权利"在内的 5 项反腐措施。立法、司法和行政部门也在自己的网站上提供相关信息，与公民互动。三是加大权力制衡。在行政、立法和司法以及政府各部门之间探索建立严格的权力制衡机制，还通过公民参与、新闻媒体披露等方式实行社会监督。

上述举措使智利的清廉度明显提高。近几年来，在"透明国际"清廉指数排行榜中，该国一直保持着较高的排名和得分。世界银行"全球治理指数"也表明，智利的"腐败控制指数"甚至高于瑞士和意大利等国，这在南美是颇为难得的。

当然，智利也有自己发展中的问题，街谈巷议中也有对社会治安、收入差距等问题的非议，但智利尝试在市场经济和社会公平"两个鸡蛋上跳舞"，努力打造"市场—扶贫—反腐"金三角体制结构的做法，对中国及其他发展中国家的改革，不无参考价值。

第七节　国内实际调查与民众改革意愿分析

【提要】

在中国搞改革，必须立足于中国大地（接"地气"）：一是国情；二是民意。为此，作者深入东部、中部、西部和东北地区四大板块进行了实际调查。

除对大陆重要地区进行调查外，笔者近三年还五度到台湾地区考察和交流，这为研究大陆改革提供了一个新的有益的视角。

基于 2013 年笔者对广州、珠海、福州部分民众改革意愿问卷调查，经分析，摸到的当前群众"脉搏"（诉求）是：（1）当前最迫切需要改革的领域，排在第一位的是政治体制改革；（2）经济体制改革：被排在最前的两项是收入分配体制改革和国有企业改革；（3）收入分配体制改革：最多的是认为应当降低政府企业收入同时提高居民收入，并限制垄断行业高收入；（4）财政体制改革：最多的认为应当公开政府财政支出和增加民生支出；（5）税收体制改革；第一位的认为应当扩大房产税覆盖范围；（6）金融体制改革：第一位的认为应当降低民营资本进入银行门槛；（7）国有企业改革：主张把"深化电力电信铁路等垄断性行业改革"放在第一位；（8）政治体制改革方面，第一位举措是"建立官员财产公示制度"。还有其他结论。摸清民众改革意愿，有助于改革能够接上"地气"。

一、对东部、中部、西部和东北的调查

为研究各地改革的新情况和民众思想脉搏，2012～2013年，笔者有针对性地到东部、中部、东北和西部地区进行了实际调查①。现依据"中国改革论坛网"报道的几次实地调查，按地区和时间顺序简述如下：

（一）东部沿海地区调查

1. 2012年珠三角地区调查

2012年年初，在邓小平南方谈话20周年之际，为研究南方改革发展的新情况和新趋势，笔者用半月时间深入广东省广州、深圳、珠海、中山、江门5市进行实地调研。此次调研分两段进行，一段是春节前，1月中旬；第二段是春节后2月下旬，于3月2日两会前夕返回北京。调研重点围绕体制改革、结构调整和社会管理创新展开。

调研期间，除听取相关方面介绍当地经济发展和体制改革情况外，重点考察了广东粤商实业公司、中山兴达鸿业电子公司、达华智能科技股份公司（上市公司）、状元坊红木古典家具厂、江门威特铝业科技公司、江门顺宗工业股份公司（台资）、珠海中富工业集团、珠海及成科技公司（台资）8家企业和民营圣雅伦培训学院，并深入阜沙镇等乡镇实地了解社会情况。期间召开了企业家座谈会、员工和学者座谈会。还在省城向信访部门、公安部门有关人士了解了社会管理（包括乌坎村实践）等方面的情况，掌握了大量第一手材料。3月7日，中山市委书记薛晓峰在笔者主持的调研成果之一"关于小微企业新情况"的报告上批示："很有价值，望认真研阅"②。

2. 2013年广东省与福建省调查

2013年2～3月，在中共十八大之后改革面临的新形势下，为深入了解中国

---

① 在调研过程中，我曾教过的各地学友给予了很多帮助，主要有，珠三角地区：熊峰（公司董事长）、吴子魁（银行高管）、唐明琴（大学教授）、丁凯（团市委书记）、杨国明（大学教授）、刘旭东（大学教授）、罗江（公司高管）、尹竹（大学教授）；长三角地区：杨小勇（公司董事长）、杨彪（总行上海总部处长）、周耀平（公司董事长）、徐斌（省政府处长）；京津地区：黄伟民（律师）、孟华强（国资委处长）、霍洪敏（公司总经理）；东北地区：孙德兰（副市长）、齐牧（公司董事长）等，其中，有的学友直接参加了我的调研活动。他们的帮助使理论研究能够接上"地气"，在此顺致谢意。

② 来源于"中国改革论坛网"。

改革开放先行地区改革的新情况和新趋势（包括民众有关改革的意愿），以便使自己的理论研究和改革战略铺陈更接"地气"，笔者再次深入到广东省广州市、珠海市、肇庆市以及福建省福州市等地进行实地调研。此次调研分两段进行：一段是 2013 年春节前的 2 月上旬；第二段是春节后 2 月下旬和 3 月初，于 3 月 3 日"两会"召开前夕返回北京。调研紧紧围绕体制改革主题展开。

调研期间，笔者有针对性地到不同类型企业考察。在珠海，重点考察了珠海中富工业集团等民营企业；在广州，重点了解了广新集团、广晟集团等国有及国有控股企业情况；在肇庆，深入到上市公司星湖科技股份公司的生产基地，了解了这家优秀企业的产业拓展和外地投资的情况；并与广东社会科学院和广东金融学院的专家学者进行了座谈。

在福州，会见了十年前负责推动经济改革的福州市委前领导，听取了当年改革历程的介绍；详细解剖了福建同春药业公司与南京医药股份公司资产重组的案例，该公司 2003 年改革重组以来，十年间销售收入增长 3 倍、利润增长 2 倍、净资产增长 4 倍，而从业人员由 1 600 人减为 500 余人等改革成效，给我留下深刻印象。①

（二）中部地区调查

2012 年年初，在邓小平视察南方 20 周年和以实际行动迎接十八大召开之际，继 1 月、2 月到广东五市调研之后，笔者于 3 月下旬深入中部地区，调研湖北、安徽改革发展的新情况。

在邓小平视察南方的第一站武昌，笔者向湖北省委讲师团主任杨建国、理论辅导处副处长荣瑛等湖北省宣传理论界有关人士，了解了 20 年前邓小平在武昌车站对湖北省委负责人的谈话要点，重温并探讨了邓小平"不改革开放，只能是死路一条"的现实意义。笔者顺便介绍了居住于台北的地缘战略家柳长勋老先生关于"武汉乃亚洲狮心"的理论。

为准确把握"中部崛起"中交通基础设施建设战略角色和动态，笔者到中铁铁四院集团公司，详细了解了中部地区高标准铁路、山区铁路、城市轨道、市域铁路、水底隧道等工程勘察设计情况，并围绕高铁建设速度放缓后产业转型问题，与铁四院院长何义斌等集团领导和中层管理人员进行了面对面交流。还与中南财大朱巧玲教授等学者就中部功能和角色定位交换了看法。

在安徽，重点到位于苏鲁豫皖交界地区的淮北市进行调查。淮北市委书记毕美家、市委常委兼副市长杨军等分别介绍了淮北市情和"发展转型攻坚年"的

---

① 来源于"中国改革论坛网"。

部署情况，安徽省发改委从事皖江规划研究的徐斌处长赶到淮北，介绍了南北合作、"六高"推进皖北建设的想法。笔者还与淮北矿业集团、国华投资公司等国有和民营企业负责人围绕"经济转型"问题进行了交流；还考察了淮北市附近、隶属于宿州市的萧县县城。①

（三）东北地区调查

为深入了解和把握改革发展的实情和群众脉搏，以使改革战略更接"地气"，继2012年上半年分别到东部地区和中部地区调研之后，2012年7月12日至7月27日，笔者用15天时间，深入东北地区7市县进行一线实地调研。

这次东北调查，重点了解当前体制变迁、结构变动和民生方面的情况与问题，以及群众对一些重大问题的看法和期待。调研依辽、吉、黑三省梯次展开。辽宁：本溪、铁岭及西丰县；吉林：抚松县；黑龙江：伊春、黑河；最后在大连"收官"。期间，深入工商企业、乡镇农村、国有林场、边境口岸、高新园区以及居民社区，实地考察和面对面交流，掌握了大量第一手材料。

调研期间，本溪市市长高宏彬、铁岭市委书记潘利国、常务副市长戴炜，西丰县委书记阎立峰、市长李军，伊春市委书记王爱文、市长高环，黑河市长张恩亮等地方领导会见并沟通了有关情况。

在辽宁期间，还与东北财经大学校长李维安教授等就东北地区振兴中的若干问题交换了看法。②

（四）西部地区调查

1. 四川调查

由光明日报光明网和改革与战略杂志社等单位联合召开的"中国第四次人的发展经济学研讨会"，于2012年8月3日在成都举行。笔者应邀出席并主持讨论。

会议期间，笔者从人的发展角度对汶川灾区的重建情况作了了解。汶川县委常委罗成友、副县长杨雪莲等介绍了情况。8月4日，笔者到汶川县映秀镇和水磨镇实地考察。

之后，8月5日、6日，到雅安市进行调研。市委书记徐孟加，市委常委、副市长黄剑东等会见，围绕促进人的发展、打造生态城市和发展健康服务业等问题彼此交换了意见。③

2. 西北和西南地区调研

为深入了解十八大后各地区改革发展的新情况和新问题，继上半年对东部地

①②③　来源于"中国改革论坛网"。

区实地考察之后，2013 年 7 月 27 日到 8 月 14 日，笔者用 19 天的时间深入到西部地区的青海、宁夏和云南部分地区进行实地考察。

在青海，重点了解和考察了青海省接受中央转移支付的规模和实际支出结构状况、禁止开发地区生态移民和"环境产权"补偿问题、少数民族地区牧民的生产生活和收入状况、欠发达地区中等教育发展状况等。

在宁夏，重点了解和考察了宁夏对阿拉伯国家的开放情况、内陆开放型经济试验区之银川滨河新区和银川阅海湾中央商务区创建情况、石嘴山老工业基地产业转型情况等。

在云南，重点了解和考察了普洱市绿色经济发展情况、澜沧江糯扎渡水电站进展情况、中缅边境地区西盟佤族自治县和澜沧自治县发展和边境稳定情况等。

调研过程中，笔者曾深入到工厂、村寨、工地、学校，并与相关方面举行座谈，掌握了大量第一手资料。

此次考察得到当地领导重视和帮助。宁夏自治区党委书记李建华、常务副主席袁家军，青海省西宁市委常委、副市长闫树江，云南省普洱市委书记卫星、市长钱德伟等分别与笔者会见，并介绍了各自地区改革发展的情况。考察期间，笔者应邀在西宁作了《关于中国经济转型》的报告，在普洱全市干部大会上就"绿色经济发展中的若干问题"提出了意见。中国新闻社青海分社等对考察的相关活动作了报道。①

二、对台湾地区的考察交流：改革的另一视角

为探索新形势下两岸经济发展的新格局及其对大陆改革提出的问题，笔者先后 9 次访台考察交流。这种考察交流为研究大陆全面改革提供了一个新的视角。如何从两岸发展和统一的角度，探讨大陆改革的新思维，值得研究。现依据"中国改革论坛网"报道的近年几次重要考察，简述如下：

（一）2010 年出席"两岸和平创富论坛"并交流

应台湾《中国时报》集团《旺报》报社之邀请，2010 年 8 月 11～12 日，笔者出席了在台北举行的"两岸和平创富论坛"，并在第一天峰会上作《中国大陆未来几年发展转型研究》的专题报告。

针对后 ECFA 时代两岸经济发展的新趋势，报告着重阐述了三个问题：（1）大陆未来几年经济发展趋势的总体把握；（2）大陆未来几年发展转型的基

---

① 来源于"中国改革论坛网"。

本方略；（3）根本在于体制转型：形成大陆转型的新合力。

8 月 12 日《中国时报》、《旺报》等媒体，以《常修泽：两岸合作大陆改革新契机》为题，报道了报告的重点内容，并分别作了五个标题：（1）大陆第三波经济转型；（2）创新、绿色：借鉴台湾；（3）合作：可催化国企改革；（4）实验区、战略区：台商新机会；（5）城市化：引动服务、金融业商机。

2010 年 8 月 12 日下午，台湾副领导人萧万长在出席"两岸和平创富论坛"闭幕式前，会见笔者及主讲的大陆来宾。8 月 13 日，《中国时报》等台湾媒体以"携手共荣"为题，刊登了萧万长会见时与笔者握手的照片。

2010 年 8 月 13 日上午，在"两岸和平创富论坛"闭幕的第二天，中国国民党荣誉主席兼两岸和平发展基金会理事长连战先生，在其办公大楼内会见了出席论坛的主讲大陆来宾。会见中，连战先生回顾了连氏家族祖孙三代对两岸发展所做的贡献经历，并阐述了他的两岸合作创富"1＋1＞2"的观点。笔者谈了几次访台之感受，并就两岸"合作开发南海"阐述了自己的主张，希望连战先生的两岸和平发展基金会与大陆能够共同促成此事。

在拜会连战先生后，应邀访问中华经济研究院。先是观看了该院举办的"产学研精英研讨会"的实况，而后与该院一所（大陆所）的专家，就后 ECFA 时代两岸经济和大陆的改革发展进行了座谈。[①]

（二）2011 年出席"两岸名家对话"

2011 年 1 月 2 日，在台期间，应邀出席了由台湾《旺报》主办的"两岸名家对话"，就 2011 年 ECFA 实行后世界与两岸经济之间的相互影响、两岸经济增长的内部因素和两岸经济的变动趋势等经济问题，与台湾学者举行对话。

关于"影响两岸经济成长的内部因素和台湾如何因应大陆'十二五'规划"问题，笔者认为，"十二五"规划在 ECFA 签署之后展开，这是历史的新篇章，两岸两会应就"十二五"期间两岸"接轨问题"进行协商。建议，"十二五"期间，台湾应主动与大陆进行"产业对接"。一是在战略性新兴产业合作方面，台湾应寻找机会主动参与大陆的新一代信息技术、节能环保等七大战略性新兴产业，同时台湾的绿能、文创、医疗照护、观光旅游等新兴产业和云端运算、电动车、绿建筑、专利四大智慧型产业也应到大陆发展。二是在服务业合作方面，台湾应主动开发大陆巨大的服务业发展空间。加强银行、证券、保险、观光旅游等的合作。三是在文化教育合作和投资保障方面，两岸应相互开放高等教育，切实发挥互补优势。特别强调，两岸要"超越制度、合赢天下"[②]。

---

①②　来源于"中国改革论坛网"。

（三）2011 年再次赴台就大陆"十二五"规划与台湾商机交流

应台北大学亚洲研究中心之邀请，笔者于 2011 年 5 月 17 日至 22 日赴台湾访问，就《大陆"十二五"规划与台湾商机问题》与台湾各界人士进行学术交流。

在台期间，5 月 18 日和 5 月 19 日，分别出席了在台北市由台湾"经济部"国际贸易局、台湾海基会、台北大学主办，在台中市由工商发展投资策进会、磐石会等机构主办的两场"'十二五'规划与台湾商机研讨会"。笔者先后以《大陆"十二五"经济发展转型研究》为题作了两场学术报告。报告结束后，出席了在台北和台中两地举行的"'十二五'规划与台湾商机圆桌论坛"，就大陆发展与两岸经济合作问题与到会的大学、工商、新闻界人士进行现场问答互动。

海基会董事长江丙坤先生在台北会见，并同乘高铁前往台中作学术报告，就彼此关心的问题进行了坦诚的交流。18 日晚，江丙坤董事长在台北设晚宴招待。在台期间，笔者还以台湾中华两岸企业发展协进会顾问的身份，前往协进会，在秘书长林淳浩先生陪同下考察了几家会员企业，并与台湾企业家进行了座谈。①

（四）2011 年主持"两岸论坛"之"发展规划"专题讨论

由中国共产党、中国国民党两党有关机构共同主办的"第七届两岸经贸文化论坛"于 2011 年 5 月 6 日至 8 日在成都举行。会议分三个专题进行讨论：（1）大陆"十二五"规划和台湾"黄金十年"；（2）ECFA 实施与促进两岸经济发展；（3）两岸文教合作与青少年交流。笔者应邀出席会议，并与中国国民党国政研究基金会副董事长蔡勋雄先生共同主持了"两岸发展规划"专题讨论。

在 5 月 7 日下午和 8 日上午讨论之后，笔者分别作了两场总结性发言。指出，今年（2011 年）是辛亥革命 100 周年。在过去的近百年中，中华民族创造了三大奇迹，特别是过去 30 年，两岸经济发展奇迹更令世人瞩目。面对下一个 100 年尤其是新的 30 年，中华民族还应创造什么奇迹？再创什么辉煌？值得两岸朋友思考。当前两岸都面临世界和东亚诸多新挑战，如何应对严峻挑战，实现"互利双赢"乃至"合赢天下"，需要从横坐标—全球视野、纵坐标—历史眼光来宏观审视。

会上，还就两岸关心的东亚区域整合问题、"中国人经济区"问题、两岸产业合作的交集点问题，以及两岸核电安全合作机制问题等谈了自己的看法。

讨论会期间，中国国民党副主席林丰正、新党主席郁慕明、亲民党秘书长秦

---

① 来源于"中国改革论坛网"。

金生先生等分别与笔者进行了交谈。①

（五）出席"2012 两岸经济合作论坛"

为探索新形势下两岸经济发展的新格局，笔者于 2012 年 6 月 20 日至 23 日第 9 次赴台湾访问，就如何开拓两岸经济合作架构下的新局面，与台湾相关人士进行学术交流。

在台期间，6 月 22 日，在台北市出席了由北京清华大学、台湾大学、政治大学、北京大学等在台校友会主办的"2012 ECFA 精英论坛"，以《两岸合作中的大陆经济：运行、结构与体制》为主题作了学术演讲，并就大陆发展与两岸经济合作问题，回答了与会人士的现场提问。台湾领导人马英九先生对会议发来贺电："至盼借由此项盛会，探索区域整合趋势，深化产业发展契机"。

会议之前和会议期间，笔者分别会见了台湾海基会董事长江丙坤、"经建会主委"尹启铭，以及国民党主要智囊人物苏起等著名人士。论坛之前，考察了位于信义规划区的柏合利娱乐传媒集团，了解了两岸合资拍摄影视大片的情况，对两岸合作发展文化创意产业增加了感性知识。离开台湾后，顺便访问香港，重点对香港回归十五年的情况和社会反应进行了实地考察。②

三、新阶段民众改革意愿：调查结论与图示分析

2013 年春，笔者利用在广州、珠海、福州参加研讨会和讲学的机会，对当地民众改革意愿进行了问卷调查。此次调查采用国家有关部门设计并前期调研用过的问卷，对象主要是三地的商界、学界、政界和接触到的相关人士。回京后，由我的同事、国家发展和改革委员会经济研究所郭丽岩博士作了统计分析（问卷原件留存经济研究所郭丽岩博士处，便于研究者分析）③。尽管笔者调研的城市不多，而且主要集中于沿海地区，尚不能代表全国的情况，但从一个方面也摸了一下群众的"脉搏"，了解了民众改革的一些意愿。现将笔者对广州、珠海、福州三地问卷结果初步分析的结论，简报如下：

（1）当前最迫切需要改革的领域是什么？排在第一位的认为是政治体制改革（50%，此百分比实为巧合），紧随其后的是经济体制改革（30%），排在第三的是社会体制改革（9%），第四是生态文明制度建设（7%），排在最后的是文化体制改革（1%）［注：此外尚有没关注 3%］。

①② 来源于"中国改革论坛网"。
③ 对于调研后的问卷，笔者的同事郭丽岩博士帮我进行了数据处理并制成图形，使这一节更加清晰，在此表示感谢。

（2）经济体制改革：被排在前四位需要重点推进的改革，分别是收入分配体制改革（47%）、国有企业改革（21%）、促进民营经济发展（11%）、财政体制改革（9%）。

（3）收入分配体制改革：36%的人认为应当降低政府、企业收入同时提高居民收入，31%的人认为应当限制垄断行业高收入，20%的人认为应该壮大中等收入群体。

（4）财政体制改革：48%的人认为应当公开政府财政支出，43%的人认为应当增加民生支出。

（5）税收体制改革：27%的人认为应当扩大房产税覆盖范围，23%的人认为应当开征遗产税、资源税等新税种，26%的人认为应当加强个税征管。

（6）金融体制改革：36%的人认为应当降低民营资本进入国有银行门槛，27%的人认为需要加强银行、证券、保险监管，14%的人认为应加快中小金融机构发展。

（7）国有企业改革："深化电力电信铁路等垄断性行业改革"（46%）和"将国有企业更多利润用于充实社保基金"（37%）两项措施呼声最高。

（8）政治体制改革方面，"建立官员财产公示制度"（34%）、"司法机构独立行使权力"（30%）和"精简机构，加快政府改革"（27%）是呼声最高的三项举措。

（9）社会体制改革方面，72%的受访者认为"健全养老医疗等社会保障体系"。其中，在医疗体制改革措施中，百姓最希望"推进医疗保险制度改革"（43%），其次是"健全城乡基层医疗服务网络"（20%）、"深化公立医院"（20%）。在教育体制改革措施中，百姓认为"加快解决基础教育择校问题"最重要（39%），并列其后的是"规范社会办学"（29%）和"加快解决异地高考问题"（14%）。

（10）在文化体制改革方面，43%的人认为"推进文化产权版权技术等市场建设"最重要，23%的人认为应加大对文化产业发展的财税金融支持力度，19%的人认为应该健全国有资产管理。

（11）在生态文明制度建设方面，有40%的人认为"强化耕地保护水资源管理和环境保护制度"最重要，27%的人认为应健全责任追究和赔偿制度。

（12）在城镇化方面，有34%的人认为应推进城乡社会保障公共服务的衔接；农村征地制度改革方面，有43%的人认为应当增加土地征收透明度；户籍制度改革方面，有36%的人认为最重要的是户籍与社会福利制度分开；农村转移人口市民化方面，有36%的人认为基本公共服务常住人口全覆盖最重要；农村承包地、宅基地流转方面，50%的人认为使用权交易的完善最重要。

（13）当前改革的主要阻力，61%的人认同阻力主要来自"既得利益集团阻挠"，其次来自"政府职能转变不到位"（14%），再次来自认识不统一（9%）、各领域改革不协调（9%）。需要说明的是，56%的人都完全赞同"既得利益集团是改革的最主要障碍"这一提法。

（14）有74%的人认为改革难度最大的领域是"政治体制改革"，其次是"经济体制改革"（12%）。

（15）当前改革思想认识上的最主要障碍是"担心改革会削弱自己手中权力"（44%）和"思想上求稳怕乱"（39%）。

新阶段民众改革意愿分析图示：

以下是对广州、珠海、福州民众改革意愿的分析图示（见图2－7），供读者参考。

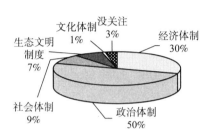

图2-7（a） 改革紧迫性排序

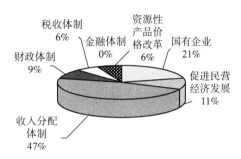

图2-7（b） 经济体制改革重点领域

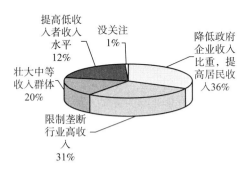

图2-7（c） 收入分配体制改革

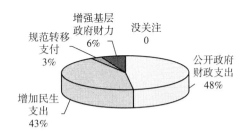

图2-7（d） 财政体制改革

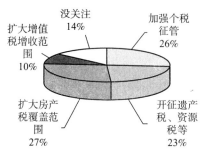

图2-7（e） 税收体制改革

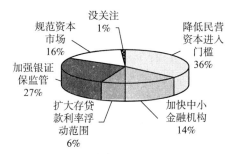

图2-7（f） 金融体制改革

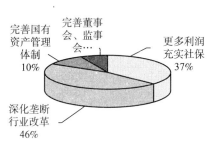

图2-7（g） 国有企业改革

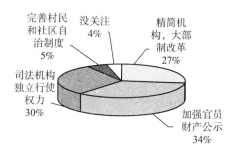

图2-7（h） 政治体制改革

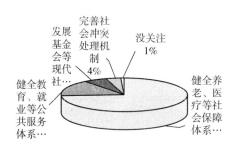

图2-7（i） 社会体制改革

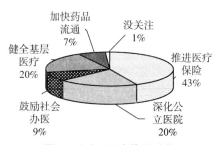

图2-7（j） 医疗体制改革

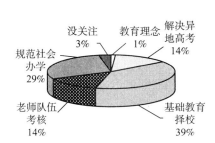

图2-7（k）教育体制改革

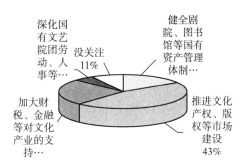

图2-7（l）文化体制改革

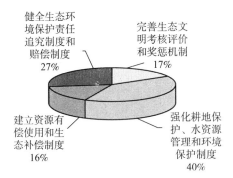

图2-7（m）生态文明制度建设

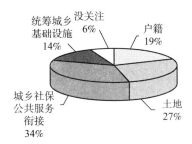

图2-7（n）推进城镇化发展

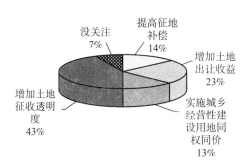

图2-7（o）农村征地制度

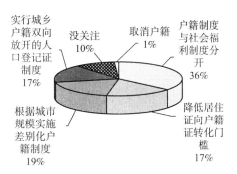

图2-7（p）户籍制度

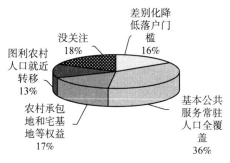

图2-7（q） 农村转移人口市民化

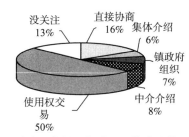

图2-7（r） 农村承包地、宅基地流转

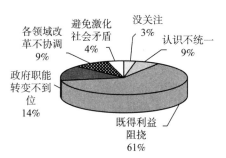

图2-7（s） 深化改革面临的阻力

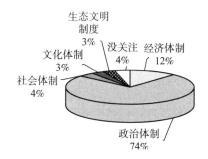

图2-7（t） 改革难度最大的领域

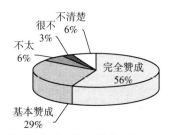

图2-7（u） 是否赞成既得利益集团
是改革主要障碍的说法

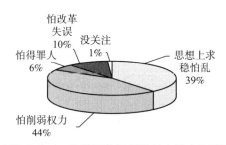

图2-7（v） 改革面临思想认识上的主要障碍

第三章

理论来源：人本体制论、广义产权论、第三波转型论

本 章 导 言

上一章，阐述了包容性改革的战略背景。本章将系统阐述包容性改革的理论支撑，即笔者多年研究形成的三论："人本体制论"*、"广义产权论"**、"第三波转型论"***。

包容性改革论是实在的"人本体制论"。以人的发展作为体制改革的核心理念；人的三层含义：横向全体人、纵向多代人、内核多需人；通过改革促进每个人的"自由的全面发展"。贯穿其中的思想脉络，是人本导向的体制创新理论。

《人本体制论》题记：

在传统的计划经济模式下，

人的主体性被集权所压制；

在原教旨的市场经济模式下，

人的主体性被金钱所浸蚀。

至于在未来某个虚拟世界的体制下，

人性会不会被过度纵欲而扭曲，

尚不得而知。

我现在最想探求的是，

在21世纪的中国，

如何建立无愧于人自身解放和发展的新体制。

同时，包容性改革论贯穿《广义产权论》。第一要义——"广领域"产权（包括"天、地、人"产权）；第二要义——"多权能"产权（包括各种财产性权利，如土地流转权、抵押权、垄断行业特许经营权、各种用益物权）；第三要义——"四联动"产权（包括产权界定、产权配置、产权交易、产权保护）。

《广义产权论》题记：

产权——

主体的受益或受损之权。

反思全球性金融危机和环境危机

我发现：

美国人透支的是家庭资产

中国人透支的是国民资源

——从人力资源到自然资源到环境资源……

透支资产的困于当前

透支资源的危及长远

为寻求有未来、有尊严的发展

本书尝试着探索广义产权。

包容性改革论以"第三波转型论"支撑。第一波转型，社会制度转型；第二波转型，经济体制转型，还没有完成；第三波转型，经济政治社会文化和资源环境制度的全方位转型。

"第三波转型论"精要：

告别边缘，

告别隔阂。

走向复兴，

走向融合。

兴而不肆，

融而不阿。

---

* 常修泽. 人本体制论——中国人的发展及体制安排研究 [M]. 北京：中国经济出版社，2008.

** 常修泽. 广义产权论——中国广领域多权能产权制度研究 [M]. 北京：中国经济出版社，2009.

*** 常修泽. 中国正面临第三波历史大转型. 经济参考报，2010－3－12.

第一节 人本体制论：中国下一个 30 年改革的理论探讨

【提要】

中国改革下一个 30 年，应该是类似奥运"五环"的改革，包括经济体制改革、政治体制改革、社会体制改革、文化体制改革、生态环境制度改革，这"五环一体"的改革，环环相扣，融为一体。就其改革的广度和深度来说，无论是与前一个 30 年相比，还是与 1919 年以来中国现代史的前三个 30 年相比，都将是一场更深刻、更伟大的变革。

第一，改革的实质在于人的解放和自由的全面发展。要从横向、纵向和内核三个层面准确把握"人"的含义；抛弃"人本工具论"，树立"人本实质论"；由"不完全的、基础性人本"，向"全面的、高端性人本"渐进式提升。

第二，改革要掌握"双线均衡"：寻求经济市场化与社会公正之间的最佳均衡点。要推进初次分配和再分配领域的改革，缓解社会财富"三个倾斜"（向政府、垄断企业和非劳动者倾斜）问题；建立资源环境产权制度，解决资源价格和税收不合理产生的分配不公问题；建立政府、市场和社会三方联手，运用"公私合作伙伴关系（PPP）"机制，缓解公共产品和公共服务供给不足的问题。

第三，促进"三个解放互动"：解放生产力、解放生产关系以及人自身的解放和发展，并使三者互动。

第四，在"上"、"下"、"内"、"外"四个方面推进经济领域体制创新。"上"创政府经济管理新体制；"下"创微观基础和市场体系的新格局；"内"创民生性和可持续发展体制；"外"创适应和应对全球化体制。

第五，推进经济、政治、社会、文化和生态环境制度的"五环"改革，并使之一体化。要准确把握"五环改革"每个环的"中心"；抓住"五环改革"之间的"交扣"性，使之一体化；增强"五环改革"的动力，注意防止"权贵"和"民粹"两种现象，特别是"权贵"问题*。

中国经济社会正处在历史性转型过程中。以 2008 年年底为界限，中国改革的第一个 30 年已经过去，新阶段的第二个 30 年悄然到来。下一个 30 年，历史赋予我们中国的，应该是类似奥运"五环"的改革，包括经济体制改革、政治体制改革、社会体制改革、文化体制改革、生态环境制度改革，这"五环一体"的改革，环环相扣，融为一体。就其改革的广度和深度来说，无论是与前一个 30 年相比，还是与 1919 年以来中国现代史的前三个 30 年相比，都将是一场更深刻、更伟大的变革。面对这样一个变革，每一个愿意"为天地立心，为生民立

---

* 原载上海大学学报，2009（3）．新华文摘，2009（20）全文转载．

命"的中国知识分子，不能不思考在新的历史阶段，中国改革按照什么样的价值取向来推进的问题。笔者认为，应该立足于"人的解放和发展"的基本观点，从"人本体制论"的角度来思考下一个 30 年中国改革的若干理论问题。这里就此作进一步阐述。

一、改革的实质在于人的解放和自由的全面发展

人是什么？《尚书·泰誓上》云："惟人万物之灵。"① 然而，集万物之灵的人类在漫长的历史进程中饱受磨难，其迈向文明和进步的每一个步伐都是极为沉重和艰难的。更具有悲剧意味的是，人类在改造客观世界的同时，却逐渐被"物"消磨了人本身固有的自主性，以至于近代以来诸多思想家不得不为人之解放和人的发展奔走呼号。从马克思、恩格斯在《共产党宣言》所宣示的"每个人的自由发展"②，到 20 世纪西方最重要的哲学家之一恩斯特·卡西尔（Ernst Cassirer）阐述的"人不断解放自身的历程"③，再到当代著名诺贝尔经济学奖获得者、印度籍经济学家阿玛蒂亚·森（Sen，Amartya）提出的"人类发展能力理论"④ ……都对"人"进行了持久的、多方位的探索。恩格斯在去世前一年给瑞士日内瓦共产主义者创办的杂志《新纪元》"创刊号"题词时，特意从马克思的著作中找出了这样一句话："每个人的自由发展是一切人的自由发展的条件"。并特别申明，除了摘出这句话以外，"我再也找不出合适的了"⑤。可以认定，这是作为亲密战友的恩格斯对马克思思想的核心价值的最浓缩最概括的表述，也是恩格斯积其一生之体验得出的关于马克思主义理论的最重要的结论⑥。

根据马克思主义关于未来新社会本质的思想，1986 年笔者就已经提出了建立社会主义人本经济学的观点⑦。2001 年，在为中共十六大报告起草工作提供的调研报告中，笔者也曾就"中国经济体制改革围绕什么中心展开"的问题进行

① 请注意：笔者在讲到人的本位时，是以自然界为前提的。第一，自然比人更具有客观的优先地位，人一刻都不能离开自然界而存在。第二，无视自然环境的价值，人的价值就不可能实现。第三，顺应自然，善待自然，建立起人与自然的伙伴关系。

② 马克思，恩格斯．共产党宣言 [C]．马克思恩格斯选集，(1)：273.

③ ［德］恩斯特·卡西尔．甘阳译．人论 [M]．上海：上海译文出版社，1985.

④ 阿玛蒂亚·森（Sen，Amartya）．任赜等译．以自由看待发展 [M]．北京：中国人民大学出版社，2003.

⑤ 恩格斯．致卡内帕（1894 – 1 – 9）[C]．马克思恩格斯全集（39）：189.

⑥ 常修泽．每个人的自由全面发展都关乎社会进步 [C]//杨林林．共享中国．北京：经济日报出版社，2007.

⑦ 常修泽．人本体制论——中国人的发展及体制安排研究 [M]．北京：中国经济出版社，2008：33.

了探讨①。笔者当时的看法是："前20年的改革，我们在企业制度、市场体系改革方面下了很大工夫，这无疑是重要的，而且这些改革也从一个方面促进了人的独立性和开放性的增强，但我们还没有把人自身的发展作为一个独立的、完整的指导性理念来提出。……下一步要从促进人自身发展的角度来研究体制创新问题。"由于阶段所限，虽然我们还不能完全做到"实现"人的"自由的全面发展"，还不可能达到"最无愧于"和"最适合于"的境界，但是，"促进"人的全面发展则是我们担负的历史使命②。

尤其是当前，在研究中国改革第二个30年时，必须从更宽广的视野、更深层的内涵上着眼，把促进人的自身发展作为改革的核心价值。基于此，我在书的扉页写了如下题记："在传统的计划经济模式下，人的主体性被集权所压制；在原教旨的市场经济模式下，人的主体性被金钱所浸蚀；至于在未来某个虚拟世界的体制下，人性会不会被过度纵欲而扭曲，尚不得而知；我现在最想探求的是，在21世纪的中国，如何建立无愧于人自身解放和发展的新体制。"

在新阶段，中国的改革怎样体现"人本实质"呢？我认为，应把握三点：

其一，从横向、纵向和内核三个层面准确把握"人"的含义。

第一层含义，从横向分析，这里的人不应指某一部分人，甚至也不应指多数人，而应指"全体人民"。长期以来，中国的社会生活中存在着根深蒂固的"着眼于部分人"的观念。近年来，情况有所变化，出现"让多数人享受改革发展成果"的提法。从实际内容看，"多数人"比"一部分人"要好得多，但是这种提法依然是不周严、不科学的。作为一个执政党，应该有博大的胸怀。国家采用的"使全体人民共享改革发展的成果"的提法，是对"一部分人"或"多数人共享"观点的矫正，这是意味深长的。

第二层含义，从纵向分析，这里的人不应仅指当代人，而应包括后代人，是"多代人"的概念。讲分配和公平，除了"当代人之间的分配及公平"以外，还应考虑"跨代分配"和"代际公平"问题。从全国看，如果把资源耗尽了，把环境污染了，社会不能持续发展，这对子孙后代公平吗？所以要树立"跨代人"的概念。

第三层含义，从内核分析，这里的人不应是"单需"之人，而应是"多需"之人。所谓"多需"，包括物质生活、精神生活、健康和生命安全，以及参与社会生活的需求。现在有些论者讲"小康社会"，存在着某些"单边物质倾向"，与完整意义上的以人为本有很大差距。所以我们要准确把握"人"的含义。

---

① 常修泽. 中国建立社会主义市场经济体制进程的基本判断和改革新阶段的战略思考［J］. 改革，2002（4）.

② 马克思，恩格斯. 德意志意识形态［C］. 马克思恩格斯全集（42）：368.

其二，抛弃"人本工具论"，树立"人本实质论"。

"以人为本"的提法虽古已有之。然而，在同一术语下，要表达的思想却有着很大的区别。存在两种不同性质的"以人为本"。例如，早在春秋时期，管仲就提出了"以人为本"。但其完整的含义是什么呢？管子自己讲得很清楚："夫霸王之所始也，以人为本，本理则国固，本乱则国危。"（《管子·中篇·霸言》）我以为，能认识到"本理"与"国固"、"本乱"与"国危"之间的内在联系是相当深刻的，客观上对老百姓也有好处。但从本质上来讲，这是一种侧重于从执政者"本治"角度出发的"以人为本"，是为执政者的"本治"服务的，我把它称为"人本工具论"。

另一种是真正站在"人"自身的立场，来秉持"以人为本"的。马克思和恩格斯在《德意志意识形态》中讲到"人"的"解放"时，马克思特意在旁边加了边注："哲学的和真正的解放。""一般人。唯一者。个人。"① 这里，马克思把"真正的解放"落到"一般人。唯一者。个人。"根基之上，值得深思。至于在讲到未来新社会时，马克思更是使用了"人的自由的全面发展"、"最无愧于"、"最适合于""人类本性"等关键词，这是一种切实站在"人"自身角度研究问题的"人本观"② 我把此称为"人本实质论"。在下一阶段改革中，中国应抛弃"人本工具论"，真正树立"人本实质论"。

其三，由"不完全的、基础性人本"，向"全面的、高端性人本"渐进式提升。

中国是一个发展中国家，促进人的全面发展有一个逐步提升的过程。鉴于现阶段一些基础性的人本权利尚未完全到位，因此，在推进改革过程中，必须把"基础性人本"放在优先考虑的位置：一是"就业"；二是"减贫"；三是"社保"；四是"消费"；五是基本的政治和社会权利，如知情权、参与权、表达权、监督权等。

这里需要指出，在人的价值实现问题上，需要有长远的战略思维。要重视基础性人本，但不能只限于基础性人本。人民不只是生产者和消费者，而且是社会生活的参与者。随着社会的进步，有一个向"全面的高端性人本"渐进式提升的问题。鉴于此，从促进人的全面发展出发，应使全体人民"共享"四个方面的成果：共享改革发展的物质成果，以适应全体人民日益增长的物质生活需要；共享改革发展的文化成果，以适应全体人民日益增长的精神生活需要；共享改革

---

① 常修泽.作者感言［C］//韩志国，樊纲，刘伟，李扬.改革：一部恢宏的交响诗——论中国改革与发展的制度效应［M］.北京：经济科学出版社，1998：10－11.

② 很可惜，现在一些地方在引述马克思关于"人的自由的全面发展"这句名言时，把前面的"自由的"一词给略掉了。

发展的社会成果，满足人民对于公共服务方面的需要；共享改革发展的政治成果，让老百姓能够参与到政治生活和社会生活中去。

二、"双线均衡"：寻求经济市场化与社会公正之间的最佳均衡点

市场化改革是中国经济领域改革的必由之路。由美国次贷危机引发的世界金融危机，导致全球经济进入衰退，使得市场经济理念受到新的质疑，甚至有人认为市场经济体制已"陷于绝路"。笔者认为，世界金融危机的教训是应该汲取的，但当代世界市场经济体制真的"陷于绝路"了吗？我的看法是未必。除了社会制度差异之外，问题的关键就在于一个"度"，所谓"过犹不及"，美国存在市场配置"过度"问题，而中国还是"不及"的问题。

从理论上说，现代市场经济要求地位平等、机会均等和实行等价交换的原则，从这个意义上说，市场经济是天生反特权的。但是，也要看到，即使按照平等的交换原则，由于每个参与分配的个体的能力和各方面情况不同，分配结果会造成不平等。现在，社会公平方面的矛盾和问题比较突出，带来的社会影响也比较大。下一步的改革应该寻求市场化改革与社会公平"双线"之间的"均衡"。以下三个方面构成"双线均衡"的关节点。

第一，推进初次分配和再分配领域的改革，缓解社会财富"三个倾斜"（向政府、垄断企业和非劳动者倾斜）问题。

当前分配不公问题突出表现在"三个倾斜"（向政府、垄断企业和非劳动者倾斜）问题上。如何保证分配的公平呢？我认为，应在初次分配和再分配领域同时推进改革。

在国民收入初次分配领域里，十多年来，劳动者报酬的比重呈下降趋势。1998～2010年，劳动者报酬在收入法国内生产总值中的比重从53.1%下降到45%，下降了8.1个百分点；而同一时期，生产税净额和企业营业盈余则分别从13.4%和19%上升到15.2%和26.9%，各自上升了1.8个和7.9个百分点。从国际上看，在成熟市场经济体中，初次分配后劳动者报酬占GDP的比重，一般在55%～65%之间。据实际调查的资料表明，在初次分配过程中存在"利润蚕食工资"的倾向，表现为劳动者的报酬标准偏低，并缺乏工资的支付保障机制（特别是农民工）和正常增长机制。从中国与发达国家小时工资水平的比较看，中国明显低于欧美发达国家的水平。这一方面反映了中国"劳动力成本低廉"的优势（中国改革开放以来外贸的增长及其外汇储备的增加，很大程度上与此有关），对前些年的这一"优势"不应简单否定（现在劳动力红利在减少）；但另一方面，也必须冷静地看到：这里确有劳动力价格低估和扭曲的问题。而劳动力

价格低估和扭曲的实质，则是中国劳权的弱化（从人本的角度看，社会上流行的"劳动力成本优势"，同时也是一种"低劳权的劣势"。这是从"人本"与"物本"两个不同角度观察的结果）。

为什么劳权弱化呢？这里有着深刻的体制原因。其体制根源在于，包括劳动者在内的要素所有者能否自己掌握自己的命运。从理论上说，涉及如何科学把握"要素按贡献参与分配"，特别是"要素按贡献分配的主体是谁"的问题。

笔者认为"按要素贡献分配"与"要素按贡献参与分配"这两个命题所涉及的行为主体是不同的。"按要素……"，谁来按？在传统思想影响下，它将可能导致不是包括劳动者在内的各种要素所有者自己"按"，而是由某种外部的主宰力量（如"计划者"）作为主体，由他们来"按"各个要素的贡献进行分配，从内在机制来说，这是一种计划配置。而"要素按……"则主体明确，它是以各种要素所有者，包括劳动力所有者、资本所有者、土地所有者、技术要素所有者、管理要素所有者作为主体，由这些主体按照自己的贡献来参与分配，从内在机制来说，它是一种市场博弈的过程。遵循"要素按……"的原则，劳动力要素所有者将自己掌握自己命运，它会以个体或组织（工会）的形式与其他要素所有者进行平等谈判和议价，政府只作为中立的一方来监督谈判的过程，而不是自己直接参与其中，"按这按那"，越俎代庖。这样，社会就形成一个劳方—资方—政府三方制衡的"金三角"结构①，从而从制度上为克服向非劳动者倾斜的问题提供支撑。

在初次分配领域改革的同时，在再分配领域调整国民收入分配格局，更是从宏观上保证分配公平的一个重要条件。这几年来，虽然社会财富明显增长，蛋糕越做越大，但居民收入分配的比重是下降的，政府和企业所得的比重是上升的。政府收入上升原因是部分税率偏高和地方政府卖地收入增长过快所导致，企业收入上升与垄断性行业的垄断利润有关。这是一个不容回避的客观事实。应逐步改变目前国民收入分配过程中"向政府倾斜"、"向垄断企业倾斜"的倾向。

第二，建立资源环境产权制度，解决资源价格和税收不合理产生的分配不公

---

① 在这种"金三角"社会协调体系中，由工会代表劳方（雇员），由雇主协会代表资方（雇主），由议会和政府代表国家。据介绍，三方协调的内容，包括：（1）劳动力市场政策；（2）教育培训政策；（3）安全健康政策；（4）失业保险问题；（5）养老金和残疾人福利问题等。对于直接涉及雇员和雇主利益的工资问题，主要由工会组织和雇主协会两方协调，政府不予干预，但涉及立法、政策等问题，则由议会和政府设若干专门委员会，通过听证会及对话等方式邀请工会和雇主协会参与协调。例如，在丹麦，每年8～10月期间，中央政府与雇主协会、工会就第二年的公共服务方面的立法、公共开支项目的框架以及税收等问题进行协商。此外，还有地方一级的政府与地方一级的工会和雇主协会进行协商。这种三方协调机制实施的结果，在一定意义上实现了几种社会力量之间的"文明妥协及合意"（丹麦学者语），显示了北欧国家构建"和谐社会"的能力（见该书第152页）。

问题。

影响收入分配公平的另一个值得重视的问题是：中国现阶段资源环境产权制度的缺陷，也在很大程度上造成了收入分配的不公。完备的现代产权制度主要包括以下四个方面的制度：产权界定制度；产权配置制度；产权交易（或称产权流动、流转）制度；产权保护制度。由于现行资源环境产权制度存在的某些缺陷，从而对社会收入分配产生直接或间接的影响①。

基于以上原因，笔者认为可从以下六个方面来建立健全资源环境产权制度：（1）科学界定国有资源收益权的公共利益所得及分配关系，克服实际存在的公共利益蜕变为部门化、单位化和权力者私人化倾向。（2）着手建立环境产权界定制度，平衡环境外部经济的贡献者和受益者之间的利益关系。（3）完善国家宏观层与资源属地的"利益分享机制"，以调节中央和地方的利益关系。（4）通过"成本还原"，构造资源价格完全成本（包括资源成本、安全成本、环境修复成本），切实解决利用廉价资源的企业获得高利润问题，以调节利益分配格局。（5）按照市场取向和政府调控相结合的思路，进行资源价格的改革，推进资源价格形成的市场化进程，矫正扭曲的利益分配。（6）加强资源合法产权的保护，确保资源现有支配者利益不受损害。以上六条，宜分步骤实施。如进展顺利，收入分配差距扩大的趋势，有可能在一定程度上得到缓解。当然，仅仅建立和健全资源环境产权制度是不够的，还需要其他方面的制度变革和政策一并协调运作。

第三，政府、市场和社会三方联手，运用"公私合作伙伴关系（PPP）"机制，缓解公共产品和公共服务供给不足的问题。

当前，人民群众对于公共产品和公共服务需求的迅速上升与政府供给不足且配置失衡，形成一个突出的矛盾。在这种情况下，必须加强公共服务，逐步实现基本公共服务均等化。最突出的是解决教育、医疗卫生以及社会保障等方面存在的问题。这是寻求市场化改革与社会公平"双线"之间"均衡"的又一关节点。

加强公共服务，政府固然责无旁贷，但也不可单兵独进。可以建立一种政府、市场和社会"共建型"模式——其基本思路是："政府管基本保障，市场管超值服务，社会管广济善助"，简称"共建型"改革思路。与这种思路相适应。在建设和运营方面可借鉴"公私伙伴关系（PPP）"机制。第一个P是Public（公共），第二个P是Private（私有），第三个P是Partnership（伙伴关系）。根据这种机制，政府提供公共服务，并不意味着政府一定去投资；即使政府投资，也并不意味着政府去直接经营管理。这就是说，政府提供服务，可以由民间投资，

① 关于现代产权制度的有关论述，见常修泽：《论建立与社会主义市场经济相适应的现代产权制度》，此报告系为中共十六届三中全会决定起草组提供的内部研究报告，2003年5月由国家发展与改革委员会宏观经济研究院上报，公开发表于《宏观经济研究》2004年第1期。

政府去购买服务。同时，即便是政府投资也未必是去直接经营，也可以委托经营。具体形式有公私合资合作制、托管制、特许权经营制、政府采购制等。由此，政府提供公共品要有新思维，提供方式需要创新，在坚持政府主导的前提下，要学会运用"公私伙伴关系机制"。这一点很值得探索、创新。

总之，无论从理论还是从实践分析，社会公平和经济市场化是可以兼容的。应该寻求两者之间的最佳平衡点。用形象的说法，就是学会"在社会公平和市场化两个鸡蛋上跳舞"，而不要把任何一个"鸡蛋"打破。须知，打破了经济市场化这个"鸡蛋"，中国就可能倒退；打破了社会公平这个"鸡蛋"，中国就可能动乱。今天，我们要想实现社会的公平和公正，必须和经济市场化结合起来，切实按客观规律办事。

三、实现生产力、生产关系以及人自身的解放和发展并使三者产生互动

笔者在1998年纪念中国改革开放20年时曾指出，"党的十一届三中全会开辟了解放生产力、解放生产关系、同时也解放人的自身的新纪元"[①]。那么在这里，"三个解放"命题其各自的关键词是什么？笔者认为"解放生产力"的关键词是"富强"和"繁荣"；"解放生产关系"的关键词是"市场（经济市场化）"和"民主（政治民主化）"；"解放人的自身"的关键词是"自由"和"人权"。这三方面正是我们所追求的。在这"三个解放"中，解放生产力，实现国家的富强和繁荣，是中国现代化之基；解放生产关系，实现经济的市场化和政治民主化，是中国现代化之源；而解放人的自身，实现中国人的自由、人权及其发展，则是中国现代化之本。

（一）促进生产力的解放和发展

社会生产力的解放和发展，是实现人自身发展的物质基础，特别是在金融危机的情况下，保持经济发展非常重要。把社会生产力的解放和发展与人自身的解放和发展对立起来，仅仅看做是"物本"的问题，是不妥当的。要实现就业、消费、社保、减贫等与民生有关的问题，哪一项能离开生产力的发展？当然，这里讲的生产力发展，要有新的思维。它不仅仅是一个经济增长的问题，而是一个包括经济结构、发展方式乃至社会发展、人与自然关系在内的现代发展体系。务

---

① 常修泽. 独立的人格力量和自主的经济力量初露端倪//改革：一部恢宏的交响诗——作者论中国改革与发展的制度效应"作者感言". 见韩志国，樊纲，刘伟，李扬主编. 中国改革与发展的制度效应［M］. 北京：经济科学出版社，1998：10－11.

必要把生产力的解放和发展放在"三个解放和发展"的基础性位置上。

社会生产力的解放和发展，首先是"解放"。前30年的改革过程，是一个解放生产力的过程。所谓解放，就是要"解开、释放"。20世纪80年代初期，正因为解开了人民公社及其僵化的农业经营模式这个死结，才释放了蕴藏在农民身上极大的生产力；90年代初期，正因为解开了市场经济"姓资姓社"这个死结，才释放了国有企业、非公经济、资本市场等的生产力；21世纪初期，正因为解开了多年中国"入世"谈判这个死结，才释放了中国被封闭型经济所束缚的生产力……综观过去30年，中国之所以创造了经济增长的奇迹，与生产力的解放是密不可分的。但是，下一阶段，不要以为只有发展生产力，而没有解放生产力的任务了。实际上，中国仍然存在生产力被压抑、被束缚的问题，从而需要进一步"解放"。

在注重"解放"生产力的同时，还要促进生产力的发展。所谓促进生产力的发展，就是按照生产力的自身运动规律，解决自身内部的矛盾。2001年笔者在完成的《关于先进生产力的内涵、特征及发展规律性研究》研究报告中曾分析了先进生产力发展的几个规律性趋势：第一，科学发明—技术创新—产业化推进，是先进生产力发展的基本路径。第二，量变—部分质变—根本质变（突变），是先进生产力取代落后生产力的运行方式。第三，开拓新产业和改造传统产业，是先进生产力向整个社会生产领域"挺进"的两条主要战线。第四，局部发达地区创造—向全国乃至更大范围扩散—向不发达国家和地区转移，是先进生产力发展的空间运动规律。第五，在特定的历史条件下，利用后发的某些有利条件，先进生产力有可能促进某一产业乃至社会生产力的跨越式发展①。这里涉及技术创新问题、产业结构和区域结构问题、经济发展方式转变问题。为此，除了解决体制束缚之外，还要解决技术创新、结构调整、发展方式转变等生产力发展的问题。

（二）促进生产关系的解放和发展

生产关系的解放和发展，是一个在研究上比较薄弱、尚待深入探索的问题。按照马克思主义的经典解释，生产关系主要包括所有制关系、分配关系以及生产过程中人与人之间的关系，其实质是经济体制的问题。生产关系具有两重性：相对于生产力，它是生产关系；相对于上层建筑，它是经济基础。在整个社会结构体系中，它居于中间层面。在前30年的改革中，为解放生产力，触动并变革了生产关系，使中国的经济基础已经发生并正在发生新的变化，这就打开了第一层

---

① 常修泽．关于先进生产力的内涵、特征及发展规律性研究．//国家发改委．关于发展先进生产力问题的研究［总课题（为中共十六大报告起草工作提供的内部研究报告）中的第一专题（2001年上报）］．

"压力罩"。

下一步，继续解放和发展生产力，应继续触动并变革生产关系，这就需要打开第二层"压力罩"，即生产关系变革过程中受到不合理上层建筑压抑的问题。现实生活表明，一些好的制度安排，确实受到意识形态等上层建筑的掣肘。如上面所述，要建立公平的分配制度，需要建立劳方—资方—政府"金三角"社会架构，由此涉及工会的独立性问题；要确保农民的土地权益，也需要建立农民自己的农会组织；要确保社会收入的透明，还需要建立官员财产申报制度，这涉及政府行政管理体制改革的问题。诸如此类。因此，随着生产力的解放和发展，不可避免地提出一个如何把那些被不合理的上层建筑所束缚的生产关系解放出来的问题。

当新的生产关系从不合理的上层建筑的束缚下解放出来之后，也有一个本身的培育和壮大的过程。因此，还要发展新的生产关系，使之由弱到强，由小到大，逐步完善。中国决策层提出"完善"社会主义市场经济体制，实质就是一个生产关系的发展问题。

（三）促进人自身的解放和发展

中国 30 年的经济体制改革，是和中国"人"自身的解放交织在一起的，虽然两者的发展并不一定是均衡的，但经济发展的进程在某种程度上也促进了"人"的解放。现在需要研究的是，在第二个 30 年改革中，如何搭建"三个解放互动"的平台。笔者建议可以考虑搭建以下三个平台：

第一个，搭建技术革命平台。新技术革命的兴起不仅推动着经济和社会的发展，同时也在重塑着人自身。伴随着信息经济的推进，在美国等发达国家，一代"新人"——Cosmic Capitalists 开始出现。这批新人是技术专家，是商人，又是艺术家；他们喜欢新概念、新思想，有新的思维方式，喜欢变革，喜欢破除传统的东西；他们不喜欢等级制，认为等级、职务头衔是限制性的，已经过时。中国前 30 年的变化中，一批新人的崛起值得特别关注。看一看，北京中关村里类似联想集团的柳传志、方正集团的王选等民营科技企业的创业者，他们既是科学技术创新专家（有的还是院士），又是企业开发经营者（甚至是世界财富 500 强的管理者），还是人文学者或文化人，这些都反映了改革中所重塑的一代新人比较自由的全面发展的新特点。展望下一个 30 年，中国建设创新型国家、进而向信息时代过渡，也会使千千万万个企业的创新主体——从经营者到劳动者得到重塑，他们将更加自由、更加平等、更加开放。这就意味着人格将获得新的解放。

第二个，搭建发展方式转换的平台。中国面临发展方式转换的历史性命题。它包括三个紧密联系的转变：一是经济增长由主要依靠"投资—出口拉动"，向依靠"消费—投资—出口三驾马车协调拉动"转变；二是由主要依靠"二产带动"，向依靠"三次产业协同带动"转变；三是由主要依靠增加物质资源消耗的"粗放型"方式，向主要依靠科技进步、劳动者素质提高、管理创新的"集约型"方式转变。这些转变，涉及生产力，涉及生产关系，更涉及人。可以说是生产力—生产关系—人三方面互动的大"舞台"。

第三个，搭建体制变革平台。中国第一个30年改革带来的变化，体现在三个方面，这就是：人民面貌的变化、国家面貌的变化、执政党面貌的变化，其中人民面貌的变化放在第一位。统辖下一个30年"三个解放和发展"的互动，还必须继续搭建体制变革平台，促进人的主体性的增强和自身的发展。具体来说，应在以下五个方面下工夫：一是继续促进农民"主体性"的增强和发展；二是继续促进进城务工者群体的发展和壮大；三是继续促进企业职工和管理者"主体性"的释放和发挥；四是继续促进知识阶层，特别是科技创新者内在潜能的释放和发挥；五是继续促进个体经营者和私营企业主阶层的发展和壮大。通过以上五个方面努力，使他们能以独立的人格力量和自主的经济力量继续驰骋于中国经济的舞台，成为新阶段生产力和生产关系解放和发展中最活跃的因素和最坚实的社会力量。

四、在上下内外四方位推进经济领域体制创新

20世纪八九十年代的改革，尚没有把促进经济社会和人的全面发展作为一个指导性的理念提出，因而存在缺失。第二个30年，经济领域的体制创新依然是中国改革的主战场之一，但应突破狭隘的眼界，在"上"、"下"、"内"、"外"四方面推进。

（一）"上"创政府经济管理新体制

在新的历史条件下，政府到底怎样管理经济？这既属于行政管理体制改革，也是经济体制改革的内容，特别是对于实行"政府主导型"体制模式的中国来说，更为关键。前30年改革，总体来说，是以企业改革作为中心环节，下一个30年，在经济领域，也应把政府管理经济的体制问题作为改革的重点。

这里关键是推进政府与经济有关的职能的转换。关于政府的职能，迄今仍存在对"以经济建设为中心"口号的误解，并产生对政府四项职能（经济调节、市场监管、社会管理、公共服务）科学内涵的一些误解。针对此：第一，要向各级政府申明：全党全国"以经济建设为中心"并不等于各级政府直接从事生产经营活动，不等于把政府定位为"经济管制型"政府。第二，"经济调节"并不

等于各级政府干预微观经济活动，不等于各级政府包办企业决策，不等于各级政府代替企业招商引资。可将上述"三不"作为政府的行为准则。第三，调整四项职能顺序，将"公共服务"列为第一位，强调把"经济管制型"政府转变为"公共服务型"政府①。第四，探索在经济多元化的格局下，政府如何进行宏观管理和调控的新机制。

从近年来宏观调控暴露出来的问题看，传统经济体制的劣根性及其惯性运作，比原来估计的要严重得多。应按照新的情况，用新的思维推进政府管理和调控体制的创新。在任何一个市场经济国家，宏观调控都是常态行为，但中国宏观调控体制需要创新。建议从调控的内容（如增加资源、环境等）、调控的手段（如财政、信贷、计划、土地综合运用等）、调控机制（包括克服权力干预等）进行调控体制创新。

与此同时，对经济领域根深蒂固的项目审批体制进行深化改革。各行各业的审批制，近年虽有所改进，但未从制度上根本解决问题。尤其是在党内和社会上腐败风气影响下，一些寻租借审批以通行。老子曰"我无为，而民自化；我好静，而民自正；我无事，而民自富；我无欲，而民自朴"（《老子·道德经》第57章）。关键是个"欲"的问题。应彻底清理、减少行政审批项目。对于极少量的仍然需要的项目审批，也要建立严格的审批监督管理机制。

（二）"下"创微观基础和市场体系的新格局

在微观基础方面，改革的"战车"，在竞争性行业中推进的同时，重点应向垄断性行业和领域推进。建议实行"四化"方略：运营环境商业化（包括政企分开和价格改革）；市场竞争公平化（分成三种不同的类别，放宽市场准入，推动公平竞争）；投资主体多元化（非国有资本包括非公有资本有序进入）；政府监管科学化（实行独立监管、依法监管、"统分结合"监管和对监管者监管）。在微观改革的基础上，由基层的国企改革向整体的国有资产管理体制改革升华：横向上——实行"政资分开"；纵向上——实行"上下权益分开"；自身上——理顺"出资人角色"与"监管人角色"的关系。

在市场体系方面，重点是推进要素市场的建设和要素价格改革，克服严重的"要素双轨制"。尤其是，要推进资源性产品价格改革，包括石油、天然气、供电、煤炭以及水资源等。现在资源成本缺失的问题依然非常突出，鉴于此，应该打足成本（包括资源成本、安全成本、环境修复成本），相应形成合理的价格，以发挥价格对要素配置的优化作用。

---

① 常修泽.公共服务：打造"善治"政府的主要着力点［C］.政府转型.北京：中国经济出版社，2005.

（三）"内"创民生性和可持续发展体制

中国目前经济社会生活不断暴露出的种种有悖于人本导向、全面协调可持续发展的问题，有其深刻的体制背景和机制根源，而且这种背景和根源相当复杂。近年来对这些问题虽然从技术层面和结构层面有所触及，但是在制度性层面上还远远没有"破题"，急需进行体制创新。这方面改革内容较多，包括经济发展方式转变、产业结构调整、自主创新、区域和城乡协调发展等方面所涉及的体制问题。可重点抓三个方面体制创新：

一是，农村经济类制度创新。应尊重农户土地的流转权，并解决抵押权和继承权问题。深化户籍制度改革，引导农村剩余劳动力平稳有序流动。同时深化农村金融改革、粮食和棉花的流通体制改革等。

二是，民生类制度创新。要看到，在新的时期，中国社会转型过程将进一步加快，原有的社会经济格局将进一步发生变革和分化，从而使中国的利益关系和社会矛盾呈现多元交织、错综复杂的局面。一方面要妥善"摆平"和协调好社会各方面的利益关系，努力做到使群众安居乐业，实现社会公正；另一方面又不要"吊人胃口"，防止民粹倾向。这里的关键重在建立包括养老、失业和城乡医疗及社会保障制度。

三是，可持续类制度创新。资源能源紧缺压力增大，对经济社会发展的瓶颈制约日益突出，是目前国内亟待解决的矛盾。要打破这一战略瓶颈，不仅要在结构、技术、增长方式方面做文章，而且要在制度创新上找出路。出路之一，就是必须建立包括国有土地资源、矿产资源、水资源、森林资源、海洋资源等在内的"资源现代产权制度"，同时，建立"现代环境产权制度"，形成完整的一套促进节约资源和保护生态环境的体制、机制。

（四）"外"创适应和应对全球化体制

纵观全球，一方面是经济全球化的新潮流涌动；另一方面是国际经济旧秩序依然存在。从 2008～2009 年国际金融危机的深层根源来看，国际经济秩序依然是美国主导的体制。这种国际经济旧秩序有时"挟"经济全球化的"天子"而令天下诸侯，这使发展中国家包括中国面临复杂的局面。

在这种形势下，应积极参与经济全球化的进程，并主动地改革国内现有的体制：一是外贸体制改革，加快内外贸一体化进程和贸易便利化进程；二是外资管理体制改革，拓宽投资领域；三是围绕"走出去"建立与"中资跨国"相应的体制，并尽可能增加新体制的适应性。

另一方面，在参与经济全球化的进程中，面对严峻挑战，要争取战略主动，建立"应对"国际经济旧秩序诸种新挑战的机制：一是双向投资摩擦（对外投资中的产业阻隔与利用外资中的产业安全）应对机制；二是贸易摩擦应对机制；三是金融风险防范和应对机制。通过体制创新寻求扩大对外开放与保护，并增进国家权益和民族独立的平衡，以实现尽可能大的战略利益。

五、推进经济、政治、社会、文化和生态环境制度的"五环改革"并使之一体化

经过30多年改革开放的中国，人的发展正处于一个新的历史起点上，与人的发展相适应的体制创新也处在新的历史起点上。基于为促进人的发展提供新的体制保障的考虑，未来新的阶段，历史赋予中国的，是包括经济、政治、社会、文化和环境制度改革，称为"五环"改革。要完成"五环"改革任务，需把握三点：

（一）准确把握"五环改革"每个环的"中心"

新阶段的改革，总的价值取向是人的解放与全面发展。这一点，前面已经指出。现在需要明确的是，在这一总的价值取向之下，"五环改革"中的每个环各自的中心：经济体制改革的中心是经济市场化；政治体制改革的中心是政治民主化；社会体制改革的中心是社会和谐化；文化体制改革的中心是价值先进化和多元化；环境制度改革的中心是生态文明化。人的解放与全面发展这一总的价值取向，与上述"五化"之间是一个"总中心"与"分中心"的关系。

1. 推进经济市场化

经过30多年的改革，中国已经从一个传统的计划经济体制国家转变成初步建立社会主义市场经济体制的国家，但市场对资源配置的基础性作用尚未充分发挥，距离建立完善的社会主义市场经济体制尚有很大距离。金融危机爆发后，有些问题确实需要思考，例如，如何加强政府对市场的监管，等等，但也不能从监管不力的一端跳到干预过度的另一端，以至于出现"再国有化"和"去市场化"的倾向，这是各国都应该注意的。就中国来说，下一阶段应继续毫不动摇地坚持社会主义市场经济体制的战略取向，在重点领域和关键环节继续推进：一是推进国有经济改革，特别是垄断性行业改革；二是加快市场体系的建设，特别是要素价格改革；三是推进财税体制和金融体制改革等。就这个意义上，下一阶段的改革不是浅层市场化，而是带有"攻坚"性的深度市场化改革。

2. 推进政治民主化

坚持以人为本，促进人的全面发展，从政治方面而言，应着眼于实现人民的

政治权利。早在 1980 年改革开放刚起步时，邓小平发表了题为《党和国家领导制度的改革》的讲话，系统阐述了政治体制改革的指导思想和基本思路，提出了权力不宜过分集中、党政要分开、不能以党代政等许多宝贵的意见。从当前中国面临的各种矛盾看，其与政治体制改革尚未到位有较大关系。这方面改革的滞后，已经成为"五环改革"中的"短板"。在新的历史阶段，面临的社会利益结构的深刻变化和人自身发展的新诉求都呼唤着要把政治体制改革放在突出位置上。下一步应按照中共中央提出的有关"深化政治体制改革"的部署，在扩大党内民主、发展基层民主、实施依法治国、加强对权力制约和监督以及行政管理体制改革等方面迈出实质性步伐。

3. 推进社会和谐化

中国改革第一个 30 年，社会结构和利益格局发生了前所未有的深刻变动。同时，社会新的矛盾也在出现。在这种空前的社会变革面前，需要建立一套与经济市场化、政治民主化和文化多元化相适应的新型社会体制，以处理好国富与民生、活力与秩序、多元与平衡的关系。

在国富与民生的关系方面，应通过制度建设，使经济发展成果更多地体现到改善民生上，为人的发展创造良好的社会条件。这方面的重点是深化收入分配制度改革并建立社会保障制度，这是与人的发展关系最直接、最现实的一个领域。

在活力与秩序的关系方面，主要是改进社会管理，充分发挥公众参与整个社会管理的作用，创建"公民社会"，实现公民管理社会的权利，以切切实实地激发社会创造活力。

在多元与平衡的关系方面，主要是在社会利益结构多元的背景下，寻求各种利益之间的平衡机制，以最充分地调动一切积极因素，形成良好的社会运转机制。

4. 推进价值先进化

从人本的角度出发，推进文化体制改革，应重在满足人们日益增长的精神文化需求，特别是提供新的价值观念和文化条件。这方面的重点有二：

一是整体价值系统的改革，也就是以构建社会主义核心价值体系为基础，推进文化的多元化。要认识到，民主、法制等不是资本主义所特有的，是全世界在漫长的历史过程中共同形成的文明成果，也是人类共同追求的价值观[①]。在中国现阶段，提高人的文明素质，必须学会运用人类共同的文明成果。

二是深化文化事业单位改革，应划清公益性文化事业与市场性文化产业之间的界限，形成各自不同的运行机制。前者以政府为主导，旨在为全体社会成员提供基本的公共文化服务，保障其文化权益；后者以市场为导向，以满足人多方

---

① 新华社稿. 温家宝. 关于社会主义初级阶段的历史任务和我国对外政策的几个问题［N］.

面、多层次的精神文化需求。

5. 推进生态文明化

资源节约和环境保护,不仅关系到国家的可持续发展,而且关系到每个人的切身利益。从人文主义出发,必须把资源节约和环境友好放在中国改革战略的突出位置。资源环境问题涉及深刻的制度问题。推进生态文明化,需要在制度和机制上下工夫,着力构建资源节约和环境保护的新体制。一是建立"资源有偿使用制度";二是建立"生态环境补偿机制"。这些新机制都涉及产权的实质——"使自己或他人受益或受损的权利"问题。所以,建立资源环境产权制度是促进人自身发展的题中应有之义。[①]

(二) 把握"五环改革"之间的"交扣"性,使之一体化

上述"五环改革",虽然都有其各自独立的"中心",但它们不是彼此孤立的。笔者之所以借用"奥运五环"这个图形,正是看到了"五环"之间的环环相扣。在新阶段改革操作过程中,一定要把握这种"交扣"性,使各方面改革能够协调配套。在这方面,需要对"交扣点"进行深入分析。

例如,关于行政管理体制改革问题,就是经济体制改革和政治体制改革的"交扣点",它既是经济体制改革的关键,也可作为近期政治体制改革的"切入点"。在这方面,除了本节第四部分论述的政府职能转变和审批制改革之外,还应推进四个分开(即政企、政资、政事和政介(中介组织)分开),在纵向上推进政府"层级"改革,横向上推进政府部门的机构改革。无论是"四个分开"问题,还是层级和部门机构问题,都涉及经济和政治问题,需要更高的决策层面来统筹协调。

再如,关于社会事业单位改革,这是经济、政治、社会和文化体制改革的"交扣点"。社会事业领域包括文化、教育、卫生、体育、科研等几大系统。约150万个单位,涉及人员2900万至3000万人。这些单位是与政府机构紧密联系在一起的。目前,这一领域的改革相当滞后,应采取公共性、准公共性和营利性区别对待的方略,分类改革。

除此之外,资源环境制度方面的改革,又是经济、社会、政治与环境制度改革的"交扣点"。这既涉及经济方面的资源环境税收与价格问题,也涉及社会收入分配的公平问题,还涉及政治方面的人权(如厦门的 PX 事件、成都的石化项目"散步"事件等),更涉及与资源利用和生态环境质量相关的人的生存发展问

---

① 在这方面,笔者近几年力主建立"环境产权制度". 参见常修泽. 资源环境产权制度的缺陷对收入分配的影响及其治理研究. http://www.sdpc.gov.cn,2006-12-31;常修泽. 再论环境产权制度. 生态环境与保护(中国人民大学书报资料中心),2007(10).

题。因此，更应加强统筹协调，实现人与人之间，以及人与自然关系的和谐发展。

（三）关于增强"五环改革"的动力问题

当中国启动改革并在之后的一段时间内，改革的队伍是浩浩荡荡的，尽管阻力也很大，但基本上能拧成一股绳，整个社会的共识也较多。30 年之后，笔者发现在改革的组织和实施层面存在"动力不足"的问题。这个问题比较复杂。应该说，人民群众中是蕴藏着极大的改革积极性的，但这一积极性受到抑制，集中反映在利益矛盾的纠葛中。根据笔者的调研，发现在社会层面上，存在着权贵与民生方面的矛盾。而要破解这类的矛盾，可能还要触及更深层的有关特殊既得利益集团的问题。

说到底，改革能否突破的关键所在，是能否摆脱既得利益集团中某些"障碍力量"的束缚。改革开放以来，在传统体制下形成的庞大利益集团的利益受到了较大的削弱，但在一些改革尚未攻坚的领域，其能量依然较大。在新的条件下，他们可能会以新的形式来表现自己。还应当看到，近年来还产生了一些新的利益集团。他们中的一小部分人，既不希望倒退回计划经济体制，也不赞成继续深化改革，极力维持目前这种"胶着"状态的局面，期望从这种"未完成的改革"状态中获得好处。新、老两种既得利益的交叉并存，形成相当复杂的利益格局，并对政策的制定产生某种程度的影响。当改革进入新阶段之后，能否超越这些利益集团的羁绊，是一个关乎改革全局的重大问题。

近年，笔者曾对南美改革进行了考察。依据考察中所得的第一手材料，包括亲身经历的玻利维亚圣克鲁斯动乱情况，得出了三点看法：第一，计划经济体制和"激进的自由市场经济"：两条路都走不通；第二，"向左转"过程中未能平衡新的利益矛盾：出现社会动乱；第三，出路在于在市场经济和社会公平"两个鸡蛋上跳舞"。

从南美实践看，在操作过程中要注意防止两种现象：一方面，要推进经济市场化，但要防止"权贵"；另一方面，要寻求并实现社会公正，但要防止"民粹"。无论是"权贵"还是"民粹"，对广大人民群众来说，都是不利的。而且，从考察的实际情况看，这两者现象是互为依存、恶性互动的：上面越"权贵"，社会越"民粹"；社会越"民粹"，上面越"权贵"，甚至可能会集权。比较而言，中国当前主要是防止"权贵"问题。必须看清这一点，保持理性认识。

回顾中国改革第一个 30 年，最大的成就，莫过于人——人的主体性的初步释放；审视中国当前存在的问题，最大的问题，莫过于人——人在解放过程中遭遇的种种蹉跎和曲折；思考中国改革第二个 30 年，最大的价值期待，也莫过于人——人的自由的全面的发展。基于此，笔者阐述了如上观点，以期与各界朋友切磋。

[补充]

2013 年 8 月出席并主持中国第五次人的发展经济学研讨会

中国第五次人的发展经济学研讨会于 2013 年 8 月 15 ~ 16 日在北京大学召开。国家教育部社科司原负责人和来自国内高校、社科院、国家发改委宏观经济研究院等单位以及香港地区共 60 名专家学者出席了会议。常修泽教授应邀出席并主持了会议相关阶段的讨论。

这是继 2009 年、2010 年、2011 年、2012 年之后，常教授第五次应邀出席并参与主持"人的发展经济学"研讨会。在 2012 年第四次会议上，常修泽教授被主办单位光明网推为全国"人的发展经济学领军人物之一"。本次会前，主办单位印发了常教授的《关于中长期全面改革方案的框架性意见》和《创新立国战略导论》等相关论文，供会议讨论参考。

会议开幕式后，常修泽教授应邀作了《包容性改革论》的主题报告。报告分为三部分：第一部分，"我为什么提出包容性改革论——现实和理论思考"。第二部分，"包容性改革论的主要内容——三点要义：第一要义——包容性思想：海纳百川，包容互鉴；第二要义——包容性制度：公正市场，社会共生；第三要义——包容性运作：超越惯性，双线均衡"。第三部分，"以包容性改革思想推进新阶段全面改革的建议"。与会学者对常教授的理论主张进行了讨论，提出了各自的意见。

会议闭幕前，常教授在他主持的时段，围绕本次会议的主题，分别就人的发展经济学理论探索（包括"异化"问题等）、新阶段中国全面改革战略、城镇化与人的自由发展等问题做了总结发言。会后，光明网对会议进行了报道，并配发了常教授作报告时的相关图片。

第二节　广义产权论：用广义产权论破解体制难点

【提要】

如何破解中国当前体制难点？笔者在此提出了"用广义产权论来破解"的思路。

本节从国内和国际两个角度论述了探讨"广义产权论"的深层考虑。重点阐述了"广义产权论"的三点要义及其在经济体制改革的应用。

第一要义——"广领域"产权，形成"天、地、人"的广领域格局：一是"天"，建立"环境产权"制度；二是"地"，建立资源产权制度；三是"人"，建立劳动力产权、技术产权和管理产权制度。

第二要义——"多权能"产权，建议可重点应用三种权能：一是搞活垄断性行业的"特许经营权"；二是搞活农村的土地流转权和抵押权；三是搞活海洋的用益物权。

第三要义——"四联动"产权：一是产权界定；二是产权配置；三是产权交易；四是产权保护。就每一个制度在"十二五"期间的应用着力点提出了具体建议。

面对国内外新的经济环境和新的制度需求，在制度供给方面应该有新的探索和新的思路*。

一、问题的提出——为什么要探讨广义产权理论

为什么要提出"广义产权论"？思想上是怎么考虑的？关于这个问题，笔者在书的"题记"提出两个视角，一个是国内的视角，一个是国际的视角。

（一）国内视角：基于国内一些深层问题的思考

国内深层问题当然不少，但没有列很多，只是简要地列了三个方面：天、地、人。

（1）天——"天"是形象的说法，指自然环境。环境污染比较严重。尽管我们采取了很多措施，但这个问题现在看来还面临相当严峻的挑战。《广义产权论》一书中引用一数字：2005 年，人类温室气体排放的总量是 272 亿吨，中国人排放 60 亿吨，占 22%以上。到今天（2013 年 7 月）不少文章还是引用此数。新的数据是多少？据世界科技网信息：2012 年 11 月 13 日，国际经济可再生能源机构（IWR）公布了最新的关于全球二氧化碳排放的情况。该数据显示，全球 2011 年的二氧化碳排放量 340 亿吨，比 2010 年增长了 80 亿多吨，达到了历史最高点。其中，中国 2011 年的二氧化碳排放量为 89 亿吨（本人计算占 26.1%），位居第一。其次是美国 60 亿吨、印度 18 亿吨、俄罗斯 16 亿吨、日本 13 亿吨，而德国则以 8.04 亿吨位居第六。另据欧洲委员会合作研究中心（JRC）与荷兰环境评估机构（PBL）发布的"全球二氧化碳排放趋势"年度报告称，2011 年，全球主要由温室效应引起的二氧化碳排放量增长 3%，创历史新高达到 340 亿吨（此数与国际经济可再生能源机构总数相同）。作为世界上人口最多的国家，中国二氧化碳平均排放量增长 9%，人均排放量达到 7.2 吨（国际能源网讯）。此前《日本经济新闻》报道，国际能源机构（IEA）2012 年 5 月 24 日公布统计称，2011 年全球二氧化碳排放量比 2010 年增长 3.2%，达到 316 亿吨，创历史新高。

---

* 此节的基础系作者应国家发改委体改司等部门邀请，在"十二五"经济体制改革研讨会上作的《广义产权论及其在改革中的应用》的报告。报告导言如下：国家发改委体改司等部门邀请我来参加这次"十二五"经济体制改革研讨会，这给我提供了向中央各个部门以及相关省、计划单列市的同志学习、交流的机会。我认为，面对"十二五"期间国内外新的经济环境和新的制度需求，在制度供给方面应该有新的探索和新的思路。会议主办单位让我讲《广义产权论及其在改革中的应用》。这本书是去年出版的，书名为《广义产权论——中国广领域多权能产权制度研究》。出版之后，张卓元先生、高尚全先生等学者先后发表了评论。刚才，体改司同志告诉我，国家发改委体改司网站转载了这两篇评论，这里重点讲几个问题。

其中，中国、印度等新兴国家的排放量增长迅速。① 尽管不同机构对全球 2011 年的二氧化碳排放量评估不一，中国政府认可数也未获知，但可以判定，在这个问题上中国应该受到比较大的压力。

（2）地——"地上地下"也是形象的说法，指自然资源，包括土地资源、水资源、矿产资源、森林资源以及海洋资源等五大资源，突出的问题是资源的耗费在我们国家比较严重。1980 年，笔者在东北地区调研 70 天后，有感于当时资源耗费的苗头，曾在当时的《南开学报》（1980 年第 4 期）发表一论文《"竭泽而渔"，后患无穷——经济工作中一个值得重视的问题》（《光明日报》1980 年 8 月 17 日转载）。30 多年后，当时的警告——"竭泽而渔"，后患无穷——不幸被言中。

（3）人——"人间"也遇到一些深层的问题。其一，比较突出的是劳资关系问题、这里矛盾比较尖锐，如最近富士康的问题、本田公司工人的罢工问题等，表明中国劳资关系正处在一个调整的关节点。我判断，这可能是中国社会领域最值得关注的动向之一。其二，经济领域里的垄断问题，虽然学界一再强调要打破垄断，但现在"破垄"遇到很大的难题，以笔者之见，垄断性行业改革似乎还没有"破题"。其三，还有社会其他一些失衡的现象。

天、地、人——怎么样破解我们国家在发展改革当中的体制难点？因为个人是研究产权理论的，因此想从自己的专业角度提供一个"广义产权"的路径选择。

（二）国际视角：近年爆发的全球金融危机引起我的反思

对 2008 年、2009 年——21 世纪这场巨大的金融危机，应该予以足够的重视和反思。2009 年，在《广义产权论》即将开印之际，我增写了第二个题记，写道："反思全球性金融危机，我发现：美国人透支的是家庭资产，中国人透支的是国民资源"。美国人他们是高消费、低储蓄、多借债的发展模式，它也透支，但透支的只是家庭资产。中国人也在透支，但中国透支的跟美国不一样，透支的我称为"国民资源"。包括什么——"从人力资源到自然资源，到环境资源"，等等。例如，透支人力资源，我们一些农民工的工资比较低。我们的自然资源也在透支，我们的环境资源也在透支。"透支资产的困于当前，透支资源的危及长远。为

---

① 据国际能源机构（IEA）的解释，IEA 统计的排放量是根据石油和燃气消费等数据计算出的，约占温室气体总量的 9 成。全球二氧化碳排放量 2006～2010 年的平均增量为 6 亿吨，2011 年排放增长迅速，增量达 10 亿吨。煤炭的使用仍是最大的碳排放量源头，占总量的 45%，石油的碳排放量占 35%，天然气占 20%。从地区来看，中国和印度等发展中国家由于经济发展和提高人民生活水平的需要在碳排量增长速度上超过发达国家。全球最大的排放国中国 2011 年排放量增加 7 亿吨以上，增幅 9.3%。印度排放量超过俄罗斯，排在中国、美国、欧盟之后位于第四。

寻求有未来、有尊严的发展，本书探讨广义产权"（见《广义产权论》题记二）。

可见，为什么要写这么一本《广义产权论》的书？基于什么？一个是国内深层矛盾的思考，一个是国际金融危机的反思，从这样两个角度来研究这个问题。

二、"广义产权论"思想的形成过程

笔者一开始也是个"狭义产权论者"，从"狭义"到"广义"，有一个思想发展的过程。梳理一下，大体经历四个阶段，简单提一下。

第一阶段，"狭义产权论"阶段（1987～1993年）。在这个阶段，我是持"狭义观点"的。所谓狭义，一则，从领域上说，主要集中在企业领域；二则，从权能上说，主要集中在初始的所有权上。1987年10月，我提出一篇《建立企业产权市场和经营权市场的构想》，并系统发表《产权市场论》[①]，但这里的"产权"是狭义的。

第二阶段，由"狭义产权论"到"广义产权论"过渡阶段（1994～2002年）。大体用了八年的时间，此时出版的几本产权著作，讲的已不仅仅是原始所有权，而且包括经营权、分配权、处置权等"产权体系"，但是，在领域上依然够不上"广义"。

第三阶段，"广义产权论"初成阶段（2003年）。根据国家发改委为中共十六届三中全会决定（《关于完善社会主义市场经济体制若干问题的决定》）起草工作提供有关研究报告的安排，我于2003年春完成了内部研究报告——《论建立与社会主义市场经济相适应的现代产权制度》。对"产权"做了适当的拓展：第一，在产权概念上，提出不应局限于狭隘的"企业产权制度"，建议提"现代产权制度"；第二，在产权内涵上，建议包括物权、债权、股权、知识产权，以及劳动力产权和管理产权，基本思路是"使要素产权体系完整化"；第三，在产权制度构成中，建议包括产权界定、产权配置、产权交易和产权保护四个制度。该内部报告于2003年5月上报中央有关部门。此期间与中共十六届三中全会决定起草者之一林兆木先生多次交换意见，林先生对我形成"广义产权论"有诸多帮助。

第四阶段，进一步拓展广义产权论阶段（2004～2009年）。这一阶段主要是从横向"领域"和纵向"权能"两个方面进行拓展。"领域"——重点是向"天上与地下"拓展，就是环境产权和资源产权。2005年后相继提出了"资源环境

---

① 常修泽.建立企业产权市场和经营权市场的构想（1987年10月提交全国高校经济理论研讨会）.经济参考报，1988－4－22；常修泽，戈晓宇.产权市场论.学术月刊，1988（12）.

产权三论"，即一论环境产权、再论环境产权、三论环境产权。资源产权早就有人讲过，不是我的创造，有点新意的是"环境产权"。同时在纵向上——进一步拓展"多权能"权利体系。经过以上探索，到 2009 年《广义产权论》问世，初步形成一个"广领域、多权能、四制度联动"的广义产权理论。

"广义产权论"的基本要义是什么？在未来若干年内，怎么把"广义产权论"用到实践中去，从而增加我们国家改革的制度供给？

《广义产权论》43 万字，主要有三点要义、九个字，横向是——"广领域"，纵向是——"多权能"，内核是——"四联动"。下面简要分析。

三、第一要义——"广领域"产权及其应用

"广领域"广在哪里？在全面改革期间可以干什么？

第一，广到"天"——建立"环境产权"制度。

环境领域有产权关系吗？长期以来，环境领域没有提出产权关系问题，虽然人类排放的碳也是一种物质，但它不是商品，不是资产，当然也没有产权关系（我是以"碳"为案例来阐述，其实不光是碳）。"十二五"应提"绿色发展"，那么，如何"绿色发展"？如何"减碳"？思路可以进一步打开。

在人类面临着气候危机的情况下，对碳的本性要有重新的认识。现在世界正在探讨各国减碳指标。中国国家发改委也制定减排指标，并将指标分给各个省，省里分给各个地，特别分到企业。在这种情况下，排放指标就变成了稀缺的经济资源，而且是非常宝贵的资源。

这种经济资源一旦形成，它会有一个质的转变：由非商品向商品转变，由非资产向资产转变，由非产权关系向产权关系转变，这就是一种"碳产权"。现在西方已经开始交易这个东西。2007 年，欧洲的交易量 27 亿吨，价格已经到14.82 欧元一吨，市场交易价值 400 多亿欧元。

它一旦变成一种"碳产权"，对于我们研究下一步打造绿色经济、实现可持续发展很有价值。怎样打造绿色、低碳经济？我提有四个管道：（1）向技术要低碳；（2）向结构要低碳；（3）向政府"看得见的手"要低碳，比如说，征环境税在我看来就是用看"看得见的手"进行治理，政府用强制力量减排；（4）这里提供的是另外一种思路，用"看不见的手"，用市场机制，特别向产权机制要低碳。产权机制调节什么关系呢？它要协调环境的创造者与环境的受益者之间的关系，还有环境的损害者与受损害之间的经济关系。产权机制实际上就是要协调两组主体之间的关系。

报告里面讲到"环境的补偿机制"，这种补偿机制，根据我的产权理论，实

际上是"环境产权"。通过这样的制度安排，试图给千千万万个企业，以及地方政府的身上安上一个"马达"，并不是逼着它去减排，而是促使它自动地减。通过这样一个利益机制促进环境保护——这是一种市场化的思路。

第二，广到"地上地下"——建立资源产权制度。

地上地下有多少类自然资源？五大类：水资源、矿资源、土地资源、森林资源、海洋资源（无线电波也是公共资源，但与自然资源有区别）。现在资源产权方面存在明显缺失。例如，在矿产资源方面，探矿权和采矿权还未完全到位。尤其是资源性产品价格中存在严重的不完全成本，包括矿权的取得成本不实，环境的修复成本远远没有达到等。我到河南一家煤矿去调研，该矿一年环境修复的成本需要多少钱？矿上告诉我，一年需要拿2个亿。但面上很多矿并没有修复成本，因而现在煤炭成本比较低，而价格比较高。这是"煤老板"暴富的奥妙之一，这与资源产权有缺失。因此，在"十二五"期间必须推进资源性产品价格改革。

第三，广到"人"——建立劳动力产权、技术产权和管理产权制度。

前面讨论收入分配问题，我个人认为，分配问题最深层的东西，是劳权弱化或某种缺失。中国的初次分配出的问题，根源在哪里？其中之一是产权问题。产权问题在哪里？是劳权的弱化。今天要解决初次分配不平衡的事情，恐怕从根上说要确立中国的劳权制度。

除普通劳动者之外，技术人员怎么办？技术创新靠什么支撑？必须确立技术产权。还有，那些管理者怎么办？应有管理产权，针对千千万万个职业经理人，给他们以管理产权的安排，如期股、期权等。因此技术资本化、管理资本化，势在必行。

四、第二要义——"多权能"产权及其应用

所谓"多权能"，是指产权像"千层饼"一样，除了所有权以外，还有很多权能。不应仅仅瞄准所有权，更要瞄准所有权下面的产权层次。在我看来，全面深化改革，特别要搞活以下三个权能。

第一，搞活垄断性行业的"特许经营权"。

全面改革，经济领域改革需要"破题"的一个地方，是垄断性行业改革。但众所周知，这个行业传统格局根深蒂固，很难改革。而且，从改革目标看，虽然可以吸引一部分民营资本进入，但该行业还要实行公有制为主体的混合所有。因此我们面临的历史课题是：在保持公有制为主体的情况下，产权变革从哪里切入？按照我的"广义产权论"第二个要义，即"多权能"的思想，建议把"切

入点"选在特许经营权改革上。

特许经营权竞争理论是哈罗德·威廉姆森于 1967 年提出来的，笔者在《广义产权论》第三章曾作过论述（见该书第 71 页）。结合中国的实践，实施特许权经营制，实质上是由民营企业与政府公共服务部门签订合同，在合同期限内，民营企业经营公共服务部门业务，获得收益，并承担商业风险以及相应的维护性投资之责任。在建立特许经营权制度过程中，也可以引入竞标、拍卖等机制，促进特许经营权竞争。估计全面改革期间，垄断性行业改革是一场"大戏"，建议以搞活该行业的特许经营权作为突破口。

第二，搞活农村的土地流转权和抵押权。

农村土地制度是中国改革发展的核心制度。在新民主主义革命时期，中国共产党就是以"打土豪、分田地"作为旗帜的。目前，我国土地制度还存在明显缺陷。一则，农村土地流转权尚未能得到充分实现，而且也难以用其作抵押获得贷款；二则，农地"非农利用"过程中，农民还没有充分享受到工业化和城镇化带来的土地增值收益，在一定程度上存在"剥夺农民权益"的问题。

因此，在深化改革期间，要突出解决土地制度以上两个方面的矛盾。按照"多权能"理论，一方面在"农地农用"过程中，要解决农村的土地流转权、抵押权问题。同时，在农地"非农利用"过程中，要解决对农民的合理补偿问题。而要解决以上两方面的矛盾，需要建立规范化的土地交易平台以及与之配套的"土地银行"。目前各地均有一些"地票"之类的试验，可以总结、规范，逐步推广。

第三，搞活海洋的用益物权。

最近，我承担研究山东蓝色经济区体制创新问题课题，到山东沿海市县作了实地考察。了解到山东海洋资源丰富，海域面积近 16 万平方公里，与全省陆域面积基本相当。这么大的海洋怎么样搞活？引起我的思考。

在研究中产生了一个思想，即：推进海域使用权物权化改革，创新涉海现代产权制度。用"多权能"来分析，国家对海域拥有最终所有权，但法人和个人可以取得海域使用权。这就是说，海域产权可以实行所有权与使用权的分离。法人和个人获得的海域使用权也可以交易，既然要交易，当然需要有市场化的海洋产权交易场所。

建议设立"海洋产权交易所"，交易海域使用权，以及岸线、滩涂、海湾、岛屿等的开发使用权。山东省内非蓝色区以及内地不靠海的省和自治区也可通过产权交易得到相应的用海权，打造"海上飞地"，解决中国内陆地区"无海可用"的问题。建议在深化改革期间，以搞活海洋的用益物权为起点，建立现代海洋产权制度，促进海洋经济发展。

以上三点只是"多权能"产权的几个方面。按此逻辑推演，还有诸多权能。总之，多权能理论具有较广的应用前景。

五、第三要义——"四联动"产权及其应用

"四联动"，是2003年笔者在产权报告里阐述的重要内容。这是从产权制度的内核上把握广义产权论。一是产权界定；二是产权配置；三是产权交易；四是产权保护。

第一，产权界定制度。

主要是对产权体系中的诸种权利归属作出明确的界定和制度安排，包括归属的主体、份额以及对产权体系的各种权利的分割或分配。1998年出版的《中国企业产权界定》[①] 一书，还属于狭义的（"企业"范畴）产权界定，现在需要扩展提升，扩展到对资源产权、环境产权、技术产权等广领域产权的界定，尤其是在环境产权问题，如何界定环境产权贡献者与受益者的权益关系，还需要进一步探索。

第二，产权配置制度。

主要涉及各类主体的产权在特定范围内的置放、配比及组合问题。1994年主笔完成的国家重点课题《现代企业创新论》[②]，只涉及当时几万亿元的狭义国有企业资产配置问题。现在按照广义产权论的思路，对国有资产的范围和价值量应重新估计。

对国有资产重新估计，因范围不同，价值量也大不相同。就范围而言，这里，笔者按不同口径的国有资产规模设定了六个口径，其范围类似北京的"一环—六环"：

口径1（类似"一环内"）：非金融国有企业国有资产总额（或称非金融国有企业所有者权益）18.5万亿元。这实际上是国有权益的概念。在国有企业所有者权益总额（即净资产总额）中，除了国有权益外，还包括其他所有者的权益（如在合资、合作和股份制国有企业中的外商和港、澳、台商、集体企业或个人所有者的权益），需要予以扣除，由此得到国有企业中的国有权益。

"一环内"不包括国有企业所有者权益以外的其他资产，也不包括金融资产、非经营性资产，更不包括土地、矿山等资源性资产。

根据《中国财政年鉴》，至2010年年底，中央非金融企业（含国资委监管企业和中央部门管理企业）国有资产为9.3万亿元，地方非金融企业国有资产为

---

① 常修泽等. 中国企业产权界定. 南开大学出版社，1998.

② 常修泽（主笔）. 现代企业创新论——中国企业制度创新研究（国家社会科学重点项目）. 天津人民出版社，1994.

121

9.2 万亿元。非金融企业国有资产合计为 18.5 万亿元。（见图 3 – 1）

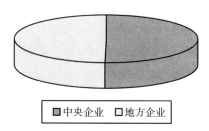

中央企业　地方企业

图 3 – 1　"一环内"非金融国有企业资产总额分布示意

口径 2（类似"二环内"）：非金融国有企业资产总额 64 万亿元。这是国有企业所有者权益总额与负债总额的加总。根据《中国财政年鉴》，至 2010 年年底，中央非金融企业资产总额为 33 万亿元，地方非金融企业资产总额为 31 万亿元。非金融企业资产总额合计为 64 万亿元。

国有企业资产总额 64 万亿元的具体构成如图 3 – 2 所示。

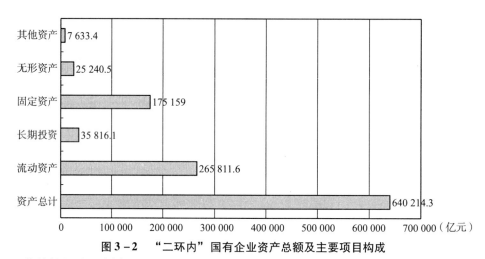

图 3 – 2　"二环内"国有企业资产总额及主要项目构成

资料来源：中国财政年鉴（2011）.

口径 3（类似"三环内"）：国有企业资产总额 72.2 万亿元。这是在口径 2 的基础上，加入金融企业国有资产总额。根据中国社会科学院课题组的估算①：2010 年中央金融企业国有资产 2.2 万亿元，剔除中央金融企业中其他国有法人的权益，归属财政部（包含汇金公司）的国有资产 2 万亿元。地方金融企业国有资

① 李扬等. 中国主权资产负债表及其风险评估. 经济研究，2012（6）（7）.

产 1 万亿元。全国金融行业的国有资产为 3 万亿元。再加上政策性银行金融债，金融企业国有总资产为 8.2 万亿元。将此与非金融国有企业资产总额加总，得到国有企业资产总额为 72.2 万亿元（见图 3 - 3）。

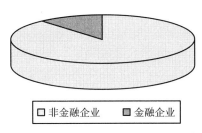

图 3 - 3　国有企业资产总额分布示意

需要说明的是，上述三个口径下国有资产规模的估算，都可能存在价值低估的情况：原因在于，上述国有企业资产额，主要体现的是账面价值或者说历史成本，而没有基于市场价值（或公允价值），由此可能会造成国有企业资产价值的低估。

口径 4（类似"四环内"）：国有经营性和非经营性资产总额 80 万亿元。即在口径 3 基础上，加入国有非经营性资产。根据《中国会计年鉴》，截至 2010 年年底，全国行政事业单位的国有资产总额达到 7.8 万亿元。将此与国有企业资产总额加总，得到国有经营性和非经营性资产总额为 80 万亿元（见图 3 - 4）。

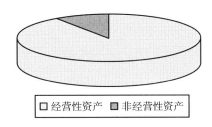

图 3 - 4　国有经营性和非经营性资产总额分布示意

注意这里口径 4 包含的国有企业资产额，也主要体现的是账面价值或者说历史成本，而没有基于市场价值（或公允价值），由此可能会造成国有企业资产价值的低估。

口径 5（类似"五环内"）：加入国土资源总价值后，相对宽口径的国有资产总额为124.3万亿元。根据中国社会科学院课题组的估算①，2010年全国国土资源总价值为44.3万亿元。将此与国有经营性和非经营性资产总额加总，得到相对宽口径的国有资产总额为124.3万亿元（见图3-5）。

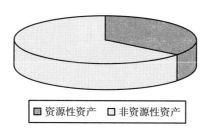

资源性资产 □ 非资源性资产

图3-5 国有资源性和非资源性资产总额分布示意

需要说明的是，按口径5的国有资产规模的估算，除国有企业资产额，主要体现的是账面价值或者说历史成本，而没有基于市场价值（或公允价值），由此可能会造成国有企业资产价值的低估之外，还有两种价值低估的情况。

（1）首先是国土资源价值的估算有问题。中国社会科学院课题组参考了世界银行（2006）的研究思路，使用资源租金（即从资源中获得的净产出）的未来折现值法，其中的净产出以"农林牧渔业总产值"代替。从这一估算方法中可以看出，所设定的土地用途偏于狭窄，主要限于农业产出；而实际上，土地用途在城镇化等因素的作用下，会趋于多元，价值也会相应得到提升。因此，该方法可能会造成土地资源价值的低估，甚至是严重低估。

（2）按照笔者的广义产权理论，国有资源性资产应包括由国家法律规定属国家所有的经济资源。除了国有土地，还有矿产、森林、河流、海洋等资源。而这里只考虑了国有土地资源，没有考虑矿产、森林、河流、海洋等资源从而可能大大低估了国有资源性资产的价值。

口径6（类似"六环内"）：宽口径的国有资产估计，包括国有企业资产、金融资产、非经营性资产、土地、矿山等资源性资产都在内（但是仍未考虑环境产权）。笔者并没找到有关的官方统计数据，依据自己的初步摸底并与有关朋友按此口径，粗略估计，应该在700万亿~800万亿元。

这就是笔者执意要突破"狭义产权论"，而力主"广义产权论"的初衷。

因此，要在更广阔的范围内研究国有产权配置问题。

除此之外，还有包括民营资本和外商资本在内的整个社会资本产权配置问题，也需要纳入国家改革规划的视野。

---

① 李扬等. 中国主权资产负债表及其风险评估. 经济研究, 2012（6）（7）.

第三，产权交易制度。

主要是指产权所有人通过一定程序的产权运作而获得产权收益的制度。

1987年10月，笔者提出的《建立企业产权市场和经营权市场的构想》[①] 以及此后主笔出版的《产权交易理论与运作》一书，虽作为国家产权交易机构和大学相关专业培训用书，但当时主要是企业的股权和实物资产的交易问题（现在看是比较狭窄的)[②]。在实践中，从20世纪90年代初成立上海产权交易所以来，20多年中产权交易市场从无到有、从小到大，迄今已达240余家，据我向国务院国有资产监督管理委员会产权局了解，仅其中64家获国有产权交易资格的产权交易所，2012年交易额近693亿元，形成了一个具有一定规模的新兴产业。

但是，按照我的广义产权论，现在产权交易市场的发展格局仍然是比较狭小的，很多产权尚未纳入产权交易市场范围。笔者有一种"遍地黄金无人捡"的感慨。基于此，在深化改革期间，从改革战略高度来安排，必须大力拓宽中国产权交易的范围。除了物权、股权等比较熟知的产权交易以外，还需要把环境产权（如碳产权、排污权等）、资源产权（如水权、林权、矿权、海权、航权等）、知识产权（包括技术产权、文化产权等）以及各种"多权能"（如土地流转权、特许经营权等）的产权，都纳入产权交易的范围。从这个意义上说，中国产权交易市场创新发展的空间是十分广阔的。

当然，这样发展也会提出一系列新的问题。例如，在前期侧重国有股权交易的格局下，由国资委产权局来监管全国产权交易市场有一定的合理性；但随着产权交易范围的进一步拓展和产权交易主体的日益多元化，由哪个部门来监管产权交易市场呢？这就是一个需要研究解决的问题。

第四，产权保护制度。

这是对各类产权取得的程序、行使的原则、方法及其保护范围等所构成的法律保护体系。国家制定的《物权法》是物权这一方面的保护在法律上的体现。在这方面还有很多问题没有解决，以致成为当今比较尖锐的社会矛盾，比如农民土地征用、城市居民拆迁等相关的权益保护问题。因此，要紧紧扣准《物权法》，切实保护相关方的产权权益。与此同时，按照我的广义产权论，产权保护的"领域"和"权能"范围是相当广泛的，应研究《物权法》以外更广泛的产

---

① 常修泽．建立企业产权市场和经营权市场的构想（1987年10月提交全国高校经济理论研讨会)．经济参考报，1988－4－22．据有关产权专家、《产权导刊》编辑部主任卢栎仁先生文献检索后认为，"这是在我国国内最早见到的关于建立产权市场的文献"．参见卢栎仁．（中外产权经济学家研究系列文章）创立"广义产权论"的常修泽教授．产权导刊，2010（10).

② 常修泽（主笔)．产权交易理论与运作．经济日报出版社，1995（1)，1998（2).

权保护制度和法律体系问题。

以上四个制度构成现代产权制度的四根支柱。每一个制度里面都有一些文章可以作，全面改革期间，如果广义产权论在实践中能够有些应用的话，那么，经济改革可能会有所进展。

第三节　第三波转型论：中国正面临第三波历史大转型

【提要】

从历史纵深大视野审视，中国现在面临第三波历史大转型。第一波转型，社会制度转型；第二波转型，经济体制转型，还没有完成；第三波转型，经济政治社会文化和资源环境制度的全方位转型。由边缘到前沿；由隔阂到融合；由不可持续到可持续。

"告别边缘、告别隔阂。走向复兴，走向融合。兴而不肆，融而不阿。"

中国要振兴，要复兴，但是不应该傲慢，尤其不能够独霸天下；要融，但是要自我约束、不卑不亢。要保持冷静的头脑，共同打造人类文明。

根据我对人类文明的理解，城市文明跟乡村文明最大的区别不在于城市的市容市貌，不在于高楼大厦，关键在于城市是按照"市民社会"这一个思想来构建社会结构。所以不可避免地要贯彻人本主义，自由、平等、民主、法治，这条理念在这里要实现。要搞城镇化，搞城市的发展，公民社会是题中应有之义。公民社会这个范畴早晚要出现。

"五环一体"的改革，环环相扣，融为一体。每个环的中心在于：经济市场化、政治民主化、社会和谐化、价值先进化、生态文明化。*

《经济参考报》（导语）：中国正处在历史性的经济社会转型中。当前被人们热议的经济发展方式转变问题正是现阶段转型的焦点。常修泽教授此次与本报记者的访谈，就是从中国第三波转型的话题出发，进而探讨发展方式转变问题的。

一、中国"第三波转型"的内涵

《经济参考报》：您在《北京日报》发表的《中国面临第三波转型》一文中

---

* 原为 2009 年 11 月在海南国际论坛的学术报告，《经济参考报》2010 年 3 月 12 日以访谈形式以整版篇幅发表，记者田如柱。《经济参考报》发表时有下列导语："读常修泽教授的学术论著，可以发现，他的研究一直以来基本上是围绕着制度创新和发展转型来展开的，且主要是沿着三条线路进行：第一条线是人本经济理论；第二条线是产权经济理论；第三条线是发展转型理论。在人本经济理论和产权论研究方面，他已先后出了《人本体制论》和《广义产权论》。在转型理论方面，他正研究的课题，题目叫做《中国第三波转型》"（注：收入本书时数据有所更新）。

说，从中国历史纵深大视野审视，我们现在面临第三波历史大转型。为什么叫做"第三波转型"？

常修泽：第一波是社会制度转型，是从 1919 年开始，这个转型是以 1949 年为标志，政权已经转型。中国人民站起来了。但是我在书稿后面加了一个小注，中国人民是站起来了，但是站在哪里呢？站在世界的边缘。当时要建立新民主主义社会，但是非常遗憾，并没有按照新民主主义社会构思去做，很快就抛掉了新民主主义，所以我说新民主主义社会在人类历史上、中国历史上是"流星"，很快闪过去了，闪过去之后很快坠入了"斯大林模式"。

第二波转型，叫做经济体制转型，是以 1978 年为标志开始的，社会主义市场经济体制的这个雏形应该说已经建成，但是改革仍然在攻坚的过程中，第二波转型远远没有完成。

《经济参考报》：就是说，第一波转型和第二波转型都是不彻底的，都还没有完成。在这样的基础上再次转型，是不是意味着社会经济文化的多向度转型？

常修泽：不仅如此。作为一个理论研究人员，应该着眼于未来，所以我现在思考，在经济体制转型的基础上，从更大的视野、更高的层次思考中国转型的问题，下一波转型，就是第三波转型，应该转哪里呢？我列了三条。

第一，由边缘到前沿。中国现在虽然站起来了，但还是站在世界的边缘上。考察当代世界，从经济领域上看，经济格局中最重要的是货币体系格局，虽然中国现在在世界上仅次于美国，但是在世界货币体系里面人民币基本上没有具备相应的地位，很不相称，还是被边缘化。下一步中国应该由边缘向前沿转移，这是中华民族复兴的期待。

第二，由隔阂到融合。中华文明和世界上的其他先进文明之间有很深的隔阂。最近有很多事例给我心灵上撞击，比如前不久网上对中外混血青年的议论，反映出目前社会对这样一种事物接受程度不高，有些甚至是排斥。我们现在的文明跟人类的进步文明还是有很多隔阂。去年故去的人类文明理论家亨廷顿先生有一本著作叫《文明的冲突与世界秩序的重建》，我没有用"冲突"，我用的是"隔阂"。我个人认为，按照世界和谐的期待，中国的文明应该和世界其他的先进文明逐步地交融，虽然现在还很难融合到一块儿，但是应该通过交融，最终达到"融合"。现在世界上，有亨廷顿的"文明冲突论"，有斯宾格勒的"活力论"，有汤因比的"成长论"，有列维·斯特劳斯的"均衡论"等，我想探索的是"文明融合论"，因为，我们国家如果要真在这个世界上崛起，那么就要由隔阂走向融合。

第三，由不可持续到可持续。这是对文明的一种期待。我这本书的基本理论，也就是"告别边缘、告别隔阂。走向复兴，走向融合。兴而不肆，融而不阿"。中国要振兴，要复兴，但是不应该傲慢，尤其不能够独霸天下；要融，但是要自我约束、不卑不亢。要保持冷静的头脑，共同打造人类文明。这是在为未来十年、二十年甚至更长时间的国家发展，提供理论参考。

二、人本：促进人的自由全面发展

《经济参考报》：那么，现阶段包括"十二五"期间，中国如何转型？

常修泽：我认为，中国的转型发展方略应该是八字方针："人本、绿色、创新、协调"。

《经济参考报》："人本"在您的方略里排第一位。以人为本，在我国的历史上一直被高度倡导，但一直位居边缘。如果人本思想真的能落实到我们的执政理念和发展政策当中，贯彻在社会治理和法制建设当中，那将是历史性、突破性进步。

常修泽：人本，首先是促进人的自由全面发展。我把关于人本的问题归纳为四个方面。

第一，从横向、纵向和内核三个层面准确把握"人"的含义。

从横向来说，这里的人不应指某一部分人，甚至也不应指多数人，而应指"全体公民"。近年来，有一个流行的话叫做"让多数人共享改革发展成果"，这个理论出来以后引起我的思考。我觉得不应提某一部分人或所谓多数人共享改革发展成果。中国共产党现在是一个执政党，理念上不应该停留在某一部分人和所谓"多数人"，而应该指"全体公民"。

就我们实际工作来说，在人的问题上没有达到边，两边都有一些遗忘，尤其是弱势群体，比如城里的下岗职工、农村的贫困农民、几千万残疾人，这都属于容易被忽略的一些角落。因此横向达到边，实际上是一种边缘关怀，或者叫底层关怀。中国现在两极分化比较厉害，贫富差距比较大，要想法改变这种格局，尤其需要边缘关怀、草根关怀。

贫富差距大已经令人感到可怕，但最可怕的是这种贫富差距大的格局制度化、定型化、固化。只要不固化就有办法调过来。一旦贫富格局固化，那么这个国家就很危险。要给草根阶层、弱势群体、边缘人群提供一个上升的管道。这个问题在中国很严重，但只要管道通，即使有阶层分化也可调过来。

从纵向来说，这里的人不应仅指当代人，而应包括后代人，是"多代人"的概念。

最近哥本哈根联合国气候会议，就是一个涉及人类跨代发展的问题。人类一年向大气中排放的二氧化碳中，中国排放占20%左右。大气变暖、冰川融化、海平面上升，小岛屿国家面临灭顶之灾，沿海城市再往后几十年也面临威胁，眼下看沿海城市问题不突出，但是考虑后代发展，人类要应对严重威胁。

从内核分析，这里的人不应是"单需"之人，而应是"多需"之人，包括物质需要、精神需要、参与政治生活和社会生活需要，特别像广东、浙江、江苏这样的发达地区，老百姓进入小康之后，政治要求也日益增多，所以我们应该把人看成多需之人。

第二，抛弃"人本工具论"，树立"人本实质论"。

我发现，现在人们虽然都讲以人为本，但我听着有两种不同的以人为本观：一种是工具论的以人为本，一种是实质的以人为本，而且这两点都有鲜明的表现，我想我们要抛弃这个"人本工具论"，特别是对于各级领导层来讲这个问题非常重要。

第三，由"不完全的、基础性人本"，向"全面的、高端性人本"渐进式提升。

因为我们现在处在社会主义阶段，因此现在讲的人本还属于基本面上的，要解决一些例如就业、减贫、社保等的基本需求，再发展到使全体人民"共享"四个方面高端的成果：共享改革发展高端的物质成果；共享改革发展高端的文化成果；共享改革发展高端的社会成果；共享改革发展高端的政治成果。所以这里讲究一个"渐进性"。

第四，"双线均衡"：寻求经济市场化与社会公正之间的最佳均衡点。

"十二五"期间乃至"十三五"期间，这个问题都是至关重要的。市场化和公正化这两条线不是水火不容的，是可以兼容的——搞市场化未必不公正，寻求公正也未必抛弃市场化，尽管兼容难度很大。我们在未来发展当中、转型当中，要学会在社会公平和市场化这"两个鸡蛋上跳舞"，而不是把两个"鸡蛋"打破，这是领导驾驭能力的体现。如果打破市场化，这个国家肯定要倒退，我们不是没有看到这种类似的迹象。

2008年，特别是2009年以来，在有的地方，用各种名目，把民营企业挤出来。本来，国有资本的配置包括"进"、"退"是有原则的，但是近年来国有资本却出现了不合理的扩张倾向，有些竞争性领域，比如竞争性比较强的房地产行业，近来国有资本进入较多。这就使国有资本的配置出现了一定程度的变局。围绕"进"、"退"问题，在两种力量——国有资本、民营资本之间出现"资本博弈"。这是2009年出现的部分现象。当前这种"变局"如何发展，会不会演变成更大范围的"大变局"？值得关注的是，在权贵资本假借行政权力的干预之下，经济的托拉斯倾向出现。这是按照市场化的思路来办吗？同样，要是打破公正化这个"鸡蛋"，这个国家也很麻烦。

三、绿色：由"环资启蒙"向"生态社会"

《经济参考报》：您对人本的诠释，我觉得应该算很全面的了。很理性，也很有感性色彩，我很受教益。我迫不及待地想听您对"绿色"的精辟见解了。

常修泽：精辟未必，但一定要理性。感性也要为理性服务。

中国已经有了环境资源的意识，下一步要向生态社会转型。怎样绿色发展？我提四个管道。

第一个重要管道，向技术要绿色。通过提高技术水平、改进技术装备、研发新技术来节能减排。从这个意义上说商机是很大的，新能源、环保、设备行业会有一个相当大的发展。

第二个重要管道，向结构调整要绿色。特别是产业结构，一个是二、三产业之间要调结构，一个是第二产业内部也要压缩耗能污染产业、门类，向结构要绿色。

第三个重要管道，向政策要绿色。向政策或者政府的制度安排来要绿色。政府要有所作为，比如说提出一些相关政策，应该及时推出，或者至少形成一个方案，就是环境税，国家应有这个举措。环境税背后不是市场力量，是政府的力量，我觉得可能会成为整个节能减排的重要管道。

第四个重要管道，向市场力量要绿色。市场的力量关键就是环境产权制度。"碳"千百年来，甚至千万年来都不是商品，都不是资产，没有产权，它虽然也是一种物质，但是没有产权关系。现在世道变了，自从京都议定书框架有了以后，人们就开始思考这个问题，一旦达成一种协议，就出现一个新的情况，就是各国承诺减排，假如超过了指标怎么办？反过来通过节能减排，有富余指标怎么办？于是出现"碳"产权交易。原本"碳"不是商品，可变成商品；不是产权，会变成产权。所以我建议大家研究环境产权，给每个企业、每个个人身上都安上一个环境产权的"马达"，逼每个地方自动减排，这是用经济手段、市场力量。

我现在非常担心：提出节能减排、环保友好型社会，提出绿色经济、绿色发展以后，又搞计划经济那套东西。一提节能减排，政府就采用惩罚、奖励、强制手段。我们国家计划经济根深蒂固，惯性很大。怎么用市场这只无形的手，怎么用产权，在中国没有这个经验。在国际上有这样的先例，像伦敦、澳大利亚、芝加哥有"碳"交易所，中国也应该有这种新的产权关系，这里涉及四个方面，就是产权界定、产权配置、产权交易、产权保护。

四、创新：由"中国制造"向"创新立国"

《经济参考报》：说到创新其实很尴尬。中国是一个"加工大国"，但是一个"创新小国"。这说起来像是个技术问题，但稍微深究一下，就发现原非如此。它涉及我国的教育体制、科研体制和产业制度、产权法律制度等一系列深层问题。这是个难题。

常修泽：既然是个难题，我们另找时间专门谈。我想说，我们起码应该有一个战略目标，然后奔着这个目标，围绕这个目标，逐个解决那些阻碍创新的体制机制问题。这是下一步改革的一大任务。

最近，中国在美国推出一个大的国家广告，叫做"中国制造"。为什么做这个广告呢？中国的一些产品在世界上受到非议和责难，被认为质量不好，三聚氰胺案对我们创伤很大。从这个意义上，商务部和国新办打广告是有用的，是有价值的，我是支持的，但是这个广告给世界传递一个重要信号，还是"中国制造"。面对着"十二五"、"十三五"，其实应该转型了。过去30年，我们给人家一个印象是"世界工厂"，下一步应该向"创新高地"来转变，由"制造"向"创造"转变，这才是转型升级的一个关键战略。

这一点对中国来讲非常重要。全国经济"块头"现在搞得比较大，按国内生产总值衡量的话，中国已成第二大经济体。但是，为了这几十万亿元的国内生产总值，是非常辛苦的，其中加工制造占较大比重，现在我们要研究向创新转型。

我看了世界专利的数据，向三家机构申请专利，中国与美国两个国家的差异较大。下一步，我们要加快创新转型。

五、协调：内外、产业、区域、城乡四方面协调

《经济参考报》：方略之四：协调。您选择这样一个看起来给人感觉似乎比较泛泛的词，放在转型方略里面，一定有您的道理。需要协调的事太多了，协调什么，谁来协调？

常修泽：中国经济社会结构不平衡的矛盾，主要包括内外的矛盾、产业的矛盾、地区不平衡矛盾、城乡不平衡的矛盾。因此要协调。

首先，内外协调。要由出口导向向内外联动转变。不应过分批评出口导向型，外需也是一架马车。这次金融危机暴露我们过度依赖出口。现在，出口下滑；过度依赖外需，确实有风险。下一步要挖掘内需潜力，经济工作的一个亮点

就是扩内需，而扩内需里边关键是扩私人消费内需和私人投资内需，而不是政府投资内需。我接受新华社的访谈，提出"调整收入分配是扩大内需的一个重要因素"，过去，把收入分配看成公平的问题，是对的，但现在应该研究收入分配怎么跟增长、跟内需挂钩。

其次，是产业结构协调。要由工业立国向产业协同转变。2007年我应邀第四次访台。我比较了两岸产业：一产，大陆11.3%，台湾是1.45%；二产，大陆48.6%，台湾27.5%；三产，大陆40.1%，台湾71.05%。两个经济体，处于不同发展阶段，有差异。这给我们一些启发。经比较，感觉大陆下一步发展第三产业的紧迫性很强，我建议2020年前，第三产业比重提高到50%以上（2012年已经到44.6%），现在看来有望实现。除了产业之间，二产本身也要调整。整个国家要由工业立国向产业协同转变。

再次，是区域结构协调。要由板块碰撞向区域协调转变。核心问题是避免板块碰撞。转变要重视几个因素：地缘、民族宗教、生产力的差异，要注意协调东、中、西、东北这四个板块。现在有一个新的动向，各个省都在打自己有特色的一张牌，让国家发改委乃至国务院批准经济区或者说示范区。自2009年以来，据我所掌握，已经批准了几十个，由省里面提出来的省内或者跨省经济区，纳入国家规划。如江苏打出了江苏沿海经济区的牌，福建打出了海西经济区的牌，安徽打产业转移示范区的牌，江西要打鄱阳湖牌，等等，等于迫使各地必须出牌。一方面从地方说要打出自己的特色，另一方面，从中央说也要掌握"度"，适可而止。我建议，下一步省内经济区，国家只协调跨省的经济区，即使跨省的，也未必都纳入国家规划，也可采用联省运作的办法。

最后，是城乡结构协调。要由城乡二元向城乡一体转变。这是一个大的转型。扩内需，特别是扩消费内需，一个动力源就是居民消费；第二动力源就是中国的城镇化，这是一个很大的动力。要推进这个浪潮，就可以带来很大的社会需求。但对中国的城镇化要有深刻的把握：城镇化的核心问题是人的城镇化，是社会结构问题。

根据我对人类文明的理解，城市文明跟乡村文明最大的区别不在于城市的市容市貌，不在于高楼大厦，关键在于城市是按照"市民社会"这么一个思想来构建社会结构。所以不可避免地要贯彻人本主义，自由、平等、民主、法治，这条理念在这里要实现。要搞城镇化，搞城市的发展，公民社会是题中应有之义。公民社会这个范畴早晚要出现。

要搞城市化还有一个重要问题，城市这样一个社会架构，要求"社区自治"。目前城市的组织结构是按照行政系统组织的。真要搞城市化，真要按照市民社会发展，城市里就没有必要搞多级政府。一个城市可以就搞一级政府，下面是功能区，而不是现在的行政区，功能区下面是社区，市政府、功能区、社区，然后到居民那一层。现在，深圳已经开始摸索，有的功能区面积可能跟原来行政区差不多，但是人大、政协这套系统没有了，管委会是派出机构。功能区下面是大社区，是群众自治的组织，社区下面还有小区。

六、由单向度的经济转轨转向"五环改革"

《经济参考报》：如果总结一下您的谈话，我觉得九九归一，都离不开"改革"两个字。

常修泽：是的，转型的根本在于体制的转型，体制的转型根本在于改革。

中国改革的第一个30年已经过去，新阶段的第二个30年已到来。前30年，中国关注的重点是经济改革，我有三句话：前30年重点是经改，经改重点是国企，国企重点是竞争性领域。意味深长的是，虽然推进竞争性领域改革，但是结果竞争性行业并不尽如人意，2009年争议大的恰好是竞争性领域改革问题。接下来30年，不仅仅搞经济体制改革，而应有新的追求。

2009年，我发了一篇论文，题目叫《中国下一个三十年改革的理论探讨》，提出，下一个30年，历史赋予我们中国的，应该是类似奥运"五环"的改革，包括经济体制改革、政治体制改革、社会体制改革、文化体制改革、生态环境制度改革，这"五环一体"的改革，环环相扣，融为一体。每个环的中心在于：经济市场化、政治民主化、社会和谐化、价值先进化、生态文明化。

要把握"五环改革"之间的"交扣性"，使之交融一体。同时，要增强改革的动力。这几年来改革动力有一些衰减，这个问题不光是局部问题，也是整个全局的问题。改革动力衰减，这是一件很令人忧虑的事情，怎么解决动力的问题，把人民群众中所蕴涵的积极性、创造性再呼唤出来、激发出来，这从一定意义上说，需要新一轮的思想解放，需要一场更广阔、更深刻的改革。

第四章

新阶段
包容性改革的总体战略

本章导言

上一章论述了包容性改革的三大理论支撑——人本体制论、广义产权论、第三波转型论。从本章开始将用六章篇幅，系统阐述包容性改革的总体战略及其在经济、社会、政治、文化和生态五大领域各自特有的改革战略。

深化重要领域改革要有新思维，以超越传统思维和惯性运作。由此，引出新阶段改革的新思维及其总体战略。本章重点阐述包容性改革的总体战略。

"包容性体制"，针对的是非包容性的或极端排斥性的体制。中国存在三个"容量不够"：在推进改革的过程中，如何整合各种改革力量、听取各种不同的改革声音，"容量不够"；在对待两岸历史和现实的某些问题上，如何以"包容性"胸怀设计民族和国家发展的未来，"容量不够"；在多元文明并存的情况下，如何注重吸取中华文明以外的东西方文明精华，构建当代"新普世文明"，"容量不够"。

中国未来需要提升到三个"新的层次"：由关注经济改革层面，提升到关注整个经济政治社会文化生态环境"五环式"改革层面；由重视中国内地改革发展之命运，提升到关注两岸乃至整个中华民族之命运；由关注中华文明，提升到关注东西方文明精华的交融。基于上述考虑，本章提出了"包容性体制创新"的命题，并阐述了构建三个制度文明大屋顶的主张。

新阶段应该采取什么改革战略？笔者在十八大之前完成并上报的研究报告——《十八大后中国改革战略探讨》，基本反映了自己关于新阶段中国改革战略的总体构想。要点有五：(1) 战略基调：超越传统"革命"，超越传统"变法"；(2) 战略视野：见"天光"、接"地气"、立"人本"；(3) 战略愿景：构建三个制度文明"大屋顶"；(4) 战略要点："双线均衡"、天地人合、"五环改革"；(5) 战略实施："五环式改革"的现实切入点。

改革不是目的，目的是使我们的国家成为每一个国人都过上有尊严的"幸福国家"。本章在《中国：如何成为幸福国家》一节中，从四个方面进行了分析：其一，纵横分析：时代新方位；其二，主题分析："发展"新思维；其三，路径分析：转型新方略；其四，体制分析：改革新举措。这可以视作建设"幸福国家"的一种思考。

在上述新阶段改革战略构想基础上，结合十八大后的新情况，本章对"如何寻求中国新的红利"作了新探索。指出，在人口红利、资源环境红利，乃至全球化红利发生不同程度的变化（减弱或消解）之后，重点应关注改革的红利，并提出了"红利释放的波动曲线"的命题。

中国正面临"第三波历史大转型"，同时也正处在人类"第三次产业革命"的过程中。这两股浪潮不仅将对中国经济发展——包括经济发展方式、经济增长格局、经济结构以及经济体制——构成重大影响，而且也将对中国社会——包括社会进步、社会结构、社会发展方式和社会体制——产生深远影响。两个"三"背后的改革和技术两大红利，尤其值得中国着重挖掘和释放。

改革红利是通过改革或称制度创新，促进中国经济、社会、政治、文化、生态文明的"五位一体"的进程，使其成果为全体人民所共享，最终落脚到每个人自身的发展上，具体为"五点一线"。

改革开放以来，我们曾经有斩获"改革红利"较多的时候，但是也有获利微薄的时候，甚至还有遭受改革负能量的时候。中国呼唤第四次红利高潮的到来。*

---

* 此节原载国家发改委经济研究所《研究报告》（内部）（2012 年 002 号）；《上海大学学报》2012 年第 5 期；台湾《中国时报》系《旺报》2012 年 10 月 18 日，以《构建聚兴中华两岸大屋顶》为题，转载了论文的"前言"和有关"两岸整合"部分。香港中评社当天从台北发出电讯。

第一节　包容性体制创新论

【提要】

从全球角度看，中国在转轨和发展过程中所面临的各种问题，有些是与其他转轨国家相同的，有些是其他转轨国家所没有的，还有一些是带有世界关联性的。基于此，本节以老子《道德经》中"知常容，容乃公"的思想为基础，从制度文明的角度，论证了"包容性体制创新"的基本观点。

"包容性体制创新"这一新命题，涉及制度经济学领域中的相关问题，其实质是在认识并尊重客观规律的基础上，以"海纳百川，有容乃大"的"包容性"胸怀寻求公平正义，通过构建更大范围和更高境界的制度治理框架，来促进包括中国在内的转轨国家的制度创新和文明进步。

按照"包容性体制创新"的理论，本节提出构建三个制度文明"大屋顶"的设想：其一，整合各种改革力量，在"市场化和社会公平双线均衡"的基础上，构建中国改革的制度文明"大屋顶"；其二，包容两岸和平发展的基本力量，在理性务实的基础上，构建两岸共同"聚兴中华"的制度文明"大屋顶"；其三，吸收西方和东方文明的精华，在多元文明交融的基础上，构建当代"新普世文明"的制度文明"大屋顶"。

"包容性体制创新"需要逐步实施，其中第一个"大屋顶"的实施，重在建立四个制度支柱：（1）产权体制创新：包容"国有"与"民营"；（2）分配体制创新：包容"国富"与"民富"；（3）可持续发展体制创新：包容"天"、"地"与"人"；（4）社会管理体制创新：包容"民生"与"民主"。在实施过程中，应注意防止"权贵"和"民粹"两种倾向。*

发轫于1978年的中国经济改革及相应的新时期现代化建设，迄今已经走过了三十余年。就其实施的战略方向来说是正确的，而且成果也举世瞩目。但是，着眼于中国、亚洲和世界"下一个三十年"，将会遇到更加严峻的挑战。

从全球角度看，中国在转轨和发展过程中面临的问题，有些是与世界其他转轨国家共同的，主要是怎样凝聚社会更多共识，汇聚更宏大的改革大军，按照社会主义市场经济的方向深化改革的问题；有些是其他转轨国家所没有的，主要是如何促进两岸和平发展、聚兴中华，构建两岸同胞共同家园的问题；还有一些问题是带有世界关联性的，主要是，包括中华文明在内的东方文明与西方文明，如何在多元基础上由"隔阂"走向"交融"的问题。

---

　　* 此节原载国家发改委经济研究所《研究报告》（内部）（2012年002号）；《上海大学学报》2012年第5期；台湾《中国时报》系《旺报》2012年10月18日，以《构建聚兴中华两岸大屋顶》为题，转载了论文的"前言"和有关"两岸整合"部分。香港中评社当天从台北发出电讯。

考虑到这些问题的广博性和战略性，笔者认为，当代转轨理论的研究者和实践的推动者，自身需要开阔胸襟，从更大视野和更高层面来研究转轨问题。基于此，笔者在此前曾提出"包容性体制创新"的命题。① 在讨论转轨国家改革和发展战略的时候，尤其需要这种"包容性"思维。这里就"包容性体制创新"再作进一步探讨。

一、提出包容性体制的考虑：历史、理论与现实三维度分析

首先需要指出，"包容性体制创新"是笔者在研究"包容性发展"过程中得到启发，进而引申、推衍到制度经济学领域而探索性地提出来的，它与"包容性增长"或"包容性发展"不是同一命题。

从有关文献检索中得知，"包容性增长"或"包容性发展"的概念，前些年就已问世。2007 年，亚洲开发银行率先提出了"包容性增长"的概念，并成为联合国千年发展目标中的观念之一。中国国家领导人曾先后几次就"包容性增长"或"包容性发展"相关话题发表过演讲：第一次是 2010 年 9 月出席第五届亚太经合组织人力资源开发部长级会议时，发表的致辞题目中，就有"实现包容性增长"；之后两个月，在亚太经合组织第十八次领导人非正式会议上再次"倡导包容性增长"。翌年 4 月 15 日，在博鳌亚洲论坛 2011 年年会上，更以《包容性发展：共同议程与全新挑战》为题发表主旨演讲。不过，这次讲的"包容性"后面，已由"增长"变为"发展"。笔者理解，提出"包容性发展"，意在倡导和推动更为公平和均衡的新发展方式，让所有人都从中获益。所以笔者曾认为："包容性发展，是一个以共建共享为本质要求的现代发展体系。"②

与"包容性增长"或"包容性发展"所涉及的经济增长或发展命题不同，"包容性体制创新"这一新命题涉及的是制度经济学或有关制度文明领域的问题。其实质是在认识并尊重客观规律的基础上，以"海纳百川，有容乃大"的"包容性"胸怀寻求公平正义，通过构建更大范围和更高境界的制度治理框架，来促进包括中国在内的转轨国家的制度创新以及人类文明的进步。这是制度经济学领域的新范畴。

为什么笔者提出并强调"包容性体制创新"？这是从历史、理论与现实三个方面考虑的。

---

①② 常修泽. 以体制创新支撑包容性发展 [N]. 人民日报，2012 - 2 - 3.

（一）历史启迪：中国治国之"大智慧"

中华民族是一个极具包容性的民族。中国古典典籍中有大量有关"包容性"的论述。作为中国治国之"大智慧"结晶的老子《道德经》，就有一句名言："知常容，容乃公，公乃王。"（《道德经》第十六章）①

这里"王"是指"领导、统治"。怎样才能成为领导、才能统治得好呢？老子说必须要"公"，办事公平、公正、公道；怎样才能做到"公"呢？必须要胸怀宽广，"容"量宏大；怎样才能做到"容"量宏大呢？必须要知道"常"。"常"是什么？"常"是常规、规律，包括社会发展规律、经济规律、自然规律等。"知常容，容乃公，公乃王"告诉我们，掌握了客观规律的人，胸怀才会宽广，"容量"才能宏大；"容乃公"——胸怀宽广、容量宏大以后，才能够"公"，公平、公正、公道。中国治国"大智慧"启迪我们，无论是研究中国转轨战略，还是研究两岸的发展前景，还是研究人类文明的制度性进步，都应当树立"海纳百川，有容乃大"的精神，要讲究一个"容"字。

（二）理论支撑："包容性"哲学

长期以来，在学术领域存有诸种"非包容性"思想，把本来可以相容的、有内在联系的事物割裂开来，视为"水火不容"的东西。其中，两种"非包容性"对我们经济学界影响至深，特别是在关乎经济体制的基本理论上。一种是，在中国乃至世界马克思主义经济理论界，存在的那种根深蒂固的传统观念，认为社会主义与商品经济（市场经济）"水火不容"、公有制与商品经济（市场经济）"格格不入"。马克思主义经典作家们的经典论断是：一旦建立社会主义制度，商品生产就将被消除；"人们可以非常简单地处理这一切，而不需要著名的'价值'插手期间"②。这种理论被斯大林推向实践，造成了社会主义计划经济国家的厄运。还有一种是市场原教旨主义理论，也认为市场经济与社会主义"不相容"。不过，他们主张的与前一种呈"两个极端"。如果说，前一种是要"社"不要"市"的话，那么，后一种则是要"市"不要"社"。

针对上述两种根深蒂固的观念，几十年来，世界转轨经济界的先驱们进行了勇敢的探索。中国人也做出了自己的贡献。早在30多年前，即中国改革开放刚刚开始的1979年，邓小平就指出，"说市场经济只存在于资本主义社会，只有资本主义的市场经济，这肯定是不正确的。社会主义为什么不可以搞市场经济"③，

---

① 老子. 道德经［M］. 长春：吉林文史出版社，2004.

② 马克思，恩格斯. 马克思恩格斯全集：第20卷［M］. 北京：人民出版社，1971：334.

③ 邓小平. 邓小平文选：第二卷［M］. 北京：人民出版社，1994.

这是第一次对传统的"社会主义与市场经济水火不容"论的质疑。六年后，即1985年，邓小平更以"包容性"胸怀指出："社会主义和市场经济之间不存在根本矛盾"①。其后，"包容论"与"非包容论"争执不断。直到1992年，邓小平在"南方谈话"中一锤定音："计划经济不等于社会主义，资本主义也有计划；市场经济不等于资本主义，社会主义也有市场"②。

在这里，邓小平把"资本主义"与"计划"，"社会主义"与"市场"包容在一起。这是什么哲学？这是"包容性"哲学。而这种"包容"是建立在"知常"（掌握客观规律）的基础之上的。

谈到"包容性"哲学，笔者不禁想到哲学界的一句名言："尽天地古今皆二也，两间无不交"（方以智（1611~1671）：《东西均》）。这种"两间无不交"的状态，不是恰好构成一个"大屋顶"吗？笔者在此提出的构建中国（大陆）改革、两岸"合赢"、世界"新普世文明"三个"大屋顶"的构想，正是由此而来。

（三）现实考虑：基于对中国改革、两岸发展和人类文明的三点考虑

首要问题是如何突破中国改革的僵局。

以社会主义市场经济体制为基本导向的中国改革事业，正处在历史的"十字路口"。下一步到底往哪里去？最近笔者沿着20年前邓小平南方视察的路线实地作了调研，深深感到，正像邓小平当年说的"不改革开放，只能是死路一条"。这句话，对今天突破改革僵局依旧具有警示意义。

经过30多年的改革开放，中国在促进由传统计划经济向社会主义市场经济转变方面取得了不小进展，其成绩值得肯定。但是，也应该认识到：经济领域一些深层的体制性"瓶颈"依然存在，与当初确定的社会主义市场经济体制目标相比，还有相当大的距离。主要有三大矛盾：（1）作为市场经济微观基础的国有企业制度改革远未到位，特别是垄断性行业改革基本没有"破题"③；（2）作为市场经济重要支撑的要素（包括资本、土地及其他资源、技术等要素）市场

---

① ② 邓小平. 邓小平文选：第二卷 [M]. 北京：人民出版社，1994.
③ 垄断性行业改革是一个相当复杂的问题。根据笔者的分析，在中国现阶段，垄断有三大类（一是自然垄断类；二是行政垄断类；三是厂商垄断类），而每一大类有正负两种情况（自然垄断类分为合理的自然垄断，假冒的或过时的或变异了的自然垄断；行政垄断有正当的法令性垄断，不合理的凭借权力进行的垄断；厂商有合理的经济集中，不合理的"厂商勾结与串谋"），因此，三类正能量的垄断可以不破，三类负能量的垄断必须破垄。笔者将此称为"结构性破垄"。参见本书第四章中的"中国垄断性行业深化改革研究"。

化改革滞后①，各类要素价格（包括利率、汇率、地价、资源性价格等）仍处于
"半市场半统制"状态；（3）作为市场经济改革"关键环节"的政府职能转变严
重滞后，政府部门仍然大量通过投资项目审批、市场准入等手段直接干预企业的
微观经营活动，金融危机后干预尤甚②。

以上是经济领域自身，如果再放宽视野审视社会领域的问题，就会看到，
现在中国社会领域矛盾比较尖锐。主要也有三大矛盾：一是社会腐败严重，特
别是官员"寻租"行为令人忧虑。在"透明国际"组织 2010 年发布的"清廉
指数"排名中，中国在 180 个国家当中排名第 78 位；二是社会分配不公，除
居民收入在国民收入分配中的比重和劳动报酬在初次分配中的比重下降外，因
机会不均等和分配过程的不公正而形成的收入分配差距过大，接近社会的容忍
度；③ 三是公民权利缺乏有效保障（如在征地、拆迁和社会治理中的矛盾比较尖
锐）。

面对经济社会领域利益关系和社会矛盾多元交织的复杂局面，急需突破改革
僵局，按照正确的方向和路径推进改革。这就要正视转轨的"三不足"：即转轨
动力不足；转轨队伍不足；转轨共识不足。要克服转轨的"三不足"问题，就
需要树立"包容性体制创新"理念。

除了突破中国大陆自身改革僵局的问题外，从更大视野研究，还有对构建两
岸"合赢"新格局和世界"新普世文明"大格局的考虑，这两点拟在下一部分
结合构建"大屋顶"一并分析。

二、包容性体制创新的框架：构建三个制度文明"大屋顶"

"包容性体制创新"的基本架构是什么？这里提出构建三个制度文明"大屋
顶"的构想。

---

① 土地市场化改革是个相当艰难的话题。当前可行的方案是在"尊重"（而不是官方文件所说的
"赋予"）农民的土地经营权基础上，搞活农村的土地流转权。笔者此前曾调查了江苏常熟市"田娘"公
司的"公司＋家庭农场＋股份制农业合作社"的现代化农业试验，龙头是农民企业家的农业科技公司，其
通过土地的流转，转租周围几十个村 562 户农民的 2 050 亩土地作为家庭农场，搞机械化的耕作。2013 年
3 月 28 日，李克强总理曾在考察后说"这个探索带有方向性"，"家庭农场、股份合作社、专业合作社，
在我们目前这个承包制的基础上，是向现代农业发展的一个新的载体。而且只有在这方面探索出路子来，
我们的农业才能发展起来。"参见本书第四章中的"多要素集成土地流转权考察分析"。
② 常修泽. 改革大局与政府职能转变 [J]. 宏观经济管理，2012（5）.
③ 常修泽. 从产权缺失看中国分配问题 [N]. 经济参考报，2012－2－3. 另见本书第五章专栏——
新华社内参：常修泽：已接近"社会容忍红线".

（一）整合各种改革力量，在"市场化和社会公平双线均衡"的基础上，构建中国改革的"大屋顶"

近年来，中国改革领域出现一些新情况：其一，围绕是否坚持"以社会主义市场经济体制为目标取向"的改革问题，理论界再次出现了争论。一些论者对坚持市场化取向改革有所动摇，一些领域的市场化改革有所停顿，市场化改革动力出现弱化倾向。其二，在改革过程中，出现了"权力与资本合谋、权力与利益交换"的严重腐败和种种不公正现象，如何排除特殊利益集团对改革的干扰，实现社会公平正义，成为新的战略问题。其三，十八大之后建立更加完善的社会主义市场经济体制以及政治、社会、文化领域的新体制，不应再是前一阶段改革思维定势的简单延续和惯性运作，而是需要基于新情况、新矛盾进行更加系统的制度设计，需要提升为更具时代"大智慧"、更有宏观"大视野"的超越性改革战略。这种带有超越性的改革战略，应该是能够"上见天光，下接地气，中立人本"的战略。如果"上"不能见"天光"，"下"不能接"地气"，中间不能确立"人本"，那样的改革战略是不成功的。以上诸点，要求我们树立"海纳百川，有容乃大"的精神，在改革思路上讲求一个"容"字。

几年前，笔者在《人本体制论》一书中，曾提出"双线均衡"理论，即"在社会公平和市场化两个鸡蛋上跳舞"的思想："在中国，社会公平和下一步推进的市场化改革是可以兼容的。在这一点上，我的基本想法是'两线均衡论'：中国的宏观决策层需要学会在市场化和社会公正'两个鸡蛋上跳舞'。要兼顾两个方面，并把握'两个鸡蛋'的均衡点。"[①] 这就是笔者一再讲的中国要在市场化和社会公正"两个鸡蛋上跳舞"，而不要把任何一个"鸡蛋"打破的主张。并指出"如果打破了经济市场化这个'鸡蛋'，中国就会倒退；打破了社会公平这个'鸡蛋'，中国就会动荡"。

拙著《人本体制论》出版后，国际国内都出现了一些新情况，特别是由美国次贷危机引发的世界金融危机，导致全球经济进入衰退。这使得市场经济理念受到新的质疑，甚至有人认为市场经济体制已"陷于绝路"。笔者认为，世界金融危机的教训是应该汲取的，特别是这场金融危机所暴露的市场经济的弊端和局限更值得反思，但当代世界市场经济体制真的"陷于绝路"了吗？笔者的看法是否定的。

除了社会制度差异之外，问题的关键就在于一个"度"，所谓"过犹不及"。美国存在市场配置"过度"（尤其是虚拟经济市场过度）问题，而中国的情况则更为复杂：一方面，我们苦于市场经济的不发达（这就是所说的市场经济培育

---

① 常修泽. 人本体制论——中国人的发展及体制安排研究［M］. 北京：中国经济出版社，2008.

"不及"的问题）；另一方面，我们又苦于市场经济发展带来的种种弊端，如带来的社会腐败、贫富差距和诚信问题减弱等问题。而复杂性在于，尽管市场经济有上述种种问题，但到目前为止，人类还没有发现比市场经济更有利于资源配置的体制。这是我们必须面对的客观事实。在联合国 190 多个国家中，目前只有朝鲜一个国家采取"反市场"的计划经济体制。中国应坚持"社会主义市场经济"的基本方向，对此不能动摇。

从理论上说，现代市场经济要求地位平等、机会均等和实行等价交换的原则，从这个意义上说，市场经济是天生反特权的。但是，也要看到，即使按照平等的交换原则，由于每个参与分配的个体的能力和各方面情况不同，分配结果会造成不平等。这是需要补救的地方。

现在，从全球范围来看，社会公平方面的矛盾和问题比较突出，带来的社会影响也比较大。2011 年世界爆发的几起重大事件（如美国"占领华尔街运动"、"英国伦敦骚乱"事件和阿拉伯变革事件等）表明，尽管各国民众诉求的侧重点和表现形式不尽相同（如发达国家的民众主要不满于经济不公平，发展中国家的民众除了不满于经济不公平外，还不满于政治不公平），但民众呼唤"社会公平正义"的诉求是共同的、本质的。

下一步中国和其他转轨国家的改革，应该寻求市场化改革与社会公平"双线"之间的"均衡"。在此基础上，超越改革的各种传统思维，整合改革的各种健康力量，构建起中国改革市场化和社会公平的"大屋顶"。坚持这一取向，可以凝聚社会各方面的改革共识。

（二）融合两岸和平发展力量，在理性务实的基础上，构建两岸共同"聚兴中华"的"大屋顶"

探讨"包容性体制创新"，从国家发展和民族复兴的大局着眼，除了中国大陆自身的改革以外，还有如何促进两岸和平发展中的"包容性体制创新"问题。这是作为转型国家的中国特有的情况。"海峡两岸"这一概念是在 1972 年，由当代著名谋略家基辛格博士与时任中国总理的周恩来联袂创造的，首次出现于当年的《中美联合公报》中，至今被人们所使用。这个概念本身就显示了一种"包容性"的大智慧。今天我们所说的两岸关系，指的即是在两岸中国人之间，由于中国内战造成的大陆和台湾分离的现状，以及处理两个地区之间关系的"包容性"称谓。从世界发展史来看，任何一个世界强国都不可能是分离的。一个没有完全统一的国家不可能成为世界强国，一个没有完全统一的民族不可能真正实现完全意义上的伟大复兴。从这个意义上说，中国大陆在全世界可以说是第二大经济体，但难以称为世界强国。

笔者从 1993 年春出席耶鲁大学两岸学会召开的"两岸关系研讨会"至今，一直关注并研究两岸共同发展问题。积 20 年之体会，深深感到两岸关系的复杂性和独特性。这种关系在本质上不同于历史上的南北朝鲜、南北越、东西德等分裂国家关系，也不同于俄罗斯—车臣、英国—北爱尔兰等分离地区问题，甚至也不完全等同于香港、澳门回归祖国的问题（清华大学台研所刘震涛教授语）。这是由中国内战遗留下来的历史遗存、现实纠结和外部搅扰的混合物，在当今世界格局中没有现成的经验可资借鉴。1983 年，邓小平曾经提出："根据中国自己的实践，我们提出'一个国家，两种制度'的办法来解决中国的统一问题，这也是一种和平共处。"[①] 但是，鉴于两岸问题的复杂性，邓小平提出的"一个国家，两种制度"的构想也不易在短期内实现。

在统一难以在短期实现的情况下，从现实考虑，需要对两岸关系从结构层面、功能层面和主体层面进行整合，使之在经济、文化、社会、政治等方面逐步沟通、交流和包容。其中，首先是在经济方面促进两岸各自的经济发展，实现互利双赢（当然，也包括大陆的综合经济实力能够不断增强，从而能对整个宏观大局产生重大影响）。应该说，自 1978 年中国大陆改革以来，两岸经济都有可观的发展，其中大陆发展更强劲一些。如表 4-1 和表 4-2 所示。

表 4-1　　　　　　　1978~2010 年两岸经济总量（GDP）　　　　单位：亿美元，%

年份	中国台湾	中国大陆	比率
1978	275.8	1 473.2	5.3
1988	1 252.9	3 071.7	2.5
1992	2 101.7	4 181.8	2.0
2000	2 929.0	11 984.8	4.1
2008	4 026.2	43 960.0	10.9
2010	4 304.5	60 093.8	14.0

表 4-2　　　　　　　　1978~2010 年两岸人均 GDP　　　　　单位：美元，%

年份	中国台湾	中国大陆	比率
1978	1 604	153	10.5
1988	6 513	277	23.5
1992	10 822	357	30.3
2000	14 721	946	15.6
2008	17 542	3 310	5.3
2010	18 303	4 283	4.3

---

① 邓小平．邓小平文选：第三卷 [M]．北京：人民出版社，1993.

　　两表所显示的数据都是两岸官方的数据，其 GDP 都以美元为单位，同时汇率也都是当年官方的汇率（故上述两表中有汇率变动的因素）。1978 年的时候，大陆的 GDP 总量只有 1 473 亿美元，经过三十多年的努力，到 2010 年，达到 6 万亿美元，这个发展速度是比较高的，目前在全世界已是第二大经济体。台湾地区的发展也不错，GDP 总量 1978 年为 275 亿美元，到 2010 年达到 4 304 亿美元，并且早就跻身亚洲"四小龙"行列。

　　在两岸经济共同发展的基础上，建立具有两岸特色的经济合作机制、加强两岸的经济一体化进程势在必行。2010 年 6 月，两岸签订了《海峡两岸经济合作框架协议》（ECFA），为建立两岸共同家园奠定了经济基础。2010 年 9 月，在制定"十二五"规划之际，笔者曾建议，"作为 ECFA（两岸经济合作框架协议）生效之后的大陆第一个 5 年经济和社会发展规划，应该纳入 ECFA，将两岸经济的合作与发展融合到大陆的十二五规划"。笔者之所以提出这一建议，正是基于"包容性"的理论思维。笔者在此项建议中指出，"所谓的'适应国内外形势新变化'应该包括两岸关系的变化，包括 9 月 12 日 ECFA 生效之后，两岸经济关系进入新阶段的变化。而对于'各族人民过更好生活新期待'也应包括两岸人民过更好生活的共同期待。"①

　　要真正实现两岸民众共同认可的"一个国家，两种制度"或类似的"合赢天下"的"大屋顶"构想，可能需要经历一个比较长期的探索过程。大体要经过五个"里程碑"：第一个"里程碑"是签订 ECFA；第二个"里程碑"是签订两岸和平框架协议；第三个"里程碑"是建立中华文化认同纽带（两岸心连心），基本形成两岸共同认可的价值取向；第四个"里程碑"是在社会管理领域形成共同的治理框架（包括在部分地区实行两岸共同治理）；第五个"里程碑"是实现两岸"整体架构的整合"。以上"路线图"涉及经济、军事、文化价值、社会、政治等领域，是一个系统工程。现在，第一个"里程碑"已经跨越，下一步应在现有基础上继续推进，以更加"包容性"的思维，增强两岸关系发展的经济、文化、民意和政治基础，最终构建"合赢天下"的"大屋顶"，为两岸一体建立持久可靠的制度保障。

　　（三）融合西方和东方文明的精华，在多元文明交融的基础上，构建当代"新普世文明"的"大屋顶"

　　"包容性体制创新"的更高诉求，是世界层面的"文明交融"问题。这不论是对中国等发展中国家来说，还是对发达国家来说，都应该有此广阔的胸襟和

---

　　① 笔者的这一建议在台湾《旺报》（2010－10－8）、台海网（2010－10－8）和中国改革论坛网（2010－10－9）上都有过报道。

宏观视野。当今世界文明隔阂乃至冲突的严酷现实，不得不使人思考人类文明所面临的挑战。正是由此出发，引发了笔者考虑已久的关于由"文明隔阂"走向多元基础上的"文明交融"的构想。

从20世纪中叶到21世纪初期，西方出现了一系列探讨文明的著作和相关理论，如亨廷顿的"冲突论"①、汤因比的"成长论"②、斯宾格勒的"活力论"③、列维—斯特劳斯的"均衡论"④，等等。在东方，自古以来更有一批代表中华文明的著作和相关理论，如老子的"道德论"、孔子的"仁和论"，等等；还有代表伊斯兰文明的著作和相关理论，如"信仰论"和"两世论"，等等。至于21世纪100年人类文明的走势如何，随着东西方文明在实践进程中的演变以及某些理论的发展，还会发生新的变化。

这里面有一个敏感的有争议的问题，即关于人类普世价值的问题。在国内讨论当中有不同观点：第一种观点是，有部分学者，否认人类的普世价值，甚至对普世价值这个命题予以批判；第二种观点，有部分学者，简单地、直接地把西方文明等同于人类共同文明的全部；当然还有其他观点。

笔者的观点是：第一，如果不是从绝对意义而是从相对性的角度来理解，人类的共同文明或普世价值是存在的。如中国古典哲学讲的"天人合一"、"和为贵"，等等，倡导人与自然、人与社会、人与人的和谐相处，不就是带有普遍性的价值吗？这种普遍必然性的价值，不仅适用于少数人群，而且应适用于所有的人群，你能否认得了吗？对此不能持虚无主义态度，更不应粗暴批判；第二，人类的普世价值不能简单地全部等同于西方文明。笔者的公式是：人类普世文明等于西方发达国家文明中的精华，加上发展中国家即东方文明的精华，结合起来才可能等于人类的共同文明。

看看当代世界的现实就会知道，经济全球化和新科技革命两大浪潮，正在使多样化价值理念之间发生多么频繁的交集、碰撞和融合，从而推动共同的价值得以不断充实、重构和完善。中国改革开放成功的一条经验，就是大胆学习和借鉴一切人类文明发展的有益成果。对中国来说，不学习和吸取人类文明的先进成

①　亨廷顿（Samuel Phillips Huntington，1927～2008），美国著名政治学家，20世纪80年代后相继出版了《第三波：20世纪后期的民主化浪潮》和《文明的冲突与世界秩序的重建》等著作。

②　阿诺德·约瑟夫·汤因比（Arnold Joseph Toynbee，1889～1975），英国著名历史学家，他的12册巨著《历史研究》讲述了世界各个主要民族的兴起与衰落，提出了一个所谓适用于大多数文明及其成长演变的模式。

③　奥斯瓦尔德·斯宾格勒（Oswald Arnold Gottfried Spengler，1880～1936），德国著名历史哲学家，1918年出版《西方的没落》，曾在欧洲大地引起震动。

④　克洛德·列维·斯特劳斯（Claude Lévi-Strauss，1908～2009），法国著名的社会人类学家，结构主义人类学创始人。

果，就谈不上中华文明的现代化。近年来为写作专著《中国第三波转型论》，笔者一直在思考这个命题，就是在尊重与保持人类文明多样性的框架内，如何从多样性文明中提炼出各文明的精华，整合成"新普世文明"。笔者把这个命题的解，称为"文明融合论"。构建当代"新普世文明"的"大屋顶"，丰富人类的共同价值宝库，这是"包容性体制创新"的高境界诉求。

三、包容性体制创新第一诉求的实施：四大制度支柱

上一节提出了"包容性体制创新"的框架，本节着重探讨"包容性体制创新"的实施。限于篇幅，仅就第一"大屋顶"的实施提出四大制度支柱。

（一）产权体制创新：包容"国有"与"民营"

公有制为主体、多种所有制经济共同发展是社会主义初级阶段的基本经济制度框架。经过33年的改革，中国的产权结构已经发生相当程度的变化。从"国有"与"非国有"指标对比来看，根据《中国统计年鉴2011》的数据，2010年，全国规模以上工业企业资产总计为592 882亿元，其中，国有及国有控股工业企业资产总计为247 759.86亿元，占41.8%，"国有"与"非国有"的比例为4:6。但是，在"国有"与"非公有"之间，还有一块"非国、非私"的集体所有制或各种"非国控股也非私控股"的混合所有制经济。笔者曾作过一个典型调查，中石油公司"辽河油田多种经营处"下，就有25家"非国、非私"的内部职工持股的集体所有制公司，其资产总额154亿元，从业人员17 591人，2011年销售收入144亿元。从全国范围看，类似的情况还有不少。若减去这块"非国、非私"的集体所有制或各种"非国控股也非私控股"的混合所有制经济，"非公有"成分占多少比重呢？据国家统计局数据，2010年，全国规模以上工业企业资产中，私营、港澳台商和外商投资工业企业资产合计为265 420亿元，占比为44.8%[①]。可见，若以"国有"与"非国有"划分为4:6，若以"公有"与"非公有"划分大体为5.5:4.5（这是全国规模以上工业企业资产的划分，不是全部资产，也不是全部国民生产总值结构）。

需要指出的是，在目前的投融资体制下，工业部门相对于高端服务业特别是其中的垄断性部门而言，其市场准入的门槛是比较低的，非国有资本进入是比较充分的。这就意味着，对于某些垄断性的服务业而言，"国有"与"非国有"的比例不止是4:6的水平，应该会更高。下面一组关于银行业股权结构的数据，就

---

① 国家统计局. 中国统计年鉴2011 [G]. 北京：中国统计出版社，2011.

充分证明了这一判断：截至 2010 年年底，在全部银行业股权结构中，国家股占比 53.85%，国有法人股占比 6.81%，非国有股占比 39.34%。其中，工、农、中、建、交五大银行股权结构中，国家股占比 68.19%，国有法人股占比 1.36%，非国有股占比 30.45%。由此看来，银行系统国有性质与非国有性质的股权比大体为 6∶4 或 7∶3 的水平。

中国改革中强调两个基本点：一是，巩固和发展公有制经济，同时在国有经济内部，塑造开放的产权结构，使国有资本能够有进有退、合理流动；二是，鼓励、支持、引导非公有制经济发展，同时促进个体私营经济与时俱进、转型升级、不断提高自身素质。其实质是什么？就是谋求各种所有制经济共同发展。这里讲的"共同发展"，既包括各种所有制经济成分——公有资本和各类非公有资本并行不悖地发展（"平行—板块式"发展），也包括各种所有制经济成分——公有资本和各类非公有资本相互渗透和融合地发展，以形成以股份制为主要形式的经济融合体（"渗透—胶体式"发展），从而在整个社会形成一种新型的混合所有制经济格局。发展这种混合所有制格局正是笔者在基础经济制度层面所寻求的包容性。这应该是现阶段的基本经济纲领。

现在的问题是，如何实现国有与民营经济的包容性发展？哪方面包容不够？

请看表 4-3——中国垄断性行业固定资产投资结构表。

表 4-3   **中国垄断性行业的固定资产投资结构（2010）**   单位：亿元

	总投资额	其中		
		国有控股	集体控股	私人控股
电信和其他信息传输服务业	2 007	1 536.3（76.5%）	24.4（1.2%）	75.1（3.7%）
电力、热力的生产和供应业	11 915.2	9 247.1（77.6%）	506.6（4.3%）	1 731.2（14.5%）
航空运输业	892.5	816.8（91.5%）	16.8（1.9%）	4.4（0.5%）
铁路运输业	7 622.2	7 381.1（96.8%）	75.4（1%）	159.2（2.1%）
水的生产和供应业	1 711.9	1 324.9（77.4%）	114.6（6.7%）	237.5（13.9%）
燃气的生产和供应业	964.2	568.3（58.9%）	28.4（2.9%）	279.1（28.9%）
城市公共交通业	2 250.7	2 133.4（94.8%）	59.4（2.6%）	29.2（1.3%）

从表 4-3 可见，在垄断领域主要是对民营经济包容不够。虽然中国宪法和党的决议都明确提出：民营经济是社会主义市场经济的重要组成部分，但由于深受传统观念的影响，在社会上存在一种"非我族类，其心必异"的思想，形成

了在处理国有与非国有之间关系方面"贵国有，贱民营"的弊端。

《资治通鉴》曾记载了唐太宗在处理与周边民族关系时讲过的一段名言："自古皆贵中华（指中原），贱夷狄，朕独爱之如一。"（《资治通鉴》卷一百九十八，唐纪十四，太宗贞观二十一年）。今天，可以套用唐太宗这个句型："长期皆贵国有，贱民营，我独爱之如一。"

怎样"爱之如一"呢？实行"两平一同"。第一个"平"，是"平等使用生产要素"。生产要素包括资本（特别是银行信贷）、土地、劳动力、技术、信息，等等。试问，今天不同的所有制在使用生产要素上公平吗？平等吗？提供两个数据，截至 2010 年年底，银行业金融机构各项贷款余额 50.9 万亿元，其中小企业（民营企业）贷款余额只有 7.5 万亿元，占 14.7%。第二个"平"是"公平参与市场竞争"。大家应在同一个起跑线上，不但起跑线公平，还要在同一个跑道上。现在有很多不公平的市场竞争。第三个，是"同等受到法律保护"。国有资产这块，法律的保护是较强的，但对民营资本保护得还很不够。

"两平一同"，是实行市场经济必须坚持的一条思路。这就涉及社会主义政党的执政基础问题。传统观点是，只强调国有经济是中国共产党的执政基础，不承认民营经济也是中国共产党的执政基础之一。但是，现在问题已很尖锐：民营经济比重已经超过四成，能说这些不是社会主义政党执政的基础吗？中国 1998 年已经"修宪"，宪法上明确写着："非公有制经济是社会主义市场经济的重要组成部分"。既然已经写上，就不应该用异己的眼光来看待这部分民营经济。在此基础上，应落实关于鼓励支持和引导个体私营等非公有制经济发展的一系列政策措施，促进民间资本进入金融、电力、电信、邮政、铁路、民航、石油、国防科技工业建设、教育、科研、文化、卫生、体育、供水、供气、供热、公共交通、污水及垃圾处理等市政公用事业和基础设施领域，为其营造公平竞争的市场环境、社会环境和法治环境。

（二）分配体制创新：包容"国富"与"民富"

促进社会公平分配，逐步实现发展成果由全体人民共享，是提出包容性发展的初衷和核心内容。当前，收入分配领域矛盾比较突出。多年来，经济快速增长，但城乡居民收入增长与经济发展"不同步"。（见图 4-1）

在国民收入内部，收入分配体制尚未理顺。两个比重，即居民收入在国民收入分配中的比重，劳动者报酬在初次分配中的比重，呈下滑趋势。见图 4-2 和图 4-3。

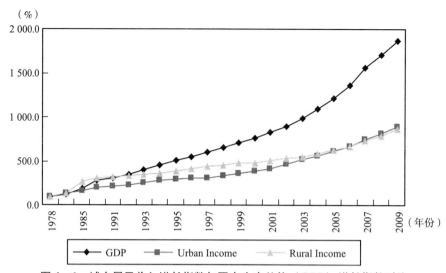

图4-1 城乡居民收入增长指数与国内生产总值（GDP）增长指数对比

注：图中"Urban Income"为"城镇居民收入指数"，"Rural Income"为"农村居民收入指数"。

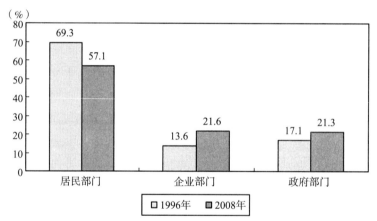

图4-2 国民收入内部居民部门、企业部门、政府部门所占比重变动

注：根据《中国统计年鉴2011》提供的资金流量表（实物交易，2008）计算。

　　利益分配格局涉及社会的公平和正义，各方面对此都颇为关注。针对这一问题，应明确提出包容"国富"与"民富"，推进分配改革。具体来说，就是要实现由"国富"到"国民共富"的转型，尤其是，在"民富一时相对短腿"的情况下，应强调"民富优先"。总的来说，"国民共富"，但现在要讲"民富优先"。一方面，实现居民收入增长与经济发展，劳动报酬增长与劳动生产率提高"两个同步"；另一方面，在社会各群体之间，通过"提低、调高、扩中（使中等收入者的比重达到总人口的60%以上）"以及采取基本公共服务均等化措施，使穷者不能再穷，富者可以合法致富并予以调节，最后达到共同富裕。

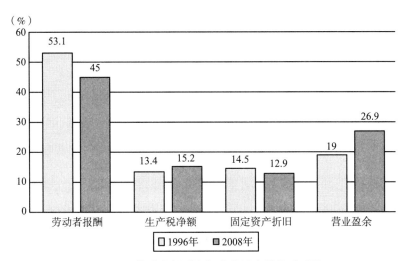

图 4 - 3　劳动者报酬在初次分配中的比重对比

注：根据《中国统计年鉴 2011》计算。

（三）可持续发展体制创新：包容"天"、"地"与"人"

包容性创新，不仅应"近忧"当前，而且更要"远虑"未来的可持续发展。可持续发展体制创新是一个包括人的生存发展环境（"天"）、人的生存发展资源（"地"）和人的生存发展自身（"人"）在内的完整体系。从宏观层面审视，其间蕴含着多维产权关系：环境产权、资源产权、人力产权。

当前人类正面临着环境问题（"天"）和资源问题（"地"）的严峻挑战。与此同时，在一些国家（包括中国在内），诸如"低劳动力成本"等所引发的社会矛盾，也在触及人类尊严和幸福的底线。"天""地""人"三界所出现的诸种新情况、新矛盾，向人类的生存和可持续发展提出了新课题。

探讨人类的生存和可持续发展问题可以有四条路线，即技术创新路线、结构调整路线、政府规制路线、产权运作路线。在上述四条路线中，技术、结构、规制路线相对成熟、相对清晰些，但唯独产权路线相对陌生、相对薄弱，某些领域甚至处在混沌状态。有鉴于此，笔者在《广义产权论》一书中，曾提出了包括"横向广领域"在内的"广义产权"理论①。所谓"横向广领域"，广到哪里？广到"天地人产权"："天"——环境产权，"地"——资源产权，"人"——劳动力产权、管理产权等。下一阶段，基于"公平和可持续"的考虑，应围绕可持续发展体制创新主题，结合当今中国资源、环境和社会人文领域的新情况，依据"人法地，地法天，天法道，道法自然"的古训，构建包容"天"、"地"与

---

① 常修泽．广义产权论——中国广领域多权能产权制度研究［M］．北京：中国经济出版社，2009.

"人"和谐相处的生态文明新格局。

(四) 社会管理体制创新：包容"民生"与"民主"

民生领域：主要是公共服务体制创新问题，既涉及经济，又涉及社会。目前比较突出的是公共产品、公共服务的短缺。而进一步挖掘，公共产品供给不足，公共服务资源配置不合理，深层原因是什么？显然，与社会领域改革滞后有直接关系，迫切需要通过改革加以解决。应围绕保障和改善民生推进体制创新。

除保障和改善民生外，包容性创新还应以"民主和公平正义"作为基本价值取向。这是社会管理领域的一个新课题。改革开放以来，中国的社会结构、社会组织形式和利益格局已经发生并将继续发生深刻变化。当前社会管理面临诸多新的课题，应围绕"民主和公平正义"推进社会领域体制创新，这是下一步改革的新境界、新天地。一方面充分激发社会活力，发挥社会组织和社会成员的创造力；另一方面顺应经济成分多元化和社会力量多元化的趋势，建立与市场化相适应的社会秩序。这当中，尤其要做到，平衡和协调多元力量之间的利益关系，健全各种协调利益关系的体制机制，发挥公众在社会建设和管理方面的协同作用，构建政府与社会分工协作、共同治理的制度安排。当前，在创新社会管理的实践中有些新的思维，例如，用"对话"来替代"对抗"，用"维权"来促进"维稳"，这是值得关注的新动向。应将社会管理上出现的新问题、新情况，及时总结交流，通过创造性的工作，促进社会管理体制的创新。

最后需要指出，在实现"包容性创新"的过程中，要注意防止和克服两种倾向。几年前，笔者在《人本体制论》一书中，曾指出"从国际经验看，在操作过程中要注意防止两种现象：第一，要经济市场化，但要防止'权贵'；第二，要实现社会公正，但要防止'民粹'。无论是'权贵'，还是'民粹'，对中国广大人民群众来说，都是不利的。从拉美国家看，这两种现象是互为依存、恶性互动的：上面越'权贵'，社会越'民粹'；社会越'民粹'，上面越'权贵'，甚至可能会集权。比较而言当前主要是防止'权贵'问题。我们必须看清这一点，保持理性认识。"[①]

总之，中国的改革发展和人类文明进步事业走到今天，任重而道远。为凝聚社会更本质的共识，组成更宏大的改革大军，笔者主张，本着"有容乃大"的精神，胸怀更广一些，思想更超越一些。

---

① 常修泽. 人本体制论——中国人的发展及体制安排研究 [M]. 北京：中国经济出版社，2008.

第二节　构建聚兴中华两岸"大屋顶"之再阐述

【提要】

本节是上一节所提出的两岸"大屋顶"理论的进一步展开。

在中国未来走向的问题上，中共十八大后，国家领导人再次提出实现中华民族伟大复兴的命题。特别是在参观《复兴之路》展览的讲话，引发两岸和世界关注。

"振兴中华"，在特定历史阶段，有个"聚兴中华"，还是"各兴中华"的问题。"聚兴中华"的要害，是强调"聚"，而不是"分"，不是"各"。笔者之所以强调此，这不仅是个人的良苦用心，更是整个中华民族新时代的呼唤。

两岸"大屋顶"应从结构、主体、功能三个方面设计。结构层面，"跨越两岸"；主体层面，"一个国家"；功能层面，"合赢天下"。提出"构建两岸大屋顶"的基本功能，是聚兴中华、"合赢天下"。

构建两岸大屋顶要讲"起、承、转、合"。"起"，签订 ECFA；"承"，签订两岸和平框架协议；"转"，开拓未来，应在社会管理领域形成共同的治理框架；"合"，实现两岸"整体架构的整合"。在"起承转合"的整个过程中，贯穿一条红线，这就是建立中华文化认同纽带，形成并完善两岸共同认可的价值取向。

现在，文章已经"起"好，下一步应在现有基础上承接、转深和整合，为两岸一体建立持久可靠的制度保障*。

2012 年 10 月 18 日台湾《中国时报》系《旺报》以《构建聚兴中华两岸"大屋顶"》为题，转载了笔者的论文《包容性体制创新论——关于中国改革、两岸整合和新普世文明的理论探讨》的"前言"和有关"两岸整合"部分。中评社从台北作了报道，在海内外引起注意。

笔者的《包容性体制创新论》于 2012 年 9 月在《上海大学学报（社会科学版）》第 29 卷（2012 年第 5 期）发表。大陆人民网、光明网、中国改革论坛网等先后转载。该文按照笔者的"包容性体制创新"的思想，提出了构建三个制度文明"大屋顶"的设想：其一，整合大陆各种改革力量，在"市场化和社会

---

* 此节曾载于香港《中国评论》2012 年第 12 期。香港中评社发出电讯，称常修泽教授在《中国评论》月刊 12 月号发表专文《再论构建聚兴中华两岸"大屋顶"》，笔者认为："'振兴中华'，在特定历史阶段，有个'聚兴中华'，还是'各兴中华'的问题。""'聚兴中华'的要害，是强调'聚'，而不是'分'，不是'各'。这不仅是个人的良苦用心，更是整个中华民族新时代的呼唤。""中国要想成为世界强国，中华民族要想真正实现完全意义上的伟大复兴，除了扩大经济体量和提高人均水平，除了提高货币体系地位，除了增强科技实力、军事实力以及民族软实力以外，很重要的是实行国家的统一和民族的整合。"香港中评社的电讯转发本节内容全文。

公平双线均衡"的基础上，构建中国改革的制度文明"大屋顶"；其二，包容两岸和平发展的力量，在理性务实的基础上，构建两岸共同"聚兴中华"的制度文明"大屋顶"；其三，吸收西方和东方文明的精华，在多元文明交融的基础上，构建当代"新普世文明"的制度文明"大屋顶"。《旺报》转摘的《构建聚兴中华两岸大屋顶》只是"大屋顶"的设想之一。一些读者阅后，来电和邮件表示感兴趣，希望与笔者交流。在此，笔者就这一战略性、前瞻性话题，作进一步探讨。

一、"聚兴中华"是整个中华民族新时代的呼唤

据网友在互联网搜索告知，此前尚未发现有"聚兴中华"的文献记载，《包容性体制创新论》明确提出"聚兴中华"，引人注目。确实，以往人们都讲"振兴中华"，那笔者为什么提出"聚兴中华"这一概念？针对什么？

其实，"振兴中华"，笔者以往讲过，现在依然在讲，今后还将继续讲。这个口号是中国革命的先行者孙中山先生在100多年前提出的，至今仍闪耀着时代的光辉；但是，"振兴中华"，在特定历史阶段，有个"聚兴中华"，还是"各兴中华"的问题。在实践中，我感觉有个现象，两岸朋友讲的"中华"内涵是不尽相同的。其间不乏从"大中华"角度着眼的，但也有不少从狭隘角度着眼的，有一种"各兴中华"的味道。针对这种情况，我特意提出"聚兴中华"。"聚兴中华"的要害，是强调"聚"，而不是"分"，不是"各"。这不仅是个人的良苦用心，更是整个中华民族新时代的呼唤。

为什么说是中华民族新时代的呼唤？我在本书上一节中指出："从世界发展史来看，任何一个世界强国都不可能是分离的。一个没有完全统一的国家不可能成为世界强国，一个没有完全统一的民族不可能真正实现完全意义上的伟大复兴。从这个意义上说，中国大陆在全世界可以说是第二大经济体，但难以称之为世界强国"。中国要想成为世界强国，中华民族要想真正实现完全意义上的伟大复兴，除了扩大经济体量和提高人均水准、提高货币体系地位、增强科技实力、军事实力以及民族软实力以外，很重要的是实行国家的统一和民族的整合。

中华民族走到今天，应该提出这个命题了。所以，笔者在本书上一节《包容性体制创新论》中指出，"探讨'包容性体制创新'，从国家发展和民族复兴的大局着眼，除了中国大陆自身的改革以外，还有如何促进两岸和平发展中的'包容性体制创新'问题。"

在《包容性体制创新论》中，笔者讲了两个"独特性"，读者对此十分重视。两个"独特性"，是讨论这一问题的客观基础。

第一个"独特性",是从转型国家角度讲的。世界上的转型国家(地区)很多——不论是在社会主义轨道上转型的,如越南、古巴、老挝等,还是在非社会主义轨道上转型的,如东欧的、中亚的,等等,哪个国家(地区)有"两岸"这样的问题?没有。所以,从全球角度看,中国在转轨和发展过程中面临的问题,有些是其他转轨国家所没有的,就是指我们有"两岸"这个问题。另一个"独特性",是从两岸关系的角度讲的。笔者关注两岸关系约20年,期间曾参加诸如国共论坛、两岸论坛等,还9次到台湾实地考察,并多次与清华大学台湾研究所刘震涛教授等两岸专家讨论,受益匪浅。虽然调查研究很难说深入,但同样深感到两岸关系的复杂性和独特性。文中笔者引了刘震涛教授的话。读者可以想一想,两岸这种关系跟当年南、北越一样吗?跟当年东西德国一样吗?跟现在朝鲜、韩国一样吗?都不一样。从台湾角度看,台湾跟俄罗斯车臣一样吗?跟英国北爱尔兰一样吗?跟其他分离地区问题一样吗?也不一样。"甚至",我写道,"也不完全等同于香港、澳门回归祖国的问题"。香港、澳门是当初"租借"、现在"回归"的问题。而且,从操作层面讲,"也不完全等同于香港、澳门"。

为什么说不完全等同于香港、澳门模式?这使我想起了一位老朋友的话。他说"香港是先挂旗,后聚心。而台湾是先聚心,后挂旗。"当然挂旗问题比较复杂,需专文论述,更需两岸官方谈判确定。总之,不完全等同于香港、澳门回归祖国,这也是独特性。

二、两岸都应有构建两岸"大屋顶"的博大容量

在"构建聚兴中华两岸大屋顶"中,反复提到"容"的问题。为什么对"容"情有独钟?

因为我感到现在容量不够博大。中华民族本是一个具有博大容量的民族啊。老子《道德经》有一句名言:"知常容,容乃公,公乃王。"(《道德经》第十六章)。他说的"王"指什么?就是指"统治"。才能统治得好呢?老子说必须要"公";怎样才能做到"公"呢?必须要胸怀宽广,"容"量宏大;怎样才能做到"容"量大呢?必须要知道"常"。"常"是什么?"常"是常规、规律,包括社会发展规律。构建两岸"大屋顶",为"两岸一体"建立持久可靠的制度保障,这是客观规律之使然。两岸政治家都需要把握"知常容,容乃公,公乃王"这一大智慧。

在把握历史规律的大智慧方面,笔者很感佩基辛格博士与周恩来先生。1972年在签订《中美联合公报》时,遇到中国大陆和中国台湾这一症结,著名谋略

家基辛格博士与时任中国总理周恩来联袂创造了"海峡两岸的中国人"这组概念。"海峡两岸"这个概念本身就显示了一种博大容量的大智慧。

11年后，1983年，邓小平提出："根据中国自己的实践，我们提出'一个国家，两种制度'的办法来解决中国的统一问题，这也是一种和平共处。"这里，"一个国家，两种制度"也是一种大智慧。虽然，由于两岸问题的复杂性，邓小平提出的"一个国家，两种制度"的构想在短期内难以实现，但是，他也促使我们从更高的高度和更大的视野来思考这个问题。

这不禁令笔者想到哲学界主张"合二而一"论的先祖方以智的一句名言："尽天地古今皆二也，两间无不交。"（方以智：《东西均》）这种"两间无不交"的状态，不是恰好构成一个"大屋顶"吗？聚兴中华两岸"大屋顶"的想法，正是由此而来。两岸应该研究"两间无不交"的结构、主体、功能问题。

三、两岸"大屋顶"应从结构、主体、功能三个方面设计

那么，两岸大屋顶，如何从结构、主体、功能方面设计？

笔者不是设计师。只能从现实出发来考虑问题。"千里之行，始于足下"。从现在起，两岸就应有从结构层面、主体层面、功能层面进行探讨、进行接触的意愿，不断进行沟通、交流，累积善意，累积共识。至于未来两岸大屋顶的结构、主体、功能如何界定？笔者的初步想法是：

其一，在结构层面，"跨越两岸"。未来大屋顶是"跨越两岸之间"的，就是方以智在《东西均》说的"两间无不交"。通过"大屋顶"把两岸包容为一体。

其二，在主体层面，"一个国家"。这个国家的创始主体，是中华民族的始祖；这个国家的文化主体，是与世界先进文明交融的中华文明；这个国家的地理主体，是涵盖中国大陆、中国台湾、香港、澳门的全部疆土；这个国家的政治法律主体，是两岸认同的中国。在"一个国家"的"大屋顶"下，实行各自适宜的社会制度。

其三，在功能层面，"合赢天下"。提出"构建两岸大屋顶"的基本功能，是聚兴中华、"合赢天下"。具体功能围绕基本功能展开。

四、"起承转合一线牵"：两岸大屋顶的实施步骤

要真正实现两岸民众共同认可的"大屋顶"构想，如何实施？本书上一节《包容性体制创新论》中关于"构建聚兴中华两岸大屋顶"部分提出，从长期的

探索过程看，大体要经过五个里程碑，已经讲明，不再重复。这里只补充一点：这五个里程碑不是截然分开的，而是浑然一体的。

构建两岸大屋顶好比是作一篇宏大的文章，要讲"起、承、转、合"。"起"是开端；"承"是承接上文加以申述；"转"是转折或深化；"合"是解决问题、结束全文，而且还要有一根红线贯穿其间。

先说"起"。"构建聚兴中华两岸大屋顶"这篇大文章从哪里"起"？首先是从经济方面签订 ECFA 起，旨在促进两岸经济发展，实现互利双赢。2010 年 6 月，两岸签订了《海峡两岸经济合作框架协定》（ECFA），为建立两岸共同家园奠定了经济基础。有了这个好的起步，在两岸经济共同发展的基础上，就可以建立具有两岸特色的经济合作机制、加强两岸的经济一体化进程。正是基于这种想法，2010 年 9 月，在制定"十二五"规划之际，笔者曾建议："作为 ECFA 生效之后的大陆第一个五年经济和社会发展规划，应该纳入 ECFA，将两岸经济的合作与发展融合到大陆的'十二五'规划"。这一建议在台湾《旺报》（2010 – 10 – 8）、台海网（2010 – 10 – 8）和中国改革论坛网（2010 – 10 – 9）上都有过报道。应该说，签订 ECFA，"起"得不错。

再说"承"。"承"这一部分的核心是签订两岸和平框架协议。这涉及军事问题，尽快结束不正常状态。文章能否做好，关键看能否"承"得上去。

"转"。如果说，签订两岸和平框架协定是了结过去，那么，"转"，就要开拓未来。应在社会管理领域形成共同的治理框架，也可以在少数毗邻的海岛或其他合适地区，搞几个"试验区"，尝试实行两岸共同治理，摸索经验。

最后一部分是"合"，实现两岸"整体架构的整合"。这涉及政治领域的问题，属于"封顶"之笔。"大屋顶"能否建成，关键在此一举。

需要强调指出，在"起承转合"的整个过程中，贯穿一条红线，这就是建立中华文化认同纽带，形成并完善两岸共同认可的价值取向，做到两岸心连心，这在每个部分都应贯穿其中。从一定意义上说，这是整篇文章之"魂"。

以上"起承转合一线牵"蓝图，涉及经济、军事、文化价值、社会、政治等领域，是一个系统工程。现在，宏大文章已经"起"好，下一步应在现有基础上承接、转深和整合，为两岸一体建立持久可靠的制度保障。

第三节　新阶段中国全面改革战略构思

【提要】

战略基调：超越传统"革命"、超越传统"变法"。比"革命"要柔，比"变法"要刚。

战略视野：见"天光"、接"地气"、立"人本"。

战略愿景：以"包容性"胸怀，构建三个制度文明"大屋顶"。

战略要点：突破思维定势和惯性运作，走出一条"双线均衡"、天地人合、"五环"改革的新路。

战略实施："五环式改革"，五点具体建议。

十八大后的新领导班子，不仅要有"有容乃大"的胸怀，而且要有"知难而进"的雄才大略。*

21世纪10年代面对的中国，与20世纪80年代的中国、90年代的中国，乃至21世纪初的中国，是不同的。改革的成果固然可以承继下来，但前些年积累的社会矛盾，则不允许十八大以后的新领导班子再"传"下去。从这个意义上说，仍然需要发扬那种"铁肩担道义"的历史担当精神。基于此，下面就新阶段的中国改革战略再作探讨。

一、战略基调：超越传统"革命"，超越传统"变法"

既然要讨论十八大后的中国改革战略，那么，首先要确定改革的"战略基调"问题，也就说，21世纪10～20年代的中国，到底需要一种什么样的改革观？中国的改革究竟如何定位？如何把握？它是什么？不是什么？这涉及改革的基本思想问题。

在改革实践中，笔者"悟"出的"中国改革之道"是：

——中国的改革，不是传统意义上的"革命"，但又有某些类似于"革命"的元素，是"中国的第二次革命"；

——中国的改革，不是传统意义上的"变法"，但又有某些类似于"变法"的特征，是中国"社会主义制度的自我完善"。

第一句突出的是"革"，改革总要"革除"些什么；第二句突出的是"完善"，改革总要"完善"些什么。

新阶段的改革观应当是：超越传统"革命"，超越传统"变法"，准确地说，就是超越传统意义上的"革命"，超越传统意义上的"变法"。基本上介乎于"革命"和"变法"之间，比"革命"要柔，比"变法"要刚。或曰：柔之"革命"，刚之"变法"，刚柔相济，平滑运作。

---

* 本节文稿系作者在2012年9月完成的研究报告。先由国家发改委经济研究所《研究报告》（内部）2012.005号上报；中共十八大前夕《财经》杂志以《未来十年的中国改革战略》（2012－10－29）发表；中共十八大后，《人民日报》发表，题为《新时期改革的战略思维》（2012－11－27）。收入人民出版社（2013年3月版）《改革是中国最大的红利》一书。

　　确立上述改革观以后，联系到当前和未来中国改革所面临的现实矛盾，在笔者内心深处，存在一种莫名的"纠结"。纠结在哪儿呢？一方面，改革者，特别是改革的推动者，包括在中央和地方从事研究的朋友，难道不是改革的推动者吗？这一重身份的认定，应该说是明确的、清晰的。但是，另一方面，改革推动者和所有社会成员所赖以存在的体制，又是改革的对象或者改革的内容之所在。这一重身份的认定，应该说是不够鲜明的、不够清晰的，需要在改革中明晰化、显性化。

　　可以说，"改革的推动者"与"改革推动者和所有社会成员所赖以存在的体制"有一种相当大的交集或者说重叠，虽不是全部重叠，但是有相当大的重合。特别是改到深处，面临一个很严肃的问题，就是必然遇到"自己砍自己的手"的问题。

　　记得2012年春节时，北京的学者华生先生曾发过一条微博："去海里见老领导，被推荐读本书，托克维尔的《旧制度与大革命》。他（指'海里老领导'——引者注）认为，中国这样在世界上举足轻重的大国，从历史上看也好，今天的外部环境也好，现代化转型不会那么顺利。中国人自己的代价也没有付够。过去这些年走得顺了些，下面难免会有反复。"① "转型不会那么顺"、"代价没有付够"、"下面难免有反复"，这些对中国下一步走势的若干大的判断，是不是深邃的、到位的？我看比较清醒。

　　《旧制度与大革命》② 带出的话题，不仅是一个理论问题，而且是一个实践问题。根据目前所面临的社会矛盾，打个比方说，到底是自己主动地"砍手"，还是被动地等待法国大革命那样的结果？从"社会主义制度自我完善"的角度分析，人们当然是很忧虑、甚至很警惕"反复"之类的事情的；问题是，看到当今社会的腐败等种种弊端，以及这些弊端所赖以存在的体制基础，是不是需要"切除烂掉的手或脚"呢？这倒是需要严肃对待的。

　　实际上，从现实情况看，现今社会的一些"手脚"已经烂掉了。切除它恰好是防止这种溃烂祸及全身、特别是伤及头脑。从这个意义上说，"切除烂手烂脚"这种手术是"非做不可的"。这样做正是为了"保身保脑"，使整个肌体能够恢复健康，增强国家和民族的生命力。现在的问题，就是在改革中，有关方面

---

　　① 引自华生微博。
　　② ［法］托克维尔著，冯棠译. 旧制度与大革命. 商务印书馆，1992. 笔者谈到"我现在发表的这部书绝非一部法国大革命史；这样的历史已有人绘声绘色地写过，我不想再写。本书是一部关于这场大革命的研究"，"我深信，他们在不知不觉中从旧制度继承了大部分感情、习惯、思想，他们甚至是依靠这一切领导了这场摧毁旧制度的大革命；他们利用了旧制度的瓦砾来建造新社会的大厦，尽管他们并不情愿这样做；因此，若要充分理解大革命及其功绩，必须暂时忘记我们今天看到的法国，而去考察那逝去的坟墓中的法国。"

究竟下得了手，还是下不了手？

二、战略视野：见"天光"、接"地气"、立"人本"

制定十八大后新阶段的中国改革战略，要解决宏观"视野"问题。近年来，由于经济学界的一些朋友受自身"视野"的局限，往往比较关注"术"的方面，而忽视对"道"的研究。"术"当然是需要研究的，但"道"是更深层的东西，离"道"而逐"术"，无异于"舍本求末"。两千多年前，中国的先哲在《周易》中率先提出了"天之道"、"地之道"、"人之道"①，这是研究改革（即"易"）的大智慧。今天，探讨改革战略，需要更具如下"大视野"②："见天光"、"接地气"、"立人本"。

（一）见天光

马克思在其著作中曾讲过，每一种社会的经济体系中，都有"普照之光"；这一"普照之光"，掩盖了一切其他色彩，改变着它们的特点③。借用这个概念，追问一下，当今世界，"普照之光"是什么？笔者认为有两道"天光"，这就是：人类经济领域中的"市场经济"和社会领域中的"公平正义"。

第一道"天光"：市场经济。

进入 21 世纪，国际国内都出现一些新情况，特别是 2008 年由美国次贷危机引发的世界金融危机，导致全球经济进入衰退。于是乎，市场经济理念受到新的质疑。这其中不乏新的见解，但也有值得研究之处。从总体上怎么看？笔者认为，世界金融危机的教训是深刻的，需要认真汲取，它所暴露的市场经济某些弊端（特别是带来的不公正）更值得反思，但是，纵观历史，横看世界，除了市场配置资源这种机制以外，还有没有更好的资源配置机制？

为此，内心很苦闷。市场经济确实不争气，确实不是十全十美的东西，但是，比来比去，在资源优化配置方面，到目前为止，还没有找到比市场经济更有利于资源配置的机制。中国现在有两个"苦于"，一则，苦于当前市场经济发展所带来的一些负面的东西，二则，苦于市场经济之不发达。两个"苦于"，哪个是主要矛盾。在笔者看来是后者。故此，应坚持"社会主义市场经济"的基本

---

① 见《易·说卦》："是以立天之道，曰阴曰阳；立地之道，曰柔曰刚；立人之道，曰仁曰义，兼三才而两之，故《易》六画而成卦"。大意是构成天、地、人的都是两种相互对立的因素，而卦，是《周易》中象征自然现象和人事变化的一系列符号，以阳爻、阴爻相配合而成，三个爻组成一个卦。"兼三才而两之"成卦，即这个意思。

② 参见常修泽. 论超越性改革战略. 产权导刊，2012（9）.

③《马克思恩格斯全集》（第46卷）[上]：44.

方向，不应动摇，更不能倒退。要看透这道"天光"。

第二道"天光"：社会公平正义。

近年，国际国内都发生了一些事件，包括美国的"占领华尔街运动"、"伦敦的骚乱"以及阿拉伯世界的一系列变化。以美国的"占领华尔街运动"为例，为什么会爆发？"占领运动"的民众（特别是青年人）为什么喊出了"99％∶1％"的口号？原因十分复杂，但剖开这一系列事件的表象，可以看到：尽管各地民众诉求的侧重点和表现形式不尽相同，但民众呼唤"社会公平正义"诉求的本质是共同的。我们很需要把与人的发展相关的"公平、尊严、开放和可持续发展"作为主题，并且把"公平"放在首位，促进战略性提升，以符合"社会公平正义"的世界潮流。要看透这道"天光"。

此外，还有"一道"正在露头、有待观察的"天光"：在"和平、发展、合作、共赢"的"旗帜"下，能否建立"人类命运共同体"？中共十八大报告鲜明指出，中国"倡导人类命运共同体意识"，是有前瞻性的，但"人类命运共同体"，还在"倡导意识"阶段。能否成全球"普照之光"，有待观察。

（二）接地气

所谓"地气"，指的是"客观条件和现实基础"。在中国搞改革，必须立足于中国大地。中国的改革者曾经"深深扎根于中国大地（其中有不少亲身经历过农村生活的磨难），对中国社会底层的真实情况有比较深刻的洞察，对传统计划经济体制所造成的经济衰退及人性遭受的压抑有比较深切的体会"[①]。他们是接地气的。如果说"天光"是"世界语"，那么，"地气"就是要说"中国话"。主要有两个方面：

其一，国情：中国仍处在不发达阶段，发展仍是解决所有问题的关键；而且还要坚持探索中国特色的社会主义制度；加之13亿人口大国，实现基本公共服务均等化任务艰巨。这些都对改革，特别是改革中枢带来至关重要的考验。

其二，民意：目前国民意见比较集中于三大方面：一是党内和社会腐败严重，尤其是"权力资本化"和"资本权力化"现象相当严重；二是社会收入分配不公，因机会不均等和分配过程的不公正而形成的收入分配差距过大；三是公民权利缺乏有效保障。新阶段的中国改革战略，必须接这些"地气"。

（三）立人本

所谓"人本"，指的是"以人的自身发展作为根本导向"。1986年，笔者曾

---

① 张卓元等. 新中国经济学史纲（1949～2011）（第14章）. 中国社会科学出版社，2012.

向教育部青年社科基金提出《建立社会主义人本经济学》的课题申请报告，后又出版《人本体制论》①，之所以如此，正是基于当代"人自身的发展问题"已成为时代的主题。

讲"人本"，针对什么？一则，针对"物本"。中国到了从"物本导向"向"人本导向"战略提升的时候了。二则，针对"官本"。中国最大特征是重"权力"而轻"权利"，必须强调尊重公民在经济政治社会文化等方面的基本权利。三则，讲"人本"，要拒绝"民粹"。

总之，新阶段的中国改革战略，应是能"见天光"、"接地气"、"立人本"的战略。

三、战略愿景：构建三个制度文明"大屋顶"

在确立了中国改革所需要的"视野"问题之后，还需要研究改革的"战略愿景"问题。2012 年 4 月 28～29 日，在中改院主办的"新兴经济体国际会议"上，笔者给会议提供了一篇论文，题为《包容性体制创新论》，副标题是"关于中国改革、两岸整合和新普世文明的理论探讨"（《上海大学学报》2012 年第 5 期发表全文，见本书本章第一节）。这涉及改革的战略愿景，以及未来治国理政者的"政治容量"问题。

为什么要强调"容量"？如何扩大"容量"？笔者是从历史经验、现实矛盾、未来提升三个维度来分析的：

（一）历史经验：紧紧把握"知常容、容乃公"这一真谛

治国理政，不能不读凝结治国"大智慧"的老子《道德经》。其中有一句名言：

"知常容，容乃公，公乃王"（《道德经》第十六章）。

这里，"王"是指"领导、统治"。怎样才能成为领导、才能统治得好呢？老子说"公乃王"！就是必须要"公"，办事公平、公正、公道；怎样才能做到"公"呢？老子说："容乃公"！就是必须要胸怀宽广，"容"量宏大；怎样才能做到"容"量大呢？老子说："知常容"！就是必须要知道"常"。"常"就是什么？"常"就是常规、规律。

"知常容"告诉我们，掌握了客观规律的人，胸怀才会宽广，"容量"才能宏大；"容乃公"——胸怀宽广、容量宏大以后，才能够"公"，公平、公正、

---

① 常修泽. 人本体制论——中国人的发展及体制安排研究［M］. 北京：中国经济出版社，2008.

公道。历史经验启示我们，无论是研究中国的问题，还是研究世界的问题，都应当本着"海纳百川，有容乃大"的精神，要讲究一个"容"字。十八大之后，要治理好这个国家，无论如何要遵循《道德经》的九字箴言："知常容、容乃公、公乃王"，这是真谛。

（二）现实矛盾：正视目前三个"容量不够"的问题

这不仅是个理论问题，而且是个现实问题。之所以强调"包容"问题，是基于现实存在三个"容量不够"的矛盾：一是，在推进改革的过程中，如何整合各种改革力量，听取各种不同的改革声音，"容量不够"；二是，在对待两岸历史和现实的某些问题上，如何以"包容性"胸怀来设计民族和国家的未来，"容量不够"；三是，在多元文明并存的条件下，如何注重吸收中华文明以外的东方文明和西方文明的精华，构建当代"新普世文明"，"容量不够"。

（三）未来提升：上三个"新层次"，建三个"大屋顶"

要上"三个层次"：第一个层次，由关注经济改革层面提升到关注整个经济社会改革层面；第二个层次，由重视大陆改革发展之命运提升到关注两岸乃至整个中华民族之命运；第三个层次，由关注中华文明提升到关注西方和东方文明精华的交融。

从战略上讲，按照"包容性体制创新"的思想，应该构建三个制度文明的"大屋顶"。《包容性体制创新论》[①] 详细阐发了笔者的三个"大屋顶"的构想：

其一，整合各种改革力量，在"市场化和社会公平双线均衡"的基础上，构建中国改革的制度文明"大屋顶"。建议，在新阶段，可在市场化和公正化的旗帜下，把目前中国大陆不同的改革力量（包括强调通过社会主义纯洁性来解决中国问题的力量，强调通过市场化、民主化来解决中国问题的力量，以及强调通过市场化和社会公平"双线均衡"和"五环改革"来解决中国问题的力量等）统统整合起来。应该有这种"容量"。

其二，包容两岸和平发展力量，在大陆和台湾两个板块的基础上，构建中华民族新的制度文明"大屋顶"。必须要有这种"大屋顶"的容量，至于叫什么名字可以商量，但要有这种思维，经过几个阶段，逐步在两个板块之上实现国家的顶层整合。

其三，吸收西方和东方文明的精华，在多元文明交融的基础上，构建当代

---

① 常修泽. 包容性体制创新论. 上海大学学报，2012（5）.

"新普世文明"的制度文明"大屋顶"。人类是有"普世文明"的。不过，对人类"普世文明"应有新的定义。笔者的定义是，人类"普世文明"等于西方文明的精华加上东方文明的精华，两者结合起来等于人类的共同文明。对此，无论如何不能否定。

四、战略要点："双线均衡"、天地人合、"五环改革"

根据上述对"战略视野"和"战略愿景"的分析，十八大后的中国改革战略，可以试探走一条"双线均衡"、天地人合、"五环改革"的新阶段改革之路。有三个战略要点：

(一) 寻求市场化和社会公平的"双线均衡"

"双线均衡"，重点是就经济社会体制改革而言的。几年前，笔者在《人本体制论》①中曾提出"双线均衡"理论，当时用了一个形象的说法，叫做"在社会公平和市场化两个鸡蛋上跳舞"。书中写道："在中国，社会公平和下一步推进的市场化改革是可以兼容。在这一点上，我的基本想法是'两线均衡论'：中国的宏观决策层需要学会在市场化和社会公正'两个鸡蛋上跳舞'。要兼顾两个方面，并把握'两个鸡蛋'的均衡点。""如果打破了经济市场化这个'鸡蛋'，中国就会倒退；如果打破了社会公平这个'鸡蛋'，中国就会动荡"。

十八大后的改革，一方面，要坚定地按照社会主义市场经济的体制目标走下去，不能动摇，更不能否定（近年来有的地方改革陷于"胶着"状态，与市场化改革坚定性不够有关）；另一方面，要讲究公正化，实现公平正义，既包括给底层群众编制可靠的"安全网"、实行基本公共服务均等化，也包括对社会各界的机会均等和地位平等。现在比较切实的思路是，寻求"社会共生"，使社会各方面都能过得去，"穷人不能再穷，富人不能出走"。坚持这一取向，找准"双线均衡"的均衡点，有利于凝聚社会各方面的改革共识。

(二) 开拓"天"、"地"、"人"三合一的广义产权制度新视野

30 多年来，中国经济的高增长是以资源的过度耗费和环境的严重破坏为代价的。2009 年笔者在拙作《广义产权论》的题记中写道："反思全球性金融危机和环境危机，我发现：美国人透支的是家庭资产；中国人透支的是国民资源——

---

① 常修泽. 人本体制论——中国人的发展及体制安排研究 [M]. 北京：中国经济出版社，2008.

从人力资源，到自然资源，到环境资源"。这种透支为中国未来的发展埋下了极大的隐患。

当代人类的发展，是一个包括人的生存发展环境（"天"）、人的生存发展资源（"地"）和人的生存发展自身（"人"）在内的完整体系。对此，十八大后的改革，建议在"天"、"地"、"人"三合一的新视野下，着手"天"、"地"、"人"广义产权的制度安排①。

在"天"（环境）方面：面对环境的恶化，应尽快着手建立"环境产权制度"，包括环境产权界定、产权交易和产权保护制度。

在"地"（资源）方面：针对资源领域存在的"产权残缺"，应重点完善五项权能：（1）农民土地经营的流转权；（2）林地经营权和林木转让权；（3）矿产资源的探矿权和采矿权；（4）水资源产权；（5）海洋"用益物权"。

最核心的是"人"。这是发展和改革的"本体"和"轴心"。对于"人"，应强调其三层含义：横向上"全体人"，纵向上"多代人"，内核上"多需人"。现在，人自身的发展问题凸显，如何使人活得有尊严、够体面，成为时代的主题。应建立一套维护人权的制度安排。

（三）建立"五环式改革"的基本框架

这里讲的"五环式改革"，不是北京式的一环套一环的"五环式"，而是奥运旗帜的那种"五环式"。几年前，笔者在《人本体制论》一书中，曾提出了这种整体改革思路，即经济、社会、政治、文化、环境制度"五环式"改革的思想。近年来，在探讨和撰写《中国第三波转型论》过程中，从发展模式转换的角度，也得出了"中国不仅需要转变经济发展模式，而且需要全方位地转变经济社会政治文化环境五方面发展模式"的结论。

"五环改革"，包括五个方面，20个字："经济转型，政治变革，社会共生，文明交融，天人合一"。

"经济转型"，重点推进经济体制、经济结构和经济发展方式"三位一体"之转型，这是"五环改革"的基础。但"政治变革"，无论如何绕不过去，而且越来越成为关键。至于"社会共生"更值得关注。因为，不管你是否承认，中国社会已经开始分层（雏形已出现），且由于较明显的代际间资源传承机制，或曰代际间资源流动性不足②，有阶层常态化之苗头，但尚未完全固化。在此情况

---

① 常修泽. 广义产权论——中国广领域多权能产权制度研究［M］. 北京：中国经济出版社，2009.

② 近年来，在收入分配领域，从代际收入流动性视角来考察社会阶层之代际流动的国内研究逐渐增多。一般来说，收入代际流动性越低，子辈的收入水平受父辈收入水平的影响越大，社会底层群体向上流动的通道越不通畅，社会阶层的分化越趋于稳态。

下，如何寻求社会各阶层（特别是中低阶层）共生共存共富之路，就成为当务之急。"文明交融"，重点是促进中华文明（东方文明）的精华与西方文明中的精华之融合。而"天人合一"，不仅是经济发展问题，而且，涉及环境人权、环境政治、环境稳定以及生态文明问题，故单独提出，与前四项平行。

如能实施上述诸点，改革和转型的领域就会更加宽阔，改革有可能打出一片新天地。

五、战略实施："五环式改革"的现实切入点

最后，回到操作层面，探讨"五环式改革"到底怎样展开，改革的切入点放在哪里。

（一）经济改革

经济体制改革当前应突出三个方面：一是垄断性行业改革；二是要素价格改革；三是财税和金融改革。建议可以从垄断性行业的"破垄"切入。以 2010 年当年固定资产投资实际材料，目前垄断性行业中，民营资本在最关键的几个部门只占百分之几，对此不能做过高的评估。

垄断性行业改革怎么推进？笔者提出四化：经营环境商业化，市场竞争平等化，产权关系多元化，市场监管科学化。关键是产权关系多元化。这涉及一个深层理论问题。笔者在《产权人本共进论》一书前言中曾指出："国有经济和民营经济是相得益彰、共同发展的。它们都是共产党执政的基础。"①

倘若垄断性行业改革能够突破，经济体制改革可望会出现势如破竹之势，但恰恰这是利益博弈的焦点。

（二）社会改革

当前中国社会领域（以及与经济等相交叉领域）最突出的是收入分配方面的矛盾。多年来，经济快速增长，但城乡居民收入增长与经济发展"不同步"。在国民收入内部，不论是居民收入在国民收入分配中的比重，还是劳动者报酬在初次分配中的比重，均呈下滑趋势。特别是收入分配体制尚未理顺，劳动力价格扭曲，中产阶层远未形成，收入差距已经临近警戒线。

针对这一问题，应将分配改革作为社会领域改革的第一切入点。分配改革方案酝酿八年，在人民群众对此翘首以盼下，终在 2013 年 2 月 5 日出台，但离人

---

① 常修泽. 产权人本共进论第一版. 中国友谊出版公司，2010（前言）.

民期盼相去甚远，基本是一份没有深刻触及利益格局的平淡之作。为此，新领导班子应把分配改革作为"重大战役"来打，而要这样做，势必涉及资源产权制度、财税制度、要素价格制度、政府管理制度，以及垄断性行业改革等诸多方面，必须作为系统工程进行操作。

除此之外，还应按照公民参与社会管理的要求，推进社会管理体制创新。这方面有几项重要内容，如培育和创新社会组织（包括新的社团组织，草根性新社会组织，以及替代部分政府职能的组织等）、推进城乡社区自治、建立公民利益表达协调机制、用"对话"替代"对抗"等。在具体推进中，建议能够设立"社会管理创新试验区"。1979 年，中共中央曾选了广东和福建作为实行特殊政策的两个省。33 年后，笔者建议以广东深圳和福建平潭县作为"社会管理体制创新试验区"，尤其是福建平潭县，作为距离台湾本岛最近的大陆所属的海岛县，两岸可以在这里搞社会管理的试验。

（三）政治变革

当前重点：一是官员个人和家庭收入及财产申报、公示制度。二是实行党内民主。三是改变地方政府权力的"来源结构"。可以从官员个人和家庭收入及财产申报公示制度切入。如能取得突破，将有利于把反腐败纳入制度轨道。至于党的历史问题解决，可以从共识比较多、阻力比较小的问题入手。

（四）文化融合

文化改革涉及"文明融合"问题。建议下一步要紧紧围绕农民工市民化问题，推进"农村文明"与"城市文明"两种文明的融合，避免两个文明的冲突和碰撞，这是下一步国内文明融合的焦点。随着区域经济发展以及国际化程度进一步提升，还带来不同区域文明的融合和国际之间的文明融合问题，这是一个长远目标，应及早提上议事日程。

（五）"天"、"人"合一

建议从建立资源环境产权制度入手。要认识到，环境产权实质是环境人权。同时特别注意绿色事件苗头，防止什邡和启东类似事件重演。

按以上切入点推进"五环改革"，将会遇到一些障碍，其中，既得利益格局的障碍可能是最大的障碍。因此，十八大后的新领导班子，不仅需要"有容乃大"的胸怀，而且需要"知难而进"的雄才大略。

第四节　改革与发展的趋势：中国
如何迈向"幸福国家"

【提要】

一个被称为"世界第二大经济体"实则仍是发展中的国家，需要面对新的形势，采用新的思维，谋划新的未来。建议把"使人民幸福"作为发展的主题。

围绕"使人民幸福"，本节展开四组战略分析：（1）纵横分析：时代新方位；（2）主题分析："发展"新思维；（3）路径分析：转型新方略；（4）体制分析：改革新举措。

当前，中国正处在新的发展理念与传统发展理念博弈的时刻，到了从"量"的过度扩张到"质"的战略提升的新阶段。

如果说，在"生存型"阶段，讲究 GDP 指标还有一定合理性的话，那么，在以追求人自身发展为主要诉求的"发展型"新阶段，讲究与人的多方面发展相关的"幸福指标体系"，则具有创新意义。

中国未来十年发展转型要想取得成功，根本问题是改革体制。经过 30 多年的探索，应该说，传统体制的弊端及其改革路径，已经大体"摸"清。现在的关键是由"摸"到"决"（"决断"），拿出决心和勇气来全面推进各领域改革。*

在人类刚刚进入 21 世纪第二个十年的开局之际，讨论并确定国家经济社会发展规划，已成为当前中国经济社会生活的大事。一个被称为"世界第二大经济体"实则仍是发展中的国家，需要面对新的形势，采用新的思维，谋划新的未来。建议把"使人民幸福"作为发展的主题。在未来十年，中国将处在什么时代方位？应当具有什么样的"发展"思维？需要实施什么样的新方略？如何寻求改革的新突破，从而为"幸福国家"提供体制支撑？这都是需要深入研究讨论的问题。

一、纵横分析：时代新方位

要确定国家中长期经济社会发展规划，必须认清中国所处的时代方位。如同在大海航行需要把握经度、纬度一样，认清时代方位也需要从"横坐标"（全球视野）和"纵坐标"（历史眼光）两个方面进行审视。

---

* 此节的文稿曾载于《光明日报》第一版，2011-3-23。

(一)横向分析：认清"变"与"不变"

纵观当今世界，情况错综复杂。但在错综复杂的局势中，依然可以梳理出若干"变"与"不变"。总体判断，尽管有局部冲突，也出现各种新的贸易保护主义倾向，但基本潮流、基本格局、基本趋势未变。当然，在"不变"的同时，世界经济政治格局也出现一些新变化，有的变化还在演变过程当中，尚需观察。从影响中国中长期期间经济社会发展的角度看，有三点值得研究。

其一，全球金融危机的后续影响。当前，世界经济并未完全走出金融危机的阴影，经济复苏充满曲折和艰难，全球需求结构出现明显变化，围绕市场、资源、人才、技术、标准等的竞争更加激烈，加之外部依赖的脆弱性和不可持续性，都使得中国不能再过度依赖外需来推动经济增长，需要经济转型。

其二，全球气候危机。从人类的生存大视野角度审视，全球气候变暖对中国经济影响深远，它直接逼迫产业结构的调整升级和清洁能源的开发利用。中国确定了到2020年单位国内生产总值二氧化碳排放量比2005年下降40% ~45%的目标。作为当今世界温室气体排放大国之一，这既是挑战，也是为人类应对全球气候危机作出的贡献。

其三，能源资源安全和粮食安全等潜在全球性问题。最近，一个石油产量仅占世界2%的北非国家发生局部动荡，就使国际油价迅速上升。对石油等能源资源外部依存度较高的中国，需要对此问题加以重视。

总之，横向分析表明，中长期还存在若干不确定性，一些新的变化因素甚至会使这种不确定性进一步放大。需要以更广阔的视野，冷静观察，沉着应对，统筹国内国际两个大局，把握好在全球经济分工中的新定位，积极创造参与国际经济合作和竞争的新优势。

(二)纵向分析：推进发展方式转变

改革开放以来，中国由传统计划经济体制，转变为社会主义市场经济体制，目前这一转变还远没有完成，还在逐步完善。转变经济发展方式必须贯穿经济社会发展全过程和各个领域。因此，从谋划未来的角度研究，还需要进一步思考整体或全方位发展方式的转变。之所以是"整体"、"全方位"，就是说未来中国不仅仅是经济发展方式转变，它应该是包括经济、政治、社会、文化以及生态环境五个方面整体的发展方式的转变和提升。

未来5 ~10年是全面建设小康社会的关键期。但对"小康社会"这一概念，迄今仍存在某些认识误区，不少人以为只是"生活小康"。其实"小康社会"是一个完整的"现代化"概念，蕴含着诸多"幸福指标"，大体上有六方面：经济发展、民主健全、科教进步、文化繁荣、社会和谐、生活殷实。21 世纪初提出这一概念，2020 年要完成这个目标，5～10 年正处于全面建设小康社会的关键时期，需要全力推进。

二、主题分析：发展新思维

中国是一个拥有 13 亿人口的发展中大国，现在处于并将长期处于社会主义初级阶段，人民日益增长的物质文化需要同落后的社会生产力之间的矛盾仍是现阶段的主要矛盾。从这个意义上说，发展仍是解决所有问题的关键。

当前，中国正处在新的发展理念与传统发展理念博弈的时刻，到了从"量"的过度扩张到"质"的战略提升的新阶段。2011～2015 的"十二五"规划应成为国家经济发展模式转型的分水岭。笔者最近看了一些省、市（包括个别县）的发展规划，一喜一忧。

喜的是有些地区确实按照科学发展观的思路来制定规划，强调提升"幸福指数"。但也有一些地方的规划还是传统的 GDP 至上。如果说，在"生存型"阶段，讲究 GDP 指标还有一定合理性的话，那么，在以追求人自身发展为主要诉求的"发展型"新阶段，讲究与人的多方面发展相关的"幸福指标体系"，则具有创新意义。这是对发展的核心价值的新判断和新追求。

注重以人为本，必须准确把握"人的三层含义"：横向上"全体人"（而不是"部分人"或"多数人"），应是"惠及全体公民"；纵向上"多代人"（而不仅局限于"当代人"），应实现"本代公平"和"代际公平"并重；内核上"多需人"（而不是"单需之人"），应包括人的尊严在内的物质精神等各种需要。同时，还要区分两种不同性质的"以人为本"：抛弃侧重于从执政者政绩角度出发的"人本工具论"；树立以人的自身解放和每个人自由全面发展为诉求的"人本实质论"。

树立"人本实质论"，特别需要把握市场化和社会公平之间的"双线均衡"，把"民生为本"作为出发点和落脚点。一是切实把促进就业放在经济社会发展优先位置；二是实现居民收入和劳动报酬两个"同步"增长，同时加大收入分配调节力度，努力扭转收入差距扩大趋势；三是推进基本公共服务均等化，使发展成果惠及全体人民。

三、路径分析：转型新方略

主题确定之后，需要实施新方略。就发展转型而言，应实行三大方略。

——协调发展方略。一是内外协调，由"出口导向型"向依靠消费、投资、出口协调拉动转变。应逐步解决居民"能消费"（提高收入）、"敢消费"（健全保障）和"放心消费"（确保质量与安全）的问题，力争使居民消费率上升到合理水平。二是产业协调，由"制造业拉动"向第一、第二、第三产业协同发展转变。中国处于工业化中期向后期纵深推进阶段，一方面，应继续加强农业基础地位，发展并提升第二产业（特别是发展战略性新兴产业）；另一方面，从全局上把推动服务业大发展作为产业结构升级的战略重点，特大城市应逐步形成"以服务经济为主"的产业结构。三是区域协调，由区域不平衡向区域协调发展转变。核心是避免"板块碰撞"，要特别关注生产力差异、地缘和民族宗教等因素。四是城乡协调，由城乡二元结构向城乡经济一体化转变。需要在继续建设新农村的同时，推进中国城镇化进程。要寻求"人口的城镇化"，而不是"土地的城镇化"。特别注意防止"城市病"，逐步实现农民工的市民化。

——创新发展方略。未来十年，应促进从"中国制造"向"中国创造"转型，由"加工基地"向"创新高地"转型。这就需要增强科技创新能力，在重要领域抢占未来科技竞争制高点。要做到这一点，就必须深化科技体制改革。

——绿色发展方略。国家发展规划第一次采用了"低碳发展"的提法，是一个新突破。本着"低碳发展"思路，一向技术创新要绿色，二向结构调整要绿色，三向政策设计要绿色，四向市场机制要绿色，包括从"环境产权"出发，逐步建立碳排放交易市场，用市场力量"倒逼"减排。

四、体制分析：改革新举措

中国未来十年发展转型要想取得成功，根本问题是改革体制。经过30多年的探索，应该说，传统体制的弊端及其改革路径，已经大体"摸"清。现在的关键是要拿出决心和勇气来全面推进各领域改革，做好改革顶层设计和总体规划，即由"摸"到"决"（"决断"）。

经济体制改革仍面临攻坚的任务，对此不能松懈；但从"顶层设计"的角度来看，未来十年也需要超越单一的经济体制改革思维，拓展为"五位一体"的改革：大力推进经济体制改革，积极稳妥推进政治体制改革，加快推进文化体制改革和社会体制改革，大力推进资源环境体制改革。

仅就经济领域改革而言，未来十年改革的重点，有六点值得关注：一是国有经济战略性调整（所有制领域的改革）；二是行政体制改革；三是财税体制改革；四是金融体制改革；五是资源性产品价格和要素市场改革；六是社会事业体制改革①。只有进一步改革开放，才能大大提升全体国民的幸福感。

第五节 "红利家族"概念的提出与释放制度创新红利

【提要】

研究中国的改革红利，首先应研究由诸种红利构成的"红利家族"（此概念作者在《人民论坛》2013年3月上期开始使用），特别是"红利家族"内部的关联性。

"红利家族"三种情况：第一组，能量趋于"枯竭"的红利；第二组，能量正在变弱的红利；第三组，能量需要大大释放的红利。

在人口红利、资源环境红利，乃至全球化红利发生不同程度的变化（减弱或消解）之后，值得关注的是：需要大大释放改革的红利和技术的红利。

现在中国正面临"第三波历史大转型"，也正处在人类"第三次产业革命"的过程中。这两个"三"是紧密结合在一起的。研究这两股浪潮的交汇性和对接性颇有意义。

不能用增长主义的逻辑来解释"改革红利"。制度创新红利的内涵是"五点一线"。

中国改革红利的释放有一条波动曲线。过去30多年里，有三次比较大的改革红利高潮，两次比较严重的改革红利低潮。

人们期待着第四次红利高潮的到来，关键在打破固化利益格局对红利释放的掣肘*。

一、"红利家族"内部成员有何关联

最近一段时间以来，"改革红利"成了人们议论的话题。笔者认为，如果从更高的层次和更广阔的视野来思考问题，研究中国的改革红利，首先应研究由诸种红利构成的"红利家族"，特别是"红利家族"内部的关联性问题。

这涉及"红利家族"内部的分类。依笔者之观察，就其各自能量变动趋势而言，至少可分为三组：

第一组，能量趋于"枯竭"的红利。这其实也是指过去三十多年我们发展

---

① 事业单位改革，包括教育、卫生、科技、文化等，涉及大约3 000万人，与行政管理体制改革存在密切联系。基本思路是，进一步减少事业单位数量，缩小规模。（1）凡是承担行政职能的事业单位，应逐步回归政府系统；（2）凡是从事生产经营活动的事业单位，应逐步转为企业。对于剩下的从事公益服务的事业单位，目前可区分为"公益一类"和"公益二类"，并且采取不同的改革思路和措施。现在围绕"公益一类"和"公益二类"，争议较大。例如，笔者所在的国家发展和改革委员会宏观经济研究院到底属于"公益一类"还是"公益二类"？笔者以为，对于公益性的事业单位，其公益性是第一位的，不应该迫使它们去创收。如果政府财力和其他条件不足，可以适当收缩公益性事业单位的范围机构数量，特别是对目前划为"公益二类"的事业单位。如何矫正事业单位"趋利性"发展导向是公益性事业单位的关键问题。

* 此节的基础系作者2013年2月1日在北京召开的"改革红利"研讨会上发言文稿。载于人民论坛，2013，3（上期）.

所"吃掉"的红利，或者说所付出的沉重代价。比如资源红利和环境红利，过去依靠大量耗费资源、严重污染环境的发展模式，如今造成了"天怒人怨"的恶果，表明这两种红利到现在已近于枯竭。最近，京津冀地区的漫天雾霾，已经宣告了这条发展思路、发展方式的破产。

第二组，能量正在变弱的红利。包括劳动力（数量）红利和出口红利，这两个红利虽然还有，不能说完全枯竭，但都在逐步变弱。

中国人口红利的衰减

相关资料表明：由于快速的人口转变，目前新增劳动年龄人口数量正经历着急剧的下降过程。2012 年新增劳动年龄人口已"首次出现负值"，即劳动年龄人口的总量开始减少。

与此同时，中国的老龄化问题在加重。最新的第六次人口普查数据显示，中国大陆总人口为 13.4 亿人，其中 60 岁及以上老年人口总量增至 1.78 亿人，相当于少年儿童人口的 4/5。

中国人口的结构性变化也将使人口抚养比的走势出现扭转。图 4 - 4 显示，自 20 世纪 80 年代初以来，中国少儿抚养比大幅下降，老年抚养比只是缓慢上升，总抚养比持续下降。这使得中国此阶段得以凭借人口红利，在国际竞争中充分享受到低要素成本的优势。但这种格局在未来几年将会发生某种转变。有预测

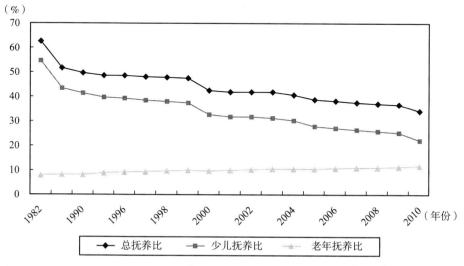

图 4 - 4 中国人口抚养比的变化情况

资料来源：中国统计年鉴.

认为，从 2013 年开始，人口抚养比将停止下降的趋势，转而逐步上升并呈现加快趋势，中国的人口红利将耗尽，劳动力供给的优势将不复存在①。

来源： 常修泽等著．创新立国战略．学习出版社、海南出版社联合出版，2013.

第三组，能量需要大大释放的红利。笔者重点关注两个：一个是改革的红利，一个是技术的红利。现在中国正面临"第三波历史大转型"。根据笔者几年前的研究结论，所谓"第三波历史大转型"，是指经济、社会、政治、文化、资源环境制度的全面转型。同时，当前中国也正处在人类"第三次产业革命"的过程中。

更重要的是，这两个"三"是紧密结合在一起的。要研究这两股浪潮的交汇性和对接性，特别要认识到：这两股浪潮不仅将对中国经济发展——包括经济发展方式、经济增长格局、经济结构以及经济体制——构成重大影响，而且也将对中国社会——包括社会进步、社会结构、社会发展方式和社会体制——产生深远影响。两个"三"背后的两大红利，是值得中国着重挖掘和释放的。对此，要特别予以关注。

二、"五点一线"：寻求制度创新的红利

什么叫制度创新的红利？或者说，到底怎么样界定"改革红利"的内涵？这涉及提出这一命题贯穿的思想逻辑问题。据笔者看到的材料，一些论者提出"改革红利"的命题，似乎出于增长主义的逻辑，其切入点是"经济增长"问题——在人口红利、资源环境红利，乃至全球化红利发生不同程度的变化（减弱或消解）之后，如何"寻求经济增长"新的动力。如果仅就研究中国未来潜在经济增长率这一角度来说，探讨如何寻求经济增长新的动力，包括"改革红利"，是很有意义的。问题是，仅仅这一层面的考虑够不够？

中共十八大明确提出了经济、社会、政治、文化、生态文明的"五位一体"总格局。如按"五位一体"总格局来思考"改革红利"内涵，其涉及的领域相比增长主义的逻辑，是否更加宽阔些？

笔者给出的解释是，改革红利是通过改革或称制度创新，促进中国经济、社会、政治、文化、生态文明的"五位一体"的进程，使其成果为全体人民所共享，最终落脚到每个人自身的发展上。

具体而言，包括"五点一线"，即五个要点，一条线索：

第一，经济转型。包括经济体制转型、经济结构转型等，核心是市场化与实

---

① 蔡昉．失衡世界经济背景下的中国经济调整．经济学动态，2006（11）.

现社会公正的平衡，在经济转型的基础上促进经济健康发展，并改善人民生活。

第二，社会共生。核心是寻求社会各阶层共生、共存、共富之路，穷人不能再穷，富人不能出走，中产阶层必须扩大。

第三，政治变革。核心是民主与法制，这将愈发成为今后改革的关键，包括政府体制改革、司法制度改革、反腐败当中官员财产公示制度的推进、党内民主制度建立等。

第四，文明交融。也就是多元文明的交融，重点是促进中华文明与西方文明之融合，避免文明的冲突。

第五，天人合一。环境产权、环境政治、环境稳定以及生态文明问题，环境产权实质是环境人权。

五个要点，拿什么贯穿呢？或者说落脚到哪儿？答案是每个人自身的发展。马克思在阐述新社会的本质要求时明确指出，新社会是实现"人的自由的全面发展"的社会，"在那里，每个人的自由发展是一切人的自由发展的条件"。改革开放对中国最深刻的意义，应该是促进人的全面发展，特别是增强农民、进城务工者、企业职工以及社会方面的"主体性"，增进全体公民的社会福祉。这应是"改革红利"的真谛。要有这样一个宏观视野，这样一个"人本导向"的观照。

三、红利释放的波动曲线：一个值得探讨的问题

"改革红利"并非今天才有。在过去 30 多年的时间里，实际上这个红利的释放呈现一个波动过程。笔者建议，将来应按照上述"五点一线"论，分别赋予相应的权重，经科学计算，做出红利曲线图。根据以往的经验，初步判断：改革开放以来，我们曾经有获得过"改革红利"较多的时候，但也有"改革红利"微薄的时候，甚至有"改革红利"负能量的时候。

具体来说，过去 30 多年里，有三次比较大的改革红利高潮，以及两次比较严重的改革红利低潮。

第一次"改革红利"高潮是 20 世纪 80 年代初、中期。这一段是改革开放红利释放得比较好的时期，特别是在农村，推行以家庭联产承包责任制为核心的农村改革，农民的积极性像火山一样爆发出来了，到中共十三大时达到了高潮。

第二次"改革红利"高潮是 1992 年邓小平南方谈话，提出"建立社会主义市场经济体制"的改革目标以后，改革开放的力度明显加大，改革按社会主义市场经济的逻辑展开，这一时期红利比较多。

第三次"改革红利"高潮是 21 世纪初中国加入世贸组织以后，中国开始全面进入了全球化的轨道，开放倒逼着中国改革，带动了不少实际性的改革举措。

而改革红利低潮方面，可以说有两个。一个是1989～1992年年初，这三年的时间，中国整体是一个改革的低潮，红利很少，甚至是负的红利；另一个低潮期是前几年有一段时间，行政权力明显地介入市场经济活动，"改革红利"有所减少，虽然有客观原因，也不能排除主观上的一些问题。

中国改革开放发展到今天，容易改的差不多已经改完，余下的都是"硬骨头"。在改革的"战车"跨越边缘性障碍之后，现在需要推进到核心部位的"堡垒"面前。在改革远未完成的情况下，改革带来的制度红利潜力更大，更具有根本性。

四、重在打破固化利益格局对红利释放的掣肘

从中共十八大提出要以"更大的勇气和智慧"推进下一步改革以来，迄今已经一段时间，人们对改革多有期待。在深化改革开放问题上，习近平同志强调改革开放是当代中国发展进步的活力之源。我国改革已进入攻坚期和深水区，必须坚定信心、凝聚共识、统筹谋划、协同推进，不失时机地推进重要领域和关键环节改革。并指出尊重人民首创精神，尊重实践、尊重创造，做到改革不停步、开放不止步。但当前面临的现实是，由于固化的利益格局的羁绊、掣肘，新一轮改革依然"举步维艰"。能否打破固化的利益格局，以形成一个人们所说的改革路线图，正成为社会多方面的迫切期盼。

固化的利益格局对红利释放的阻遏、掣肘非常严重。这里面非常复杂：我们现在碰到的是一个很大的网，它羁绊着改革，掣肘着改革，以致很难释放这个红利。到底这个路怎么走，怎么样真正地突破现行的僵化的利益格局，是一个非常大的问题。

只有打破固化利益格局，将利益关系调整到位，改革才能真正体现公平正义，才能赢得更为广泛的社会共识和社会支持，并激发新的改革动力，改革才会有实质性进展。如果不讲此逻辑，自觉或不自觉地搞实用主义，到头来改革难免扭曲变形。

李白诗云："君不见黄河之水天上来，奔流到海不复回。"中国改革开放的潮流是不可复回的，我们期待着第四次红利高潮的到来。

第六节　上海突破：以高端开放倒逼"五环改革"

【提要】

中国的改革，一种是"内源性"的改革，一种是"外源性"即倒逼式的改革。在过去三

十多年里，已经出现了三波开放倒逼改革的高潮。创办中国（上海）自贸区，是中国在经济全球化的新形势下面向世界的主动试验，它已经成为迄今为止中国开放度最高的特殊区域。这种高端开放倒逼的将是"五环式"改革。在这其示范效应和溢出效应下，中国必将掀起第四波开放倒逼改革的浪潮。

"山雨欲来风满楼"。2013年8月，国家决策层作出决定，批准设立中国（上海）自由贸易试验区。从名称看，有两点特别值得关注：其一，据笔者所知，原来地方申报的是"上海"自由贸易区，而最后批准的是"中国（上海）"，名头凸显"中国"，这就意味着它不仅是地方层面的事情，而首先是国家层面的事情，只是设在上海而已；其二，原来地方申报的是"自由贸易园区"，而最后批准的是"自由贸易试验区"，战略基点落在"试验"二字上，这就意味着国家要在此先行先试，重在制度创新。可以这样说，这不仅是国家更高层次开放的关键一招，也是实行全方位"五环式"改革的重大举措。其结果势必形成新一轮开放倒逼改革之势，一场改革开放的"山雨"即将到来。

一、创建中国开放度最高的特殊区域

中国的改革开放走的是一条"整体推进，重点突破"的路子，其中，在特定区域率先取得突破，进而带动全局，是其重要战略之一。当前中国在区域发展上，请关注两个系列：

一是"综合配套改革试验区"（以下简称"试验区"）系列。截止到2013年9月，国家已创立十余个综改试验区，包括上海浦东、深圳特区、天津滨海新区等。每个试验区都有个明确的主题，旨在先行先试。

二是纳入"国家发展战略"区域（以下简称"战略区"）系列，即把"地区发展战略"上升为"国家发展战略"的区域。据我掌握，目前全国大大小小有几十个，而且名目繁多，几乎遍及内地各省（直辖市、自治区）。

在上述两个系列区域内部，我特别关注三个"亮点"：一是深圳特区中的"前海"；二是珠海特区中的"横琴"；三是海西经济区的"福建平潭"（此地正搞两岸"五个共同"试验：共同规划，共同建设，共同经营，共同管理，共同分享）。近年来，我曾分别到三个"亮点"地区实地考察并着力研究，我把这些称为"特区中的特区"。

值得关注的是，2013年8月后，最新版的"特区中的特区"闪亮登场，而且一开局，就气度不凡，这就是新设的中国（上海）自由贸易试验区。

8月27日，中央政治局听取专门汇报，决定建立中国（上海）自由贸易试验区。继之，8月30日，全国人大常委会第四次会议《关于授权国务院在中国

（上海）自由贸易试验区暂时调整有关法律的行政审批的决定草案》获得通过。暂时调整《中华人民共和国外资企业法》、《中华人民共和国中外合资经营企业法》和《中华人民共和国中外合作经营企业法》规定的有关行政审批，上述行政审批的调整在三年内试行，对实践证明可行的，应当修改完善有关法律；对实践证明不宜调整的，恢复施行有关法律规定。

我看后，深感此举非同小可，它实际上已给予自贸区突破性创新的空间。种种迹象表明，中国（上海）自贸区已经成为迄今为止中国开放度最高的特殊区域。

二、掀起第四波开放倒逼改革的浪潮

中国的改革可以分为两种类型。一种是"内源性"的改革，如以家庭联产承包责任制为核心的农村改革；另一种是"外源性"，即倒逼式的改革，如开放倒逼式改革。从1978年起，决策层一直尝试通过对外开放来瓦解僵化的体制。在过去三十多年里，已经出现了三波开放倒逼改革的高潮。

第一波开放倒逼改革的高潮在20世纪80年代初期。1980年，深圳特区成为中国率先开放的试验田。邓小平说"杀出一条血路来"，通过引入市场经济，倒逼着体制机制的不断改革。笔者曾于1984年赴深圳特区调查①，在调研基础上撰写了《从蛇口工业区的开发得到的启示》，并入选当年在莫干山召开的第一届中青年经济科学工作者学术讨论会②。在深圳特区（特别是蛇口工业区）开放精神的带动下，全国人民改革的积极性像火山一样爆发出来了，到中共十三大时达到了高潮。

第二波开放倒逼改革高潮在20世纪90年代初期。邓小平决定开发开放浦东，朱镕基具体操盘，浦东作为中国第二轮改革开放的先行者，以更加博大的胸襟对外开放，倒逼决策层启动以社会主义市场经济体制为目标的改革。我在《那个改革的十字路口》一文中指出："在当时那个国际社会封锁、国内社会彷徨的特殊时期，朱镕基积极推动浦东开发，实际上是选择一个小块区域作为突破口，与当年邓小平在深圳搞特区的做法有点类似，都是从小处入手，借此破局，用开放来倒逼改革"③。

---

① 参见谷书堂主编．杨玉川，常修泽副主编．深圳经济特区调查和经济开放区研究．南开大学出版社，1984．

② 常修泽．从蛇口工业区的开发得到的启示．经济日报，1984－9－28．中青年经济科学工作者学术讨论会论文摘登．

③ 参见：那个改革的十字路口——专访国家发改委宏观经济研究院教授常修泽．三联生活周刊，2013－9－2．

第三波开放倒逼改革高潮是 21 世纪初。2001 年中国加入世贸组织，开始纳入经济全球化的轨道。我在当时承担的重点课题《建立比较完善的社会主义市场经济体制若干重要问题研究》（为中共十六大报告起草工作提供的内部研究报告）第一专题中指出，改革"不仅依靠国内'内生'的改革力量，而且要学会利用外部由于加入 WTO 所引发的开放倒逼的力量"；并强调"WTO 的规则实质是市场经济的基本运行规则，按照这套规则办事，改革将会更具有理性"①。此后，国家按 WTO 规则修改了 3 000 多条法律法规，带动了不少实际性的改革举措，经济、政治、文化、社会等领域有不小变化。

现在我们面临的应是第四波高潮。中国（上海）自由贸易试验区有两个基本定位：一是强调先行先试，二是争创中国在全球竞争中的新优势。特别值得关注的是，这是中国在经济全球化的新形势下面向世界的主动试验。先行先试和争创新优势的根本途径在于制度创新。从历史长河看，从 2013 年开始，中国将迎来第四波开放倒逼改革的高潮。这是完全可以预期的。

三、高端开放倒逼的将是"五环式"改革

那么，高端开放将倒逼什么改革？我看，目前的一些论作有缩小化的苗头：把倒逼的范围缩小到经济改革领域；而且，在经济领域又收缩到贸易领域的改革。这可能有望文生义之嫌。

"一石激起千层浪"。笔者认为，中央提出的中国（上海）自由贸易试验区，不是一般的"石头"，而是块"大石头"。将其投入中国现今的"一池湖水"中，肯定会激起波浪的。按照涟漪理论，从宏观角度分析，至少有三个涟漪圈。

第一涟漪圈，也是直接涟漪圈，倒逼外资外贸领域的改革。

外资外贸体制首当其冲。因为，在我看来，中国（上海）自贸区发展的基础应当是贸易和投资的自由化和便利化，其中包括：货物和服务贸易的自由化、便利化（包括转口贸易自由化、便利化），以及外资业务的管制放开和随之而来的服务技术的引进等，以此推动"五流"（商流、物流、人流、资金流、信息流）集合型的开放和发展，从而把外资外贸的改革推进到更宽的领域和更高的水平。

第二涟漪圈，更大的涟漪圈，倒逼经济领域改革。

讨论自贸区对中国改革的影响，必须要有前瞻性和大视野。要看到，在 21 世纪 10 年代之后，一种新的全球治理格局会逐渐显现。例如，美国正在亚太推

---

① 参见改革，2002（4）.

动 TPP（跨太平洋战略经济伙伴关系协定）。我看了有关 TPP 的协定内容，发现：有几条倒逼力度很大的"非传统条款"：一是知识产权保护问题；二是劳工权益问题；三是环境保护问题；四是政府采购问题；五是国有企业公平竞争问题；等等。中国是否参与谈判，还在研究当中。笔者预测，如果中国参与加入 TPP 谈判，自贸区的设立有可能在谈判中起到关键性的作用，甚至有可能成为中国加入 TPP 的区域性对外开放窗口。

以这种大视野来审视自贸区对中国经济体制改革的影响，我认为，至少有以下四个方面。

（1）倒逼国有企业（特别是垄断性行业的国有企业）改革。核心是取消某些不合理的扶持性做法，真正做到"两平一同"，即：平等使用生产要素，平等参与市场竞争，同等受到法律保护。这对国有企业（特别是垄断性行业的企业）的现行体制冲击是很大的。

（2）倒逼金融体制改革。这是自贸区制度创新的亮点之一。核心是把自贸区办成金融创新试验区，包括先行先试人民币资本项目下开放，在风险可控前提下，实行人民币可自由兑换试点等金融创新；在区内实现金融市场利率市场化：金融机构资产价格实行市场化定价；探索境内离岸金融业务；以及推动其他金融业对外开放；等等。

（3）倒逼财税体制改革。重点推动税收创新，如采用低税率，以降低企业税负，形成更具国际竞争力的税收政策。

（4）倒逼要素价格改革。既然全方位开放涉及劳工权益保护和资源利用，有一个低估的要素价格回归合理均衡水平的问题。这是要素价格改革的重要内容，也是将市场体系建设进行到底的重要方面。

第三涟漪圈，最大的涟漪圈，倒逼"五环式"改革。

笔者在 2008 年出版的《人本体制论》一书中指出，新阶段历史赋予中国的，是类似奥运"五环"的改革，包括经济、政治、社会、文化、生态环境制度改革。20 个字：经济转型、政治变革、社会共生、文明交融、天人合一。"五环式"改革，环环相扣，融为一体。今天，讨论自贸区倒逼改革的议题，一定要树立"五环式"改革的思维。这就意味着，要在全方位制度创新上有所突破，这必将触及除经济改革之外的其他四个领域一些更深层的改革内容。

例如，政府自身体制改革方面。长期以来，中国实行的是政府主导的经济发展模式，政府过多采取行政许可、审批制度，在很大程度上导致政府和市场的边界不清。按照自贸区新的规则，应遵循"法无禁止即自由"的原则，实行"负面清单"管理，并暂停实施某些法律法规。所有这些都将倒逼政府改革，推动其由管制性政府向"中立型政府"和"服务型政府"转变。

再如，社会体制改革方面。随着自贸区新规则的建立，以保障劳工权益为标志的公民权利问题，将会进一步凸显，这就要求推进社会管理体制创新，包括培育和创新社会组织、推进社区自治、建立公民利益表达协调机制、用"对话"替代"对抗"等。

还如，在生态环境体制改革方面。自贸区新规则对环境的要求是十分苛刻的，而现在的实际情况比较严峻。有鉴于此，应从建立"资源环境产权制度"（常修泽，2005）入手，实行严格的环境保护制度，真正做到生态文明，天人合一。

最后，我要特别指出，自贸区所涉及的绝不仅仅是经济行为和社会行为，它将涉及更深层次的"文明交融"问题。美国学者塞缪尔·亨廷顿的《文明的冲突与世界秩序的重建》一书，阐述了他的"文明冲突论"。当今，世界文明确有很大的差异性，或者说"文明的隔阂"。在自贸区范围内，随着新规则的实行，势必会使多样化价值理念之间在这一区域发生频繁的交集、碰撞和融合。在这种新格局下，能否由"文明隔阂"走向多元基础上的"文明交融"，避免文明的冲突和碰撞。这是需要深入探讨的问题。笔者主张，自贸区应成为"文明交融"的试验区。

总之，中国（上海）自由贸易试验区可称为"先行者中的先行者"、"排头兵中的排头兵"。在这一"先行者"和"排头兵"的示范效应和溢出效应下，中国的改革开放必将迎来新一轮的高潮。

第二篇

分论篇

第五章

经济改革：
寻求公正的深度
市场化经济体制

本 章 导 言

上一章论述了新阶段包容性改革的总体战略。从本章开始，将按几个重要领域深入探讨各自领域的包容性体制。

探讨各自领域的包容性体制，从哪个领域开始？笔者认为，一则，经济体制改革的任务尚未完成；二则，就未来十年而言，经济改革仍是新阶段全面改革的基础。故把经济改革放在第一位。

好吧。下面几章按照经济、社会、政治、文化和生态环境五大领域，分别探讨公正的深度市场化经济体制、多元阶层社会共生的社会体制、最大政治公约数的政治体制、多元文明交融的文化体制和以天地人产权制度为基础的环资制度。本章先探讨建立公正的深度市场化经济体制。

从包容性角度研究，本章首先指出，建立公正的深度市场化经济体制，不仅要两个"互不排斥"（市场化不能排斥公正化；公正化也不能排斥市场化），而且更要寻求二者的"内在融合"。书中强调，社会公平与市场化改革可以兼容，实现收入分配公平和更大范围的社会公正"并不必然"与改革的目标相冲突。

以包容性体制创新促进包容性发展，主要四个方面：一是产权体制创新：包容"国有"与"民营"；二是分配体制创新：包容"国富"与"民富"；三是可持续发展体制创新：包容"天地"与"人本"；四是社会管理体制创新：包容"民主"与"民生"。

结合国际金融危机的教训，本章在进一步论证"社会公平和市场经济可以兼容"的基础上，提出建立包容性的经济制度的制度性安排。

包容性的经济制度内涵丰富，核心是建立混合所有制经济：它是"混合经济"的产权基础，也是协调社会多种利益关系，并使之"和谐统一"的产权组织形式，其中孕育着新的公有制组织形态。

发展混合所有制经济，需摆脱"斯大林模式"。按照斯大林的理论逻辑，国有企业不是独立的商品生产者和经营者，企业没有独立的权、责、利，这样国有"企业"自身也就没有自己的"产权"。斯大林对私有企业更是否定的。只有告别"斯大林模式"，才有可能走向包容"国有"与"民营"之路。

在对前 30 年国有制改革评估的基础上，对新阶段国有制改革的战略作出了"双顶层"设计。之一：产权方面的设计；之二："人本"方面的设计，强调应用《产权人本共进论》推进国有制改革。

鉴于当前作为市场经济微观基础的国有经济改革尚未到位，特别是垄断性行业改革比较滞后，作为市场经济重要支撑的要素市场（包括资本、土地及其他资源等要素）市场化改革滞后等，本章提出，下一步改革应紧紧抓住"破垄"和"地权"两大重点寻求突破。

基于此，本章从理论和实践两个方面对"垄断性行业改革"以及"土地流转权改革"，进行了系统分析。在垄断性行业的改革部分，提出"四双破垄论"（即："双驱变异"论、"双重竞争"论、"双向转化"论、"双重利益博弈"论和"四化"主张（即运营环境商业化、投资主体多元化、市场竞争公平化、政府监管科学化）；在土地流转权改革部分，提出两种样式（"田娘样式"和"洪泽样式"），都是笔者潜心理论探讨和实践调研的研究成果，可供下一步改革参考。这是本章的重点，也是包容性改革的闪光点。至于"价财税金改革"，学术界多有讨论，本书不再重复。

第一节　社会公平与市场化改革可以兼容

【提要】

社会公平与市场化改革可以兼容。实现收入分配公平和更大范围的社会公正并不必然与改革的目标相冲突，完全可以与改革开放的路线相衔接。

按什么理念来实施"要素分配"：是按"单一的国家产权主体"的理念实施呢？还是按"多元要素产权主体"的理念实施呢？本章指出，要素的所有者，包括土地所有者、劳动力所有者、技术所有者、人力资本管理者，按照自己的贡献去参与收入分配的过程，这是市场博弈的过程。

初次分配领域防止权力渗透，再分配领域政府应发挥收入分配的调节作用。*

收入分配公平、社会公正，是中国转轨中的重大理论和实践问题。笔者在此阐述三个观点：

一、分配公平与市场化改革并不必然冲突

实现收入分配公平和更大范围的社会公正，是不是必然与改革的目标——市场化和全球化相冲突？

笔者认为，实现社会公平并不必然与市场化和全球化的趋势相冲突。

从理论上说，社会公平和公正是现代市场经济的内在要求。只要搞市场经济，就要遵循公平的原则，包括地位平等、机会均等和实行等价交换的原则。马克思在《资本论》第一篇曾说过一句颇为有趣的话："商品是天生的平等派"。①从这个意义上说，市场经济是天生"反特权"的，并不必导致不公平和不公正。当然，即使按照平等的交换原则，由于每个参与分配的个体的能力和各方面情况不同，分配结果有可能造成不平等。但这是一种正常现象。市场经济与社会主义经济制度相结合就是要追求公平和效率的统一。

从世界历史上说，思想解放的先行者也是主张公平和公正的。从现实来说，社会公平和政权的政治倾向并不是简单的"线性相关"。有的国家（如日本）政

---

* 此节曾载于《瞭望》，2004（32），（2004 - 8 - 9）。

① 马克思在《资本论》第一篇第二章"交换过程"第二自然段的原话是这样的："商品是天生的平等派和昔尼克派，它随时准备不仅用自己的灵魂而且用自己的肉体去同任何别的商品交换，哪怕这个商品生得比马立托奈斯还丑。"（马克思. 资本论（第1卷），北京：人民出版社，1975：102）。马克思在此提出的"商品是天生的平等派"这个命题，有助于理解市场经济和社会公平方面的联系。

权虽然是"右倾"的，但是社会差距并不大。把政权的政治倾向与社会差距大小直接挂钩并不科学。

在中国，社会公平和下一步推进的市场化改革是可以兼容的。在这一点上，笔者的基本想法是"两线均衡论"：中国的宏观决策层需要学会在市场化和社会公正"两个鸡蛋上跳舞"。要兼顾两个方面，并把握"两个鸡蛋"的均衡点。

从国际经验看，在操作过程中要注意防止两种现象：第一，要经济市场化但要防止"权贵"；第二，要实现社会公正，但要防止"民粹"。无论是"权贵"，还是"民粹"，对中国广大人民群众来说，都是不利的。

从拉美国家看，这两者现象是互为依存、恶性互动的：上面越"权贵"，社会越"民粹"；社会越"民粹"，上面越"权贵"，甚至可能会集权。比较而言，当前主要是防止"权贵"问题。我们必须看清这一点，保持理性认识。

二、社会公平与"先富后富"的关系

社会公平、公正，特别是分配公平，是不是对邓小平"先富后富"理论的背离？

我认为公平和公正，不是对邓小平理论的背离或抛弃，而是其观点逻辑的自然展开，是它的继承和发展。

邓小平第一次提到"先富后富"的论述是在《解放思想，实事求是，团结一致向前看》的讲话中[①]。在此后的十几年中，他一直坚持这个提法。在南方谈话中，他仍然强调"一部分地区、一部分人先富起来"，同时要采取措施"避免两极分化"。他说，到一定的时候，我们会提出另一个问题："什么时候突出地提出和解决这个问题，在什么基础上提出和解决这个问题，要研究。"邓小平接下来说："可以设想，在本世纪末达到小康水平的时候就要突出提出和解决这个问题。"[②]

邓小平的思想实际上是一个"两步走"的设想。对于"在什么基础上提出"另一个问题，笔者认为需具备三个条件：

（1）分配中的矛盾发生转移，平均主义让位于收入分配不公，成为矛盾的主要方面（而现在收入分配不公已经演变成为矛盾的主要方面）。

（2）社会生产力较大发展，具备一定物质技术基础，人民生活初步实现小康（虽然尚未全面建成小康社会，特别是民主健全方面，但人民生活已经初步实

---

① 解放思想，实事求是，团结一致向前看（1978－12－13）//邓小平文选（第二卷）：152.
② 在武昌、深圳、珠海、上海等地的谈话要点（1992年1月18日~2月1日）//邓小平文选（第三卷）：374.

现小康）。

（3）社会主义市场经济体制初步建成，分配有一个适宜的体制环境（虽然经济体制改革的攻坚战仍在进行，分配的体制环境存在不少问题，但社会主义市场经济体制的框架还是有的）。

此时，提出"另一个问题"的三个条件已经具备，因此，需强调缩小收入差距的问题。同时，不排除一部分地区、一部分人还要继续发展，不能抹杀他们的积极性和活力，不能以牺牲人们的创造性和经济发展来换取收入均等，但整个社会是以共同富裕为导向。笔者认为这是邓小平完整的思想。

三、要素"按贡献分配"的主体是谁

在再分配领域中，政府要发挥收入分配的调节作用，而在初次分配领域里面，政府需发挥什么作用？要素按贡献分配的主体是谁？按照笔者的认识，"要素按贡献参与分配"，是一个创新性的理论，相对于传统的分配理论是一个重大的突破。但值得深思的是，按什么理念来实施"要素分配"，是按"单一国家产权主体"的理念实施呢？还是按"多元要素产权主体"的理念实施呢？

2002年12月，笔者撰写了专论《"按贡献参与分配"的主体是谁》以问答形式发表在《光明日报·理论周刊》（2003年5月13日）上。提出：如果把"按"字放在"要素"的前面，即"按要素"分配就容易产生这样一个问题：似乎在资本、劳动、技术、管理等要素拥有者的上面有一个主宰，它在掌握要素参与分配的过程，而生机勃勃的劳动者、投资者、管理者和技术创新者则成了"被掌控"的对象。计划者作为主体按各个要素的分配是计划配置；而要素的所有者作为主体按照自己的贡献参与分配则是市场博弈。事实上，要素的所有者，包括土地所有者、劳动力所有者、技术所有者、人力资本管理者，按照自己的贡献去参与收入分配的过程不是计划配置，而是市场博弈的过程。

归纳笔者在《光明日报·理论周刊》阐述的观点：

（1）正确的命题不是"按要素贡献分配"而是"要素按贡献参与分配"（即，不是"按要素"而是"要素按"，很有意思）；

（2）计划经济从根本上否定劳动者作为"主体"按自己的贡献参与分配的权利；

（3）人的主体性：要素所有者应成为参与分配的主体，而不是被"按"的对象；

（4）只有确立以要素所有者为主体，才能实现分配过程的"市场博弈"。

基于上述"要素所有者应成为参与分配的主体"的思想，笔者主张，在初

次分配领域，要强调要素所有者的主体地位，防止权力渗透到这个过程中来。至于在再分配领域，政府则应发挥收入调节作用。

第二节　以包容性体制创新促进包容性发展

【提要】

下面，具体讨论在经济改革中，如何以"包容性体制"为目标，通过创新来促进包容性发展的问题。

实现包容性发展，在产权结构方面必须包容国有与民营等各种所有制经济，切实做到"两平一同"，即：（1）依法平等使用生产要素；（2）公平参与市场竞争；（3）同等受到法律保护。能否做到以上三点，是区分是否坚持和完善基本经济制度的试金石，也是产权结构创新的主要着力点。

实现包容性发展，要强化"共享性发展"理念，实现由"国富"到"国民共富"的转型（在"民富一时相对短腿"的情况下，可阶段性"民富优先"）。

实现包容性发展，不仅要考虑即期发展的包容性，而且更重要的是要考虑可持续发展的包容性。这就涉及人与自然界的关系问题。只有包容"天地"与"人本"，才能支撑并促进可持续发展。

实现包容性发展，应围绕保障和改善民生推进社会领域体制创新。与此同时，围绕"促进社会公平正义"推进社会领域体制创新，这是中国改革的新境界、新天地。*

包容性发展，不只是一个包容性增长问题，而是一个以"共建共享"为本质要求，建立现代发展体系的问题。要实现包容性发展，必须按照"改革攻坚"精神的要求，在坚持社会主义市场经济改革基调的前提下，力争在关系发展全局的重点领域取得突破，从而以包容性体制创新支撑包容性发展。

一、产权体制创新：包容"国有"与"民营"

公有制为导向的混合所有制经济共同发展，是支撑中国经济和社会良性发展的基础性制度。

要实现包容性发展，在产权结构方面必须包容国有与民营等各种所有制经

---

　* 笔者在本章阐述的基本观点曾以《以体制创新促进包容性发展》为题发表于《人民日报》（2012－2－3）。本节在此基础上扩充而成。北京《中国特色社会主义研究》杂志以《以包容性体制创新支撑包容性发展》为题译成英文版（*Support Inclusive Development with Inclusive Institutional Innovation Chang Xiuze*, 2012）向海外发。

济，切实做到"两平一同"，即：（1）依法平等使用生产要素；（2）公平参与市场竞争；（3）同等受到法律保护。能否做到以上三点，是区分是否坚持和完善基本经济制度的试金石，也是产权结构创新的主要着力点。

当前，中国国有经济改革仍处在"攻坚"阶段中，根据笔者对改革进程问题的研究，为推进国有经济改革向纵深发展，下一步应在"面"、"点"、"线"三个方面展开：

（1）"面"：继续推进国有经济布局和结构的战略性调整，进一步完善国有资本"有进有退、合理流动"的机制，切实推动国有资本向关系国家安全和国民经济命脉的重要行业和关键领域集中，稳步推进垄断性行业改革。根据包容性精神，在竞争行业领域和"不属于垄断性行业的自然垄断业务的环节或领域"，放宽市场准入，为民间资本营造更为广阔的市场空间。

（2）"点"：着力推进大中型国企的股份制改革，包括央企母公司的股份制改革，建立法人治理结构，塑造坚实的微观经济基础。

（3）"线"：进一步完善国有资产监管体制，切实实行政府公共管理职能与国有资产出资人职能分开。同时，对公益性和竞争性国有企业，探索实行分类管理制度，对涉及自然垄断业务和承担社会普遍服务职责的国有企业，强化对其政策性目标的考核。还应建立或完善对于国资委以外的国有企业资产、国有金融资产、国有自然资源资产、国有行政事业单位资产的监管体制。

民营经济是社会主义市场经济的重要组成部分。由于深受传统观念的影响，在社会上存在一种"非我族类，其心必异"的思想，形成了在处理国有与非国有之间关系方面"贵国有，贱民营"的弊端。唐朝时期唐太宗在处理周边民族关系时曾讲过一段名言："自古皆贵中华（指中原），贱夷狄，朕独爱之如一。"[①]可以套用唐太宗这个句型："长期皆贵国有，贱民营，现独爱之如一。"

怎样"爱之如一"呢？具体做法就是实行"两平一同"，为此，国家已出台实施了一系列促进非公有制经济和民间投资发展的政策措施。但也须看到，制约非公有制经济发展的体制机制问题仍然很多，诸如"玻璃门"、"弹簧门"之类的现象依然存在。下一步，应继续落实好中央已经出台的一系列政策措施，破除各种有形和无形的壁垒，切实放宽市场准入，完善财税、金融等支持政策，促进非公有制经济和民间投资稳定增长，实现国有与民营包容性发展。

二、分配体制创新：包容"国富"与"民富"

促进社会公平分配，逐步实现发展成果由全体人民共享，是提出包容性发展

---

① 《资治通鉴》卷一百九十八，唐纪十四，太宗贞观二十一年。

的初衷和核心内容。当前，我国收入分配领域矛盾比较突出，社会各方面都颇为关注。应推进分配制度创新，缩小收入分配差距、逐步实现发展成果由全体人民共享。

第一，实现居民收入和劳动报酬方面"两个同步"增长。多年来，中国经济快速增长，但居民收入增长与经济发展"不同步"，劳动报酬增长与劳动生产率提高也"不同步"。在国民收入内部，劳动者报酬在初次分配中的比重以及居民收入在再分配中的比重都是下滑的。针对此问题，需要强化"包容性发展"、"共享性发展"理念，实现由"国富"到"国民共富"的转型（在"民富一时相对短腿"的情况下，可阶段性"民富优先"），进一步理顺政府、企业和个人的分配关系，实现"两个同步"，使城乡居民收入普遍较快增加。

第二，努力扭转收入差距扩大趋势。坚决遏制并努力扭转收入差距扩大趋势，是"包容性"。

分配制度创新的"硬骨头"。要特别强调分配原则和过程的公平化。这就要求必须坚持和完善"要素按贡献参与分配"的分配制度。深化工资制度改革、健全要素参与分配制度。在实施各种生产要素按贡献参与分配的制度时，值得研究的是，按什么理念来实施"要素分配"。是按单一的"国家产权主体"的理念实施呢，还是按包容性更大的"多元要素产权主体"的理念实施呢？这个问题很尖锐地摆在我们面前。应坚持劳动、资本、土地、技术、管理等各种生产要素"按贡献参与分配"的方式，使各种要素产权拥有者都成为收入分配的"主动参与者"（而不是消极的、被"按"的对象）。针对分配结果的不公平，应完善再分配调节机制，通过收入再分配功能，加大调节收入分配的力度，着力提高城乡低收入群众的基本收入、减轻中低收入者税收负担，重点培育中等收入群体，有效调节过高收入，并整顿和规范收入分配秩序，坚决取缔非法收入，以努力扭转收入分配差距扩大的趋势。

第三，突破社会收入分配的"体制瓶颈"。收入分配是一个相当复杂的制度体系，其中蕴含着诸多深层次的体制性障碍。比如，劳资关系问题、土地资源产权问题、垄断行业壁垒问题、个税体制问题、国资红利问题，等等。

因此，应源于分配，高于分配；甚至源于经济，高于经济，围绕制度创新来做更大的文章，寻求收入分配改革的三个提升：一是由促进经济发展切入，向促进人的自身发展来提升；二是由分配制度改革切入，向产权制度改革来提升；三是由财富创造和分配机制转型切入，向政府和社会方面的转型来提升。

此外，讨论收入分配改革，需要开阔视野。除了提高居民收入以外，还要加强和改善公共服务。按照"广覆盖、保基本、多层次、可持续"的方针，重点在增强公平性、适应流动性、保证可持续性方面加快完善社会保障体系，包括教育、医疗、就业服务、社会保障、住房保障作为另一个支撑，以促进社会公平正义。

三、可持续发展体制创新：包容"天地"与"人本"

包容性发展，不仅要考虑即期发展的包容性，而且更重要的是要考虑可持续发展的包容性。这就涉及人与自然界的关系问题。两千年前，中国的《易经》曾提出天、地、人"三才之道"的命题；儒家思想家更鲜明提出"天人合一"，即人与自然界和谐相处的思想，这是中国人对人类共同文明和普世价值作出的重要贡献。当代人类的可持续发展是一个包容人的生存发展环境（"天"）、人的生存发展资源（"地"）和人的生存发展自身（"人"）在内的完整体系。

当前，人类正面临着资源环境的严峻挑战，全球气候变暖对世界经济影响深远。面对日趋强化的资源环境约束，必须增强危机意识，着力实现可持续发展。

而要实现可持续发展，除了继续坚持技术创新线路（通过低碳技术创新，控制和减少工业、建筑、交通和农业等领域温室气体排放）和结构调整线路（通过调整产业结构和能源结构，大幅度降低能源消耗强度和二氧化碳排放强度）外，更重要的是针对当前"天地人"三界所出现的新情况、新矛盾，在体制上做文章，特别是在产权制度和价格制度上探索，寻求"天地"与"人本"的和谐发展。

"天"：针对环境领域的产权缺失，应着手建立环境产权制度。其制度框架为"三大支柱"，即环境产权界定制度、交易制度和保护制度。凡是为创造良好的环境作出贡献的地区、企业或个人，应该对其贡献作出界定，以便使其获得环境产权的收益；凡是享受了环境外部经济效用的地区、企业或个人，应该对其受益作出界定，以便向环境产权占有者支付相应的"回馈"；凡是对环境造成侵害的地区、企业或个人，应该对其侵害作出界定，以便使其支付相应的经济赔偿；凡是遭受了环境损害的地区、企业或个人，应该对其受损作出界定，以便向环境产权侵害者索取相应的补偿。在具体工作中，可通过建立包括碳排放权以及环境付费在内的环境产权机制和生态补偿机制，用市场的办法来促进低碳发展和绿色发展。

"地"：针对资源领域存在的"产权残缺"，按照广义产权论的"多权能"要义，重点完善"五项权能"，即农民土地经营的流转权、林地经营权和林木转让权、矿产资源的探矿权和采矿权、水资源产权、海洋"用益物权"。通过以上努力，建立一套完备的资源产权制度。与此同时，针对资源性产品价格方面存在的价格形成机制不完善、价格水平不能准确地反映市场供求关系及资源稀缺程度等问题，推进资源性产品价格改革，包括深化水价、电价改革，完善成品油、天然气价格形成机制等，发挥价格在提高能源资源使用效率方面的杠杆作用，更好地促进资源节约及有效利用。

"人"：人是可持续发展的"本体"和"轴心"，寻求人与自然之间的全面协调发展，其中最重要的是把人自身的发展作为核心价值取向并切实落到实处。从包容性发展角度分析，对于作为根本导向的"人"，应强调其三层含义：横向上"全体人"，纵向上"多代人"，内核上"多需人"。纵观第二次世界大战结束以后人类发展理念的演变，大体可以看出一个基本的脉络：战后相当长一段时间，各国都强调经济总量的增长，但随着人口资源环境压力的增大，实践呼唤人类"可持续发展"，节能环保、绿色低碳遂成为新的追求。随后，人自身的发展问题凸显，如何使人活得有尊严，如何使人活得幸福，成为时代的主题。对于发展的含义，国家已经系统地提出完整的新内涵："更加注重以人为本，更加注重全面协调可持续发展，更加注重统筹兼顾，更加注重保障和改善民生，促进社会公平正义"。只有包容"天地"与"人本"，才能支撑并促进可持续发展。

四、社会管理体制创新：包容"民生"与"公正"

包容性发展对社会管理体制创新的基本要求，是切实贯彻落实科学发展观的第四个"更加注重"，即"更加注重保障和改善民生，促进社会公平正义"。近年世界爆发的几起重大事件（如美国"占领华尔街运动"和北非"变革事件"等）表明，尽管人民诉求的侧重点和表现形式不尽相同（发达国家由民主到民生，发展中国家由民生到民主），但人民呼唤"保障和改善民生"、呼唤"社会公平正义"则是深层的、本质的。应该说，这是时代的最强音，也是中国在社会管理体制创新中用以支撑包容性发展的基本价值取向。坚持这一取向，在当前也容易凝聚社会各方面的改革共识。

首先，应围绕保障和改善民生推进社会领域体制创新。中国在进入一个新阶段之后，私人用品的供给矛盾已经得到缓解，目前比较突出的是公共产品、公共服务的短缺，比如保障房短缺，教育、医疗卫生、社保、就业、公共文化、环境保护等方面的民生需求远远得不到满足，政府必须承担起为老百姓提供基本公共产品和服务的责任，这是加快推进社会民生工作的关键所在。而公共产品供给不足，公共服务资源配置不合理，与社会领域改革滞后有直接关系，迫切需要通过改革加以解决。教育体制、医疗卫生体制、社保体制、就业体制、住房体制和文化体制等项体制改革，既是国家重大民生工程，也是社会领域的重要体制创新。经过多年的摸索，应该说，这些方面改革的主要目标和基本思路已经确定，下一步应按照中央的部署，重点在"破题"和"落实"上下工夫。应秉承"惠民"的基本导向，突出体制机制综合改革，争取在医改五项重点改革、国家教育体制改革试点以及国有文艺院团体制改革和非时政类报刊转企改制等方面取得突破。

与此同时，应围绕"促进社会公平正义"推进社会领域体制创新，这是中国改革的新境界、新天地。

改革开放以来，中国的社会结构、社会组织形式和利益格局已经发生并将继续发生深刻变化，当前与社会公平正义相关的社会管理面临诸多新的课题。包容性发展命题的提出进一步凸显了按照社会公平正义创新社会管理体制的重要性。

下一步，一是应进一步健全"党委领导、政府负责、社会协同、公众参与"的社会管理格局，注意发挥公民和社会组织在社会公共事务管理和服务中的作用。二是应整合社会管理和服务资源，推动社会管理重心向基层转移，强化城乡社区自治和服务功能。三是建立利益表达协调机制，拓宽群众表达自己的利益诉求的渠道，在此基础上建立起协调各阶层各群体利益的机制，对于征地拆迁、企业薪酬、教育医疗收费等问题注重建立矛盾的预防和调解机制，尽量把不稳定的因素化解在初始状态。四是要按照培育发展和监督管理并重的原则，对社会组织实行分类管理，鼓励和支持社会组织依法自主参与社会管理和服务。

近年来，一些地区积极创新社会管理体制，取得了新鲜经验，应及时总结交流，通过创造性的工作，真正做到包容性发展。

第三节　包容性经济体制的基础：混合所有制经济

【提要】

在传统的计划经济体制中，社会所有制结构和企业产权结构具有强烈的"反混合"特征，表现为"单一性"、"封闭性"、"凝滞性"。

混合所有制经济是社会主义市场经济制度的基础：一是"混合经济"的产权基础；二是协调社会多种利益关系，并使之"和谐统一"的产权组织形式；三是推动国企改革的有效财产组织形式，其中，孕育着新的公有制组织形态。

发展混合所有制经济，在社会层面，用包容性而不是用排斥性的观点和政策把公有制经济和非公有制经济"统合"起来；在微观层面，打破国有企业特别是国有大中型企业的产权格局，积极推进股份制，发展混合所有制的产权结构。[*]

建立完善的社会主义市场经济体制，是 21 世纪前 20 年中国经济体制改革的历史性任务。

---

[*] 本节文稿原载于内部刊物《经济决策参考》，2003（41）；发表于《21 世纪经济报道》，2003 – 10 – 16.

这里的"完善",不仅包括完成由计划经济体制向社会主义市场经济体制转轨,而且,要使这种新体制更加趋于成熟、完整和定型化。如能完成这一历史性任务,将是中国对当代人类文明的重要贡献。

从中国肩负的这项战略任务的具体内容和内在逻辑研究,发展"混合所有制经济"是完善社会主义市场经济体制的重要内容。

一、混合所有制经济的提出:针对传统所有制结构的弊端

所谓"混合所有制经济",是指在社会经济形态中,不同的产权主体多元投资、互相渗透、互相贯通、互相融合而形成的新的产权配置结构和经济形式。它是针对传统所有制结构的弊端和转轨中存在的问题、适应建立完善的社会主义市场经济体制而提出来的。

在传统的计划经济体制中,整个的社会所有制结构和作为微观基础的企业产权结构都具有强烈的"反混合"特征,表现为"三性"。

一是"单一性":即把社会主义经济看成"纯而又纯"的单一的公有制经济(甚至为单一的国有制经济),非公有经济被视为与公有制经济格格不入的"异己力量"。改革开放以来,实践中产生了诸种非公有制经济形式,但是,把公有制和非公有制经济对立起来的观点、政策和做法依然相当普遍。

二是"封闭性":即把社会所有制结构和企业产权结构看做是一种封闭的系统,排斥不同所有制之间的相互渗透,更谈不到彼此之间的相互融合。改革开放以来,从社会层面看,虽然"多种所有制经济共同发展"的格局开始出现,但这种格局,还不是一种"胶体式"的混合格局,而是"板块式"的离散格局;特别是在国有大中型企业产权结构方面,这种封闭性表现得更为严重,在此类企业,不仅民营资本和外商资本的进入十分困难,而且本企业内经营管理层和员工的股本进入也不顺畅,其结果,造成国有企业"一股独大"甚至"一股独占"的局面。据了解,在500余家"国有重点企业"中"一股独占"和"一股独大"的企业迄今仍占大多数。即使所谓"规范的"上市公司,不少企业的国有股和国有法人股也占绝大部分比重。

三是"凝滞性":单一性和封闭性的结果导致产权流动和交易的僵滞,这在国有产权体系中表现尤为突出。虽然各地建立了若干产权交易市场(据笔者了解,全国加入产权交易市场协会的产权交易机构有102家,其中获得国有资产产权交易资格的66家),但严格来说,在中国,广义产权流动、交易机制和体系并未建立起来。在不少地区和部门,经常看到的资本现象是:应当互补的不能互补,应当互换的不能互换,产权难以优化配置。

这些问题不仅在非上市的国企存在,而且在上市公司中也不同程度的存在。

至于垄断性行业，无论是"变异了的自然垄断性"行业，还是"不合理的行政垄断性"行业，其产权的单一性、封闭性、凝滞性更严重，可以说，这些领域的产权改革基本上还没有"破题"。

二、发展混合所有制经济：新经济体制的要求

第一，混合所有制是"混合经济"的产权基础。

现代市场经济既不是单一的政府干预型经济，也不是单一的市场自控型经济，而是一种市场机制和宏观调控相结合的经济。完善社会主义市场经济体制，就是要适应经济全球化和新技术革命的新形势，完善"市场在宏观调控下对资源配置起基础性作用"的体制。这种新型经济体制的产权基础是什么？笔者认为，既不是单一国有制，也不是单一私有制，而是将公有资本和非公有资本"统一于社会主义现代化建设进程中"的混合所有制经济。这种"统一性"，不是外在的统一，而是内在的统一。

第二，混合所有制是协调社会多种利益关系，并使之"和谐统一"的产权组织形式。

随着改革的深化，中国社会和企业内部的利益关系已经"多元化"，这是社会进步的重要标志。在利益多元化的情况下，如何协调不同利益主体之间（此处指资本主体）利益关系的问题成为社会发展的新课题。全面建成小康社会特别强调"社会更加和谐"。如何协调不同群体之间的利益关系，平衡社会实际存在的利益矛盾，从而使社会更加和谐，是中国未来改革发展中的重大战略问题。

时代要求决策层必须要以高超的领导艺术和新的思维来协调不同利益主体之间的关系。近年来，决策层采取的一些重大举措，实际上是为促进"社会更加和谐"而进行的新探索。现在强调发展混合所有制经济，就是要使在混合所有制经济中，吸纳不同的利益主体——不是产权模糊的吸纳，而是产权清晰的吸纳，不是彼此隔绝的共存，而是彼此渗透的共生，从而融合成一个新的"利益共同体"。这种以产权为纽带的新型的利益共同体，对于提高中国经济社会发展的"协调度"，具有重要意义。

第三，混合所有制是推动国企改革的有效财产组织形式，其中，孕育着新的公有制组织形态。

当前国企改革，特别是大型国企改革效果不理想，虽然几年前就指出"攻坚战"的改革任务，但客观现实是"久攻不下"。究其原因，难以找到合适的所有制形式是重要原因之一。提出发展混合所有制，有利于打破"一股独占"或"一股独大"的僵持格局，真正建立产权主体多元化、治理结构法人化的制度。

从发展的眼光来审视，随着以股份制为主要形式的混合所有制经济发展，从中会产生公有制的新的组织形式。这个问题有待于跟踪观察和研究。

三、如何发展混合所有制经济

从完善社会主义市场经济体系的基点研究，笔者认为，应当在以下三方面展开。

第一，在社会层面，用包容性而不是用排斥性的观点和政策把公有制经济和非公有制经济"统合"起来。

笔者认为，各种所有制经济完全可以在市场竞争中发挥各自优势，相互促进，共同发展。不能把这两者对立起来，要把它们统一于社会主义现代化建设的进程中。请注意，这里的"统一"，蕴含有"混合"的思想和做法。

具体来说：（1）要使公有制和非公有制经济发挥各自的所有制优势，相互依存和补充；（2）要使公有制和非公有制经济相互竞争和推动，在竞争中使二者互动、双赢（在浙江、广东等地，非公有制经济发展快，也推动了公有制经济发展）；（3）要使公有制和非公有制经济相互渗透和交融。当前，我国开始出现的民资、外资参与国企改革，以及管理人员、技术人员的管理和技术股权、期权制试点等，都是渗透和融合的新形式，这些实践将会以新的态势促进混合所有制经济的发展。

第二，在国有经济层面，继续推进国有经济的战略调整。

现在国有经济的比重依然偏高，根据笔者研究，不仅国有工业企业资产占工业部门总资产的比重明显过高，而且国有及国有控股企业实现产值占整个工业总产值的比重也属偏高，即使是国有经济在整个 GDP 中所占的比重，与理想目标相比，也存在一定距离。

目前，在工业领域，浙江、广东、江苏等省的国有和非国有比重的格局与东北、西北及西南某些省（区）国有和非国有工业的比重的格局仍有明显差距。应当加快这些地区的国有资产的置换。从行业来说，要特别"推进垄断性行业改革"，实施这些行业的资产重新组合，这是发展混合所有制经济的新的突破点，要给予特别重视。

第三，在微观层面，打破国有企业特别是国有大中型企业的产权格局，积极推进股份制，发展混合所有制的产权结构。

近年来，国企"脱困"有所进展，但这种"脱困"大部分是靠政策调整和利益再分配来实现的，这仍属于"政策调整型"改革，而不是"制度创新型"改革。要切实从着重"依赖政策"的改革模式和惯性中解脱出来，在企业的

"产权制度创新"中寻求突破。

除极少数必须由国家独资经营的企业外，其他绝大多数国有企业，应当积极、扎实地推行股份制改造，形成产权主体多元化。虽然重要的企业可以由国家控股，但对"控股"要有全面的把握，未必是"绝对控股"（75％以上）或"优势控股"（51％以上），可以采取"有效控股"（50％以下），甚至采用"金股"（一股）制。至于大量的竞争性企业则应进行"资产置换"。

鉴于目前国有资本在企业中比重过大，应通过向民资、外资、企业内经营者和职工转化或吸收股本的办法，实现产权置换和优化重组。在"置换"和"重组"中，多种形式的混合所有制将会蓬勃发展。这是培育社会主义市场经济体制中的新生长点，也是建立公正的深度市场化经济体制的重要着力点。

第四节　发展混合所有制经济需摆脱"斯大林模式"

【提要】

按照斯大林的理论逻辑，国有企业不是独立的商品生产者和经营者，企业没有独立的权、责、利，这样国有"企业"自然也就没有自己的"产权"。

斯大林对私有企业更是否定的。他有一种颇为极端的观点："私有制是祸害，而且比祸害还坏，而不管在这种或那种生产的发展中私有制的潜力是否已经枯竭。"

在这种"禁欲"、"专制"、"官僚化"和"盲目工具"的情况下，社会上和企业内，没有什么"人的自由全面发展"可言，造成人权的淡漠。

用产权人本共进论推进国有经济改革，发展混合所有制经济，需摆脱"斯大林模式"。

一、从约克镇的一则故事谈起

先从一则故事说起。这是笔者在 1994 年主笔完成的国家"八五"重点科研项目《现代企业创新论——中国企业制度创新研究》一书中曾经讲过的一个故事①。

约克镇以盛产果酒闻名于天下。在一年一度的果酒节前一天，镇议会作出一项决定。在镇中心广场上放一只大酒桶，镇上的每个成年人必须带一瓶家里最好的果酒倒入这个大酒桶，这样，在庆祝节日狂欢仪式上，大家可以品尝到最好的美酒。

彼特先生是一个很聪明的人，当天夜里他想，假如他带一瓶白水倒入木桶，也不会有人发现的。第二天，当渴望品尝美酒的人们拧开酒桶的龙头时，流出的

---

① 常修泽（主笔）. 现代企业创新论——中国企业制度创新研究. 天津人民出版社：146.

不是醇香的果酒，而是清冽冽的白水。

原来，约克镇的每个人都足够"聪明"，他们不约而同想到了同一个主意！

当然，这是一个故事，但它多年来一直萦绕在自己的脑海，让我陷入长久的而且是痛苦的思索。

从理论上说，这个故事隐含的是一个非常深刻的经济学理论："搭便车"理论。

"搭便车"理论首先是由美国经济学家曼瑟尔·奥尔森（Mancor Olson）于1965年发表的《集体行动的逻辑：公共利益和团体理论》一书中提出来的①。其基本含义是不付成本而坐享他人之利。具体地说，在大团体活动中，个人的经济行为对集体的利益影响微乎其微，"理性"的人倾向于从自己的私利出发，以比别人少的付出获得同别人同等的收益。

那么，究竟如何避免"搭便车"的现象呢？据笔者所知，当代中外经济学家、政治学家对此进行了多方探索。最新的闪光点是，2009年诺贝尔经济学奖获奖者之一的埃利诺·奥斯特罗姆女士另辟蹊径，提出公共事务自主组织与治理的集体行动理论。② 她认为，自主治理理论的中心问题是，一群相互依存的人们如何把自己组织起来，进行自主性治理，并通过自主性努力以克服"搭便车"、回避责任或机会主义诱惑，以取得持久性共同利益的实现。这一不同于传统公域或私域的"第三域"理论，对于解决搭便车问题，具有借鉴意义。

这些年来，对于如何避免"搭便车"的问题，笔者是如何探讨的呢？答：是从"产权"和"人本"两条线索来思考的。

一个是"产权"线索——

我们可以作这样一个假设：

假如广场上放的不是一个"大酒桶"，而是"有明确产权边界"的"小酒桶"或"小酒瓶"，让每个成年人必须带果酒倒入这个产权清晰的"小酒桶"或"小酒瓶"中，这样，大家提供的东西，是"酒"是"水"，可以一目了然；或者，仍然是"大酒桶"的情况，通过另一种形式产权明晰化：在木桶入口处加

---

① ［美］曼瑟尔·奥尔森（Mancor Olson）.陈郁等译.集体行动的逻辑：公共利益和团体理论.上海人民出版社，1995.

② 埃利诺·奥斯特罗姆（Elinor Ostrom），印第安纳大学（Indiana University）政治科学（Political Science）阿瑟·贝尔特利（Arthur F. Bentley）讲座教授，亚利桑那州立大学（Arizona State University）制度多样性研究中心（Center for the Study of Institutional Diversity）主任，也是印第安纳大学政治理论和政策分析研讨会（Workshop in Political Theory and Policy Analysis）的发起人和管理者之一。长期以来，如何通过自组织（Self-organization）和区域性管理（Local-level Management）的协调，使得共同产品得到保护和合理利用，一直是她研究的重点。也正是由于她的勇气和这些研究贡献，2009年10月12日，瑞典皇家科学院将纪念诺贝尔经济科学奖授予了奥斯特罗姆——这位最初并不被看好，甚至在主流经济学界默默无闻的学者。

放一套用以检测装置，进行严格检测，既检查质量（究竟是不是美酒），又检查数量（究竟有多少美酒），这就是进行产权界定。

第一种方式类似大家比较熟悉的"个人板块所有"，第二种方式类似混合所有制情况下的经过严格产权界定的"按股所有"。不论是第一种，还是第二种情况，都使产权边界明晰化，由此可以避免不付成本而坐享他人之利的"搭便车"现象。

另一个是"人本"线索——

我们也可以作另外一个假设：

假如约克镇公民的道德情操高尚，比他们酿出的果酒还要淳朴，也可以使人们打消任何以邻为壑、投机取巧的念头。这就是"人性善"的约束力量。反之，当以邻为壑、投机取巧思想盛行时，"搭便车"现象难以避免。

笔者在 2008 年出版的《人本体制论——中国人的发展及体制安排研究》一书的扉页上曾写过这样一个"题记"：

"在传统的计划经济模式下，

人的主体性被集权所压制；

在原教旨的市场经济模式下，

人的主体性被金钱所浸蚀；

至于在未来某个虚拟世界的体制下，

人性会不会被过度纵欲而扭曲，尚不得而知；

我现在最想探求的是，

在 21 世纪的中国，

如何建立无愧于人自身解放和发展的新体制。"①

在这里，笔者提出了"在未来某个虚拟世界的体制下，人性会不会被过度纵欲而扭曲"的问题。这句话，是在 2008 年发生金融危机时说的，未曾想，这场金融危机反映出的华尔街人性之"过度纵欲而扭曲"，不幸被拙著所言中。

最近，前美联储主席格林斯潘反思这次金融危机时，也提出："历次金融危机都不相同，但却有一个根本来源。""那就是，当人类面对长期经济繁荣，无节制的人性就会认定，这样的繁荣会持续下去。"这导致人们"过度投机，而投机所造成的后果，自 18 世纪、19 世纪以来已经数度发生。""任何两次危机都没有共同点，唯一的例外是人性。"② 人性，人性，格林斯潘这位老人点出了这一"根本来源"。③

---

① 常修泽. 人本体制论——中国人的发展及体制安排研究. 中国经济出版社，2008.

② 格林斯潘谈话. 香港大公网，2009 - 9 - 10.

③ 华尔街的大亨们贪婪地寻求管制的取消，追求越大越好，"道德风险"成为美国大银行的主要特征. 见［美］威廉·恩道尔. 金融海啸：一场新鸦片战争. 知识产权出版社，2009：318.

一个是"产权"线索。

一个是"人本"线索。

上述两个线索的假设，可以避免"搭便车"行为在实际生活中的发生①。

有的朋友问："使用一种方法不就可以吗？为什么要产权人本俱进呢？"

这使我想起了经济学鼻祖亚当·斯密的两部著作，一部是《国富论》（即《国民财富的性质和原因的研究》1774 年），另一部是《道德情操论》（1759年）。② 前一本主要强调自由市场论，后一本则主要强调了人性论。而且，亚当·斯密是先写《道德情操论》（1759 年），后写《国富论》（1774 年）。人们多讲斯密的《国富论》，而忽视《道德情操论》，颇感多少有些偏颇。

其实，何止亚当·斯密一人，新制度经济学何尝不是如此？

新制度经济学中关于"正式约束"与"非正式约束"相容的原理也颇为深刻。"正式约束"主要指产权约束，"非正式约束"指人及社会的其他约束。

1993 年，诺思在获诺贝尔经济学奖发表演讲时指出，离开"非正式约束"，即使"将成功的西方市场经济制度的正式政治经济规则搬到第三世界和东欧，就不再是取得良好的经济实绩的充分条件。私有化并不是解决经济实绩低下的灵丹妙药"。因此，要将"正式约束"与"非正式约束"结合起来③。这些思想，对我们用"两只眼睛"看国有制改革有没有启发意义呢？

有的。笔者就是由此受到启发而萌生"共进论"思想的。

二、斯大林模式对企业产权的泯灭

斯大林是"二战"期间反法西斯的领导者，其历史功绩是不容抹杀的。2009年 8 月底，在纪念"二战"爆发 70 周年之际，欧洲有人把斯大林和希特勒并论称之为"二战""罪魁"（引自英国《卫报》，2009 年 8 月 30 日网站报道）。对此，正直的人们是反对的。

---

① 这里顺便指出，面对"搭便车"问题，2009 年诺贝尔经济学奖获奖者之一的埃利诺·奥斯特罗姆另辟蹊径，提出了公共事务自主组织与治理的集体行动理论。这种理论不同于"囚徒困境"、"公地灾难"以及奥尔森的"集体行动逻辑"理论。过去，人们一般认定，要避免公共事物的悲剧性命运，只有两条非此即彼的路可走，或者彻底私有化，或者强化中央集权。埃利诺·奥斯特罗姆则从博弈论的角度提出了市场与政府以外的解决办法。她认为，人们通过自筹资金与自治合约可以达至问题的有效处理。这一不同于传统公域或私域的"第三域"理论，对于解决"搭便车"问题，具有借鉴意义。

② 亚当·斯密. 国民财富的性质和原因的研究（1774），道德情操论（1759）.

③ 新制度经济学关于正式约束与非正式约束相容的原理，对于进行经济体制改革与制度变迁的国家具有一定的启发意义。进行制度变迁的国家总想尽快通过改变正式规则实现新旧体制的转轨（如从计划经济体制转向市场经济体制），但这种正式规则的改变在一定时期内，可能与持续的非正式约束并不相容，即出现"紧张"。这种紧张程度取决于改变了的正式规则与持续的（或传统的）非正式约束的偏离程度。

但是，功归功，过归过。斯大林模式对企业产权的抹杀和对人权的淡漠，却是值得反思的。

20 世纪 60 年代，笔者在刚刚接触经济学时，曾学过斯大林的《苏联社会主义经济问题》一书。斯大林在书中讲的"三个不"，至今难忘：（1）在社会主义经济中，生产资料不是商品；（2）价值规律对生产不起调节作用；（3）全民所有制企业之间不是商品货币关系。

既然"三个不"，那么，经济怎样运转呢？这样的——据说，作为整个社会神经中枢的政府"计划当局"具有完全理性，拥有准确的、对称的信息和高度的预见力，可以安排和预见企业活动所有细节，而不需要著名的"价值"插足其间。

但是，迄今为止的实践证明，这个基本假设前提在社会主义所有阶段是不具备的。所以说，斯大林的"三不"理论一开始就陷入误区。这个"三不"理论，引入国有企业会怎样呢？按照斯大林的理论逻辑，国有企业不是独立的商品生产者和经营者，企业没有独立的权、责、利，这样国有"企业"自身也就没有"自己的产权"。

当然，斯大林的理论并不是不讲"国家"产权，是讲的，但那是一种什么制度安排呢？撇开烦琐的理论陈述，有三条基本性规定看得比较清楚：

（1）国有制成员对财产占有拥有"理论上"的无差异的权利。

（2）国有制具有产权的非排他性。其成员必须以"群体的"方式行使各项权利，任何人都不能排斥其他人而独享其权。

（3）国有企业财产归国家所有，但企业对这些财产没有使用权、收益权、处置权和让渡权等一组权利，特别明显的是不具有财产的收益权和让渡权，主体之间也不能交易所占有的产权。[①]

因此，我说，斯大林对企业产权是否定的。

在斯大林偏见的影响下，那时候人们都坚信大一统体制的有效性，整个社会流传这样一个观念——公有制范围越大越好，成分越纯越好，指令性计划的覆盖面越宽越好，计划指标制定得越详细越好，商品市场关系消灭得越彻底越好，整个社会成了一个"巨型科层组织"。在此体制下，国有企业只是行政机构的附属物。据苏联科学院经济所编写的《政治经济学》教科书记载："在苏联，属于全民财产的有：20 万个国营工业企业，整个铁路网，水路运输企业；农业中的国营企业（截至 1958 年 7 月 1 日），大约有 6 000 个国营农场，5 000 多个技术修配站和机器拖拉机站，108 000 个国营工厂和机关所属的农业副业

---

① 常修泽（主笔）. 现代企业创新论——中国企业制度创新研究. 天津人民出版社：139.

企业；以及数以千计的国营商业企业、公用企业、住宅和许多科学文化机关。"①

与否定国有企业的产权相联系，斯大林对私有企业更是否定的。他有一种颇为极端的观点："私有制是祸害，而且比祸害还坏，而不管在这种或那种生产的发展中私有制的潜力是否已经枯竭。"② 其实，私有制是好还是坏，还真要看"这种或那种生产的发展中私有制的潜力是否已经枯竭"，但斯大林说"不管它"，这就不仅仅是武断，而且是偏见了。

三、斯大林模式对企业人本的漠视

斯大林不仅否定国有企业的产权，而且对企业内的人权也是很淡漠的。

苏联高级党校教授尼·马斯洛夫说，斯大林搞的"社会主义"，用马克思的话来说，就是"粗陋的""兵营式"的社会主义。其特点是：（1）"人类要求方面的禁欲主义和平均主义"；（2）"少数领袖的专制"；（3）"整个社会联系体制的官僚化"；（4）"把人看做是执行上级机关意志的盲目工具"。在这种"禁欲"、"专制"、"官僚化"和"盲目工具"的情况下，社会上和企业内，没有什么"人的自由全面发展"可言，这势必造成人权的淡漠。

远的不说，以 2008 年 8 月 3 日去世的俄罗斯人文主义者索尔仁尼琴为例，卫国战争爆发后，1942 年他以苏联红军炮兵中尉的身份奔赴前线，因在战争中的出色表现，曾获"二级卫国战争勋章"和"红星勋章"，但因在 1945 年的一封私信中批评斯大林和体制，而被人告密，被判 8 年劳改。③ 一封私人信件的几句话竟招致 8 年牢狱，你说"人权"何在？

这样践踏人权的事情，在斯大林体制下，似乎并非个别案例。至于"把人看做执行上级机关意志的工具"，在国有制经济中更是普遍存在。具体案例情况，本书不想展开论述，请读者谅解。

笔者讲这些，无非是要引出自己的主张：用"产权人本共进论"推进国有经济改革。下一节，将讨论此问题。

---

① 苏联科学院经济所编写. 政治经济学·教科书. 北京：人民出版社，1959：435.
② 转引自政治经济学大辞典. 斯大林条目. 北京：经济科学出版社，1998：990.
③ 亚历山大·伊萨耶维奇·索尔仁尼琴（Александр Исаевич Солженицын；1918 年 12 月 11 日~2008 年 8 月 3 日）。俄罗斯作家。生于北高加索的基斯洛沃茨克。德苏战争爆发后，应征入伍，曾任大尉炮兵连长，两次立功受奖。1945 年 2 月，他在东普鲁士的前线因在同一个老朋友通信中批评了斯大林被捕。内务人民委员部以"进行反苏宣传和阴谋建立反苏组织"的罪名判处 8 年劳改。刑满后被流放到哈萨克斯坦。1962 年 11 月，索尔仁尼琴的处女作中篇小说《伊凡·杰尼索维奇的一天》在《新世界》上刊出。1970 年，"因为他在追求俄罗斯文学不可或缺的传统时所具有的道义力量"，索尔仁尼琴获诺贝尔文学奖。1973 年 12 月，巴黎出版了他的《古拉格群岛》第一卷。

第五节　用产权人本共进论推进国有经济改革

【提要】

用产权人本共进论推进国有经济改革，是笔者在《产权人本共进论》一书中提出的主张。新阶段实行包容性改革的战略，在经济体制改革中，用此论推进国有经济改革。

具体思路是："一个基础"、"两个顶层"、"四个支柱"。

"一个基础"：以"产权人本共进论"作为理论基础。突破单向度的"物本"改革思路，而把产权和人本两条线融合起来，作为理论基础。

"两个顶层"：在对前30年国有制改革评估的基础上，对新阶段国有制改革的战略作出了"双顶层"设计。之一：产权方面的设计。之二："人本"方面的设计，强调应从多方面促进企业所有人的自由全面发展，特别是针对国企改革的关键问题，重点分析如何实现劳动就业权、财富分配权、社会保障权和民主管理权。

"四个支柱"：从操作层面提出新阶段国有制改革的"路线图"。一是"面"上改革——布局调整；二是"点"上改革——微观重塑；三是"线"上改革——国资体制；四是配套制度——政府、市场与社会改革，尤其强调产权、人本改到深处涉及政治体制改革。

上述"一个基础"、"两个顶层"、"四个支柱"，构成中国国有制改革的一个较完整的体系。*

一、《产权人本共进论》题记

题记1

老子论道
既讲"抱阳"，又讲"负阴"；
斯密论经济
既有《国富论》，又有《情操论》。

---

* 此节系作者2010年出版的《产权人本共进论——常修泽谈国有制改革》一书的两个题记和前言（摘要）。《改革与战略》杂志（2010年第5期）发表时曾加有如下编者按：由国务院发展研究中心、中共中央党校、国家行政学院、国家发改委宏观经济研究院、中国经济体制改革研究会、中国（海南）改革发展研究院六单位10学者撰写的《中国改革智库资政丛书》日前由中国友谊出版公司出版（2010年3月）。常修泽教授的专著《产权人本共进论——谈国有制改革》被收入其中。这是一部用新的思维——产权人本共进论的思想来研究中国国有制改革的学术专著，也是作者这些年研究国有企业制度创新的新成果。概括本书的思想框架，可归纳为"一个基础"、"两个顶层"、"四个支柱"。丛书编辑出版者评价认为，《产权人本共进论》是"第一部以产权人权协同发展的理论论述中国国有制改革的专著"。现把该书题记及前言刊发如下，以飨读者（《改革与战略》杂志2010年第5期）。在写作本书时只摘发了前言的部分内容。

今论国企改革

一则讲"产"，一则讲"人"。

产——《广义产权论》

人——《人本体制论》。

如何熔"两论"于一炉，

用之于中国创新实践？

本书尝试提出：

"产权人本共进论"。

题记2

在集权体制下——

"产"死了

企业进入黄昏；

人也"死"了

主人变成"工具"。

在社会转型中——

"产"开始复活

"人"也开始复活

但，旧的奴化、新的物化，

尚未走出黄昏。

时代呼唤——

激活"产"

激活"人"

把黄昏变成黎明。

二、《产权人本共进论》概要

《产权人本共进论》前言（节选）如下：

如果从我发表第一篇有关国有制改革的论文《国营企业经济体制改革的方向》（1981年，获天津市第一届哲学社会科学优秀成果论文奖）算起，迄今已30多年。在过去30多年中，有幸经历了中国国有制改革的全过程，并围绕制度创新这一总方向，沿着"产权"和"人本"两条线索进行理论探索。产权研究方面，出版了《广义产权论——中国广领域多权能产权制度研究》①；人本研究方面，出版了《人本体制论——中国人的发展及体制安排研究》②。在研究中，逐步形成了"产权人本共进论"的改革思想。

这一思想，既受中华传统哲学的熏陶，也受西方经济学的影响。如题记所言："老子论道，既讲'抱阳'又讲'负阴'；斯密论经济，既有《国富论》，又有《情操论》。"③

正是受此影响，在探索制度创新时，我沿"双线"探寻："一则讲'产'，一则讲'人'。产——《广义产权论》；人——《人本体制论》。"并在出版《广义产权论》和《人本体制论》之后，进一步探讨："如何熔'两论'于一炉，用之于中国改革实践？"

应该说，这一思想在笔者1994年主笔出版的《现代企业创新论——中国企业制度创新研究》一书中已有所表露④。当时曾说，在社会主义公有制经济中，推进企业制度创新，应当遵循"资本"原则和"人本"原则这两条基本原则。并指出，"人本"原则，"这是比效率原则更为深层的原则。中国是社会主义国家，在我们的企业中，人在生产中应当不再只是获取利润的工具，而是生产本身应当成为直接满足人的非经济需要和自我实现的工具"。"在企业组织制度设计时应该很好地体现这种人本原则。"⑤ 但是，当时这一思想很不系统。近年来，沿着这一思想继续探索，使"产权人本共进论"进一步完整，这本书即是笔者新的研究结晶。

这是一部用新的思维——产权人本共进论的思想来研究中国国有制改革的著作，也是作者这些年研究国有企业制度创新的新成果。概括本书的思想框架，可归纳为"一个基础"、"两个顶层"、"四个支柱"。

"一个基础"，以"产权人本共进论"作为理论基础。本书突破单向度的

---

① 常修泽著. 广义产权论——中国广领域多权能产权制度研究. 中国经济出版社，2009.

② 常修泽著. 人本体制论——中国人的发展及体制安排研究. 中国经济出版社，2008.

③ 老子曰："道生一，一生二，二生三，三生万物。万物负阴而抱阳，冲气以为和。"（《老子·道德经》第四十二章）。

④ 常修泽（主笔）. 现代企业创新论——中国企业制度创新研究（国家八五重点社科项目）. 天津人民出版社，1994. 出版后，在接受《经济日报》理论周刊编辑采访时，我谈了这本书的立意："在社会主义公有制经济中，推进企业制度创新，我认为，应当遵循'资本'原则和'人本'原则这两条基本原则。"并指出，"人本"原则，"这是比效率原则更为深层的原则。中国是社会主义国家，在我们的企业中，人在生产中应当不再只是获取利润的工具，而是生产本身应当成为直接满足人的非经济需要和自我实现的工具。近年来，有些企业提出'以人为本'的思想，是很深刻、很精辟的。在企业组织制度设计时应能很好地体现这种'人本'原则"。（《经济日报》理论周刊第35期，1996－1－8）。

⑤ 说到"人本"原则，我想起距今2400年古希腊"智者运动"的著名思想家普罗泰戈拉的一句名言："人是万物的尺度"（见北京大学哲学系外国哲学教研室编《古希腊罗马哲学》，第138页）。

"产权"改革思路,而把产权和人本两条线融合起来,作为全书的理论基础。

"两个顶层",在对前30多年国有制改革评估的基础上,对新阶段国有制改革的战略作出了"双顶层"设计。"双顶层"之一:产权方面的设计,包括宏观——产权配置格局,微观——产权运营制度,纵向——产权监管体系。"双顶层"之二:"人本"方面的设计,强调应从多方面促进企业所有人的自由全面发展,特别是针对国企改革的关键问题,重点分析如何实现劳动就业权、财富分配权、社会保障权和民主管理权。

"四个支柱",从操作层面提出新阶段国有制改革的"路线图"。一是"面"上改革——布局调整;二是"点"上改革——微观重塑;三是"线"上改革——国资体制;四是配套制度——政府、市场与社会改革,尤其强调产权人本"改到深处"涉及政治体制改革。

上述"一个基础"、"两个顶层"、"四个支柱",构成中国国有制改革的一个较完整的体系。

按照上述逻辑框架,《产权人本共进论》设七篇十六章。第一篇,"一个基础",着重阐述自己的"共进"理论:用产权人本"两只眼睛"看国有制改革;第二篇,"两个顶层",用此眼光对前一段改革进行评估并对下一步国有制经济提出总体改革战略;第三、四、五、六篇,"四个支柱",分别从"面"、"点"、"线"和"配套制度"四个方面,对未来国有制改革的思路和方略进行分析和阐述。第七篇,附录。

考虑到是与读者直接交流,所以全书采取比较轻松、活泼的"且谈且论"式的语言范式,似与友人促膝谈心,娓娓道来,同时,也系统阐述自己的理论,从一定意义上说,也是笔者的一个关于中国国有制改革的"内心独白"。

最后,我想引用17世纪英国"光荣革命"时期的思想家、近代经验主义哲学的领军人物约翰·洛克在《人类理解论》一书中的一句名言:"这个时代既然产生了许多大师……因此我们只当一个小工,来扫除地基,来清理知识之路上所堆的垃圾,那就够野心勃勃了。"[1] 如同拙著《人本体制论》和《广义产权论》一样,这部《产权人本共进论》也是"一个小工"之作,如果能为中国的制度创新做一些"辅助性工作",我也就心满意足了。

[补充]

在国资委关于国资领域改革座谈会上的发言基调

[中国改革论坛 2013 - 2 - 24 报道] 应国务院国资委有关部门的邀请,2013年2月4日和2月20日,常修泽教授连续两次出席了关于国资领域改革座谈会,并在会上作了发言。

---

① 洛克. 关文运译. 人类理解论. 商务印书馆,1997:13 - 14.

常教授近年来潜心于国有制改革的深层结构和制度研究。2010 年出版了新著《产权人本共进论——常修泽谈国有制改革》，提出了按"广义产权论"和"人本体制论"双线推进国有制改革的新思路，引起决策研究机构的重视，被列入《中国改革智库资政丛书》。十八大前，他在提交的"内部研究报告"中进一步提出，将现有 60 多万亿元国有经营性资产（非金融非资源类）"按照公共性和市场性原则分类改革"，以及"以垄断性行业改革作为突破口"的主张，引起有关部门关注。

在 2 月 4 日的座谈会上，常教授围绕"国有经济的职能及其分类"问题阐述了自己的看法。在 2 月 20 日的座谈会上，围绕"国有企业改制重组中积极引入社会各类投资"问题谈了自己的观点，并以南京医药股份公司引入英国联合博姿（外商资本）为案例，剖析了引进相关资本过程中遇到的困难和掣肘。

在座谈中，常修泽教授提供了《包容性体制创新论》、《新阶段中国改革战略纵横谈》、《改革的空间与四点方略》（内部研究报告）等相关研究成果，以及他实地考察的南京医药股份公司引入英国联合博姿的调研资料；并建议由全国工商联和国资委联合制作一部《国—民共进备忘录》。会议负责人在总结中，对常教授所提"包容国有与民营"、"两平一同，爱之如一"等观点给予关注，并表示将吸收到有关材料中。

在座谈期间，常教授还与来自广东省国资委的同志进行了交流。他对广东特有的"三个前列"——改革开放居全国前列、经济总量居全国前列（2012 年 5.7 万亿元）、国资规模居全国前列（2012 年地方国资企业国有资产总额 2.6 万亿元）——的"并存性"颇为关注，建议对广东这一"混合经济现象"予以研究。

第六节　"结构性破垄"：新阶段垄断性
行业改革新思维

【提要】

上一节，阐述了"用产权人本共进论推进国有经济改革"的思想，深入探讨下去，国有经济改革最关键的问题，是垄断性行业的改革问题。

垄断行业改革是中国经济体制改革的"指标性领域"。从中共十五大提出"打破行业垄断"，到中共十六大"推进垄断行业改革"，从中共十六届三中全会"加快推进和完善垄断行业改革"，到中共十七大"深化垄断行业改革"，一直都讲垄断行业改革。依自己对"垄断行业改革"的研究*，本书提出"结构性破垄"。

综观前一段垄断性行业的改革，主要是在政企分开、业务"分拆"和引入行业外的资本三方面做了一些初步的尝试，但用建立完善的社会主义市场经济体制的目标来衡量，从总体上判断还没有完全"破题"。主要表现在：政企尚未分开，缺乏商业化运营环境；进入壁垒依然过高，有效竞争尚未形成；国有资本"一家独大"，非公资本比重有限；科学监管尚未到

---

*　常修泽. 中国垄断性行业深化改革研究［J］. 宏观经济研究，2008（9）.

位，政府职能亟待转变。

深化垄断性行业的改革，一要找准"破垄"的关键，可把"切入点"选在特许经营权改革上；二要打开"破垄"的"压力阀"，释放改革能量，为民间资本以市场竞争的方式提供产品或服务开辟空间；三要越过"破垄"的坎，超越既得利益集团的束缚。

根据中国当前垄断性行业的实际，需采用"结构性破垄"方略，即对中国垄断的三大类、六种情况区别对待，"三不破、三破"。为此实行不同的竞争方式：第一类属于打破"笼子"的充分竞争；第二类属于"笼子内"的有效竞争；第三类属于介于上述两类之间的带有某些过渡性的竞争。

营造适宜的商业运营环境是垄断性行业改革的前提。中国垄断性行业政府和企业盘根错节。"破垄"之难在于政企不分。为"深化"垄断性行业改革，必须实行三个层次的政企分开。*

当前，垄断行业改革与竞争性行业相比明显滞后，尚未取得实质性进展，是整个经济体制改革的"短板"。以下诸多挑战将"倒逼"垄断性行业改革：在全球化过程中垄断行业面临提高产业竞争力的压力；政府管理体制改革从"上端"给至今尚未政企分开的垄断性部门提出要求；基本公共服务的实行，要求严格划分公共品和非公共品的界限，进而厘清政府与市场的定位；分配公正、社会和谐要求对特别是铁路、石油、石化、电力、烟草等垄断性行业改革形成强大压力。

在上述背景下，垄断性行业改革如果不能在新阶段取得重大突破，不仅将"掣肘"未来 10 年整体改革的进程，而且对前 30 年竞争性行业的改革成果，也会形成侵蚀、稀释和蚕食之势。本节提出笔者的"结构性破垄"理论观点。

一、"破垄"应首先分清三类、六种情况

（一）垄断的三种类型

（1）"自然垄断"：指以网络供应系统的存在为基础，巨额固定资本投入及其沉淀性，以及相应的规模经济性和范围经济性的垄断。

（2）"法定垄断"：指由政府限制竞争的法令和政策导致的垄断。

（3）"经济性垄断"：指企业凭借其资本集中、生产集中和技术集中等经济优势，采取单独或合谋的方式，在生产经营和服务领域限制、排斥或控制竞争的

＊ 本节在笔者承担的国家发改委经济研究所 2006～2007 年度基础课题的研究成果基础上发展而成。曾内部刊登于中央党校内刊《理论动态》2008 年 8 月 20 日、9 月 20 日两期；部分内容发表在《前线》2011 年第 10 期。

垄断（也称厂商垄断或行为垄断）。

（二）垄断的六种情况

上述三种类型，均有正面和负面两种情况，合计六种情况，见表 5 - 1。

表 5 - 1   垄断的六种情况

序号	分类	内涵	本人主张	国际比较
1	自然垄断 I	犹存的自然垄断	承认	世界性
2	自然垄断 II	已经"变异"了的自然垄断	破除	世界性
3	法定垄断 I	增强效率的法定垄断	承认	世界性
4	法定垄断 II（行政性垄断）	有损效率的法定垄断	着力破除	体制转轨方面的中国特色
5	经济性垄断 I	市场竞争基础上的产业适度集中	承认，现阶段应适当鼓励	经济发展方面的中国特色
6	经济性垄断 II	厂商限制竞争的行为，是西方经典意义上的垄断	破除，目前尚不突出，但要警惕	世界性

解释如下：

（1）真正的自然垄断：在技术创新、市场扩大和金融创新的新形势下，某些由于技术经济的特征决定了其仍然具有自然垄断的情形。

（2）"变异"了的自然垄断：随着技术创新、市场容量扩大和金融创新的出现，某些原来被认为具有自然垄断的业务或环节，其进入壁垒和退出壁垒被逐渐克服，成为能够引入竞争的非自然垄断性业务或环节，可称为已经发生"变异"了的自然垄断。

（3）法定垄断：增强效率的法定垄断，其典型情况是政府为使外部经济内在化而授予企业和个人特定的垄断权。

（4）滥用行政权力垄断：损害效率，行政性垄断，即国家经济主管部门和地方政府滥用行政权力，排除、限制或妨碍企业之间合法竞争。

（5）经济性垄断 I ——产业的适度集中：在市场竞争的基础上，通过产业集中，逐渐趋于经济性垄断的过程。将其作为一个独立的类型，是想强调竞争的过程和产业的适度集中。

（6）经济性垄断 II ——厂商限制竞争：在产业集中基础上形成厂商限制竞争的种种行为。西方市场经济国家经典意义上的垄断类型。划分出此类垄断，是想强调竞争基础上产业集中所带来的结果。

二、垄断性行业改革至今尚未"破题"

审视十几年来垄断性行业的改革，主要是在政企分开、业务"分拆"和引入行业外资本三方面做了一些初步的尝试，但用建立完善的社会主义市场经济体制的目标来衡量，还存在不少问题，其中包含深刻的内在矛盾，从总体上判断还没有完全"破题"。主要表现在以下四个方面：

1. 政企尚未分开，缺乏商业化运营环境

在中国，政企不分问题是一种"痼疾"，虽讲了多年，但迄今很难说已经完全分开，尤其在号称自然垄断行业更是如此。有的迄今还是"政企合一"的体制。在国外，这些产业部门要么作为政府公司由政府按照公法体系来直接管理，要么政府依法对取得这些产业特许经营权的私企进行管制。

为什么"破垄"如此之难？根源在于垄断性行业里政府和企业瓜葛非常紧密，可谓"盘根错节"。长期以来，中国垄断行业的主要业务由中央或地方政府的部门垄断经营，政府既是管制政策的制定者与监督执行者，又是具体业务的实际经营者。政府对其微观经济活动的参与，不但范围广，而且程度深。在这种体制下，企业的生产经营活动由政府计划安排，企业无经营自主权，也不承担风险，这是中国垄断行业低效率的主要原因。垄断性行业内的企业很难进行正常的运营和竞争。一部分存在价格人为压低的成分，导致利润率偏低；另一部分则存在价格偏高的成分，一些不该进入的费用进入了成本，包括行业的高工资、高福利。

2. 进入壁垒依然过高，有效竞争尚未形成

主要表现在三个方面：一是进不来；二是不对等；三是同质性。所谓"进不来"，就是市场准入环境仍不宽松，进入壁垒障碍依然严重，导致在多数部门竞争主体数量有限，产业集中度偏高。所谓"不对等"，就是支配市场的原垄断企业在竞争方面较之新进入企业具有压倒性的先入优势，同时它还凭借自己的优势（特别是控制着"瓶颈"环节和网络基本设施）采取一些阻碍竞争的策略性行为，使得有效竞争难以实现。所谓"同质性"，就是竞争主体资本属性的同质性较高。由于只是在单一国有或国有投资占主体的结构中引入竞争，所有竞争者的利益主体只是一个，即国有资产所有者，这样，任何一个企业在竞争中被淘汰都将是国有资产的巨大损失。因此对于政府主管部门来说，它表面上可能希望引入一些竞争作点缀，但实际上并不愿在各个经营者之间鼓励真正的竞争，最终形成的只能是既非垄断也非真正竞争的局面。

3. 国有资本"一家独大"，非公资本比重有限

由地方政府所管理的供气、供水等市政公用事业，民营资本进入稍多一些；

而主要由中央管理的行业，民营资本则进入困难，比如铁路部门，私人资本进入微乎其微。即便在主体企业已进行了股份制改造和上市的电信业，仍然存在严重的国有资本"一股独大"现象。国资部门通过全资拥有集团公司间接控制了上市公司的绝大多数股权，此外，其他国有股东还持有一定股份，而可流通的公众股东的份额在总资产中实在有限。

4. 科学监管尚未到位，政府职能亟待转变

首先表现为独立监管机构存在严重缺陷。概括地说，当前垄断性行业监管机构的设置主要有三种类型：一是政企、政资、政监"三合一"型，典型的是带有专卖性的烟草行业；二是政监合一型，政府行业管理机构代行监管职能，如电信、民航、邮政、市政公用设施部门；三是政监相对分开型，如电力行业（电监会）。由于多数监管机构属于政监合一型，被监管企业与监管机构有天然的利益关系，极易导致"软性监管"问题。除了缺乏独立监管机构外，政府监管职能并没有随着市场化改革而改变，主要表现为政府监管职能缺位与越位。同时，在监管的透明化、法制化方面，也存在诸多问题，如对相关监管机构缺乏有效地监督和制约，决策过程透明度低，一些监管职能没有得到法律的明确授权。至于监管中的"寻租"现象更值得关注，在专门的监管机构中竟出现了主要负责人失踪多年的咄咄怪事，这是很值得深思的。

综上，总体上判断，垄断行业还只能说是在既有体制框架内进行了初步改革，或说是浅层次的改革。从改革的总体进展来看，长期存在的体制性障碍已逐渐暴露但尚未破除，垄断行业不合理的利益格局仍未打破，垄断行业与国民经济其他行业之间的不和谐问题依旧突出，根据建立完善的社会主义市场经济体制的目标要求，垄断行业推进改革的任务仍十分艰巨。

三、深化垄断性行业改革的理论思考

（一）找准"破垄"的关键

垄断性行业外可引入直接的竞争，而垄断性行业内可以引入一定程度的间接竞争。这一理论，不仅对自然垄断性行业适用，而且，对烟草和市政公用行业也适用。要认识到，垄断性行业传统格局根深蒂固，很难改革。而且，垄断性行业又是国民经济重要领域，从改革目标看，虽然可以吸引一部分民营资本进入，但该行业还要实行公有制为主体的经济模式。因此，中国面临的历史课题是：在保持公有制为主体的情况下，产权变革从哪里切入？笔者主张，可把"切入点"选在特许经营权改革上。结合中国的实践，实施特许权经营制，实质上是由民营企业与政府公共服务部门签订合同，在合同期限内，民营企业经营公共服务部门业务，获得收益，并承担商业风险以及相应的维护性投资之责任。在建立特许经营权制度过程中，也可以引入竞标、拍卖等机制，促进特许经营权竞争。垄断性行业改革如演一场"大戏"的话，可以以搞活该行业的特许经营权作为"开场戏"。

（二）打开"破垄"的"压力阀"

纯粹公共性与非纯粹公共性可以相互转化。未来这些年对于中国而言，垄断性行业中纯粹公共性与非纯粹公共性也不是一成不变的，相互转化的趋势都存在——"市场性或准公共性向公共性转化"的，如廉租房之类；"公共性向市场性或准公共性转化"的，如资源性产品之类——但后者更值得关注。伴随外部经济内部化的趋势，资源性产品的价格形成和收费制度改革将更加凸显。这就意味着，垄断性行业中蕴涵着极大的潜在能量。现在的问题，是要打开"压力阀"，释放改革能量，为民间资本以市场竞争的方式提供产品或服务开辟空间。

（三）越过"破垄"的坎

应超越既得利益集团的束缚。展望中国改革，推进垄断性行业改革最大的难点在于，既得利益集团具有更强的行动能力，可以对政策决策过程施加影响力，因此有可能妨碍正在推进的垄断性行业改革，使制度安排被僵滞在低效率状态。对于改革决策者而言，必须树立"公共利益至上论"，防止某些既得利益主体左右改革方案的制定和改革实施的进程。特别是应提高改革决策的科学性，增强改革措施的协调性，通过设置高层次、跨部门、利益相对超脱的改革协调机构来设计垄断性行业改革方案，防止改革走形变样，减少改革的摩擦成本，力争在这一重要领域和关键环节取得突破。一是政府、垄断企业与消费者的利益协调机制；二是垄断企业（含职工）与消费者的诉求表达机制；三是利益相关者矛盾调处机制；四是各方权益特别是消费者权益保障机制。

中国的改革走到今天这一步，"坎"就是能不能超越既得利益集团的束缚。如何从制度上摆脱利益集团的利益羁绊，以形成对利益集团的有效制约，成为影响垄断性行业改革实际进程的重大因素。这不仅是一个理论问题，还是一个现实问题。

四、市场竞争公平化：打破垄断格局

根据中国当前垄断性行业的实际，依自己对"垄断行业改革"的研究①，这里提出"结构性破垄"方略，即对中国垄断的三大类、六种情况区别对待，"三不破、三破"：

——对真正的自然垄断性环节（如电网、铁路网、航空网、骨干电讯网等），可暂时不破垄，但要实行一定范围的"争夺市场的竞争方式（competition for the market）"；而对过时的、假冒的所谓"自然垄断"和垄断性行业中的竞争环节（如发电、铁路运输、航空运输、电信运营业务等），要坚决破垄。

——对法令性的垄断（如烟草），可不破垄；但对不合理的行政垄断（指利用行政权力保持不合理的垄断地位），要坚决破垄。

——对竞争基础上形成的产业集中，不应破垄，还应进一步加强，以提高中国产业的国际竞争力；但对阻碍和限制竞争的经济性垄断（厂商串谋、寡头垄断以及利用行政权力实施垄断行为等）等，应坚决破垄。在此，要消除社会上包括一些领导干部将"产业集中"等同于"垄断"的误区，化解以"提高国际竞争力"为由而排斥垄断性行业改革的"心结"②。

基于"结构性破垄"，就"竞争"而言，可分成三种不同的类别：即垄断性行业中可以"直接竞争"的部分；垄断性行业中仍然具有垄断性、"间接竞争"的部分；垄断性行业中居于中间或"过渡状态"的部分。针对以上三类，实行不同的竞争。如果借用"鸟笼"来表达的话。第一类属于打破笼子，即无笼子的充分竞争。第二类属于笼子内的有效竞争。第三类属于介于上述两类之间的带有某些过渡性的竞争。下面具体分析。

(一) 打破"笼子"的充分竞争方略

对于垄断性行业中可以直接竞争的部分（如电信业的长途、移动和增值服务，电力和供水、供气等行业的生产和供应业务，铁路和民航部门的客货运输服务等），完全可以打破独家垄断的格局，通过适度地"分拆"和进一步放宽市场准入，充分地引入竞争。需要指出，竞争机制的引入和完善，是与投融资体制改革、实现产权结构多元化互相促进的。在目前国有资本占有较大资产份额的情况下，应通过逐步消除各种有形和无形的障碍，积极引导、鼓励社会资本进入垄断性行业中可竞争的环节。在可以展开充分竞争的领域，经济性垄断有可能成为阻

---

① ② 常修泽. 中国垄断性行业深化改革研究 [J]. 宏观经济研究, 2008 (9).

碍自由竞争的主要因素，此时，以制裁企业限制竞争为目的的"反垄断"方面的监管，很有必要。

（二）"笼子"内的有效竞争方略

垄断性行业中具有网络传输性质的自然垄断部分，可由一家或极少数几家企业经营。在这种格局下，可考虑实行含有一定竞争刺激的方案：（1）引入特许权竞标或拍卖；（2）引入区域间比较竞争或标杆竞争；（3）实行某些替代竞争或异质竞争方案，比如电信业中无线接入等大量新兴技术的兴起会对传统固网垄断形成强烈冲击，电力、煤气、石油等不同能源之间的替代性可以对原有的垄断地位形成挑战，公路、水路、铁路和民航之间的替代性竞争等。

（三）介于上述两类之间的带有过渡性的竞争方略

从垄断向充分竞争过渡的初期，为了尽快改变不对等竞争的局面，需要监管机构对原有垄断企业和新进入企业实行不对称监管，管住大的，扶植小的。这种偏向新进入者的不对称监管政策可能对原有企业不公平，但是，这是为了最终公平而暂时的不公平。当市场真正形成有效竞争的局面后，监管部门就可以把不对称监管改为中性的干预政策，以充分发挥市场竞争机制的调节功能。

台湾电讯业的竞争

笔者在台湾考察期间，看到 8 月 13 日的《中国时报》，一版头条大标题写着："电讯三巨头，杀红眼，月租费腰斩"。这个标题挺醒目。台湾有三家电信公司，一个叫中华电信，一个叫台湾大哥大，另一个叫远传，三家大的电信公司，它们展开激烈竞争，杀红眼了，你月租费砍一半，我月租也砍一半，这么三家一竞争，手机短信、通话费，大大减低了，对老百姓有好处。我们大陆这边也是三大，但是我们没有杀红眼，这三个竞争不到那种程度，因为三家公司一个东家。手机短信费，我问过有关部门，成本多少钱？据说成本微乎其微。微乎其微怎么找老百姓收一毛钱的短信费啊？现在 10 亿多手机用户，一天发一条就是 10 亿多条，一年 365 天就是近三千亿条。一人一天一条，一年就是三百亿条，一天十条，二十条呢？不是说"以人为本"吗？但真正践行"人本体制论"，说着容易做起来很难，因为这有利益纠葛。只有摆脱特殊利益集团的束缚和掣肘，才能为发展转型提供有力的体制支撑和动力来源，这是问题的关键之所在。

来源：常修泽. 中国转型：理论与方略. 改革与战略，2010（11）.

五、政企分开：三个层面展开

营造适宜的商业运营环境是垄断性行业改革的前提。当前，中国垄断性行业政府和企业盘根错节。"破垄"之难在于政企不分。为此必须实行政企分开。西方有句谚语："上帝归上帝，恺撒归恺撒"。要划分"边界"，定纷止争，"政是政，企是企"。

政企分开涉及三个层面的改革。

第一个层面，政府自身管理体制的改革。

重点是加快政府职能转变。应明确"三不"原则：第一，政府不应干预微观经济活动；第二，政府不应包办企业的决策；第三，政府不应代替企业去招商引资。摆脱过去经济干预型政府的羁绊，真正地凸显政府和企业分开。

第二个层面，与政府体制改革相关的国有资产管理和运营体制改革。

中国现在处在一个特殊的体制转型时期，现实的问题是国有资本的存量格局还没有得到相应的调整。在这种情况下，一方面要加强国有资本的"监督和管理"，另一方面又要"调整"国有资本的存量格局。这就产生了"国有资本的监督管理者"与"国有资本格局的调整推动者"双重角色的冲突问题，由前者来做后者的事情有些勉为其难。由此需建立与改革进程相适应的"改革协调机制"。

第三个层面，企业（指国有企业）改革。

关键是实行"所有权与经营权分开"，割断企业与政府的直接联系。笔者认为，代表国家行使所有权职能，有两项直接权力、两项间接权力。"两项直接权力"指：（1）分红收益权；（2）转让权（用脚投票）。"两项间接权力"指：（1）通过董事会参与重大经济活动的决策权；（2）通过董事会对管理者的选择权。现在的问题是，在"管人、管事、管资产"的名义下，不通过董事会而直接决策重大经济活动，或直接选择管理者，挫伤了企业的积极性。必须强调，国资监督和管理部门必须尊重和维护企业的市场主体地位及其权利。

第七节　民营经济发展待突破的三个问题

【提要】

民营资本进入垄断性行业现在尚未"破题"：一是"难进来"；二是"不对等"；三是"同质性"。民间资本进入垄断性行业，有五条路径可选。

要帮助民营企业由传统的"投资驱动型"向"创新——创意驱动型"拓展。

中国30多年经济社会发展的实践有力地说明，国有经济和民营经济是相得益彰、共同发展的。它们都应是共产党执政的基础。

中国民营经济发展，需要突破哪些关键问题？这里提出笔者的三点意见。*

一、民营资本进入垄断性行业的"五条路径"

从战略上看，民营资本应进入垄断性行业，但现在尚未"破题"。根据我此前完成的《中国垄断性行业深化改革研究》课题的研究结论，民营企业在"进入"上存在三个问题：一是"难进来"；二是"不对等"；三是"同质性"。

所谓"难进来"，就是市场准入环境仍不宽松，进入壁垒障碍依然严重。

所谓"不对等"，就是在位企业与少数勉强能进来的"新进入企业"处于不对等竞争的状态，公平竞争的市场博弈规则未形成。

所谓"同质性"，就是资本属性的同质性较高。也就是说，引入竞争的方式基本上是对国有企业进行"拆分重组"，新的市场进入者也基本上是国有企业。由于只是在单一国有或国有投资占主体的结构中引入竞争，竞争者的利益主体只有一个，即国有资产所有者，那么，任何一个企业在竞争中被淘汰都将是国有资产的巨大损失。因此对于主管部门来说，它表面上可能希望引入一些竞争做点缀，但实际上并不愿在各个经营者之间鼓励真正的竞争，最终形成的只能是"既非绝对垄断"也"非真正竞争"的局面。

怎样帮助民间资本真正进入垄断性行业？有下列五条路径：

第一条路径，向民间资本开放"管理外包"。民营企业组建高质量的管理团队，去分包国有企业的管理权，就像现在酒店管理公司一样，虽不动国有企业的所有权关系，但通过"管理外包"渗透进去。

第二条路径，民间资本收购垄断性行业的经营权。不动国有企业的所有权关系，但通过"经营权变革"进入垄断行业。

第三条路径，瞄准垄断性行业的特许经营权。结合中国的实践，实施特许权经营制，实质上是由民营企业与政府公共服务部门签订合同，在合同期限内，民营企业经营公共服务部门业务，获得收益，并承担商业风险以及相应的维护性投资之责任。

第四条路径，向非公有企业转让部分股份，使其"参股"经营，这虽触及国有企业部分所有权关系，但限定在"参股"范围。

第五条路径，向非公有企业整体或大部分出售，使其独资或控股经营。当前，垄断性行业虽然有非公资本进入，但总的来看，规模还是偏小，下一步应进

---

* 本节文稿原载于内部刊物：经济决策参考，2010 – 7 – 7；经济参考报，2010 – 7 – 19.

一步扩大股份制的规模，在增量资产和存量资产两个方面加大产权制度改革的力度。就某企业而言，不一定限定在"参股"范围，也可在一定范围触及国有企业控股问题，民营资本以全资的身份进入国有垄断行业或成立自己的企业。

上述五条路径，可以由浅入深，由易到难，逐步地使民营资本进入垄断性行业。

二、由"投资驱动型"向"创新驱动型"拓展

在民营资本进入问题上，还有另一个思路，就是帮助民营企业由传统的"投资驱动型"向"创新—创意驱动型"拓展。

在当代，技术创新及产业创意已成世界民营企业发展的一股潮流。台湾有一家企业在大陆的发展情况具有典型意义，就是法兰瓷公司的模式。在该公司产品整个价值结构中，传统的物料成本、折旧成本、人工成本等等，大约只占10%，而90%是创意价值。大陆的中小企业发展，怎么能够在发展制造业的同时，向创新和创意这个领域发展？

笔者在《中国发展模式转型提升论》中指出，现在我们面临一个历史性的尴尬，中国虽然是一个"加工大国"，却是一个"创新小国"。国际上通常将研究与试验发展（R&D）经费支出占国内生产总值的比重超过2%的国家称为"创新型国家"，而我国2009年的这一比重仅为1.62%。过去30年，我们给外部的一个印象是"世界工厂"，就技术而言，自主创新不足。同时，与工业化相关的研发、设计、金融、物流等服务业支撑不足，距离新型工业化还有较长的路程。

为此，必须提高企业特别是民营企业的自主创新能力，使企业真正成为研究开发投入的主体、技术创新活动的主体和创新成果应用的主体。基础在于民营企业的人力资源开发。应建立良好的培养人才、吸引人才和用好人才的机制。

三、民营经济发展理论和模式需要有重大突破

有两个突破点：

一是"共同经济基础论"。

中国共产党今天在中国执政，到底经济基础是什么？此前一个比较流行的看法，"只认为"国有经济是共产党执政的基础，"否认"民营经济也是执政的基础之一。金融危机爆发后，这种思想借着危机在强化。在这种思想的指导之下，经济领域出现了一些新的动向，就是国有经济跨边界的扩张和民营经济的被挤压。

虽然我们说民营经济是社会主义市场经济的重要组成部分，但实际上仍有人把民营经济视为社会主义经济的异己力量，这就是为什么国有经济跨边界扩张和民营经济被挤压的理论根源之一。其实，中国 30 多年经济社会发展的实践有力地说明，"国有经济和民营经济是相得益彰、共同发展的。它们都应是共产党执政的基础"[①]。

二是"发展模式转型论"。

今天讨论民营经济发展，还要从整个中国发展模式转型的高度来审视。为什么出现民营经济被挤压的问题？还有什么深层原因？笔者认为，除了上述认识根源外，从深层说，还是一个旧的发展模式惯性运作从而束缚民营经济的问题。要害是什么呢？是以 GDP 为中心的速度增长主义的思想作怪。

由此可见，"GDP 至上"——"投资驱动"——"政府和国有企业主导"，这是一个完整的"因果链"。该链条有三个"环"，第一个环是 GDP 至上，第二个环是投资驱动，第三个环是政府和国有企业主导。这个链条要是打不破，民营经济发展就很难有突破。所以，理论和经济发展模式方面需要有大的转变。

第八节　多要素集成土地流转权考察分析

【提要】

新阶段经济体制改革的一项重要内容是农村土地制度改革。可行的办法，是从搞活中国农村土地的流转权入手，推进土地改革。

一种是"洪泽三河镇样式"。由城市公司"资本下乡"与农户签订土地流转合同，组建经济联合体。不要笼统地反对资本下乡（注意：此为作者 2008 年针对当时主流意见反对资本下乡而言），而是应该进行"结构性资本"下乡，可以对此进行试验。

一种是"田娘农场样式"。由当地农村大户或公司与农户签订土地流转合同，在充分保障农户权益的基础上，组建家庭农场，为开展规模化种植、机械化耕作、集约化经营创造条件（将在下一节阐述）。

土地流转必须把维护农民的承包权及产权收益贯穿全过程；同时要采取"要素集成"的模式推进，将土地、劳动力、资金、技术和管理等集中考虑。家庭农场和农业合作社是农村改革的方向。*

---

① 常修泽．产权人本共进论．中国友谊出版公司，2010：004.

* 本节系作者在清华大学召开的土地流转权问题国际研讨会上的报告，2008－12－13；收入蔡继明主编．论中国土地制度改革——中国土地制度国际研讨会论文集．中国财政经济出版社，2009.

中国农村土地流转权问题是一个不可忽视的问题。这里通过典型材料集中讨论农村土地制度问题，即从"内核"角度对广义产权论进行拓展。这里仅以笔者参与的江苏省洪泽县多要素土地流转权改革作为案例，对现代产权的流转制度进行分析。

在分析多要素土地流转权的洪泽模式之前，先说一下笔者的理论支撑，这涉及广义产权论问题，就是从广角度、多层次研究产权问题。横向上，不仅包括企业的产权，而且包括企业外的经济领域产权、人与自然之间关系领域产权（特别是生态环境的领域，需要开拓资源产权和环境产权）以及人自身发展的领域产权。在这方面，我们现在对产权的研究，广度还没有达到边。纵向上，不仅是原始的财产所有权，而且还应该涵盖多权能的财产权利。它应该是"一束花"，而不是"一朵花"，这里还有许多权利没有被我们认识，还需要开拓。

对中国来说，纵向的产权研究非常重要。中国改革已 30 多年。在改革的新阶段，垄断性行业的改革将是一项重要任务，在这方面应该说基本没有突破。在中国特定的国情环境下，真正的自然垄断性行业所有权国家会不会完全放松控制？我看未必。即使是有一部分环节允许民营资本进入，但是就主体方面来分析还是需要国有资本或公有资本来控股。那么这就产生一个问题，即在国家控制所有权的情况下怎么搞产权改革？笔者认为这里的一个突破点就是搞活特许经营权。

与垄断性行业特许经营权相类似的，就是农村土地承包权的流转权。这就涉及"四联动"的产权制度。这里以洪泽案例加以分析。

一、江苏"洪泽实践"的背景

此次考察的实行土地流转的农村，位于洪泽县的三河镇，属于淮安市管辖，毗邻周恩来总理的故乡。从经济因素分析，这里属于洪泛区，经济落后，农民生活比较贫困。从自然因素分析，这里位于洪泽湖平原，土地平坦，适于规模经营。从政治因素分析，鉴于与苏南地区的巨大落差，当地干部有改革发展的冲动，他们愿意进行土地流转权改革的试验。

土地流转的另一方有什么考虑？参与方有三个，一是南京的同仁堂药材科技公司，二是南京农业大学，三是南京医药股份有限公司。由上述三家组成洪泽科技公司，注册资本 1 200 万元（这是国家农业龙头企业的注册门槛）。在该公司的产权结构中，同仁堂占 40%，南京农业大学占 30%，南京医药股份有限公司占 30%。三方有什么考虑？第一个是为控制药材质量，防止药材里的假冒伪劣，使同仁堂药材科技公司产业链向前延伸。第二个是欲直接掌握货源，保证原材料供应。第三个是农业大学要在这里进行科学实验。这是参与方的考虑。洪泽县三河镇农民与参与方一拍即合，使合作迅速展开。

二、江苏"洪泽实践"的做法

第一，先成立一个土地合作社。涉及三河镇的三个村庄。要求流转的农户自愿入社，共有多少户？据调查是 700 户。土地合作社成立一个理事会，选理事长，是农民自己选的。为什么成立一个土地合作社？他们认为，组织起来可以改变农民的弱势地位，增强农民的话语权。由此可以看出，洪泽的土地流转不是单个流转，而是组织起来流转。

第二，成立政府的协调组织。三河镇党委在土地流转的农村成立基地分党委进行协调。

第三，确认流转的土地面积。迄今已流转多少？经过实地考察，到 2008 年 12 月已经流转了 6 000 余亩。

第四，签订流转合同。双方签订的是意向性合同 20 年，但规定是一年一签，关键是涉及土地流转费的价格是否合适的问题。农民觉得一年一签保险。

第五，确定土地流转租金。经过双方协商，确定土地的租金，第一年，每亩地租金五百元，以后根据每年的通货膨胀状况或者通货紧缩的状况进行调整。

第六，生产管理。双方成立新的公司来进行经营，负责日常管理，据了解，管理者 20 位，南京农业大学毕业的博士研究生占 6 位，还有一部分硕士，均属技术型、管理型人才。合作社负责提供一般的农村劳动力，高峰时每月工资 1 200 元。

农村土地制度改革激辩

（《第一财经日报》2008 年 12 月 16 日讯）常修泽教授称，土地流转要采取"要素集成"的模式推进，将土地、劳动力、资金、技术和管理等集中考虑，"不应笼统地反对资本下乡，而是应该进行'结构性资本'下乡。"

清华大学政治经济学研究中心 2008 年 2 月 13 日揭牌，主办方为与会人员呈上的一场盛宴是"中国土地制度改革国际研讨会"。

"持不同观点和意见的人都来了。"主办方一位负责人对《第一财经日报》表示，土地制度改革问题确应进行充分的讨论，在争鸣中明理，以推进现实工作。

土地承包经营权：流转与否。

"从广义产权论来看，目前土地制度改革应明确农民土地承包权的流转权。"国家发改委宏观经济研究院教授常修泽认为，土地承包权的流转有许多内容值得探索和尝试。

早在若干年前《物权法》起草的过程中，就有不少参与起草的人士围绕农村土地所有权的问题进行过深入探讨。当时接受本报记者采访的一位法学专家就认为，农村土地所有权的问题应予以明确，这一权利应包含占有、使用、收益和处分的内容。但他同时承认，现实基础并不足够支持这些内容入法。因此，去年（2007 年）正式公布实施的《物权法》明确规定："土地承包经营权人依法对其承包经营的耕地、林地、草地等享有占有、使用和收益的权利"，并无讲处分权。

2008 年 11 月闭幕的中共十七届三中全会出台的《中共中央关于推进农村改革发展若干重大问题决定》，要求建立健全土地承包经营权流转市场，突破了以往的有关规定，首次在流转形式中增加了"股份合作"一类。

如何流转？

一直以来，农村土地流转的试验从来都未停止过。重庆的股田制改革、江苏洪泽县的试验、成都的探索，都一度引起各界关注。

上个月底刚刚从洪泽回来的常修泽对"洪泽模式"进行了总结，认为所获启发不少。

"洪泽模式"主要是在村里成立土地劳动力合作社，由政府成立协调和管理组织，在实际的土地流转中有详细的承包权流转合同，规定流转意向为 20 年，并且每年一签。截至 2008 年 11 月底，已流转土地六千余亩。

常修泽认为，土地流转必须把维护农民的承包权及产权收益贯穿全过程；同时要采取"要素集成"的模式推进，将土地、劳动力、资金、技术和管理等集中考虑，"不要笼统地反对资本下乡，而是应该进行'结构性资本'下乡，可以对此进行试验"。另外他说，要将农村金融制度创新作为配套制度，探索土地承包权的流转权的抵押贷款。

来源：第一财经日报 . 2008 – 12 – 16. 记者：赵杰 .

三、江苏"洪泽实践"的启示

第一，必须把维护农民的承包权及产权收益贯穿流转的全过程。

从调查情况来看，笔者觉得，这个试点是符合国家"三不得"规定的。在这里，土地依然是集体的，承包权依然是农户的，试点中只是流转了土地承包权的经营权，并没有改变土地的用途。现在国家实行严格的土地用途管制，即土地只能用于搞种植业。这六千余亩地都种了什么，这里我列了一个单子，丹参 100

亩、栝楼200亩、菊花300亩、板蓝根2 000亩、连钱草2 500亩等等，种的都是经济作物。显然他们从事的是种植业，并没有搞"非农化"。

在保护农民利益方面应该说是有成效的——农民的利益体现在三个管道收入：第一个管道是流转土地的租金，每亩五百元。我算了一下，这个地方平均每户流转出来的土地是九亩，按此计算，一年一户收入4 500元。第二个管道是农业工人收入，农民作为农业工人在这个公司里干活，每月工资1 200元，按照农忙季节四个月计算的话，大约是4 800元。第三个管道是外出打工收入。我找了两个农户，开了调查会，他们讲外出打工收入这半年是8 000元。总之，农民的收入是提高的。

第二，要采取要素集成的方式进行土地流转。

所谓要素集成，包括土地、劳动力、资本、技术和管理五个方面的要素。

第一组是土地和劳动力，这组由农民提供。

第二组是资本要素，资金是多元化的，既有当地农民提供的资金，也有公司提供的资金。这里有一个争议问题，有的学术界朋友提出一个口号——"反对资本下乡"，我认为这个口号需要推敲，因为现在情况很复杂，你说农民转给农民可以，农民转给城里人不行，但有一个新的情况，很多农民属于城乡两栖人物，既在城里有产业，也在农村有家业。他把城里的资本拿到乡下来用于当地发展，岂不是很好吗？这种资本下乡难道也应该反对吗？

总之，我个人认为，不要笼统地提"反对资本下乡"，要分析哪些资本可以下乡，哪些资本不可以下乡。中央文件明确指出可以做多种探索。现在笼而统之地把资本拒之门外，我觉得不妥，实际上很多农民企业家将资本用于当地种植业已经是一个资本形态了，怎么反对农民的资本下乡呢？这个问题我觉得需要研究。

第三组是技术要素，下一步农业和农村发展的一个战略安排就是要用先进的技术来支撑。

第四组是管理要素，他们实行公司化管理。

我主张实行以上"四组五类"要素的集成，其中特别应把科技作为首选动力。

第三，在改革中需要有农村金融制度的创新与之配套。

2008年9月之后爆发的国际金融危机暴露了中国农村金融的"软肋"。当官办的金融组织不能给农村的中小企业提供财力支持的时候，缺乏相应的民间股份制银行给予支持，这是在金融海啸面前暴露出的金融制度上的一个很大的缺陷。

前几年，笔者到越南去考察，越南当时就有38户私人股份制商业银行，最小的资本金两千万美元，最多的四千万美元，这些小型民间银行对农村经济起了不小的支持作用。中国 1978 年开始改革，越南 1986 年开始改革，但在金融制度创新方面，中国比越南还要滞后一些。我们应该推进金融创新，发展民间股份制商业银行。

除此之外，配合农村土地流转制度改革，还有一个问题需要积极探索，就是能不能把农村土地承包中的"用益物权"作为抵押，甚至到适当时机再向前迈出一步，以承包权的流转权来进行抵押，这个问题还可以再进一步进行探索，力求在这方面取得一些进展。

第九节　农村土地流转的另一种实践：田娘农场实践

【提要】

上一节阐述了"洪泽三河镇样式"，本节阐述另一种样式——"田娘农场样式"：由当地农村大户或公司与农户签订土地流转合同，在充分保障农户权益的基础上，组建家庭农场，为开展规模化种植、机械化耕作、集约化经营创造条件。

李克强总理评价：这个探索带有方向性，家庭农场、股份合作社、专业合作社，在我们目前这个承包制的基础上，是向现代农业发展的一个新的载体。[*]

农业要升级，实现现代化，主要依靠农业生产经营方式的创新。

这里提供一个最新的案例——江苏省常熟市"田娘"模式。它是一个公司——田娘农业科技公司，也是一个家庭农场，公司的总经理高健浩先生是当地农业的创新者。几年前，经波司登公司党委副书记高美真同志（高健浩先生的女儿）推荐并热情带领，笔者曾去"田娘"做过实地考察，回来后把"田娘"模式作了介绍。

2013 年 3 月 28 日，李克强出任总理后，外出考察的第一站就是考察"田娘"的创新与实践。今天，提供关于田娘创新实践的材料，即田娘农业科技公司向李克强总理汇报的材料，以及李克强总理的谈话录音记录摘录。

一、田娘农场的实践

"田娘"主要采用了"公司 + 家庭农场 + 股份制农业合作社"的模式。龙头是公司，高健浩建立了一个农业科技公司（内含农机、有机肥料），同时他转租了周围几十个村子的土地，搞家庭农场。他以每亩 800 元价格租了 562 户农民的

---

[*] 本节选自常修泽. 中国新型"四化"之探讨. 改革与战略，2013（6）.

2 050 亩土地，把这 2 050 亩地作为家庭农场，搞机械化的耕作。这 500 多户农民，有的把地租给他以后，就去苏州或上海打工，还有一部分农民就在他的家庭农场里面当农业工人。他每月给他们开工资，或者是根据农闲农忙给报酬，农民直接变成了农业工人。

另外，高健浩又通过他的科技公司与农民合作经营 4 800 亩田地。这 4 800 亩田地不是他租的，而是周边农民的。这些土地该是谁的还是谁的，他们只是跟高健浩先生搞合作经营。高健浩负责提供种子、负责提供肥料、负责耕作、负责提供市场等。

这是三个层次，核心层是他的公司——"田娘"科技公司；紧密层是他的农场，租的 562 户农民 2 050 亩土地；松散层是与农民合作经营的 4 800 多亩地。

二、对田娘农场实践的评价

高健浩进行了这么一个现代化的农业试验，这里面涉及土地制度的变革，就是土地的流转问题。有关领导同志考察后说到（当地的同志给我传来了李克强总理在现场的发言），"你这个探索带有方向性"。"家庭农场、股份合作社、专业合作社，在我们目前这个承包制的基础上，是向现代农业发展的一个新的载体。而且只有在这方面探索出路子来，我们的农业才能发展起来。""过去我们发展的是传统农业，土地承包制比较合适。传统农业怎么样可以成为现代农业的载体，这还要探索。这种适度经营家庭农场、股份合作社、专业合作社的模式给国家积累了经验"。最后他临走说，"通过股份合作、家庭农场、专业合作社的形式发展农业，这是大方向"。说常熟这个地方能够将这个探索成熟起来，全国就可以效仿了，这是他临走时给的一个评估。

请关注农业现代化当中的这个"田娘"模式。这种探索确实给我国怎么样发展农业现代化提供了一个新的实践。适度经营，我国已经走到这一步了，要有这个深层的考虑。第一次飞跃是搞联产承包；那么，第二次飞跃就是搞规模经营。现在该升级了，这是一个案例。

第六章

社会改革：
寻求多元阶层社会
共生的社会体制

本章导言

上一章论述了经济体制改革，下面探讨社会体制改革：寻求多元阶层的"社会共生"的社会体制。它既是一个独立的领域，又是经济体制改革与政治体制改革之间一个广阔的"过渡带"。基于"过渡带"的认识，所以，在探讨政治体制改革之前，先探讨社会体制改革问题。

中国正处在社会大变动、利益大调整的历史时期。不管你是否承认，中国社会已经分成不同阶层：穷人、富人、中等收入群体，甚至有逐步固化趋势（中低收入者难以向上流动）。分层与固化，已成社会利益冲突和社会危机事件爆发的内在因素。

根据笔者的调研，中国社会已经处于结构性失衡之中，问题主要来自内部，而不是来自外部。在此情况下，为避免社会严重分裂状态，寻求社会各阶层（特别是中低阶层）的共生、共存、共富之路，就成为当务之急。

关键在于深化收入分配改革。中国的收入差距扩大，已成为各派共识。大家都有活路，必须缩小贫富差距，远离"社会容忍红线"。改革中要注意防止陷入拉萨尔"就分配谈分配的窄圈"，重在突破收入分配的"体制瓶颈"，特别要正视产权制度和政府制度问题。由分配制度改革切入，向产权制度改革提升；由分配机制转型切入，向政府制度转型提升。

中国需要的不是虚幻的、高调的"社会美妙"理论，而是实在的、大家都有活路的"社会共生"理论。对于三个阶层要有不同思维，首先，穷人不能再穷；其次，富人不能出走。当然出走原因很复杂，需要具体分析。我这里要说的是，不能因为政策上的原因而导致其出走；最后，中等收入群体必须扩大。中国的发展稳定要依靠中等收入群体，当前，中国中等收入群体的比重只有25%~30%。如果能扩大到七成，他们就会成为中国社会的主体，国家也会稳定下来。社会改革，应寻求建立这样一种多元阶层社会共生的社会体制。

多元阶层欲共生，需要编织基本公共服务均等化的"安全网"。在"安全网"能兜住的情况下，着手创新社会管理体制。

第一节　贫富差距的基本判断和"社会共生"主张

【提要】

中国基尼系数在 2000 年左右越过 0.4 的国际公认警戒线后，2008 年达到峰值 0.491，2009 年以来小幅下降。但与 2000 年前比，呈现出总体攀升的态势，贫富差距已突破合理界限。资源要素分配不公，加剧了社会财富的分配不公。其中，"灰色收入"应分清三种情况。

城乡居民财产性收入增长不彰，以"中产阶级"群体为甚，至于低收入群体拥有的财产性收入则更少。客观上居民实物性资产收入可能有被低估的问题，但即使把各种因素都考虑到，财产性收入占比过低，数量有限，是一个不争的事实。

虽然关于"中产"的界定无论学术界还是百姓的主观感受，并没有统一的标准，但是"两头小、中间大的橄榄型社会"被公认为是最稳定的社会结构。因此，尽可能地减少极端贫困人群和极端富裕人群，努力扩大中产阶层成为世界各国共同追求的目标。中国社会阶层分布近似"金字塔"结构。在奔向"中产"的道路上，中国还要走很远的路。

社会共生，三句话：穷人不能再穷、富人不能出走、中产必须扩大。

一、贫富差距已超过国际警戒"红线"[①]

近些年来，中国地区、城乡、行业、群体间的收入差距有所加大，分配格局失衡导致部分社会财富向少数人集中。衡量收入差距水平的基尼系数已经超过国际警戒"红线"，由此带来的诸多问题正日益成为社会各界关注的焦点。

当前，中国收入分配已经走到亟须调整的"十字路口"。缩小贫富差距、解决分配不公问题十分迫切，必须像守住 18 亿亩耕地"红线"一样守住贫富差距的"红线"。从基尼系数看，我国贫富差距正在逼近社会容忍的"红线"。虽然对我国的基尼系数点位目前各机构认识不一，但被学界普遍认可的是世界银行对我国基尼系数测算的 0.47 ~ 0.48。实际上，我国基尼系数在 2000 年左右越过 0.4 的国际公认警戒线后，根据国家统计局公布的数据，2008 年达到峰值 0.491，2009 年以来小幅下降。但与 2000 年前比，呈现出总体攀升的态势，贫富差距已突破合理界限[②]。

---

① 本文的基础是笔者接受新华社调研小分队调研时的访谈及背景资料，参见临界社会容忍点、资源分配不公. 经济参考报，2010 - 5 - 10.

② 根据国家统计局公布的数据，2008 年我国基尼系数达到峰值，2009 年以来连续小幅下降。2003 ~ 2008 年分别为 0.479、0.473、0.485、0.487、0.484、0.491；2009 ~ 2012 年分别为 0.490、0.481、0.477、0.474。

房地产、矿产、银行成为暴利行业。近年来，随着我国经济高速发展，土地、资源、资本——这三种生产要素发挥了巨大的财富调整效应。房地产、矿产、银行等成为"最赚钱"的暴利行业，少部分人借此一夜间站到社会财富的顶端。

请看20年来特别是近10年来的房地产开发企业营业利润额的变化趋势。

从房地产开发企业营业利润额的变化趋势看，近年来增长十分迅猛（见图6-1）。特别是2005年突破千亿元后，几乎每年都上个亿元的台阶，只是2011年在高位略有回落。

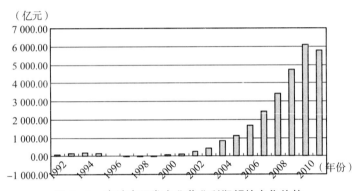

图6-1 房地产开发企业营业利润额的变化趋势

资料来源：中国统计年鉴（2012）.

再看房地产开发企业的利润率与规模以上工业企业利润率的比较。

从房地产开发企业的利润率（营业利润/主营业务收入）看，21世纪以来也呈快速增长的态势（见图6-2）。特别是2007年以来，始终保持双位数的水平。如果将房地产开发企业的利润率与规模以上工业企业利润率作一比较，可以看出：2004年之前的几年，工业利润率要高于房地产业利润率，但2004年之后，房地产业利润率开始超过工业利润率，而且差距不断扩大，2009年前者高出后者7.3个百分点，之后差距有所缩小，2011年仍达到5.7个百分点的落差。

另外，笔者这里提供一个国务院发展研究中心2012年出版的《中国住房市场发展趋势与政策研究》。该研究从毛利润率的角度对房地产业和工业进行了对比，结论也是基本一致的。根据该报告的测算，2003年前后，房地产行业的毛利润率大致在20%左右，与大多数工业行业相差无几。但随着房价的不断上涨，房地产利润率明显上升，2007年之后年均达到30%左右，超出工业整体水平约10个百分点。报告还列举了国内部分知名开发商的毛利润率接近甚至超过了50%，远远高于日本和美国的房地产开发企业。

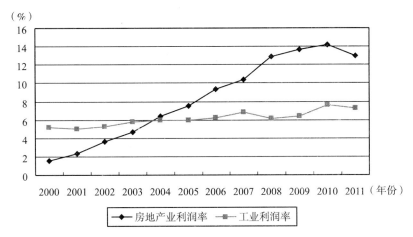

图6-2　房地产开发企业利润率与规模以上工业企业利润率的对比

资料来源：《中国统计年鉴（2012）》。

　　矿产、银行等"最赚钱"的行业情况类似。

　　资源要素分配不公，加剧了社会财富的分配不公。其中，与我国矿产资源产权制度缺失有很大关系。突出表现在资源价格成本构成不完全，资源税额低、开采成本低、不承担环境恢复责任……这是"煤老板"超常致富的"秘诀"，也是分配手段调节失灵、贫富差距拉大的"症结"。

　　灰色收入的概念很难定性。笔者认为，"灰色收入"主要有三种情况：一是"正灰色"的，即违章不犯法的收入；二是名为"灰"实为"黑"的收入，比如商业回扣、年节收礼、小金库私分、庆典礼品等，属变相受贿；三是"浅灰色"收入，这一部分本来应该归到"白色收入"里，但制度中没有明确规定，虽然渠道正当，但缺乏税务监管。

二、转型期中国财产性收入分析[①]

　　从城乡居民收入来源结构看，城镇居民的收入主要包括四项，即工薪收入、经营净收入、财产性收入和转移性收入。根据2009年统计年鉴，2008年，城镇居民人均年收入17 067.78元，其中财产性收入为387.02元，只占2.3%。农村居民的收入也主要包括四项，即工资性收入、家庭经营收入、财产性收入和转移性收入。根据2009年统计年鉴，2008年，农村居民人均年收入6 700.69元，其中财产性收入为148.08元，只占2.2%。

---

　　①　新华社《瞭望》新闻周刊记者张辉对笔者的访谈。

以上是 2008 年的数据。那么，最新情况如何？根据 2012 年统计年鉴，2011年，城镇居民人均年收入 23 979.2 元，其中财产性收入为 648.97 亿元，只占2.7％；农村居民人均年收入 9 833.14 元，其中财产性收入为 228.57 元，只占 2.3％。

如果我们把镜头拉得更长一些，20 多年来，城镇居民财产性收入部分所占的比重一直微乎其微。

从图 6-3 可以比较直观地看出，1990～2011 年城镇居民财产性收入部分所占城镇居民年总收入的比重一直很小。

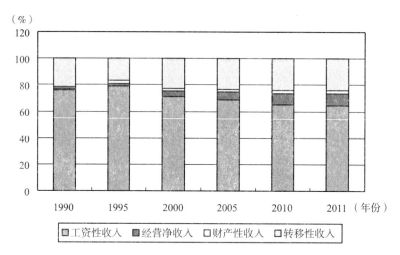

图 6-3　1990～2011 年城镇居民年收入来源结构变化情况图示

有分析认为，一方面，中低收入群体通过财产性收入提高收入的愿望尤其迫切；另一方面，低收入群体通过拥有的财产性收入太少。在农村，长期以来，农村集体所有土地和农民住宅不能抵押，亦不可自由上市流转，农民财产性收入增长乏力。

笔者从统计年鉴中的"资金流量表"发现，从整个"住户部门"看，财产性收入占比过低，在一定意义上，与统计不全面不无关系。以 2007 年数字为例，当年，居民财产性收入总量为 8 979.6 亿元。在此之中，利息（包括债券的利息）收入最大，为 7 280 亿元，占 81.1％；股票红利收入为 812.4 亿元，占 9％；第三项为居民的土地租金（无数据）；第四项收入为其他，886.4 亿元，占 9.9％。

进一步分析可见，在"资金流量表"统计上，股民得到的股息红利属于财产性收入，这已被列入。但由于是以居民整体作为"一个户"来体现的，因此，股票交易收入的增减，有一部分属于居民整体内部的利益分配问题。不过，对股民而言，购买股票的目标绝对不仅仅是红利而已，更看重的是股价的上升及其交易所得的收入。同样，农村土地流转中产生的租金收益，也应加入考虑。

另外，自有住房的折旧是实实在在的财产性收入。但是，目前按成本法计算，房租统计比较低。

总之，一方面，客观上的居民实物性资产收入可能有被低估的问题，但另一方面，即使把各种因素都考虑到，财产性收入占比过低，数量有限，这是一个不争的事实。

不管问题出在哪里，民众对提高财产性收入的呼声却实实在在。有股市投资者表示，即便把股票资产价格上涨所产生的收入计入财产性收入，其财产性收入仍然非常低。

值得一提的是，2010 年，尽管创业板、中小板指数以及大批股票在 2010 年创出历史新高，但是，A 股整体仍然表现惨淡，上证综指全年下跌 14.31%，在全球股票指数涨幅排名中列倒数第三位，仅略强于身陷欧债危机的希腊和西班牙。

将目光放大至国际视野，财产性收入的增减，又多了一层全球博弈的味道。2007 年，中国经济出现过热，上证综指摸高至 6 124 点，创下 "A 股传奇"。此后，A 股严重下挫，虽时有扬起，但终归扬少挫多。

增加财产性收入的难点还不仅于此。从统计上看，在财产性收入中，目前占比最大的是利息收入，一般最直接的想法是提升利率。但是，利率的上升和汇率紧密相关，又和通货膨胀有瓜葛，也与企业成本有关。因此，不能仅仅在利息上做文章，还要寻找其他的财产性收入渠道。

三、中国有 "八亿中产阶级" 吗

2010 年，亚洲开发银行发布的一份报告，说只要每天消费达到 2 ~ 20 美元，就是中产阶级，倘按这个数据目前中国的中产阶级人数已经达到 8.17 亿，约占总人口的 62%。什么是 "中产"？我们离中产的路有多远，一起来讨论一下。①

（一）亚行 "中产" 界定标准偏低

2004 年，国家统计局公布的一项数据显示，家庭年收入在 6 万元到 50 万元的可被列入中等收入群体，但地区间收入水平的差距等原因，让部分公众对这一数据并不认可。

---

① 此为笔者在《瞭望》杂志举办的《瞭望评辩天下》的发言提纲，2010 年 10 月。

7年前，即2006年，中国社会科学院公布的全国综合社会调查数据指出，中国中产阶层大约占23%左右。

2010年10月公布的《2010年北京社会建设分析报告》则认为，北京的中产阶层平均月收入为5 923.18元，已超过40%，约有540万人。

一时间，"被中产"的说法不绝于耳，而如今亚行这份关于中国中产阶层数量的报告更是引发争论。

关键是以什么方式算出来的。

据了解，亚行此次得出这一数据主要依据每天的消费额度，每天花费2～20美元的群体都被算作是"中产"。

虽然关于"中产"的界定无论学术界还是百姓的主观感受并没有统一的标准，但是"两头小、中间大的橄榄型社会"被公认为是最稳定的社会结构。因此尽可能地减少极端贫困人群和极端富裕人群，努力扩大中产阶层，成为世界各国共同追求的目标。那么，在奔向"中产"的道路上我们究竟还要走多远？

这里关键问题是中等收入阶层或者叫中产阶层的标准问题。从目前所掌握的文献，全世界也是仁者见仁、智者见智，没有统一的指标。

先说"贫困人群"的标准。世界银行有标准：2008年之前，全世界人均每天1美元作为脱贫和未脱贫的分界线。从2008年8月以后，世界银行把这个标准提高，提到多少呢？1.25美元，超过就算脱贫。但这是脱贫线，不是"中产"线。

亚行"中产"界定标准偏低。按每天消费达到2美元就是中产阶级的标准，就是说1.25～2美元之间也就是只有0.75美元的差异，就从一个刚脱贫的穷人立刻变成一个中产阶层。这个空间我个人认为太小了。

看看美国、日本、韩国"中产"的标准，美国是年收入4万美元到20万美元；日本是4.4万美元；韩国低一点，是2万美元。

笔者所在的国家发改委经济研究所曾作过关于中国中等收入群体问题的研究（主持者为陈新年研究员，2004年，笔者有幸评审过这一项目），以家庭为单位年收入6万元人民币为底线，但是这个数是多年前的标准了。这些年来发生一些新的变化：尤其是通货膨胀，特别是房价上得很猛，而白领朋友们现在很重要的一个忧虑就在于购房以及购房之后所担负的按揭还款。随着生活消费品价格上涨，特别是房价高居不下，加上医疗、教育等必要支出，生活成本远不止于此。以家庭为单位年收入6万元人民币标准需调整。

（二）中国社会阶层分布近似金字塔结构

因为现在没有一个系统数据作为依据来画出中国社会阶层分布"饼图"，只是个人的一种估计。目前整个中国社会在笔者看来，还是一个金字塔的结构。就是说底座比较大。底座是什么呢？贫困人口和与之相连的属于低收入阶层。

第一层属于贫困人口，还没有脱贫的，估计这个人口大约占一成左右。

第二层，脱贫的低收入阶层。在贫困人口上面，但仍属于低收入阶层，没有达到所谓中产。估计大约在五成左右。

第三层，中产阶层。在低收入人群的上面。中产阶层估量三成左右。

第四层，再往上走，就是到了宝塔的顶部，当然顶部也可以把它切开，一个叫富裕阶层，还有一个是极富裕的群体，合计起来，约在一成左右。

这个构架不是很准，但是大体的形状划出来，像台阶一样。

(三) 建设橄榄型社会要解决就业、分配和社会保障

笔者到北欧瑞典、芬兰、丹麦作过实地考察，它们中产阶层约在55%甚至60%以上。中国要打造这么一个橄榄型的社会，第一，是解决老百姓的就业问题；第二，分配制度改革，要提高劳动者的收入水平；第三是社保，包括医疗、养老、工伤、失业保障等等，这几大保障给城市和乡里的居民安一个安全网。

一旦收入分配格局失衡，贫富差距突破合理界线，将会带来众多的社会问题。据世界银行测算，目前我国的基尼系数已达到0.47，超过0.4这一国际公认的警戒线，逼近社会容忍红线。人力资源透支，低成本的工业化模式需调整。

反思这场全球金融危机，美国人透支的是家庭资产。因为美国在金融危机之前多数家庭是高消费、低储蓄、多借债，透支未来。而中国人透支的是国民资源，首先是人力资源透支。富士康的事件以及本田事件等等，实际上向我们敲响了一次警钟，它"倒逼"整个社会必须调整这种低成本的工业化模式。

(四) 建设橄榄型社会要有"金三角"的制度安排

建设橄榄型社会还得要有机制、有制度安排，笔者把它概括叫"金三角"的制度：上边是政府；左边是资方——雇主；右边是劳方——雇员。这个社会应该是一个三角形，一个稳定性的"金三角"的结构。

政府应该是一个中立的角色。至于工人在公司里面上班，给多少工资，应该是由资方和劳方两家去协商谈判。这需要一个强大的工会。没有工会，不可能一个人去跟资方谈判。工会在经济上不能依附于资方。中国现在工会改革还不到位，按笔者的意见逐步地要转型。首先经济上要转型，经济上不能依附于企业资方。如果隶属于企业（资方），怎么跟资方平等谈判？怎么代表工人跟它抗衡？

［补充］

社会共生：穷人不能再穷、富人不能出走、中产必须扩大①

［人民网讯］2012年12月18日上午，中共中央文献研究室主管的中国中共文献研究会在京举办"学习贯彻党的十八大精神理论研讨会"，中央和国家机关有关部门的专家学者及相关同志共同参会。国家发改委宏观经济研究院教授、清华大学中国经济研究中心研究员常修泽教授在会上发言。

常修泽说，今天我发言的题目是关于新阶段改革战略的一点思考。大家看到了，十八大以来的一个多月的时间，改革有所升温。而且要求要拿出一个改革的总体规划，包括总体方案、路线图、时间表，改革的问题已经摆在我们面前。

下一步怎么操作？下一步整个国家改革的战略或者路线图，我认为是20个字，这就是"经济转型、政治变革、社会共生、文明交融、天人合一"。我有三句话，第一，穷人不能再穷，必须遏止这个贫困化的现象。第二，富人不能出走。标志就是富人出走率怎么样，中国现在的富人出走率这么高，难道不值得我们自己反思吗？我们的政策、我们的方略体系中，是不是有问题？第三，中产必须扩大，来实现这个协调。

第二节　缩小贫富差距　远离"社会容忍红线"

【提要】

近些年来，我国地区、城乡、行业、群体间的收入差距有所加大，分配格局失衡导致部分社会财富向少数人集中，收入差距已经超过基尼系数标志的警戒"红线"，由此带来的诸多问题正日益成为社会各界关注的焦点。

坚决遏制并努力扭转收入差距扩大趋势，是收入分配改革的"硬骨头"。要特别关注分配原则和过程的公平化。*

2010年"两会"开过不久的5月10日，《经济参考报》曾发表《中国贫富差距正在逼近社会容忍"红线"》一文，其中刊发了我的"临界论"观点，引起社会各界的普遍关注。经过两年来的深入讨论，现在问题看得越来越清晰。

一、实现居民收入和劳动报酬"同步"增长

多年来，中国经济快速增长，但居民收入增长与经济发展"不同步"，劳动

---

① 常修泽. 穷人不能再穷、富人不能出走、中产必须扩大. 人民网，北京12月18日电（记者朱书缘）.

* 此节原载经济参考报，2011－1－4.

报酬增长与劳动生产率提高也"不同步"。在国民收入内部，劳动者报酬在初次分配中的比重以及居民收入在再分配中的比重都是下滑的（见表6-1）。

表6-1   20世纪90年代中期以来国民收入在三大部门之间的分配情况   单位：%

年份	住户部门		政府部门		企业部门	
	初次分配	再分配	初次分配	再分配	初次分配	再分配
1995	68.75	67.94	15.35	17.42	15.91	14.65
1996	67.23	69.29	15.53	17.15	17.24	13.57
1997	65.71	68.13	16.17	17.51	18.12	14.37
1998	65.61	68.14	16.87	17.53	17.53	14.33
1999	64.98	67.11	16.95	18.58	18.07	14.31
2000	64.36	64.81	16.69	19.54	18.94	15.65
2001	63.53	63.78	18.36	21.08	18.11	15.14
2002	65.28	65.18	17.48	20.49	17.25	14.32
2003	63.2	62.68	17.98	21.85	18.82	15.47
2004	59.6	59.77	16.93	19.33	23.48	20.9
2005	59.37	59.2	17.45	20.04	23.19	20.76
2006	58.95	58.7	17.9	21.44	23.15	19.86
2007	58.13	57.84	18.3	21.94	23.57	20.22
2008	57.23	57.11	17.52	21.28	25.26	21.6

资料来源：根据相关年份《中国统计年鉴》有关数据计算所得。

笔者从《中国统计年鉴》中资金流量表所反映的数据看到，1996~2007年，居民部门可支配收入在国民收入分配中的比重从69.3%下降到57.5%，累计下降11.8个百分点；劳动者报酬在整个初次分配中的比重，2000年为51.4%，而到了2007年，该比重已经下滑到39.7%。针对此问题，需要强化"共享性发展"理念，实现由"国富"到"国民共富"的转型，使城乡居民收入普遍较快增加。如果真能弥合这两个"缺口"，则居民大幸，劳动者大幸。

劳动者报酬在初次分配中的比重下降

从国民收入初次分配看，20世纪末以来劳动要素报酬增长渐趋缓慢。1998~2010年，劳动者报酬在收入法国内生产总值中的比重从53.1%下降到45%，下降了 8.1 个百分点；而同一时期，生产税净额和企业营业盈余则分别从 13.4% 和 19% 上升到 15.2% 和 26.9%，各自上升了 1.8 个和 7.9 个百分点（见图 6-4）。从国际上看，在成熟市场经济体中，初次分配后劳动者报酬占 GDP 的比重，一般在 55% ~ 65% 之间。由此可见，中国居民部门在功能性分配中相对于政府部门和企业部门而言处于不利地位。

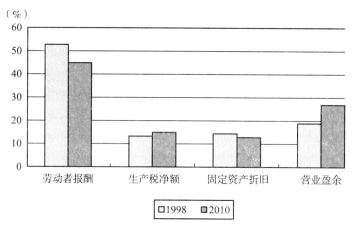

图 6-4　国民收入初次分配构成的变动情况

资料来源：根据相关年份《中国统计年鉴》有关数据计算所得。

　　进一步分析，劳动者报酬占比下降，尽管有统计制度调整的因素（2004 年国民经济核算体系的调整，将"自雇者营业收入"由原来归属"劳动者报酬"调整为归属"企业营业盈余"），但因工资决定机制不合理和权益保障机制不健全而导致的劳动者工资和福利成本相对偏低，无疑是一个重要原因。

来源：常修泽等著. 创新立国战略. 学习出版社、海南出版社联合出版，2013.

二、扭转收入差距扩大趋势

　　坚决遏制并努力扭转收入差距扩大趋势，是收入分配改革的"硬骨头"。要特别关注分配原则和过程的公平化。这就要求必须坚持和完善各种生产要素按贡献参与分配的分配制度。在实施各种生产要素按贡献参与分配的制度时，值得研究的是，按什么理念来实施"要素分配"。是按"单一国家产权主体"的理念实施，还是按"多元要素产权主体"的理念实施呢？这个问题很尖锐地摆在我们面前。笔者一直主张提"要素按贡献参与分配"，而不是流行的"按要素贡献分配"。各种要素产权拥有者应成为收入分配的"参与者"，而不是被"按"的对象。针对分配结果的不公平，应通过收入再分配功能，加大调节收入分配的力度，努力扭转收入分配差距扩大的趋势。

三、突破社会收入分配的"体制瓶颈"

收入分配是一个相当复杂的制度体系，其中蕴含着诸多深层次的体制性障碍。比如，劳权弱化问题、劳资关系问题、土地资源产权问题、垄断行业壁垒问题、个税体制问题、国资红利问题，等等。现在国人普遍对收入分配状况不满，这里存在体制性原因：人们通过诚实劳动、合法经营、创新创造不能取得合理的回报，而部分致富的人凭借垄断、不等价交换、非法占有、权钱交易而致富。由此形成的贫富差距，使人们难以容忍。从这个意义上说，人们不能容忍的表面对象是收入差距，而本质上是背后的、更深层次的体制。因此，应源于分配，高于分配；甚至源于经济，高于经济，围绕制度创新来做更大的文章，寻求收入分配改革的"三个提升"：

一是由促进经济发展切入，向促进人的自身发展来提升。目前中国的收入分配格局如此失衡，从人的角度来研究，反映了人权的某种缺失。为此，需真正站在"人"自身的立场，来谋求人的尊严和发展。

二是由分配制度改革切入，向产权制度改革来提升。第一个，土地产权制度，应针对中国财富比较集中的房地产行业，克服中国土地制度存在严重的缺陷，特别是权力与资本合谋问题；第二个，资源产权制度，克服矿产资源产权制度缺失、资源价格成本不完全问题；第三个，垄断性经营制度，克服垄断性行业国有资本"一统天下"、收入向垄断性行业倾斜的问题。

三是由财富创造和分配机制转型切入，向政府和社会方面的转型来提升。促进社会形成一个劳方—资方—政府三方制衡的"金三角"结构，从制度上为克服"向非劳动者倾斜"的问题提供支撑。其中政府自身的转型更是刻不容缓。

此外，在中国，讨论收入分配改革，需要开阔视野。除了提高居民收入以外，还要把加强和改善公共服务，包括教育、医疗、就业服务、社会保障、住房保障作为另一个支撑，以促进社会公平正义。

写及此，不禁再次使我想起我反复引用的一句名言："知常容，容乃公"。关键要掌握这个"常"。掌握了这个"常"客观规律的人，胸怀就会宽广，才能够公平公正。

第三节　分配制度改革的三个提升：防止陷入拉萨尔的"分配窄圈"

【提要】

收入分配蕴含着经济社会的深层次问题。要走出拉萨尔的分配"窄圈"，围绕制度创新来做更大的文章。

"三个提升"：由促进经济发展切入，向促进人的自身发展来提升；由分配制度改革切入，向产权制度改革来提升；由财富创造和分配机制转型切入，向政府和社会方面的转型来提升。*

收入分配是一个相当复杂的制度体系，其中蕴含着经济社会的深层次问题。150 多年前，德国人拉萨尔曾抛开所有制问题，单纯"在分配问题上兜圈子"，并把这一思想写入《哥达纲领》之中。马克思和恩格斯对此进行了批评，认为应该超越分配问题，从更深层次的制度层面来思考问题。今天，中国的情况与当年德国虽不可同日而语，但是，"超越分配，深入实质"的思维，对我们仍然具有一定的启示。

收入分配问题是人民群众近几年一直在议论的社会问题，2010 年以来，进一步成为社会关注的焦点。那么，它的新的背景或者说新的着眼点是什么？有不少论者认为，主要是在后金融危机时代，调整以出口和投资为主的增长方式，需要着力提升消费需求，解决最终消费率低（48.6%，2008），特别是居民消费率低（35.3%，2008）的问题。这就要涉及调整分配结构、改革分配体制问题。

但是，这是一个什么逻辑呢？在我看来，它基本是一个经济增长的逻辑，或者说得宽一点，是个经济发展的逻辑，它整个着眼点就是怎么把经济增长拉上去。在我看来，仅仅这样的认识还是不够的。如果停留于这种思维，那么分配改革可能只会触及一些浅层次的问题，到头来可能无法达到分配改革的最终目的。

在这样一个格局之下，如何借势来做新的文章？也就是说，借助于调整分配来促进增长的态势，由此切入，源于消费，高于消费；源于分配，高于分配；甚至源于经济，高于经济，走出拉萨尔的分配"窄圈"，围绕制度创新来做更大的文章。基于此，这里提出收入分配改革的"三个提升"。

＊　本节原载于内部刊物：经济决策参考，2010－3－5；中国经济时报，2010－3－23.

一、由促进经济发展切入向促进人的自身发展提升

目前中国的收入分配格局如此失衡，从人的角度来研究，反映了人权的某种弱化，特别是劳权的缺失。我们只要研究一下最近这些年劳动者报酬在整个初次分配中比重的大幅下滑，就可以明显看出这点。

1998 年，劳动者报酬在收入法国内生产总值中的比重为 53.1%（2000 年，这一比重为 51.4%），好在这时劳动者在初次分配格局中还是"优势控股"的；而到了 2010 年，劳动者报酬比重下降到 45%，这一"优势控股"地位已经不复存在。由 53.1% 到 45%，下降了 8.1 个百分点；而同一时期，生产税净额和企业营业盈余则分别从 13.4% 和 19% 上升到 15.2% 和 26.9%，各自上升了 1.8 个和 7.9 个百分点（另，固定资产折旧下降一点）。从国际上看，在成熟市场经济体中，初次分配后劳动者报酬占 GDP 的比重，一般在 55% ~ 65% 之间。中国与此相差 10 ~ 20 个百分点，这与劳动人民当家做主的社会主义国家的状况似不太协调。

为什么劳动者的收入比重在过去十多年中下滑？笔者认为这表明了劳权的弱化。

这里牵涉如何看待"中国劳动力成本低廉优势说"的问题。对此应一分为二。一方面，中国确实劳动力成本低廉，中国改革开放以来外贸的增长及其外汇储备的增加，很大程度上与此有关，对中国改革开放第一个 30 年的此种"优势"不应简单否定；但另一方面，也必须冷静地看到，这里确有劳动力价格被低估和扭曲的问题。

而劳动力价格被低估和扭曲的实质，则是中国劳权的弱化。对此不应无原则地去颂扬。事实上，少数企业的低工资，已经跌破了"文明的底线"。笔者在《人本体制论》指出，上述"劳动力成本低廉优势"，同时也是一种"低劳权的劣势"，是利润蚕食工资。因此，现在讨论收入分配制度改革，应该提升到人权特别是劳权的高度，使劳动者有尊严地劳动和生活。

二、由分配制度改革切入向产权制度改革提升

分配问题是一个复杂的体系，其中涉及深刻的产权制度。主要涉及三个产权制度：一是土地制度；二是资源产权制度；三是垄断性经营制度。

（一）关于土地制度

目前中国社会的财富流向，主要向哪里集中？经过大量的事实调查和资料分

析，可以看出，第一位的集中点是房地产行业。在基尼系数几近峰值 0.49 的 2009 年，在当年福布斯中国财富排行榜上，前 400 名富豪中，房地产商占 154 位；在前 40 位巨富中，房地产商占 19 位；特别是在前 10 位超级富豪中，房地产商占 5 位。可见，房地产行业已经超过其他任何行业，成为中国财富的第一集中地。

为什么在财富集中过程中，房地产商占如此大的比重？原因固然很多（比如，与中国目前的城市化发展有一定关系），但其中有一个重要的原因，就是中国的土地制度存在缺陷。具体表现为"双重垄断"：一方面，面对土地的拥有者（特别是农民的土地），权力部门是"垄断买方"，土地要转换性质，必须首先"卖"给政府，而且价格较低，农民作为土地拥有者的地位未完全实现。另一方面，面对"购房群体"这一最终消费者，权力部门又是上游要素——土地的"垄断卖方"，消费者要购房实际上必须先从政府处购买土地。这就导致了利益分配的扭曲，房地产企业获取较高的收入。

（二）关于资源产权制度

与房地产行业相类似，另一个财富流向的集中地是矿产资源开发行业。比如人们议论的"煤老板"暴富问题。为什么"煤老板"这些年迅速暴富？与矿产资源产权制度缺失有很大的关系。突出表现在资源价格成本构成不完全，导致利益不合理分配。目前中国资源企业的成本，一般都只包括资源的直接开采成本，而像矿业权有偿取得成本、环境治理和生态恢复成本等尚未完全体现，形成不完全的企业成本。可以说，"不完全成本"是目前煤炭行业取得暴利的最主要原因，也是"煤老板"们超常致富的奥妙之一。

（三）关于垄断性经营制度

目前，中国垄断性行业改革相对滞后，有效竞争机制尚未形成。一是市场准入环境不宽松，进入障碍依然严重。二是支配市场的原垄断企业与新进入企业不对等，使得有效竞争难以实现。特别是垄断性行业国有资本"一家独大"的问题依然严重，民营资本进入困难。可以说，当前社会热议的"收入向垄断性行业倾斜"的问题，与上述产权制度改革滞后有直接瓜葛。

总之，无论是解决房地产商和"煤老板"财富集中的问题，还是解决垄断性行业收入过高的问题，都不能只停留在收入分配层面，而应由收入分配制度改革切入向产权制度改革提升。

三、由财富分配机制转型切入向政府和社会转型提升

财富创造和分配机制转型，不可避免地要触及政治体制和社会体制转型问

题。为什么在初次分配中劳动者收入比重下降？为什么劳权明显弱化？关键在于劳动力要素所有者还没有完全掌握自己的命运，还缺乏一种制度性的安排。一个文明的社会应该具备一种"金三角"的社会结构，由工会代表劳方（雇员），由雇主协会代表资方（雇主），由议会和政府代表国家。目前来看，资方力量（含国有资本）在一些地方还比较强大，相对来说劳方的力量比较薄弱，没有形成"劳资谈判"协商的机制。虽然一些企业也有工会，但是在关键之处，人们看不到工会的力量。只有社会形成一个劳方—资方—政府三方制衡的"金三角"结构，才能从制度上为克服"向非劳动者倾斜"的问题提供支撑。

除了"金三角"结构外，还有政府自身的转型更是刻不容缓。我们不妨探讨一下，收入分配的三方面倾斜（向非劳动者、向政府部门、向垄断性行业），哪个倾斜度最高，或者说，在解决"三个倾斜"的过程中，哪方面的利益约束最为严重。数据表明是政府。

一则，从倾斜度看，我国基尼系数持续拉高的8年（1999～2007年），中国总储蓄率从37.1%提高到51.8%，提升了14.7个百分点。那么这14.7个百分点是如何构成的呢？要找准问题的关键。数据表明，同期政府储蓄率从2.6%上升到10.8%，提高了8.2个百分点；企业储蓄率从14.6%上升到18.8%，提高了4.2个百分点；居民储蓄率从19.9%上升到22.2%，仅提高了2.3个百分点。如果只说大数的话，恰好形成"8－4－2"的"三级台阶"。即是说，居民是"低台阶"，企业是"中台阶"，而政府是"高台阶"。

二则，从解决"三个倾斜"问题的主体和客体来分析。对于解决收入分配向非劳动者和垄断性行业倾斜的问题，改革的主体与客体是分离的；而对于解决收入分配向政府部门倾斜的问题，改革的主体和客体是一体的，也就是说，是由政府自己改自己，"用自己的刀削自己的把儿"，这恐怕是最难的。

除此之外，我们讲了多年的建立"官员财产申报制度"，至今未见全面启动，这也涉及深层的政治和社会体制改革问题。

总之，应由分配入手，源于分配，高于分配；源于经济，高于经济，切实走出拉萨尔式的"分配窄圈"。

第四节　资源环境产权制度的缺陷对收入分配的影响及其治理

【提要】

酿成中国现阶段社会收入分配差距过大的原因是相当复杂的。资源环境产权制度的缺陷是深层次原因之一。

当前中国资源环境产权制度的缺陷主要表现在产权界定制度、产权配置制度、产权交易制度和产权保护制度四个方面。

产权界定制度的缺陷主要是未能界定清晰资源环境产权主体除所有权以外的其他经济权利，由此带来两个方面的"非对称性"，即资源产权"主体归属"与产权"收益归属"的"非对称性"、环境贡献者与环境受益者的利益"非对称性"。

产权配置制度突出的问题在于中央和地方资源产权关系配置不当，同时也存在着一部分资源闲置浪费，另一部分资源则利用过度甚至枯竭。这都涉及相关利益群体的利益问题。

产权交易（或流转）制度的缺陷核心是资源价格制度问题。突出表现在资源价格成本构成不完全和资源价格形成机制的非市场化、价格双轨制及交易中权力部门的"双重垄断"地位。

产权保护制度的缺陷突出表现为对各种资源环境的产权保护不力，特别是对农民土地权利的保护不力上。农民的土地，从国家角度看是资源，而从农民角度看则是其安身立命的资产。

上述四方面产权制度的缺陷与社会收入分配有深刻的内在联系，虽然其作用的着力点、作用深度和涉及的社会群体不尽相同，但客观上都对中国现阶段收入分配产生严重的影响。中国经济决策部门如欲规范和调整收入分配，作为战略构思之一，需要着于建立和健全资源环境产权制度，这是绕不过去的。

基于此，笔者提出六点建议。同时，也应有其他方面的协调配合和整体运作。*

围绕社会收入分配和社会公平问题，经济界已从诸多角度进行了研究，其中不乏鞭辟入里之作。本书选取"现代资源环境产权制度"这一理论视角，集中探讨现阶段中国资源环境产权制度之缺陷对收入分配的影响，在此基础上提出旨在有助于调整收入分配的方略和对策。

首先需要说明的是，这里讲的资源，指自然形成、可被开发利用并具有某种稀缺性的实物资源统称，包括土地资源、矿产资源、森林资源、水资源和海洋资源。这里讲的环境，既包括天然的自然环境（原生态），也包括人工治理后的"次生环境"。

根据笔者此前的研究①，完备的现代产权制度主要包括以下四个方面的制度：（1）产权界定制度；（2）产权配置制度；（3）产权交易（或称产权流动、

＊ 此节书稿的基础系作者提交关于"深化分配制度改革"学术会议的研究报告，收入中国改革论坛内部文集（中国经济体制改革研究会，2006－11－4，上海）；经国家发展和改革委员会综合体制改革司推荐，在国家发改委网站 www. sdpc. gov. cn 刊发（2006－12－31）；载中央党校《理论动态》第 1730 期（2007－1－10）；整版发表在《中国经济导报》（2007－5－1）。

① 关于完备的现代产权制度的四方面制度内容，参见常修泽. 论建立与社会主义市场经济相适应的现代产权制度（为中共十六届三中全会决定起草组提供的内部研究报告，2003 年 5 月由国家发改委宏观院上报）. 宏观经济研究，2004（1）.

流转）制度；（4）产权保护制度。产权界定制度主要是对产权体系中的诸种权力归属作出明确的界定和制度安排，包括归属的主体、份额以及对产权体系的各种权力的分割或分配。产权配置制度主要涉及各类主体的产权在特定范围内的置放、配比及组合问题（包括中央和地方收益权的分配）。产权交易或流转制度主要是指产权所有人通过一定程序的产权运作而获得产权收益。产权保护制度是对各类产权取得的程序、行使的原则、方法及其保护范围等所构成的法律保护体系。笔者认为，资源环境产权制度也是由上述四大支柱构成的。正是由于现行资源环境产权制度在产权界定、产权配置、产权交易和产权保护等方面存在的某些缺陷，从而对社会收入分配产生直接或间接的影响。本节将按此逻辑展开分析。

一、资源环境产权界定制度的审视

从实际情况来看，资源环境产权界定制度的缺陷对收入分配的影响，突出表现在未能界定清晰资源环境产权主体除所有权以外的其他经济权利，由此带来两个方面的"非对称性"。

一是资源产权"主体归属"与产权"收益归属"的"非对称性"。本来，根据现行法律规定，土地（除农村集体土地）、矿藏、水流、森林等自然资源都属于国家所有，国务院代表国家行使占有、使用、收益和处分的权力，但实际上却存在着资源的所有权与收益权之间在相当大程度上的偏离，使得自然资源最终所有者从资源开发和使用中得到的收益——本应由全体公民共享的公共利益——未能完全实现。以能源行业为例，近几年由于国际油价持续走高，带动国内石油企业的利润大幅增长。如三大石油集团中仅一家集团在"十五"期间累计实现利润总额即达4 751亿元，年均增长速度达到28.3%。问题在于，面对如此丰厚的利润，作为公共利益的代表者是否能充分获得收益？是否存在"公共利益部门化"、"公共利益单位化"的问题？下面仅从利（股东利润）的角度进行分析。

看"利"。本来企业创造利润应向投资者回报。但长期以来根据1993年颁发、现在仍执行的"对1993年以前注册的多数国有全资老企业实行税后利润不上缴的办法"之规定（根据笔者研究，这个规定本身有缺陷，需要进行修正），不少国有企业税后并不上缴利润（合规但不合理）。2010年12月后，情况有所变化。根据财政部《关于完善中央国有资本经营预算有关事项的通知》，上缴企业税后利润的比例：第一类企业15户为15%，这一上缴比例偏低。这其中就包括一些资源垄断企业。

由此推算，社会公共利益方面从此行业的收益中分享到的部分并不完全充分，有一部分收益流入部门或相关利益者手中，出现一定程度的利益部门化。另外，一些外国投资商也从中国在海外上市的能源公司中获得可观的收益。由此促使人们研究资源产权"主体归属"与产权"收益归属"的"非对称性"以及收益失衡问题。

二是生态环境产权界定不清，存在环境贡献者与环境受益者的利益"非对称性"。

环境产权制度是一个迄今仍被忽视的问题，2005年笔者曾撰文探讨过此问题①。长期以来，在中国，生态环境领域一直没有明确地提出产权问题。由于存在根深蒂固的"产权实物观"（即把产权仅仅理解为一种实物形态的东西），而对于生态环境这种"无形之物"，人们普遍认为可以"无价"或廉价获取。于是，在现实生活中，大部分生态环境形成无偿使用，外部经济的受益者不需要支付相应报酬（甚至不需要支付任何报酬）就能获得好处，而外部收益的提供者利益则受到损害。

这涉及"溢出收益"问题。在笔者看来，生态环境具有典型的正外部性，主要表现为私人边际收益（Private Marginal Benefit，PMB）与社会边际收益（Social Marginal Benefit，SMB）的不一致，产生向外溢出的收益。而这种外溢的收益处于市场交易之外，难以通过市场价格反映出来。

比如，西部地区在生态环境保护方面做了诸多贡献，包括生态公益林的建设以及设立各种"禁止开发"的自然保护区等②，但却未能获得与这种"环境贡献"相对称的收益；与此同时，那些享受到这种生态环境外溢收益的其他地区却未能支付相应的费用。于是，为生态环境保护作出贡献的地区和享受溢出效应的地区之间存在着利益分配的不公平，这也是造成区域间收入分配关系未能理顺的原因之一。

再比如，生态环境对毗邻地带房地产价格的影响更值得研究。生态环境较好的房地产项目和一般项目之间在价格方面存有较大的差异。比如上海黄浦江、北京昆玉河、天津水上公园以及杭州西湖等周边"亲水"地区的房地产价格，近年上涨比较明显，与"非亲水"地区房地产价格有较大差异。在这里，房地产开发企业在从事经营活动过程中，实际上搭乘了社会创造的生态环境效益的"便车"，不合理地攫取了优质生态环境所产生的一部分收益（此系产权经济学所讲的典型的"搭便车"现象）。这种产权界定的缺陷导致收益在房地产开发企业和环境创造者之间不合理的分配，收益明显向房地产开发企业不合理地倾斜，在一

---

① 常修泽．创建"节约型社会"需要产权制度支撑．产权导刊，2005（10）．
② 2005年夏天笔者考察了位于青海的可可西里自然保护区，出于保护生态环境的目的，该地区已列为"禁止开发"地区，区域内的原居民已迁出（成为生态移民）。为此，地方政府和当地居民都做出了诸多贡献。

定程度上拉高了房地产行业的利润。

之所以会形成这种利益分配不合理的经济格局，与没有建立现代环境产权制度，特别是环境产权界定不清有关。这不禁使笔者想到著名产权经济学家·巴泽尔（Y. Barzel）的一段话：产权界定越明确，财富被无偿占有的可能性就越小，因此产权的价值就越大。[①] 这对研究生态环境产权界定对收入分配之影响是十分重要的。

二、资源环境产权配置制度的审视

现存资源产权配置制度的缺陷，主要是中央和地方资源产权关系的配置不当，集中表现在对资源属地所应拥有的开发权和收益权上。这在西部某些矿产资源富集区矛盾比较突出。

之所以形成如此反差，主要在于资源产权的配置包括经营权和收益权与资源属地关联度较差，地方对于那些大矿和富矿的探矿采矿经营权以及资源收益权受到限制，资源所在地难以通过合法的途径从本地资源开发中得到相应的利益（对于小、贫、散矿，地方还是拥有很大自主权和收益权的，但一些又流入私人矿主手中）。

有论者提出，资源属地不是可以通过资源税的征收获得收益吗？诚然，资源税作为地方税确实是获取收益的途径，但目前来看，资源税毕竟是小税种，无论在中部地区，还是在西部地区，资源税在地方财政收入中的占比都较低。

同时，资源型企业对自然资源的垄断经营，还给所在地留下了资源锐减甚至枯竭和生态破坏、环境污染等一系列问题，给收入分配不合理的格局注入新的因素。

除此之外，资源本身配置不当，也表现在一部分资源处于利用不足、闲置浪费的状态，而另一部分资源处于利用过度、濒于枯竭的状态。这种格局也与资源产权配置制度的缺陷存在一定关系。特别是，其中夹杂着各种利益集团的矛盾冲突并带来收入分配不合理的问题，更值得关注。

三、资源环境产权交易制度的审视

产权交易（或流转）制度缺陷的核心是价格制度问题。突出表现在资源价格成本构成和价格形成机制两个方面。

---

① ［美］Y. 巴泽尔. 产权的经济分析. 上海三联书店，1997.

其一，资源价格成本构成不完全，导致利益不合理分配。

目前中国资源企业的成本，一般都只包括资源的直接开采成本，而像矿业权有偿取得成本、环境治理和生态恢复成本等尚未体现，形成不完全的企业成本①。

（1）矿业权有偿取得成本（包括前期勘探成本的合理分摊及开采成本）：目前在中国矿业权取得环节上，虽然也有通过市场机制有偿取得矿业权的，但相当一部分矿业企业（特别是国有企业）的矿业权是通过行政划拨的无偿方式或变相的无偿方式得到的。

（2）环境治理和生态恢复成本：绝大多数矿业企业没有将矿区环境治理和闭坑后的生态恢复等投入纳入生产成本。此外，还有安全成本、人工保障成本等，也未能完全体现。

据估计，如果将煤炭开采过程中造成的资源、环境成本等都纳入煤炭生产成本，吨煤平均增加成本约50元；其他部分矿种成本增加可能更多。应该说，"不完全成本"是目前煤炭行业取得暴利的最主要原因，也是"煤老板"们超常致富的奥妙之一。

其二，资源价格形成机制不合理，扭曲社会不同利益群体的收入分配。

在这方面，土地资源的情况最能说明问题。其弊端主要表现在如下三点：

（1）资源价格该市场化的未市场化。经营性土地该市场化而未市场化的问题仍然存在，工业用地和经营性基础设施用地，有一部分未按市场机制运作。

（2）"已化"与"未化"两部分并存，形成价格"双轨制"。这种价格双轨制导致了套利的机会主义倾向：以"非经营性用地"的名义，通过协议出让甚至行政划拨方式，低价或无偿取得土地，之后再全部或部分转为经营性用地，套取高额的利润。

（3）即使有偿交易部分，权力部门处于"双重垄断"地位。在中国当前的土地市场中，权力部门实际拥有"双重垄断"的权力：一方面，面对土地的拥有者（特别是农民的土地），权力部门是"垄断买方"，土地要转换性质，必须首先"卖"给政府。这种强制力使权力部门与农民之间存在一种不对等的交易（关于在这一过程中农民的利益被严重损害的问题，将在产权保护部分进行论述）。另一方面，面对"购房群体"这一最终消费者，权力部门又是上游要素——土地的"垄断卖方"，消费者要购房实际上必须先从政府处购买土地。这又是一种不对等交易。在这种"双重不对等交易"框架下，无论是权力部门操纵土地价格直接拉高土地成本，还是与潜在的土地需求者合谋（权力与资本合谋）所引致的"租金"成本，最终都传递下去，表现为高房价。

---

① 关于不完全成本的分析，参见朱志刚．采全民的矿就得交足全民的钱．南方周末，2005－12－15；朱志刚．深化资源和环境有偿使用制度改革．人民日报，2006－5－31．

以上三个方面的弊端，必然导致利益分配的扭曲，造成明显的"两益两损"。所谓"两益"，一是地方政府从操纵土地中获取巨大利益，在这当中，一些政府官员在权力与资本合谋中把权力与土地挂钩，将号称人类"财富之母"的土地变成个人、家庭和相关利益者的"财富之母"，从昔日的成克杰到最近暴露的一批腐败高官，不少因操纵土地而最终栽在"地"上，"财富之母"异化为"腐败之母"。二是房地产企业获取较高的收入。在近来的福布斯财富排行榜中，排名前200人中有60多位来自房地产界。在地方政府和房地产企业获得"两益"的同时，也存在着"两损"：一是农村土地的实际拥有者——农民利益受损；二是消费者特别是低收入的消费者在高房价的格局下利益受损。这种"两益"、"两损"与资源产权交易制度的缺陷有直接关系。

四、资源环境产权保护制度的审视

从当前实际情况看，资源环境产权保护不力，突出表现在对农民土地权利的保护不力上。土地问题比较复杂，对国家来说土地是资源，但对农民来说土地是其赖以生存和发展的资产。因此，保护土地既是保护国家资源，也是保护农民的资产。当前，在这方面，土地征用随意性强，范围不断扩大，对农民的补偿标准过低，补偿款拖欠、克扣、截流等问题屡屡发生，这些矛盾使农民的利益严重受损。

产权保护不力，对农民收入和生活造成直接影响。从国家统计局一项失地农户调查中发现，在这些失地农户中，征地时安置就业占27%，外出务工约占24.8%，经营二、三产业约占27.3%，从事农业约占25.2%，失业在家约占20%。① 这些农户耕地被占用后人均收入水平明显下降。如果无法顺利使农民获得接续的就业机会和收入来源，失地对农民收入水平的负面冲击将会进一步加剧。

笔者在此想进一步指出，土地征用过程中农民利益受损，其形成的原因是复杂的，不是资源产权保护制度出了问题，而且与资源产权界定制度和资源产权交易制度的不完善也有直接关系。从资源产权界定制度上看，农民土地集体所有的制度安排实际上导致在产权归属上的模糊和混沌，产权主体实际上处于被虚置的状态；加之现行法律并没有将农民的土地承包权明确界定为物权，与此相关的处分权和收益权没有得到充分体现，造成产权经济理论所说的"产权残缺"。从资源产权交易制度上看，行政性的强权代替了平等的市场交易，从土地征用的认定

---

① 韩俊. 尊重农民的土地财产权利. 中国（海南）改革发展研究院简报，总第497期.

到补偿费的确定和劳动力的去向等，基本由权力部门独自决定。所有这些都不同程度地损害了农民在土地征用过程中的参与权、决策权和对补偿收益的充分享有权。这是一个深刻的产权制度问题。

五、规范和调整收入分配的六点建议

以上，从资源环境产权界定制度、产权配置制度、产权交易制度和产权保护制度四个方面，分别分析了各自的制度缺陷及对收入分配的影响。尽管四类制度缺陷施以影响的着力点、影响深度和影响的群体不尽相同，但中国现阶段收入分配问题有其深刻的资源环境产权制度背景，则是不容忽视的。中国经济决策部门如欲规范和调整收入分配，作为战略构思之一，需要着手建立和健全资源环境产权制度，这是绕不过去的。基于这种分析，下面提出六点建议。

（1）科学界定国有资源收益权的公共利益所得及分配关系，克服实际存在的公共利益蜕变为部门化、单位化和权力者私人化倾向。对于已经明确界定为国家所有的资源性资产，务必使公共利益代表在收益权上得到保证，以遏制部门、单位和权力者个人侵占公共利益以及由此导致的收入分配不公问题。具体来说，应尽快建立健全国有"资源性资产管理体制"。推行国有资源性资产经营预算制度，改变国有资源型企业利润倾斜内部的做法。对使用国有资源的企业，当然要尊重其自身的权、责、利，但要有合理的利益界限，将合理比例的利润上缴给所有者，并用于公众福利。

（2）着手建立环境产权界定制度，平衡环境外部经济的贡献者和受益者之间的利益关系。国家已明确提出建立"环境友好型"社会，天然林资源保护、退耕还林还草、三江源自然保护区等已列入生态保护重点工程项目，这意味着做好环境产权界定，建立生态补偿和环境付费机制更为迫切。按照"环境有价"的理念，建议尽快建立现代环境产权制度，特别是环境产权界定和交易制度。建议制定"三项制度安排"：第一，凡是为创造良好的环境作出贡献的地区、企业或个人，应该获得环境产权的收益。第二，凡是享受了环境外部经济的地区、企业或个人，应该向环境产权所有者支付相应的费用。第三，凡是对环境造成损害的地区、企业或个人，应该作出相应的经济赔偿。这里的关键是要确立相应的环境产权利益补偿机制，包括环境外部经济的贡献者和受益者之间直接的"横向利益补偿机制"以及以国家为主体的间接的"纵向利益补偿机制"。前者主要是在利益边界比较清晰的情况下，由环境外部经济的受益者直接向贡献者进行补偿（这是一种市场化的产权收益实现机制）。而后者主要是在利益边界比较模糊的情况下，借助政府之手征收环境税费筹集补偿资金，然后通过转移支付实现对产

权外溢部分的间接补偿。

（3）完善国家宏观层与资源属地的"利益分享机制"，以调节中央和地方的利益关系。可考虑某些资源的部分开采经营权适当下放给资源地区，相应确立资源地区对于属地资源一定比例的收益权，使资源属地能够从资源的开发利用中获取应得的利益。这里的重点是要实现各级财政之间合理的资源收益分配。从国际上看，不少国家在资源的收益分配上，将一定比例划归地方（有的国家资源开发所形成的收益，30%～50%要留在资源所在地），而在地方收益中，又充分重视当地居民的利益，用于改善当地居民的生产生活条件。通过完善资源属地的利益分享机制，有助于缩小地区之间的收入差距，提高当地居民的收入水平。

（4）通过"成本还原"构造资源价格完全成本，调节利益分配格局。逐步使资源企业特别是矿业企业合理负担其资源开发过程中实际发生的各种成本，形成"完全成本价格"①。具体来说，做到"四个还原"：一是还原资源成本：进一步扩大矿业权有偿取得的范围，并适当提高探矿权、采矿权使用费收费标准和矿产资源补偿费费率；二是还原环境成本：建立矿业企业矿区环境治理和生态恢复的责任机制，强制企业从销售收入中提取一定比例资金用于矿山环境的恢复和生态补偿。此外，还要还原安全成本和人工成本。通过还原上述相关成本，促进成本内部化，实现各相关主体之间合理的利益分配。

（5）推进资源价格形成的市场化进程，矫正扭曲的利益分配。从此领域的改革进程看，资源价格形成的市场化改革虽已启动，但现在实际情况是，这一市场化程度依然很低。下一步应加快推进资源价格形成的市场化进程，进一步扩大招标、拍卖和挂牌等市场竞争性出让资源方式的使用范围。对于现存的资源价格"双轨制"，应加快实现并轨的步伐。对于体现公益性目标的价格支持，在适用范围和使用力度方面建议务必严格控制。即使对那些不可避免的非市场化价格部分，也应着手在市场化价格和非市场化价格之间构筑严密的"隔离带"，防止"串通套利"；同时，非市场化价格形成并不意味着资源可以无偿使用，要通过建立资源有偿使用制度，以体现最基本的成本和价值观念，尽可能缩小"双轨制"的价格落差。建议将目前流行的"前端价格支持"模式改为"后端补贴支持"来实现公益性目标，进而从根本上消除"双轨制"存在的空间。

在推进资源价格形成的市场化进程中，特别要理清政府的角色定位，按照老子"为无为"的思想，有所为有所不为。"有所为"者，主要是强化其市场监管者和公共服务者的职能；"有所不为"者，主要是逐渐弱化、淡化政府作为资源

---

① 当然，就土地、水等其他资源而言，也要逐步扩大资源有偿使用的范围，实现从不完全价格向完全价格的转变。比如，对水资源而言，要扩大水资源费的征收范围，并逐步提高征收标准，并加强污水处理费的征收力度。

直接经营者和交易者的角色。为此，需要在两条线推进改革：一条线是政府要与国有资源性资产的运营系统分开，政府应着力获取资源交易过程中产生的相关税收收入，不再直接经营国有资源性资产，而由国有资源性资产运营系统获得授权经营。此"授权经营"虽然不是最优安排，而是一种次优安排，但在现阶段是不可避免的。关键在于在这种安排下，强化政府的监管者角色，通过价格监管防止垄断定价和垄断暴利。通过这条线，试图切断权力部门利用对资源的垄断性经营获取利益的管道。另一条线，变行政性强制交易为市场化自愿交易，政府不宜再凭借强制力直接介入资源的交易，而由资源现有使用者与潜在需求者之间直接谈判和交易，政府只是作为"第三方"负责制定交易规则，监督交易行为，提供交易服务，维护好交易环境和秩序。

（6）加强资源合法产权的保护，确保资源现有支配者利益不受损害。整个社会必须形成这样一种理念和行为规范：任何组织和个人在依法取得国有资源和集体土地的使用权后，在法定期限内应视为其法人或个人的合法财产而得到尊重和保护。首先，国家不得随意收回资源的使用权（包括改变资源的使用方向）。如遇某些特殊情况拟收回国有资源使用权的，务必将此类行为严格限制在公共利益范围之内。而对于非公益性的，则切记不应动用国家权力，而应按照"依法、自愿、有偿"的原则由有关当事人协商解决。其次，即使国家出于公共利益的需求确实需要调整资源使用权的，也不应以非经济手段强行操作，而应实行"征购"（包括农民的土地）。在这一过程中，资源现有支配者有获得合理经济补偿的权利，补偿标准须参照资源的市场价值决定。最后，在国家需要调整资源使用权和征购时，要完善有关程序，利用公告、协商、申诉和仲裁等机制，保障资源现有支配者（特别是农民）有充分的知情权、参与权和决策权。

以上六条建议，宜分步骤实施。如进展顺利，当前收入分配差距扩大的趋势，有可能在一定程度上得到缓解。当然，仅仅建立和健全资源环境产权制度是不够的，还需要其他方面的制度变革和政策矫正一并协调运作。

第五节　信息化对社会发展和社会体制的积极影响

【提要】

前几节，侧重研究了中国社会领域当前突出的收入分配问题（远离"社会容忍红线"）以及扩大中产阶层问题。接下来，研究社会改革的另一个主题——社会组织体制问题。

鉴于当前信息化发展迅猛，首先讨论信息化对社会进步、社会结构、社会发展方式、社会体制的影响。

社会进步方面：知情权、表达权、参与权、监督权，是保障和增进自由的四项重要权利，信息化使这四项权利获得新的实现途径。

社会结构方面：信息化使得社会上升通道更加透明和发散，有利于连通、贯通不同的社会阶层，增进公平、正义。

社会发展方式方面：信息化正在促进社会发展方式实现"三个转变"，即从单中心治理向多元共治转变，从自上而下向多向互动转变，从条块分割、各自为政向整体协同、协调共进转变。

社会体制方面：涉及政府、社会、社会组织、公民这一组概念。信息化的发展，给社会体制带来冲击。*

与经济发展的四大主题——经济增长、经济结构、经济发展方式、经济体制——相对应，社会发展也有四个重要议题：社会进步、社会结构、社会发展方式、社会体制。

我们先看一下信息化在中国的推进（见图6-5）：

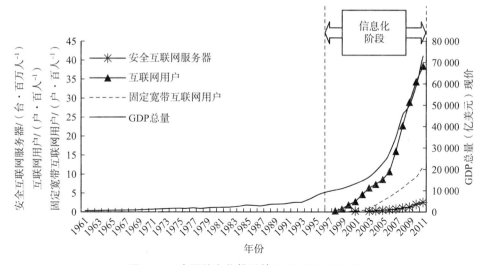

图6-5 中国信息化推进情况（1998~2011）

资料来源：CEIC数据库.

下面具体研究信息化对社会发展和体制的影响。首先说明，信息化尽管不能够单方面决定社会发展①，但它通过技术与社会生活各个方面的有机结合，对社会发展产生重大而深远的影响。

---

* 本节节录自信息化对中国经济社会发展的影响研究（第三部分）（常修泽、曾铮、顾严）//工程研究，2013（2）.

① 卡斯特. 网络社会的崛起［M］. 中译本. 北京：社会科学文献出版社，2003：11-29.

一、信息化对社会进步的影响

社会进步的核心是人的发展，实质在于人的自身解放和每个人自由的全面发展[①]。自由不是一句口号，很大程度上体现为权利的实现、维护与发展。作为"人们有理由珍视的那种生活的可行能力"的"实质的"或"实持的"（substantive）自由，才是社会发展的最终目的和重要手段[②]。中国公民应该具有的知情权、表达权、参与权、监督权，是保障和增进自由、推动社会发展的四项重要权利。而信息化则使这四项权利获得了新的实现途径。

1. 对知情权的影响

政府是大多数信息的直接掌控者，有时又出于自身利益有隐匿信息的倾向，因此知情权最主要的义务主体就是政府。在信息手段落后的时代，政府依托信息管控的优势，可以通过"瞒"来掩盖某些东西，通过"编"来不当得利。比如，不公开因救灾不力而造成的伤亡人数，或是巧立名目征收苛捐杂税等。在信息化条件下，公民获取信息的渠道空前拓宽，实现知情权更加便利，不透明的"秘密政府"面临巨大挑战。

2012年7月21日，北京市遭遇61年来的最强暴雨，伤亡惨重。老百姓的第一要求就是知情——雨到底有多少大？到底死了多少人？为什么气象部门早就预警，而市政府却不广泛警示防范？为什么不通过短信、微博等信息化方式告知于民众？为什么不对易淹路段提前采取措施？为什么不封闭被淹的高速路，而是仍然收费，让车辆进入？

2012年10月，河北省多地出现征收"过头税"现象。某乡税务所的负责人称，中日要在钓鱼岛开战，要求企业提前交税以支援国家。这已经成为一则笑话，但笑过之后，应该看到信息化对知情权的影响。还有很多封闭管理下的怪现象，如过去经常发生的各种名目的摊派，以及拿着废止文件征税收费等现象。如果老百姓没有掌握足够的信息，只能被动接受政府自上而下、由内及外的信息传播方式，类似的现象可能并不少见，但却不能被广泛传播和监督。

2. 对表达权的影响

在依托信息化手段扩大知情权的同时，表达权的实现也有了更广阔的空间。数以十亿计的互联网网民和手机用户、数以亿计的移动互联网用户和微博用户说明，信息化为中国社会带来了更加自由的表达方式。一个网站、一个论坛，甚至

---

① 常修泽. 人本体制论：中国人的发展及体制安排研究 [M]. 北京：中国经济出版社，2008：31 - 33.

② 阿马蒂亚·森. 以自由看待发展 [M]. 中译本. 北京：中国人民大学出版社，2002：23 - 55.

一个博客、一个微博，就是一家电视台、一座广播站、一份报纸、一个爆料中心、一名记者或通讯员，向"粉丝"和网友们发布着社论、时评、观点和个性化的声音。在信息化手段的帮助下，中国人终于找到了一种表达方式。尽管这种方式下鱼龙混杂，在真善美之外也有假恶丑，但它使个性得以彰显，多元的利益诉求得以宣示，普通人获得了表达的自由。

3. 对参与权的影响

参与社会生活的权利有很多实现形式，包括选举、投票、协商、座谈会、论证会、听证会、批评、建议、讨论等，表达本身应该说也是一种参与的方式。长期以来，在大部分政治层级实行间接选举的情况下，绝大多数公民享有的选举权和投票权都不够直接；在"大政府—小社会"的格局下，除非进入官方正式体系，人们参与协商、座谈、论证、听证的渠道也十分狭窄，批评、建议、讨论甚至缺乏起码的平台。

在信息化手段的帮助下，如前所述的表达权的改善，使得浅层次的参与权更多地实现。更值得关注和研究的，是深层次的参与权——选举和投票权利——在信息化浪潮中的试验。

湖南卫视 2004 年首次推出了大型选秀节目"超级女声"，采用短信投票的方式决定选手晋级的名次。到 2006 年第三届时，收到短信投票总量接近 1 亿条，冠军一个人在决赛当晚的得票就超过了 500 万条。如果将短信换成选票，将李宇春、周笔畅、张靓颖换成马英九、蔡英文、宋楚瑜，湖南卫视肇始的短信海选，实际上就是直接选举的基础，是一种民主的试验，也彰显了信息化对参与权的促进。

4. 对监督权的影响

近期的一系列网络反腐事件说明，信息化特别是互联网已经成为有力的监督手段之一，是对正式的制度化的监督机制的一种替代和弥补，是在给定的制度框架下实现监督权的有益探索。

2012 年"8·26"延安特大车祸现场，面对 36 人遇难的惨相，陕西省安全生产监督管理局局长杨达才竟然面带微笑，在网上获称"微笑局长"。网友进一步"人肉"搜索发现，其在不同场合佩戴有十几块名表，又称其为"表哥"。一个月内，陕西省纪委宣布对杨达才进行"双规"，并报请省委撤销其职务。2012年 11 月，记者朱瑞峰在人民监督网实名报道"重庆官员不雅视频事件"，后被另一名记者纪许光转发至微博，引爆了舆论。仅仅 63 个小时后，重庆市委决定免去视频中出现的重庆北碚区区委书记雷政富的职务，并立案调查。房产局局长"九五之尊"事件、城管书记被揭 21 套住房事件、女主播实名举报人大代表事件、官员给情妇写离婚承诺书事件，都是通过网络的传播才得到重视和处理。网友留言："一条微博就能搬倒一个厅级的"。

不过，这种监督方式还是偶然的、个别的，不是制度化和全面的，有时也不一定有效，但毕竟是监督机制的一个补充渠道。

二、信息化对社会结构的影响

社会结构包括城乡结构、劳动力就业结构、收入分配结构、消费结构、利益结构、社会阶层结构等。① 其中，阶层结构在各个维度的社会结构中处于核心地位。

1. 对阶层结构的影响

信息化变革了传统的生产方式，引导一部分群体迅速致富，催生了新的富裕阶层。

在像微软这样的 IT 公司登上《财富》500 强榜单之前，能源、金融和零售业巨头在很长时间内都占据着榜单的绝大部分位置。而现在的财富榜上，经常能见到信息科技企业以及从这个行业白手起家的人。社会的分层从根本上还是由市场化的要素决定的，但信息化显然在其中起到了推波助澜的作用。

2. 对阶层流动的影响

新的富裕阶层中有些甚至是暴富阶层，客观上会拉大收入差距，加剧社会分化。但与此同时，传统上依托阶级、身份、政治派别甚至意识形态进行社会分层的局面被打破，横亘在不同社会阶层之间的障碍被信息化的力量逐步穿透。

英国社会学家安东尼·吉登斯（Anthony Giddens）曾经提出过"社会结构结晶化"的现象，指的是在激烈的社会变革趋于结束时，社会阶级以及阶级之间的关系越来越趋于稳定。中国社会学家称为社会结构的"定型化"，而且认为中国社会结构已经呈现出这样的趋势。② 关于城镇居民收入等级迁移的数据能够在一定程度上支持此判断。前者低于英国、德国和北欧国家，后者则比美国的水平还低。中国作为一个转型社会，阶层向上流动的难度甚至超过了发达国家。

信息化使得社会上升通道更加透明和发散，有利于联通、贯通不同的社会阶层，增进公平、正义。过去，草根阶层中有很多有才能的人被制度压制，现在不少人可以利用网络一举成名，甚至改变命运。2011 年，山东农民歌手朱之文身穿军大衣参加选秀栏目，技惊四座，后被网络拍客跟踪报道，引来大量关注，最终登上春晚舞台。两位农民工歌手组成的音乐组合"旭日阳刚"，演绎农民工版的歌曲并上传到视频网站，受到追捧，也入选春晚。2010 年，流落宁波街头的江西小伙程国荣，因与繁华都市反差巨大的造型而受网友关注并获称"犀利

---

① 陆学艺. 别让社会结构成为现代化的"瓶颈"［J］. 人民论坛，2012（1 上）：11 – 17.
② 孙立平. 怎样面对"转型陷阱"［J］. 学习月刊，2012（3 上）：23 – 28.

哥"，借助网络实现了与家人的团聚。2010 年，河南高考考生李盟盟的考分超过一本线 13 分，却因为招生工作人员疏忽、忘记提交她的志愿表而"被落榜"。李盟盟寻求纠正被拒绝，求告无门，只能上网发帖求助。一天的时间内其微博被转发 2 万多次，被评论 4 000 多条，更有网友发出"致河南省省委书记卢展工的一封微信"。在网络和社会舆论的压力下，河南财经政法大学宣布录取李盟盟。对于出身农村、家境窘困的李盟盟，很难想象如果没有信息化手段的帮助，她试图纠正官方错误从而改变自身命运的努力能否成功。

三、信息化对社会发展方式的影响

传统社会的发展方式有三个特点：第一，推动社会进步的主导力量甚至唯一的中心力量是政府；第二，不同社会主体之间的连接方式主要是单向的，即自上而下的；第三，组成社会的各个部分之间是相互分割和条块化的。信息化正在促进社会发展方式实现"三个转变"，即从"单中心治理"向多元共治转变，从自上而下向多向互动转变，从条块分割、各自为政向整体协同、协调共进转变。

1. 从"单中心治理"向多元共治转变

《独立宣言》的起草人之一、美国第三任总统托马斯·杰斐逊曾经说，信息之于民主，就如货币之于经济。没有货币的经济是物物交换的经济，规模、范围、深度都十分有限，不可能持续快速地发展。信息不畅的社会是不利于权利维护的社会，通常会导致威权占领舆论甚至是独裁，社会进步难以实现，甚至经常发生社会的倒退和溃败。从前面关于信息化对知情权、表达权、参与权、监督权的影响，显然可以看出，在信息社会，人们获取信息的渠道更多，信息量更大，人们拥有了发出个性化、多元化声音的广阔平台，人们要求参与政府决策和有关活动的呼声越来越强烈，人们对政府行为进行监督有了新的手段。在这样的形势下，"我来教你，你要听话"的管理思维和政府独揽的方式不再适应新的要求。

近一段时间，多地爆发了反对上马 PX（对二甲苯）项目的游行示威，参与民众数以万计，都超过了当地的历史纪录。这些示威活动没有一个是经过政府批准的，没有一个得到了主流媒体的详细报道，但网络上掀起了一波又一波反对上马 PX 项目和号召上街的浪潮。组织游行示威的媒介是信息化的，一个网帖、一个短信、一条微博就产生了社会动员的效应。几个涉事地方的民众还通过网络相互声援，相互交流，相互支持。

有人将这类案例看做环保事件，有人看到的是转变发展方式的压力，有人说是影响社会稳定的群体性事件，这些看法都有其自己的角度。应该看到这其中社会治理结构的内在变化，应该说，这是社会治理多元化的趋势，是公民社会在积蓄经验。公民社会的要求就是多中心、多元共治，公民社会下的共治是信息化的要求，后者也为前者提供了便利条件。

2. 从自上而下向多向互动转变

自上而下、下跪接旨是旧的、封建社会的信息传递方式。皇帝和朝廷的决策需要层层下达。虎门销烟期间，道光皇帝的圣旨从京城发出，要 20 多天才能交到林则徐手上。林则徐奏报平安的信息进入紫禁城时，浙江舟山已经被英军占领12 天了。只讲自上而下、不顾多向互动的教训，古今中外皆有，如中国的"大跃进"、欧洲那位坚持遵照命令原地待命而不去增援拿破仑的格鲁希，此等案例比比皆是。这种方式的最大弊端是，假定"上"最英明、智商情商最高，且掌握着大量信息。可实际情况往往是，由于信息来源渠道单一，而且夹杂着不准确、不真实、不及时的内容，决策偏误、失误和严重错误的概率比较高。

中央领导人顺应潮流，搞了几次与网友的交流互动。政务信息化步伐空前加快，政府网站不断上线，政务微博目前也数以万计。信息时代，信息以爆炸式的速度在增加，原来传统的信息渠道显得越来越窄，不可避免要接受信息化带来的新方式。这种方式是上下之间、横向之间、不同层级之间的多向互动，它跨越了官民之间、尊卑之间的鸿沟，因而也是平面化的、平等化的、独立化的。人们在这样的信息互动中维护自身和社会的权利，共同推动着社会的进步。

3. 从条块分割、各自为政向整体协同、协调共进转变

封闭的、隔绝的、孤立化的、碎片化的社会，在信息化条件下出现了重大变革——千千万万活的主体被动员起来，网络红人动辄吸引数百万乃至上千万"粉丝"，人与人的关系越发密切，也更加直接，"地球村"趋于形成。

2006 年 5 月在美国，即将举办婚礼的伊凡娜在出租车上丢失了一部手机，被西班牙裔女孩莎莎捡到却不肯归还。伊凡娜的朋友埃文制作了专门的网站寻求网友帮助，先是小范围的网民关注，随即开始"人肉"搜索，然后纽约警察主动写信告知如何申请立案，后来发展到每天上百万网友的访问，CNN 和《纽约时报》进行了跟踪报道，最后警察以盗窃罪逮捕了莎莎……这一系列反应仅用了10 天的时间。从这个案例我们看到，在信息时代，美国社会的组织方式已经完全突破了原有的模式，不同的社会主体，甚至社会中的任何两个人，都有可能凭借信息化媒介建立起一对一的联系。"人人时代"悄然而至，社会从封闭走向开放，从孤立走向整体。

四、信息化对社会体制创新的影响

目前关于"社会体制"的理解有两种明显的误区：一种理解为社会公共服

务体制，认为社会体制的重点是解决公共服务供给的问题；另一种理解为狭义的社会管理体制，或者称作社会管理综合治理体制，就是如何维稳。社会体制，或者说广义的社会管理体制，最主要、最核心的问题是什么？我们不妨参照经济体制来看。如果说经济体制是关于政府与市场的关系，涉及政府、市场、企业、消费者这一组概念的话，那么社会体制显然是关于政府与社会的关系，涉及的则是政府、社会、社会组织、公民这一组概念。这样，参照宏观经济管理和微观经济规制，也应该有宏观社会管理和微观社会规制。

宏观社会管理，是对社会运行的监测和调控、对社会结构的调整和优化、对社会公平的维护和对社会进步的促进。微观社会规制，是通过一系列的规则和标准，确保社会组织和公民等微观社会主体的正常活动。从这样的框架来观察，公共服务只是一部分微观社会主体从事的活动，是维护社会公平的一种手段；维稳只是监测调控社会运行的一个目标。

信息化的发展，给宏观社会管理和微观社会规制带来的好处有：其一，识别社会风险点的渠道更宽广；其二，社会流动有利于打破阶层固化带来的不公平问题；其三，为社会进步和规则、标准制定提供了更多的有益参考。同时，给政府社会管理也带来了一系列新情况：一是，社会风险点明显增多，传导更快，预判和应对的难度有所加大；二是，社会主体的权利意识、对公平正义的诉求在增强，对政府的要求也在提高；三是，微观信息过于庞杂，管理的成本提高，而且不利于提炼主要问题。在这样的新形势下，国家如何利用信息化手段推进社会体制改革和社会管理创新，就成为了一个全新的课题。

在这一全新的课题面前，我们认为，应把握三点：

第一，以人为本的观念是首要的。信息时代，每个个体的诉求更加显性化，每个人都可能对社会产生显著的影响，因此必须关注人、尊重人、理解人、帮助人、挖掘人、提升人，发挥出每个人的"正能量"，依靠每个人的自由发展推动社会的全面进步。具体的措施，首先就要把"以物为本"的政绩观真正转到科学发展的理念上来，引导和激励各级领导干部从人的需要、人的发展角度出发来施政。

第二，开放的心态是必要的。应该广公布、广纳言、广吸收——尽最大限度公开政府政务信息，更透明地面对民众监督；尽最大可能拓宽信息收集渠道，充分倾听、了解民众心声；尽最大努力借鉴先进文明成果，及时响应民众的合理诉求。应当建立官员财产信息公开制度，建立扎根基层的民情信息直报点，大幅增加党代表、人大代表、政协委员中草根阶层的比例，形成倾听社会弱势群体声音的常态化机制。

第三，给予社会更大的空间是十分重要的。在信息化的助推下，社会的权利意识已经觉醒，公民社会的大趋势越发明朗化，"大政府—小社会"的现行格局经常把政府推向风口浪尖。2011年发生的"潮安古巷镇"事件中，农民工因为讨薪被砍手脚，引发同乡大规模、非正常聚集和打砸烧行为。劳资纠纷瞬间转化为刑事案件，又在短短几天内恶化为群体性事件和暴力冲突，酿成严重的官民矛盾。社会需要缓冲地带，政府需要给予社会更多的空间和职能，这将为政府换回更大的余地和潜能。当然，由于社会力量长期偏弱，还难以承担起很多职能，政府的责任是扶持和培育。在现阶段，可以重点促进社会组织承担一部分公共服务的职能，以及信息通达方面的职能。表面上的"退"会迎来公民社会实质上追求的"进"，也就是人的解放和社会的进步。

第六节　社会管理的根本问题与体制创新

【提要】

上一节分析了信息化对社会进步、社会结构、社会发展方式、社会体制的影响，本节探讨如何搞好社会管理的问题。笔者有一个基本观点，针对当前中国现实状况而言，应该强调，民生建设是搞好社会管理的保障。本节拟结合广东特别是中山的实际，讨论这一问题。

今天，中国在社会变革方面已出现若干新情况，社会阶层分化、社会流动加速、社会利益多元化已形成新格局。新老矛盾叠加交织，这给特定发展阶段的中国社会建设和社会管理提出新挑战和新任务。

很多社会问题不能单纯用解决经济问题的思路去看待，要有新思维，由"物本导向"转变为"人本导向"。现在有些社会管理的做法，仍然存在"见物不见人"的倾向，这是传统发展观在惯性运作。

强调民生建设是搞好社会管理的保障，需按照"抓民生就要抓住人民最关心、最直接、最现实的利益问题"的思路，守住几条底线：要重点保障低收入群众基本生活；要注意稳定和扩大就业，包括高校毕业生为重点的青年就业工作；要加强城乡社会保障体系建设，继续完善养老保险转移接续办法，提高统筹层次；要引导广大群众树立通过勤劳致富改善生活的理念，使改善民生成为人民群众自身奋斗的目标。

维护群众权益，一要建立利益协调机制；二要建立诉求表达机制；三要注重对矛盾的预防和调解。*

---

* 本节系笔者就如何创新社会管理话题接受《中山日报》的访谈。《中山日报》发表时导语如下：2011年11月11日下午，在中山市统一战线"智汇"论坛第四次讲座上，国家发改委宏观经济研究院教授、博士生导师常修泽先生，为我市400多位民主党派和无党派人士代表，作了一堂题为《中国经济社会发展转型研究》讲座。讲座结束后，本报记者就如何创新社会管理的话题，对常修泽教授进行了专访。载于《中山日报》（2011－11－13）。

一、社会管理要与经济发展相协调

记者：社会管理是政府职能的重要组成部分，最近中央高层多次发表重要讲话，强调要加强和创新社会管理，提高社会管理科学化水平。中央为什么如此高度重视创新社会管理？

常修泽：改革开放 30 多年来，党和国家的工作重心转移到经济建设上来。在全国人民的努力下，我国经济建设取得了举世瞩目的成绩，1978 年中国 GDP 只有 3 600 多亿元，2012 年达到 51.9 万亿元，成为世界第二大经济体。但根据我的研究发现，中国第三波转型应是包括经济政治社会文化等各方面的整体发展模式转型。用这个观点来衡量过去的 30 多年，我们"经济"这条"腿"长，而"社会"这条"腿"短。就是说，我国存在着经济与社会发展不协调的问题。

同时，根据我的研究，今天的中国在社会变革方面也出现了若干新问题，比如，社会阶层分化、社会流动加速、社会利益多元化已形成格局。新老矛盾叠加交织，这给特定发展阶段的中国社会建设和社会管理提出新挑战和新任务。以农民工进城为例，目前已有 2.3 亿～2.6 亿农民进城，未来 5 年还将有 5 000 万左右的农民工进城，而中山现有的 300 多万常住人口中，外来人口占一半。如此大量的农民工进城，这是中国社会发展史上前所未有的事情，使我们的城市社会管理遇到前所未有的挑战。

如何从现实的重重挑战中"突围"，实现社会管理与经济发展协调，开创中国经济社会协调发展的新境界？中央决策部门已经认识到了这一点，对社会管理十分重视。日前，决策层明确提出三个"最大"：最大限度激发社会活力、最大限度增加和谐因素、最大限度减少不和谐因素。其核心就是要加强和创新社会管理，提高社会管理科学化水平，确保社会既充满活力又能保持和谐稳定。这是当前整个国家面临的新课题。

二、社会管理的根本问题是"人"的问题

记者：您在最近的 20 年中总共来中山调研考察 11 次，应该说对中山的经济社会发展有较深入的认识。那么，您如何评价中山的社会管理工作思路？

常修泽：我过去 30 年的理论研究形成了一本专著《人本体制论》，提出中国"核心层面的转型"是由"物本导向"转变为"人本导向"，也就是把人的发展放在核心位置，寻求经济市场化与社会公正化之间的最佳均衡点。既然要突出人的发展，那么很多社会问题不能单纯用解决经济问题的思路去看待，要有新思

维。现在有些社会管理的做法，仍然存在"见物不见人"的倾向，这是传统发展观在惯性运作。对社会管理要有新的战略性思考，考虑到人的发展需要。科学发展的第一条就是"要更加注重以人为本"。在我看来，这不仅是经济发展的根本指导思想，也是社会管理的根本指导思想。社会管理的根本问题，还是人的问题。如何为人民群众提供更好的服务，这是社会管理的出发点，也是社会管理的最终落脚点。

据我了解，中山在经济上有很好的基础，从而为社会管理上的创新或突破提供了有利条件，而且中山在实践中已经探索到了一些社会管理创新的有效方式。比如，在农民工市民化问题上的积分入户制、"2+8+N"社区管理模式等方面的大胆探索，这些既具有中山特色，也将给全国各地提供有意义的经验借鉴。特别是中山市提出的通过抓好"三大板块"的工作，来提高社会建设和管理水平的策略，更是一种整体性的战略思维，我看了之后深受启发。

三、创新维护群众权益的体制机制

记者：从目前来看，您认为中山市应该从哪些方面着手进行创新社会管理工作？

常修泽：从我个人多年的研究得到一点认识，创新社会管理工作首先要创新维护群众权益的体制机制。

2010年我国人均 GDP 即已超过 4 000 美元。按国际上的标准，人均达到 4 000 美元时就进入中等收入国家，而此时也面临着"中等收入陷阱"。当前我国既处于发展的重要战略机遇期，同时又处于社会矛盾凸显期，社会管理领域存在的问题不少。我认为，比较突出的有三大问题，一是社会腐败问题，老百姓意见最大的就是腐败问题；二是收入分配不公问题，2012 年，我国的基尼系数已经达到0.47，超过了国际公认的警戒线，这意味着中国社会收入分配不公问题已经接近了社会容忍度的临界点；三是群众的合法权益尚未得到有效保障，比如征地拆迁问题频发。要化解这三大矛盾，关键是要创新维护群众权益的体制机制。

那么，怎样维护群众权益？

我认为：首先，要建立利益协调机制。目前中国社会已经出现了不同收入的阶层和群体，这些阶层的出现是客观存在。这就要求我们必须建立起协调各阶层各群体利益的机制，让大家都有活路，特别是弱势群体。否则，穷人没有活路，社会就可能发生动荡；而富人没有活路，他们就可能移民海外。不管是哪种情况，对我国都是不利的。

其次，要建立诉求表达机制，老百姓有各种各样的利益诉求，也有自己表达诉求的权利，政府要给他们表达自己的利益诉求的机会和渠道。

最后，要注重对矛盾的预防和调解，对于任何客观存在的矛盾，有关部门都要正视，不要掩盖它，而要积极去化解。作为预防性的根本措施，就是要建立老百姓权益保障机制。对于征地拆迁必须保障老百姓的合法权益，不让类似矛盾再次出现。

四、民生建设是搞好社会管理的保障

记者：在创新维护群众权益的体制机制的基础上，中山市的社会管理工作还有哪些方面必须要政府推进和改进？

常修泽：社会民生建设是搞好社会管理的保障。应特别强调，要搞好社会管理，必须要加快推进社会民生的建设。只有这样才能够安居乐业，才能够减少社会矛盾。所以，要把就业、劳动社会保障、住房、医疗卫生这些问题放在非常重要的位置。社会事业的保障、民生的改善、社会建设的推进，是建设服务型政府的题中应有之义，也是老百姓最直接的、最现实的、最关心的现实利益问题。这些问题解决好，社会管理就会有一个坚实的群众基础。

这里说的"老百姓最直接的、最现实的、最关心的现实利益问题"，守住几条底线：（1）要重点保障低收入群众基本生活；（2）要注意稳定和扩大就业，包括高校毕业生为重点的青年就业工作；（3）要加强城乡社会保障体系建设，继续完善养老保险转移接续办法，提高统筹层次；（4）要引导广大群众树立通过勤劳致富改善生活的理念，使改善民生既是党和政府工作的方向，也是人民群众自身奋斗的目标。抓住最需要关心的人群，一件事情接着一件事情办、一年接着一年干，锲而不舍向前走。

要看到，中国在进入一个新阶段之后，私人用品的供给矛盾已经得到缓解，目前比较突出的是公共产品、公共服务的短缺，比如廉租房、保障房短缺，教育、医疗卫生、社保、环境保护等方面的民生需求远远得不到满足，政府必须承担起为老百姓提供基本公共产品和服务的责任，这是加快推进社会民生工作的关键所在。

围绕民生问题，我还有另外几点建议：

一是，加快推进农民工市民化的步伐，把符合落户条件的农民工逐步转化为城市居民。中山市在这方面首创的"积分入户"探索很有价值，值得大力推广。

二是，充分发挥NGO（非政府组织）在社会管理中的作用，让各类商会、协会、志愿者组织等民间组织在社会管理中发挥作用。我了解了中山市青年志愿者协会的情况，感觉他们很有朝气，值得借鉴。

三是，创新社区管理模式，进一步搞好社区管理。这是社会管理的根基所在，中山市提出的"2+8+N"社区管理工作比较扎实，带有很强的草根性，值得继续探索和完善。

四是，下大力推动道德文明建设。曾在佛山发生的"小悦悦事件"让全国上下震惊，针对GDP在上升、道德水平在滑坡的现象，必须要加强社会的道德文明建设，提高人们的思想道德素质。这是加强和创新社会管理的灵魂，只有物质文明、精神文明、政治文明同时推进，中国才能成为被世人尊敬的国家，才能屹立于世界民族之林。

第七节　北欧国家实施公共服务的实践及新趋势

【提要】

本章第五节指出，社会体制是关于政府与社会的关系，涉及的是政府、社会、社会组织、公民这一组概念，因此不能把"社会体制"简单归结为一个"社会公共服务体制"问题。但是，这并不意味着可以轻视公共服务供给体制。相反，在今日之中国，社会体制的重点之一就是解决公共服务供给的问题。

从1993年笔者第一次赴美考察访问到今，20年间已先后考察22个国家。比较之下，北欧国家实施公共服务的实践，印象和感悟尤为深刻。

北欧国家政府在实施其公共服务职能方面，已形成一套比较完备的制度体系，归纳起来，有四大"基本面"：（1）提供面向劳动力市场的"民生性"服务：重点是促进就业和增加居民收入，并注重缩小收入差距；（2）提供促进社会事业发展的"公益性"服务：重点是发展医疗卫生事业和教育事业，并建立和完善全方位的社会保障体系；（3）提供非竞争性领域的"基础性"服务：即在非竞争性基础领域的重要环节和关键部门，提供公共产品和公共服务；（4）提供促进市场主体正常运转和创新的"主体性"服务：重点是创造良好的市场环境和推动企业创新。

政府在实施公共服务过程中的四种重要机制：（1）国家税收和财政支出的宏观调节机制；（2）财产关系和经营方面的"公私伙伴关系（PPP）"机制；（3）社会"金三角"对话协商机制；（4）政府自身的"廉政"机制。

北欧在公共服务方面面临的挑战及其变革的新趋势：第一，公共服务领域的公平竞争化趋势；第二，基础领域和公用事业领域的国有企业"适度民营化"趋势；第三，注重发挥中央和地方各级政府的作用，显现"分层负责化"趋势；第四，政府在实施公共服务方面的"社会分担化"趋势。*

---

* 此节文稿曾载于国家发展和改革委员会宏观经济研究院内部刊物《调查·研究·建议》增刊第5期（2004-11-17）；收入中国（海南）改革发展研究院编. 政府转型——中国改革下一步（中国改革论坛丛书）［M］. 北京：中国经济出版社，2005.

一、实施公共服务四大"基本面"

在市场经济条件下，政府经济职能的要点之一是做好公共服务，这样一个理念在考察前已经确立。但这里的"公共服务"到底包括什么内容，却若明若暗。此次经过实地考察认识到，北欧国家政府在实施其公共服务职能方面，已形成一套比较完备的制度体系，其视野和覆盖面比我们预想的要宽广，归纳起来主要有以下四大服务内容，或称四大"基本面"：

（一）提供面向劳动力市场的"民生性"服务：重点是促进就业和增加居民收入，并注重缩小收入差距

"就业和收入是民生之本"。北欧国家政府的公共服务，都把促进就业放在政府职能的首位。经考察，笔者把它归纳为"六个加强"：一是加强财力支持。以瑞典为例，每年各方面用于就业服务的资金量约占 GDP 总量的 2.7%（主要是财政提供），用于解决失业问题即占其中的 84%。二是加强服务机构，不论是中央还是地方，都设有专门的"劳动力市场管理委员会"，基层还设有"就业办公室"。① 三是加强政策扶持。例如，芬兰为鼓励中小企业多吸纳失业人员，对其实行减税 4% 的优惠政策，对失业人员自己创办"微型企业"也给予减税或补贴。四是加强就业培训，特别是实行政府、工会和雇主"三位一体"的培训体制，并采用政府"购买培训成果"的机制。五是加强公共项目开发，直接创造就业岗位。六是加强预测和信息交流，以提高就业服务的效率和质量。从实际情况看，尽管北欧国家也面临较大的就业压力，但近年来在经济发展的基础上，失业率还是不断下降。

在促进就业的同时，北欧国家强调提高居民的收入水平。资料显示，在近十年间，随着经济的不断攀升，芬兰、瑞典、丹麦的人均收入明显提高。②

在收入增长的基础上，北欧国家把缩小收入差距作为公共服务的重要内容。通过税收调节、财政转移支付等诸种强有力的再分配机制，初步形成了"两头小，中间大"的"橄榄型"社会结构：中等收入群体大约占 80% 左右，高收入群体和低收入群体大约各占 10% 左右。三个国家的基尼系数约在 0.25 ~ 0.3 之间③，属于世界上收入差距最小的国家。当然，由于资本的"累积效应"，北欧

---

① 据调查，瑞典中央一级的劳动力市场委员会有 1 400 人；各地 21 个地区均设有劳动力市场委员会，有 700 人；基层有 325 个就业办公室，有 7 000 个工作人员。全国 95% 的就业服务由此机构负责。

② 据我们了解并多方求证，芬兰的人均收入每月在 2 500 欧元（1 欧元约折 8 元多人民币）以下的约占 10%，在 2 500 ~ 7 500 欧元之间的大约占 80%，在 7 500 欧元以上占 10% 左右。

③ 汇总三国资料，初步估算最富有的 10% 人群收入下限和最穷的 10% 的人群收入上限之比，如果只计算工资性（劳动性）收入，大约为 2.5 : 1；如果再加上资本性收入即按总收入指标计算，大约为 3.5 : 1。

国家在资本市场上的资本集中度还是比较高的，但通过政府作用来调节社会成员的即期收入，这一点特别值得中国借鉴。

（二）提供促进社会事业发展的"公益性"服务：重点是发展医疗卫生事业和教育事业，并建立和完善全方位的社会保障体系

北欧国家政府认为，建设公共服务型政府必须把发展与公共服务直接相关的社会事业作为工作的着力点。

一是注重发展医疗卫生事业。北欧国家极为重视人的生命和健康，他们把这一点提到"保护人权"的高度，为此，把建立医疗卫生体系列为公共服务体系的重要的内容。这些国家均实行普遍的"全民保健"制度，无论城市乡村，不分国企私企，也不分种族和宗教，实行免费医疗或基本免费医疗。近年来虽然对免费医疗制度进行了一些改革，也开始让个人适当承担一部分就医费用，同时降低病假补贴之额度，但从总体上来说社会成员医疗费用大部分还是由公费医疗制度来解决的。除对公众个人实行公费医疗外，北欧国家还特别注重社会公共卫生体系，包括农村公共卫生体系的建设，这对防止并应对卫生领域的突发事件发挥了保障作用。

二是大力发展国民教育事业。在瑞典、芬兰、丹麦，在发展教育方面可以说实行"举国体制"，从小学到中学到大学，全部实行免费教育。不但如此，国家还给在校大学生一定量的生活津贴。为了促进教育事业发展，无论是中央财政，还是地方财政，都用相当大的财力来扶持教育，社会的其他力量也捐助教育①。据了解，芬兰接受高等教育的公民已占到适龄人口的50%以上。

三是建立全方位的社会保障体系。北欧国家建立的社会保障体系，可以说是全方位、广覆盖的，人称"从摇篮到坟墓"，包括生育保险、医疗保险、失业保险、退休保险以及残疾人保险等②。尽管这种福利体系使国家财政背上颇为沉重的负担，而且也存在滋生疏懒的弊端，但却给全体社会成员的生存和发展编织了最基本和最可靠的"安全网"，这也是北欧国家社会稳定的一个制度方面的原因。

（三）提供非竞争性领域的"基础性"服务：即在非竞争性基础领域的重要环节和关键部门，提供公共产品和公共服务

北欧国家政府有一个理念，凡是能够市场化的，尽量市场化，让私人去参

---

① 我们在芬兰看到这样一个有趣的现象：由政府依法举办的赌场"卡西诺"和其他博彩业单位都归由国家教育部管辖，博彩业的营业收入由教育部支配，作为发展教育事业的资金。

② 据介绍，在社会保障体系最完备的瑞典，用于与社会保障有关的费用在国家财政支出总额中的比重达1/3左右。在劳动力成本中，工资收入占66.5%，工资以外的社会保险成本占33.5%，在欧洲名列第一。

与；但该由政府提供的，则坚决办好。值得重视的是，在公共领域，它们分拆出两个环节：即"执行运营"环节和"基础建设"环节，对其中的"基础建设"环节，政府予以投资并加强管理。尽管北欧几个国家情况不完全相同，但经梳理大体看出政府在基础领域实施服务的主要轨迹：一是涉及国家安全（包括国防安全、能源安全、信息安全、粮食储备等）领域和环节；二是属于真正的自然垄断性（即只有一个厂商来经营，成本最低、效益最高的领域和环节，如邮政网络服务、电力部门的输电网系统、铁道部门奠定客货运输基础的铁轨及相关设施），以及行政性垄断（如烟酒专卖、博彩业等）；三是不以盈利为目标、而以提供公共服务为目标的某些带福利性公用事业领域（例如，福利性的公共管理和培训、科研成果产业化等）；四是，政府认为对国家和公众利益有重大决定作用的领域，如资本特殊投资、特殊融资、公共广播、印刷出版、天然气批发等，以上这些领域和环节均有明确规定和限制。这些领域的公共产品有的是通过国家直接投资于国有企业提供（它们把此类承担特殊任务的国有企业称为"半商业化"企业），有的则通过政府采购等方式来提供。虽然其增加值估算不超过 GDP 的 5%，但属于公共产品的命脉之所在。

（四）提供促进市场主体正常运转和创新的"主体性"服务：重点是创造良好的市场环境和推动企业创新

不论是芬兰、瑞典，还是丹麦，都强调政府一般不作为社会投资的主体，但要为各类投资主体提供良好的市场环境；政府不干预微观经济活动，但要为企业和其他各类市场主体服务。由此可见，政府的公共服务，不应作狭义的理解，应当把为市场主体服务作为公共服务的"题中应有之义"。

在芬兰贸易工业部和瑞典经济委员会了解到，这些国家政府都设有为企业技术创新服务的机构。这些机构的任务是"预见技术对社会的影响，并制定能创造竞争性和革命性工业的可操作框架"。虽然人员很少，但为企业创新服务的"开支很大"。据了解，在芬兰，政府每年拿出占 GDP 总量 3.5% 的资金来支持技术研发[①]。在这里，政府不具体组织实施技改项目，只负责战略规划和管理，具体实施由一个介乎于政府与企业之间类似于"基金经理"的组织来运作这笔资金。由于得到政府资金的支持（创新项目政府和企业投入各占 50%），再加上为企业提供高素质的劳动力和技术人才，大大促进了企业技术创新的进程，从而产生了

---

① 从芬兰工贸部 2004 年预算来看，该部总预算为 9.735 亿欧元，其中用于技术支持达 5.26 亿欧元，占 54%。在这 5.26 亿欧元中，除拨给芬兰技术研究中心一部分外，其余 74.4% 通过国家技术局用于支持企业的技术研发。

像诺基亚、爱立信、ABB 等富有创新力、全球闻名的大财团①。据《世界经济论坛》测算并公布，在近年全球竞争力排行榜上，芬兰、瑞典、丹麦均名列前茅。如此强劲的竞争力与政府实施的为市场主体服务的职能定位是分不开的。

二、实施公共服务四种重要机制

如上所述，北欧国家在提供民生性、公益性、基础性和保障性服务方面，作用显著，引人瞩目。那么，它们是依靠什么手段或机制来实现其经济职能的呢？经过考察，我们认为，北欧国家的政府在实施公共服务过程中，以下四种机制特别值得重视。

（一）国家税收和财政支出的宏观调节机制

北欧国家的政府一个主要理念是"放开所有制，重在调节收入分配"，即通过调节收入分配来实现政府的公共服务目标。其中，从宏观角度分析，基础层面是实行财政收支机制。

一是税收调节机制。据介绍，税收包括个人所得税、企业所得税、增值税等。个人所得税（包括劳动收入所得和资本收入所得两部分）。例如在芬兰，个人资本收入所得税比例为 30% 左右，个人劳动收入所得实行累进税，低收入者不缴或少缴，高收入者最高档为 56%；瑞典的资本所得税为 30%；劳动所得也实行累进制，一般收入为 30%，高收入部分一般再增加 25%，合计最高者可达 70%。由于实行税收调节政策，政府不仅获得可观的财力支撑，而且更重要的是平衡收入差别。资料显示，瑞典各项税收总额占 GDP 的比重达 52%。如此可观的财力，固然是"取之于民"，但为政府"用之于民"，即为实施公共服务奠定了物质基础。

二是财政支出机制，即通过公共财政支出的公益性项目倾斜来进行调节。以丹麦为例，在全国财政支出总额中，仅与社会保障有关的费用就占去了 38.9%（养老金占 10%，失业救济金占 8.9%，教育医疗等社保占 20%），如果再加上其他公共性项目开支，公益性投资占财政支出的绝大部分。

（二）财产关系和经营方面的"公私伙伴关系（PPP）"机制

北欧国家在所有制方面，抱着一种"超然"、"平和"的态度，一方面它们强调私有企业的有益作用（但又反对搞"全盘私有化"），另一方面，又注意发挥国

---

① 芬兰的 GDP 虽然只占全球总量的 0.4%，但手机类电子产品销售曾占过全球的 35% ~40%。

有企业在公共服务中的重要作用（但又不抹杀公有制企业的弊端）。在这种"超然"心态中，它们试图把这两者融合起来，实行被称为"3P"的"公私伙伴关系"机制。按照当地的解释，第一个P是Public（公共），第二个P是Private（私有），第三个P是Partnership（伙伴关系）。这种公私伙伴关系，表现在三个层面：

一是在社会财产关系方面，政府对基础领域的"关键环节"保持必要的公有成分。另一方面除了这些基础领域的关键环节外，其他的则主要由私营企业来经营。我们曾专门调查和估算了从事公共产品生产和公共服务部门中公私伙伴关系的状况，不算非公共产品生产和服务，仅就公共产品生产和公共服务而言，公有企业和私有企业这两个"伙伴"大约各占50%左右。

二是在企业（细胞）层面，公有资本和私有资本相互渗透和融合，特别是从上市公司的股权结构来看，公私资本各占相应份额，从而融合为一种混合所有制企业。

三是在经营管理层面，与财产关系方面的"公私伙伴"相联系，也呈现出良好的"公私伙伴关系"。表现在资金、建筑、创新、管理等方面合作，笔者认为"公私伙伴关系"是"混合经济"的新发展，较之"板块式"的混合所有，关系更融洽、更和谐。这种PPP机制值得重视。

（三）社会"金三角"对话协商机制

政府在实施公共服务过程中，由于涉及社会各方利益关系，难免产生利益矛盾和冲突，北欧国家采取社会协商机制来平衡诸种利益关系，克服彼此冲突。

在这种"金三角"社会协调体系中，由工会代表劳方（雇员），由雇主协会代表资方（雇主），由议会和政府代表国家。据介绍，三方协调的内容，包括：（1）劳动力市场政策；（2）教育培训政策；（3）安全健康政策；（4）失业保险问题；（5）养老金和残疾人福利问题等。对于直接涉及雇员和雇主利益的工资问题，主要由工会组织和雇主协会两方协调，政府不予干预，但涉及立法、政策等问题，则由议会和政府设若干专门委员会，通过听证会及对话等方式邀请工会和雇主协会参与协调。例如，在丹麦，每年8～10月期间，中央政府与雇主协会、工会就第二年的公共服务方面的立法、公共开支项目的框架以及税收等问题进行协商。此外，还有地方一级的政府与地方一级的工会和雇主协会进行协商。这种三方协调机制实施的结果，在一定意义上实现了几种社会力量之间的"文明妥协及合意"（丹麦学者语），显示了北欧国家构建"和谐社会"的能力。

（四）政府自身的"廉政"机制

北欧国家在实施公共服务过程中，十分重视自身的廉政建设，把此看做是实施"公共服务的基石"。为建立这块基石，它们从五个方面努力：

一是抓道德约束，要求每一位政府公职人员，树立公共服务的核心价值，包括独立性、公正性、客观性、可信性、透明度、服务意识、责任感等；

二是抓法律约束，用宪法、刑法和国家公务员法等相关法律约束每一位公职人员，对直接、间接、主动、被动的违法腐败行为，严厉追究和惩处；

三是抓制度管理，对于招聘、晋升、选举等有一套制度规范，特别是议会民主制度，对政府行为产生极大约束；

四是抓信息传播，借助信息手段治理腐败（据介绍，有的国家政府部门宴请宾客的菜单都要公开发布）；

五是抓多元监督，通过国家审计系统、国会廉政调查系统和法院系统来监督政府行为。正是这些严格、有效的措施，使北欧国家政府的"清廉指数"在近百个样本国家中名列前茅（其中芬兰为第一名），成为世界上最廉洁的政府之一。

概言之，宏观调节、"公私伙伴"、社会协商、政府廉洁——这四条是北欧建设"服务型"善治政府的精华之所在。

三、北欧面临的挑战及其变革的新趋势

近年来，随着客观情况的变化，北欧国家政府在公共服务方面也面临一些新的而且是严峻的挑战：

一是原有的福利制度面临挑战。表现在原来由国家包下来的福利制度，极大地增加了政府开支。在丹麦，政府开支已经占 GDP 的 52%。政府债务比率较高；同时也存在激励不足和"泡病号"的问题（瑞典休长病假的人数一度占 10% 左右），这种制度安排似乎已经走入极致状态，需要寻求分流政府负担，并增强活力的体制。

二是经济全球化带来的挑战。表现在随着投资自由化的浪潮，有的国家如芬兰资本流出已经大于资本流入，从而给本国产业带来若干"空洞"，进而使本国劳动者丧失一部分就业岗位；同时伴随着人员流动及移民增多（丹麦流入和流出人口占总人口比重达 30%），给北欧国家带来新的压力。

三是人口老龄化趋势带来的挑战。[①] 这给政府实施公费医疗、养老保险等福利制度增加了更大的负担。此外，芬兰、瑞典和丹麦加入欧盟后，本国的经济社会政策必然要受到欧盟统一经济社会政策和规则的约束，从而也面临政策调整的历史性任务。

---

① 按国际标准，65 岁以上人口超过 7%，60 岁以上超过 10%，即为老龄化。据了解，在瑞典，65 岁以上的人口占总人口的 17% 以上，芬兰、丹麦均在 15% 以上，如按 60 岁计算，则在 20% 以上。另据预测，丹麦到 2040～2045 年，60 岁以上人口占劳动人口比重将达 50% 以上。

　　面对着上述挑战，北欧国家的政府从新的实际情况出发，采取相应的改革措施，从而使政府在公共服务方面出现一些新的趋势。从所了解的情况看，主要出现以下三种趋势：

　　第一，公共服务领域的公平竞争化趋势。

　　20世纪90年代以前，北欧国家基础领域和公用事业处于高度垄断状态，除此之外，某些"非自然垄断性"的行业（如银行、出租车行业）也被纳入垄断范围，政府没有出台相应的《竞争法》。90年代以来，放松管制的思潮兴起，特别是1993年欧盟颁布一体化竞争法，明确规定：卡特尔合作及滥用统治地位被视为"非法"。在严格的法律约束之下，近年来，北欧三国政府开始探索在公共服务（包括基础设施领域、公用事业），如何引入市场竞争，发挥市场调节的作用。针对原来在公共服务方面主要由政府独家来提供公共产品和服务，强调引入竞争机制。它们提出一种"挑战权"理论，即主张私营企业如果认为自己能够提供有竞争力的公共产品和劳务，"可以有权挑战每一个国有实体"。相应的，政府通过"招投标"和"市场采购"的办法来购买非政府部门提供的服务和产品，据了解，芬兰政府向民营单位采购价值占GDP的比重达15%以上，这就在相当程度上促进了国有企业和民营企业的竞争。

　　一方面，国家对于基础领域和公共事业领域的重要环节和部门保持必要的控制力；另一方面，在基础领域，包括铁路、民航、电力、电信等部门和公共事业领域中适度让出一部分空间实行民营化，由私人投资和经营（但不搞全盘私有化）。经过这一段"适度民营化"，总地来看，为适应新形势建立的公私伙伴关系的格局大体已经完成。在基础领域，基本的格局是这样的：

　　——通讯行业：通讯网络由国家垄断；网络以外部分完全放开。即使是国家垄断的网络部分，也不搞国有独资，而只保留51%的国有股权，将49%的股权出售给公众。

　　——电力行业：全国范围的高电压输电网，由中央政府垄断；区域性的电网，由地方政府控制；发电部分则完全放开，包括私人资本在内的各类资本均可参与，公平竞争。

　　——铁路部门：路轨及相关重要设施由国家垄断；对客货运输服务则"一分为二"，有盈利的线路由国家来经营，盈利较差或亏损的线路则放开竞争，并给予适当补贴。

　　——民航部门，空中管制由国家垄断；航空公司则实行"混合所有"。

　　——邮政部门：国家在保持邮政网络"纵向整体性"的同时，允许新的其他非国有公司进入邮政领域，特别是一些社区的邮政局，由当地的私营商店来替代服务。丹麦已出售邮局的25%的产权。

在公共事业方面，政府允许私人举办医疗服务机构和学校，这就使人们可以购买"私人服务"，从而使人们有更多的选择。据有关材料显示，在400多万瑞典的劳动力当中，已有100多万人开始在社会保险制度之外购买"个人保险"。同时，一些幼儿园、养老院也有私人创办和经营的案例。

第二，注重发挥中央和地方各级政府的作用，显现"分层负责化"趋势。

就政府系统本身而言，强调中央政府下放权力，使地方政府成为公共产品和公共服务的主要提供者。瑞典在这方面做得比较突出，它们按照"贴近居民生活和了解居民需要"的程度，建立了三级公共服务体系，并进行"三层楼"职能划分：

第一层，作为中央政府，主要是负责全国社会福利和社会服务方面的法规建设和发展的规划，并负责全国高等教育的管理。

第二层，作为第二级的政府（一般是郡政府），负责国家福利和社会服务政策方针在本地区范围内细化和补充，并提供医疗保健服务及高中教育的管理。

第三层，作为第三级政府（一般是市镇政府），负责中央政府和郡政府上述方针政策在本辖区范围内的补充，以及负责初中、小学、幼儿教育的管理等。

同时，市镇政府在社区还建有相应的管理处（不作为一级政府，类似中国的"社区"），来负责该社区的社会服务政策和措施的落实。

与公共服务的"分层负责化"相适应，在税收方面也明确划分了中央政府和地方政府各自的税收来源，例如，在瑞典，明确规定地方享有30%的劳动收入税。显然，相对于过去仅仅由中央政府负责的格局而言，北欧国家已经出现了"非中央集中化"的趋势。

第三，政府在实施公共服务方面的"社会分担化"趋势。

针对越来越严峻的挑战及其负担，北欧国家积极培育和发展"公民社会"，让更多的力量来参与公共服务，即发挥各方面的作用。这里所说的"公民社会"，主要是发挥非政府组织（NGO），包括工会组织、雇主组织以及用户委员会、各种志愿者组织及协会等的作用，逐步扩大"社会自治"的力度。为此它们着力组织社会各方面力量，参与公共服务政策的制定、执行和监督工作。例如，为企业提供公共服务的事情，有些就改由商会来承担。这样做大大纾解和分散了中央政府和地方政府在社会服务方面的压力，同时也发挥了社会多元力量的积极性，提高了公共服务的社会支持度。

第八节　中国：逐步实现基本公共服务均等化

【提要】

上一节，笔者以实际考察的系统材料为依据，详细分析了北欧国家实施公共服务的实践及其启示。这里，结合中国现阶段实际，探讨如何逐步实现基本公共服务均等化问题。

从中国现阶段的实际情况出发，首先要搞清：基本公共服务均等化的内涵是什么？为什么必须逐步实行这样一种基础性的制度安排？应如何为此提供相应的体制保障？

2006 年笔者曾完成一份研究报告——《中国现阶段基本公共服务均等化研究》，探讨了上述问题，报告由《经济决策参考》上报。《人民日报》2007 年 1 月 31 日以《逐步实现基本公共服务均等化》为题全文发表。这是官方媒体较早系统阐述中国现阶段基本公共服务均等化的文章。本节，进一步探讨基本公共服务均等化问题。

基本公共服务均等化的内涵包括全体公民享有基本公共服务的机会均等、结果大体相等，同时尊重社会成员的自由选择权。

实行基本公共服务均等化，是体现以人为本和弥补市场公共品供给失灵的重要制度安排，是缓解社会矛盾的现实需要，也是构建社会主义和谐社会的内在要求。

应本着范围适中、标准适度的原则，在就业服务和基本社会保障等"基本民生性服务"，义务教育、公共卫生和基本医疗、公共文化等"公共事业性服务"，公益性基础设施和生态环境保护等"公益基础性服务"，生产安全、消费安全、社会安全、国防安全等"公共安全性"四个方面，逐步实现基本公共服务均等化。

逐步实现基本公共服务均等化，必须有相应的体制保障。（1）公共财政制度；（2）收入分配制度；（3）城乡协调发展制度；（4）公共服务型政府制度。

搞清楚这些问题，有助于编织一个全国性的基本公共服务均等化的"安全网"，在"安全网"能兜住的情况下，着手建立多元阶层社会共生的社会体制。*

一、基本公共服务均等化的内涵及客观必然性

对基本公共服务均等化的内涵，可以从三个方面来理解。

第一，全体公民享有基本公共服务的机会应该均等。我国有 13.4 亿人口，尽管每个人的天赋能力不同，所占有的资源也不尽相同，但在享受基本公共服务的机会方面应该是均等的。笔者以为，这是天赋人权的重要组成部分。

第二，全体公民享有基本公共服务的结果应该大体相等。大体相等不是搞平均主义，而是大体均等或相对均等。当然，这里讲的不是所有公共服务，而是基本公共服务。

第三，在提供大体均等的基本公共服务的过程中，尊重社会成员的自由选择权。社会成员的需求千差万别，某些社会成员可能不去享受社会为之提供的公共服务，如有的家庭可能不愿意把孩子送到公立的九年义务教育学校上学，而是送

---

* 本节的基础为 2006 年完成的研究报告《中国现阶段基本公共服务均等化研究》的基本内容，先刊于《经济决策参考》2007（11），发表于《人民日报》2007 - 1 - 31，题为《逐步实现基本公共服务均等化》，中国人民大学书报资料中心《公共行政》2007（8）转载。

到私立的学校就读。这是完全可以的，应该尊重这些社会成员的选择权。尊重人民的自由选择权与尊重人民享有均等的基本公共服务的权利并不矛盾。而且，即使是在基本公共服务的框架之内，也应想方设法让人们有自由选择的空间，不能把基本公共服务均等化搞成计划经济时代的"配给制"。

为什么在我国现阶段需要逐步实现基本公共服务均等化呢？这可以从三个角度来分析。

（1）从理论角度来分析，实行基本公共服务均等化是体现以人为本和弥补市场公共品供给失灵的重要制度安排。坚持以人为本，就是坚持发展为了人民、发展依靠人民、发展成果由人民共享，就要既满足全体人民的物质生活需要，也满足其精神生活需要、生命健康需要、安全需要以及参与政治生活和社会生活的需要。为了达到这一目标，就必须实行基本公共服务均等化。发达国家的经验和我国改革开放的经验都说明，在提供私人物品和私人服务方面，市场机制的作用是不可替代的；但在提供公共物品和公共服务方面，市场机制却存在失灵或局限性，需要通过基本公共服务均等化的机制来弥补。

（2）从实践角度来分析，实行基本公共服务均等化是缓解社会矛盾的现实需要。目前，我国社会总体上是和谐的，但也存在不少影响社会和谐的矛盾和问题，如城乡之间、区域之间、经济社会之间发展不平衡等。就区域发展差距来说，试图在短期内让中西部赶上东部发达地区是不现实的。而在经济总量和人均国民收入一时赶不上发达地区的情况下，在民众的基本公共服务方面逐步实现均等化则是可能的。因此，缩小公共服务方面的差距，对于缓解区域发展矛盾具有积极作用和重要意义。当前，广大人民群众对公共物品和公共服务的需求迅速上升与公共物品和公共服务供给不足且配置失当之间的矛盾比较突出，就业培训、社会保障、义务教育、基本医疗、保障房、环境保护等关系群众切身利益的问题愈益凸显。逐步实现基本公共服务均等化，是缓解和消除这些矛盾现实可行的选择。

（3）从国际角度来分析，基本公共服务均等化是当今世界大多数国家社会政策的发展趋势。现在很多国家都把基本公共服务的供给作为治理国家的重要政策。一些国家之所以比较稳定，甚至在国家"神经中枢"出现变化的情况下依然能够保持秩序稳定，与其基本公共服务的均等化密不可分。我国逐步实行这项制度安排，是一个必然趋势。

二、基本公共服务均等化的主要内容

把握基本公共服务均等化的内容，在总体上应注意两点：一是范围要适中——不能过宽或过窄；二是标准要适度——不能过高或过低。基于此，我国实行基本公共服务均等化应包括四方面的内容：

（1）在就业服务和基本社会保障等"基本民生性服务"方面实现均等化。就业是民生之本，人民群众能不能享受基本公共服务，首先要看就业服务。我国目前面临着巨大的就业压力，解决就业问题要确立劳动者自主择业、市场调节就业和政府促进就业的机制。从政府角度来说，应把"促进就业"摆在公共服务的突出位置，强化促进就业的职能，保证就业服务的均等化。比如，以城市为中心逐步建立就业的公共服务体系，特别是做好公益性、面向全体劳动者的就业培训和信息服务；建立县、乡两级就业公共服务网络；建立面向困难地区、困难行业、困难群体的就业援助制度。"基本民生性服务"还有一个很重要的方面是社会保障。构建严密而可靠的社会保障安全网，需要继续推进养老保险、基本医疗保险、失业保险、工伤保险、妇女生育保险以及农村的社会保险，同时积极发展社会救助、社会福利和慈善事业。目前，这项工作的难点在于城市与农村的社会保障差距较大。应在继续推进城市社会保障事业发展的同时，着力加快农村社会保障事业发展步伐，以尽快建立并完善与经济发展水平相适应的社会保障制度，并逐步实现城市和乡村全覆盖。

（2）在义务教育、公共卫生和基本医疗、公共文化等"公共事业性服务"方面实现均等化。一是义务教育。从国情出发，教育的基本公共服务均等化可锁定在对义务教育的保障上，即普及和巩固城乡义务教育。只要是适龄儿童，不论在城镇还是在乡村，不论在东部还是在中西部，都有权利享受九年义务教育。为此，一方面应提高财政性教育经费占国内生产总值的比重，保障义务教育阶段的投入；另一方面应深化教育体制改革，提高教育质量，从体制上为义务教育均等化提供保障。二是公共卫生和基本医疗。公共卫生和基本医疗保障具有公益性质，应列入均等化的范围。应强化政府责任，建设覆盖城乡居民的基本卫生保健制度。三是公共文化。随着人民生活水平的提高，对精神文化产品的需求日益旺盛。在提供精神文化产品方面，要把文化事业和文化产业区分开来。文化事业有公益性，可以均等化，像公共图书馆、农村文化室等，属于政府应该提供的基本文化事业服务。而文化产业则是市场性的，主要靠市场调节。目前，公共文化的数量和质量与人民群众的需求之间存在着不足和脱节现象。应深化文化体制改革，积极发展公共文化事业，以满足群众的精神文化需求。

（3）在公益性基础设施和生态环境保护等"公益基础性服务"方面实现均等化。公益性基础设施可分拆出两个环节，即"基础建设"环节和"执行运营"环节。对基础建设环节，即不以营利为目标而以提供公共服务为目标的带福利性的环节，政府应全力予以投资并加强管理，如农村饮水工程、农村道路等农村基础设施。当然，政府对基础建设不可能全部包揽，可根据不同情况制定不同政策。至于市场性的基础设施，如高速公路等，可按市场方式运作。为全体公民提供良好的环境，包括大气环境、水环境、声环境等，也是在"公益基础性服务"方面实现均等化的内容。国家已经把环境保护作为约束性指标来考核各级政府的绩效。

（4）在生产安全、消费安全、社会安全、国防安全等"公共安全性服务"方面实现均等化。安全是事关人民生命财产和国家利益的大事，政府有责任提供安全方面的公共产品、公共服务，包括生产安全、消费安全、社会安全等服务。对于这些公共产品、公共服务，每一个公民都应该平等地享受。

以上系笔者在 2006 年完成上报、2007 年 1 月 31 日《人民日报》发表的《逐步实现基本公共服务均等化》论文中所界定的"现阶段基本公共服务均等化"的四个大类、八个方面的内容，涉及就业培训、社会保障、公共教育、基本医疗卫生（含人口计划生育）、公共文化、环境保护、基础设施以及公共安全八个方面。但是，当时没有提及保障性住房，这是报告的缺失之处。

2011 年通过的国家"十二五"经济社会发展规划关于"基本公共服务体系"，定为九个方面的内容，其中，就业培训、社会保障、公共教育、基本医疗卫生、公共文化、环境保护、基础设施，这七个方面与笔者的研究报告一致。不过，发展规划把人口计划生育从医疗卫生中单独列出，反映了国家的某种考虑。若从 2013 年人口计划生育与医疗卫生合并的现实来看，也可不必单独列出；另外，规划增加了保障性住房的内容，弥补了笔者的不足，这是十分必要的。至于公共安全性服务，未被纳入国家"十二五"经济社会发展规划，感到遗憾。从本书理论依据之一的"人本体制论"角度研究，笔者坚持认为应把公共安全性服务列入国家基本公共服务体系的规划之中。

三、基本公共服务均等化的体制保障

逐步实现基本公共服务均等化，必须有相应的体制保障。举其大者，主要有以下几个方面：

（1）公共财政制度。应调整财政支出结构，建立和完善公共财政体制。财政资金应逐步退出一般竞争性领域，加大对目前比较薄弱的基本公共服务领域的投入。当前尤其要确保新增财力主要投向就业再就业服务、基本社会保障、义务教育、公共卫生和基本医疗、公共文化、公益性基础设施、生态环境保护、公共安全等方面。同时，加大财政转移支付力度，通过中央财政转移支付来缩小东西部之间在公共服务上的差距。

为便于比较，现将中国与若干国家政府财政支出结构状况比较列示如见表6-2所示。

表6-2　　　中国与若干国家政府财政支出结构的比较（2007年）　　单位：%

国家	一般公共事务	国防	公共秩序和安全	经济事务	环境保护	住房与社区生活设施	健康	文化娱乐和宗教事务	教育	社会保障
中国	18.2	5.24	4.98	37.68	3.21	0.44	2.51	1.27	9.32	17.15
美国	13.47	11.54	5.71	9.98	—	1.85	21.06	0.87	16.93	18.59
德国	13.61	2.41	3.51	7.23	1.1	1.93	14.01	1.36	9.09	45.75
法国	13.28	3.39	2.41	5.36	1.66	3.62	13.72	2.9	11.24	42.41
意大利	15.98	3.14	3.89	10.23	1.83	2.16	12.75	3.05	11.22	35.93
日本	12.91	2.59	3.89	10.55	3.55	1.81	19.6	0.43	10.74	33.93
新加坡	12.37	27.99	6.24	9.81	—	12.19	6.04	0.48	20.82	4.07
波兰	12.58	3.89	4.72	10.15	1.4	1.7	10.62	2.64	12.72	39.57
乌克兰	7.66	3.04	5.25	13.54	0.66	2	9.05	1.9	14.01	42.89

资料来源：IMF. 政府财政统计年鉴（2008）.

表6-2是整个政府财政支出结构比较，笔者再将中国与若干国家"中央政府"财政支出结构的比较列示如表6-3所示。

表6-3　　　中国与若干国家"中央政府"财政支出结构的比较（2007年）　　单位：%

国家	一般公共事务	国防	公共秩序和安全	经济事务	环境保护	住房与社区生活设施	健康	文化娱乐和宗教事务	教育	社会保障
中国	60.49	11.37	1.82	19.67	0.03	0.27	0.16	0.32	1.22	4.65
美国	13.4	19.96	1.53	5.91	—	1.95	25.18	0.15	2.39	29.54
德国	14.56	3.68	0.5	5.37	0.06	0.71	20.35	0.15	0.59	54.03
意大利	19.98	3.52	4.08	6.39	0.4	0.5	13.54	0.83	10.9	39.87
韩国	24.02	11.33	5.48	17.63	—	4.42	0.99	1.01	15.36	20.73
新加坡	12.37	27.99	6.24	9.81	—	12.19	6.04	0.48	20.82	4.07
波兰	13.88	4.63	5.29	6.8	0.21	0.42	11.58	0.9	11.48	44.82
乌克兰	23.52	3.65	6.24	11.58	0.58	0.59	3.1	0.84	5.81	44.08
智利	7.71	6.51	7.02	14.3	0.32	1.49	15.94	0.71	17.24	28.76
墨西哥	38.36	3.04	2.72	8.11		6.92	4.95	0.56	24.73	20.12

资料来源：IMF. 政府财政统计年鉴（2008）.

（2）收入分配制度。虽然基本公共服务均等化并不意味着收入分配要均等化，但目前社会收入分配差距过大，加大了实现基本公共服务均等化的难度。因此，需要加快收入分配制度改革。具体思路是："保低"——保障并提高低收入者收入水平，"扩中"——扩大中等收入者比重，"控高"——调控过高收入，"打非"——打击并取缔非法收入。在此基础上，通过"缓解—遏止—缩小"这样一个渐进过程，使收入差距扩大的趋势得到根本性扭转。这样做，可以缓解社会成员在获取服务上的"流动性（货币）约束"，从而减轻政府实施基本公共服务均等化的压力。从这个角度看，收入分配制度改革与实现基本公共服务均等化是相辅相成的。

（3）城乡协调发展制度。阻碍基本公共服务均等化最突出的问题是机会不均等，尤其是城乡分割的体制使广大农民和进城的农民工没有享受到应有的"国民待遇"。解决这一问题，需要加快建立有利于改变城乡二元结构的体制机制。一方面，继续推进城镇化进程，加快劳动力向城镇转移的步伐，并解决农民工的身份问题；另一方面，政府应把基础设施和社会事业发展的重点转向农村，逐步加大对农村基本公共服务的投入。

（4）公共服务型政府制度。我国公共服务供给的短缺与政府的"缺位"、"越位"有关。政府的"位"定在哪里？应该定在"服务型政府"。为此，应抓紧做好这样几项工作：第一，实现政府职能的根本转变，并建立健全基本公共服务均等化的考核体系，强化对地方政府的公共服务行政问责；第二，改革行政审批制度，彻底清理、减少、规范行政审批项目；第三，推进政府机构改革，逐步解决层次过多的问题；第四，推进与政府机构紧密相关的社会事业单位改革，对于与基本公共服务均等化密切相关的教育、卫生、文化等事业单位，按照公共性、准公共性和营利性区别对待的原则和办法进行分类改革。

在上述研究的基础上，笔者的同事、国家发改委社会研究所曾红颖博士从三个角度深化了这项研究。第一，在思路上，强调基本公共服务均等化是基本公共服务体系建设的关键机制，而标准又是均等化的核心参数，标准的主体是单位公民。指出从制度上解决城乡差距问题，应把存量问题和增量区分开，保证不产生新的增量问题，进而渐进解决消化存量问题。第二，从基本公共服务均等化供给维度，建立了一整套基于全国平均标准的基本公共服务均等化支出与收入标准体系和转移支付测算模型。第三，以2008年财政年度为样本，测算和评价了中央对全国31个省（市、区）的均等化转移支付。结果表明，按该文标准体系实施均等化转移支付后，可提高各地的基本公共服务均等化程度。以上研究见2012年《经济研究》第6期《我国基本公共服务均等化标准体系及转移支付效果评价》，有兴趣的读者可以继续研究。

[补充]

在第七届中韩国际论坛阐述新公共安全观

由中国清华大学和韩国安全行政部有关学院联合召开的第七届中韩国际论坛，于2013年8月28日在中国内蒙古阿尔山市举行。本次会议的主题为"促进行政协作，强化公共安全"。常修泽教授应邀作为中方首位嘉宾出席会议，发表学术报告，并在大会作总结发言。

常修泽教授报告的题目为《信息化条件下的政府职能与公共安全》。报告分为四部分：

一、公共安全：当今人类面临的共同问题。自然灾害、各类事故、公共卫生、危害公众的社会事件四大问题，是人类面临的共同问题，特别是中国处在转型期，情况尤甚。

二、信息化条件下公共安全事务的信息公开。指出人类兴起的信息化浪潮对政府职能和社会事务有重大影响。如何透明化是值得研究的内容，"斯诺登事件"对世界的影响及其启示。

三、政府公共安全职能的强化与效率提升。主张把公共安全性服务与基本民生性服务、社会事业性服务和公共设施性服务一起，作为建设基本公共服务体系的四大支柱，并提高效率。

四、社会性公共安全的新思路。保障公民的"四权"——知情权、参与权、表达权、监督权；调整社会结构，建立底层的向上流动机制；创新社会管理方式，由单中心治理向多元共治转变；建立新型的灾害与安全宏观和微观应急体系，韩国的SBB机制可以借鉴。

与会专家分三个专题进行了讨论。闭幕前，常修泽教授作了大会总结发言。

第七章

政治改革：
寻求最大政治
公约数的政治体制

本 章 导 言

从笔者社会调查的结果来看，群众目前最关心的改革是政治体制改革。无论是体制内外，大多数人都认为中国的政治体制已经到了非改不可的时候了。

中国的政治体制改革是最敏感也是难度最大的改革。抗日战争时期，美国人访问延安后，被延安的清廉所打动，回南京说中国的希望在延安。宋美龄评论一句："那是因为他们还没有尝到权力的滋味。"在"尝到权力的滋味"后，如何加强严格有效的体制约束，进而"把权力关进制度的笼子里"，确实是很难的问题。

中国的改革，不是传统意义上的"革命"，但又有某些类似于"革命"的元素，是"中国的第二次革命"；中国的改革，不是传统意义上的"变法"，但又有某些类似于"变法"的特征，是中国"社会主义制度的自我完善"*。这是笔者在中共十八大前完成的研究报告的基调。中共十八大后，习近平同志在政治局会议上说，中国的改革开放"是一场深刻的革命"，同时又是"社会主义制度的自我完善"（2012 年 12 月 31 日）。这给我们一个大体框架，需在"一场深刻的革命"与"社会主义制度自我完善"之间做文章。如果把改革目前达到的水平视为"地平线"，把基本的"红线"比喻为"天花板"，两"线"之间改革的空间相当大。

在"地平线"与"天花板"之间，如何探索中国的包容性的体制？习近平讲："把最大公约数找出来，在改革开放上形成聚焦"。这个"最大公约数"，可成为"破题"的一把钥匙。

当今中国社会"最大的政治公约数"是什么？是实现中华民族的伟大复兴。如能以实现中华民族的伟大复兴为轴心形成一种"聚焦"，形成一种共识，厘清并清除影响中华民族伟大复兴的体制障碍，则可有助于建立符合最大政治公约数的政治体制。

从现实生活来看，腐败是当前群众最关注、最痛恨的问题，这一问题的形成与发展，根源于"尝到权力的滋味"后而缺乏严格有效的体制约束。鉴于现实状况，政治改革可从政府体制改革搞起。

政府职能转变应把握什么基调？对近年来政府职能转变如何评估？政府职能为什么难以转变？如何推进政府职能转变，特别是创新政府服务和管理方式？本章有详细论述，并建议在深圳进行行政体制改革的试点。

---

* 参见财经（2012－10－29），未来十年的中国改革战略；人民日报（2012－11－27），新时期改革的战略思维.

第一节　改革的难度与拓展改革空间的四点方略

【提要】

政治改革旨在寻求建立最大政治公约数的政治体制。这是包容性体制在政治领域的体现。如何建立包容性的、具有最大政治公约数的体制？对各国来说，都是难度极大的命题。

根据党的十八大以后的新情况和改革面临的复杂局面，这里提出"改革空间"的概念。

围绕"改革空间"，就如何促进改革取得实质性进展阐述了四点方略：(1) 明确"大框架"，拓展"大空间"；(2) 寻找"公约数"，导向"突破点"；(3) 找准"均衡点"，构建"大屋顶"；(4) 采取"巧策略"，力求"得实效"。*

一、包容性政治改革：一个难度极大的命题

本书绪论指出，政治改革旨在寻求最大政治公约数的政治体制。这是包容性体制在政治领域的体现。如何建立包容性的、具有最大政治公约数的体制，无论在理论和实践上，都是难度极大的命题。

(一) 理论上的难题

第一，西方的政治制度理论如何应用于中国实际？难。本书前面指出，达伦·阿西莫格鲁和詹姆斯·鲁宾逊提出的"包容性政治制度"主张，其中的"允许广泛的参与、具备法律和秩序，同时政府保有一定的政治集中度，以便有效地施行法治"等，当中不少意见对中国是有借鉴意义的，但是，其政治制度的另外一个内容，能照搬到中国吗？

第二，如何"把权力关进制度的笼子里"？难。抗日战争时期，当年美国人访问延安后，被延安的清廉所打动，回南京说中国的希望在延安。宋美龄评论一句："那是因为他们还没有尝到权力的滋味。"从现实生活来看，腐败是当前群众最关注、最痛恨的问题，这一问题的形成与发展，根源于"尝到权力的滋味"后而缺乏严格有效的体制约束。解决此问题的关键，是"把权力关进制度的笼子里"。但是，关者与被关进者的高度重合性，能关牢吗？

第三，如何处理《宪法》与权力的关系？难。这也是面临的有难度的问题。2012 年 11 月，中共十八大闭幕不久，习近平在"纪念现行《宪法》公布施行 30

---

* 本节的基础系笔者于 2013 年 1 月 12 日在"十八大后转型与改革"研讨会上的发言实录，刊于国家发改委经济研究所. 经济决策参考，2013（1）；经济参考报，2013－2－25.

周年大会"上讲:"《宪法》的生命在于实施,《宪法》的权威也在于实施。我们要坚持不懈,抓好宪法实施工作,把全面贯彻实施《宪法》提高到一个新水平。"并指出"要加强对权力运行的制约和监督"。笔者认为,这段话反映了"《宪法》至上、权在法下"的现代法制精神。这对于研究政治体制改革具有启示意义。但是,如何处理《宪法》与权力的关系,理论和实践上都需要探讨。

(二)实践上的难题

中共十八大以来,形势发展较快。在民众热情期待下,以习近平在广东考察时讲"党的觉醒"为燃点,改革明显升温。从实际情况看,这不仅是宣示,确实还有行动,例如,明确提出"停止"劳教制度和推进户籍制度的改革等,就属于实际动作(尽管是局部性的动作)。总体来看,开局还是不错的。

在这段时间里面,也有一些东西值得关注:实践上,突如其来发生、大家都措手不及的事件,颇引人深思。一些本来不太大的局部性事件,其内涵被"象征性"地扩大,竟然像滚雪球似地弄成一个社会热点。尤其是,由此事而引起的若干地区不同社会思潮的"板块碰撞",更透露出在一些问题上社会共识之缺乏。

现在,社会上潜伏着不只一组这样的问题,倘处理稍有不慎,都可能引发一些意想不到的"牵一发而动全身"的后果,这从一个方面再次显示了中国改革的复杂性和艰巨性。

在这样一种背景下,在部分人士中间产生了一种"改革忧虑症",甚至个别朋友产生了"能改多少就改多少"的无奈情绪。中国改革到底有没有空间?如果有,改革的空间究竟有多大?这是当前需要探讨的问题。

下面,笔者想围绕"改革空间"这一中心议题,提出四个问题讨论:第一,在现有的基本政治制度框架下,中国的"改革空间"到底有多大?第二,下一步改革应该采取什么"导入"战略?第三,改革的决策层如何把握在"两个鸡蛋上跳舞"?第四,面对极其复杂的格局,应采取什么样的策略来取得改革的功效?针对以上四个问题,提出以下四点方略。

二、明确"大框架"拓展"大空间"

横亘于20~21世纪的中国改革,是在新的历史条件下中国人民进行的一场新的伟大革命,如同越南等转型国家一样,都属于在共产党领导下的体制转型,自然有一个基本方向问题。从这个意义说,改革是有"天花板"的,这点不能不承认。

中共十八大前,笔者曾提出一份研究报告——《十八大后的中国改革战略探讨》，开头写道：中国的改革，不是传统意义上的那种"革命"，但又有某些类似于"革命"的元素，是"中国的第二次革命"；中国的改革，不是传统意义上的"变法"，但又有某些类似于"变法"的特征，是中国"社会主义制度的自我完善"。十八大后的中国改革，可定位于"革命"与"变法"之间，比"革命"要柔，比"变法"要刚，刚柔相济，平滑运作（此报告载国家发展改革委经济研究所《研究报告》2012 年第 005 期，并上报；《财经》杂志 2012 年 10 月 29 日刊登；十八大后《人民日报》2012 年 11 月 27 日以《新时期改革的战略思维》为题刊发主要内容）。

近来，习近平在 2012 年 12 月 31 日政治局会议上说，中国的改革开放"是一场深刻的革命"，同时又是"社会主义制度的自我完善"。这给我们一个大体框架，需在"一场深刻的革命"与"社会主义制度自我完善"之间做文章。所谓"坚持正确方向"，所谓"沿着正确道路推进"，基调应该就在这里。

现在需要探讨的问题是，在这个大框架内，改革的空间有多大？主要矛盾是什么？是改革空间没有拓够，还是碰到"天花板"了？笔者的判断是，现在，远远没有碰"天花板"，改革空间也远远没有拓够，有很多该改的东西没有推出来，这是主要矛盾。

为什么这样说？笔者在《人本体制论》里曾提出"五环式改革"，20 个字："经济转型、政治变革、社会共生、文明交融、天人合一"，其意图是建成我们为之探索的社会主义市场经济体制和民主法治社会。我们不妨想一想：

——"经济转型"，不论是经济体制转型，还是经济结构转型，到位了吗？仅就体制而言，包括垄断性行业改革、要素市场化改革、财政金融体制改革等等，到位了吗？

——"政治变革"，不论是政府体制改革，还是司法制度改革，不论是反腐败当中官员财产公示制度（应从上层开始），还是党内民主制度建立，这些到位了吗？

——"社会共生"，不论是分配制度改革，还是户籍制度改革，这些取得重大突破了吗？（不一一列举）

如果把改革目前达到的水平视为"地平线"，把基本的"红线"比喻为"天花板"，笔者认为，目前"地平线"比较低，而"天花板"则很高，在两"线"之间，改革的空间相当大。

这就意味着，改革有很多事情需要做，改革是可以大有作为的，要给社会这样一个理念。千万不要一叶障目，挡住自己的眼睛；千万不要作茧自缚，捆住自己的手脚。还是要像小平同志说的那样，大胆试，大胆创。这是笔者讲的第一个观点。

三、寻找"公约数"导向"突破点"

"把最大公约数找出来，在改革开放上形成聚焦"。对习近平近日说的这个"最大公约数"问题，好像大家重视不够，其实，这很值得挖掘的。

当今中国社会"最大的政治公约数"是什么？或者说能够凝聚当今社会各种政治力量，各个社会阶层的最大共识是什么？笔者认为有三个公约数。

第一个公约数，实现中华民族的伟大复兴，这是当今中国社会最大的政治公约数。

要实现民族复兴，作为处在不发达阶段的中国来说，发展仍是解决所有问题的关键。而要发展，遇到的最大问题是制约经济发展方式转变的体制障碍。尤其在多年来促进中国经济增长的人口红利、资源红利、经济全球化红利逐步消退之际，"制度红利"成为引人瞩目的重要动力。现在的问题，是真复兴，还是假复兴？是真发展，还是假发展？是真转变，还是假转变？如果真复兴，真发展，真转变，那好吧，那就请扫除体制障碍吧。这叫什么？这叫经济发展方式转变"倒逼"改革。

多年来，中国的转变，虽然有进展，但是，一些关键性的、要害性的领域和环节并没有攻下来，经济领域一些深层次的体制性"瓶颈"依然存在。下列这些问题是需要突破的：作为市场经济改革"关键环节"的政府职能，如何转变？作为市场经济重要支撑的要素（包括资本、土地及其他资源、技术等要素），如何市场化？作为市场经济微观基础的国有企业，特别是垄断性行业改革，如何深化乃至"破题"？等等。倘若没有关键性领域和环节的体制突破，经济发展方式能有根本性转变吗？

我们的视野还应再拓宽一些，要认识到，民族间、国家间的竞争，从根本上说是体制的竞争。只有大胆吸收和借鉴人类社会创造的一切先进制度成果，增强自己的体制优势，才能自立于世界民族之林。不改革旧的体制，民族复兴的"强国梦"能实现吗？这是其一。

第二个公约数，改善民生。

人民期盼有更好的教育、更稳定的工作、更满意的收入、更可靠的社会保障、更高水平的医疗卫生服务、更舒适的居住条件、更优美的环境。这是很强烈的，对此大家都认同。但真正实现上述民生目标，将会遇到一系列体制障碍，如分配体制障碍、户籍体制障碍、医疗体制障碍、教育体制障碍等等。加之在这一过程中，民众的公平意识、民主意识、权利意识的觉醒和增强，也会提出新的诉求。即民生"倒逼"改革。

第三个公约数，反腐。

这个公约数大家都认同。既然要反腐，除了"清官期盼"外，人民更有"制度期盼"，希望尽快实行官员财产公开制度（而且从高层做起），以及权力制衡制度等。

总之，要抓住公约数，往下倒逼，引入改革的突破点。这叫什么？可以叫问题导向，也可以叫公约数导向。这是第二个方略。

四、找准"均衡点"构建"大屋顶"

5 年前（2008 年），笔者在《人本体制论》一书中，曾提出"双线均衡论"，建议"中国的宏观决策层需要学会在市场化和社会公正'两个鸡蛋上跳舞'"。而不要把任何一个"鸡蛋"打破。"如果打破了经济市场化这个'鸡蛋'，中国就会倒退；打破了社会公平这个'鸡蛋'，中国就会动荡"。现在仍坚持这一主张，并且将这一主张提升为整个改革操作时的方略。

例如，在改革方向上，要在一场深刻的革命与社会主义制度自我完善"两个鸡蛋上跳舞"；在改革操作上，要在深化改革与社会稳定"两个鸡蛋上跳舞"；在改革组织上，要在尊重群众首创精神与加强执政党领导"两个鸡蛋上跳舞"；等等。

总之，在目前社会情况下，建议有关方面找准"均衡点"。当然，这个均衡，不应是静态均衡，而是动态均衡，只要找好"均衡点"就不会踩破任何一个"鸡蛋"，而且，还会产生一个亦 A 亦 B、非 A 非 B、淡化了各自颜色的 C（如奥斯特罗姆教授所说的"第三域"）。

这个"均衡点"很重要。应该以此为"基点"，以改革的理念，实行"包容性体制创新"（参见本书第四章第一节"包容性体制创新论"），从而形成一个大的改革协调系统。面对社会某些共识的"板块化"，需要构建"大屋顶"。"大屋顶"除"特别极端"的以外，应包容 A，也应包容 B，当然更应包容 C，要以"海纳百川"的胸怀，组成宏大的改革大军。

五、采取"巧策略"力求"得实效"

希拉里提出"巧实力"，妙在一个"巧"字，颇有启发。中共十八大讲改革，既强调要有"政治勇气"，又强调要有"智慧"。笔者个人智慧不多，但民众中智慧丰富。依笔者个人浅见，建议：

（1）少说多做。唐诗云："随风潜入夜，润物细无声"。要防止大轰大嗡，尤其不要"吊人胃口"。若有新的提法，要科学界定内涵，对老百姓说清楚、讲明白。

（2）重点突破。总的讲是全面推进，但一段时间内不可"四面出击"，应集中兵力，突破一两个问题，断其一二指。

（3）增量起步。中国动存量很难，可从增量变革搞起，一段时间新人新制、老人老制，必要时作点妥协，以此为基点，撬动存量优化。

（4）组织对话。针对不同社会思潮的"板块碰撞"，建议相关方面主要负责人召集不同层面不同认识的代表（特别是所谓"意见领袖"），举行对话或召开社会协商会议，以寻求共识。

（5）稳健操盘。注意"力"的节奏和"度"的把握。要大体保持改革舆论宣传的连贯性，防止摇摆，须知：在上"摇之毫厘"，在下"摆之千里"。另外，一些措施出台，要经科学论证，不可仓促推出，防止2013年新年伊始"黄灯"短命法规之类事件重演。

当前改革面临十分复杂的局面，在社会结构和利益格局发生深刻变化的情况下，笔者深感，欲达成改革共识，欲形成改革合力，难度何其大也；在改革即将触及现有利益格局，甚至矫正某些方面未来利益预期的情况下，笔者深感，阻力何其大也。为顺利推进提以上意见，供讨论。

[补充]

寻求中国当今最大的政治公约数*

《国家发展战略研究丛书》新书发布及学术研讨会2012年12月9日在北京举行。该丛书共20本，涉及我国未来经济、社会、政治、文化、外交、国防、改革、开放等20个领域，由中国（海南）改革发展研究院组织编著，学习出版社、海南出版社联合出版。笔者应邀主持会议并发表以下意见：

今天是2012年12月9日，距离中共十八届一中全会产生新的领导班子近一个月。这一段发生了一些新的事情。中国没有"改朝"，但是已经"换代"，换上新的一代。今天正处在一个新的历史起点上。这个大会的标题是"站在新的历史起点上"，探讨我们这个国家怎么发展，怎么改革，或者说怎么转型。

我不知道各位朋友注意了没有，从一个历史长河来说，中华民族要崛起，有个"国家中兴"（或者复兴）的问题。至于这个词各位采写的新闻中是不是用，悉听尊便。

2012年11月15日上午11点53分，新一届常委在人民大会堂露面，习近平同志讲话或者说"就职演说"，开头第一段是什么？——"向民族负责"，"民族"放在第一位。新一届常委出来第一个活动地点选在哪里？选在《复兴之路展览》，选在"民族复兴"这个历史基点上。从这里我们可以研究其基本价值取向。我最近一个多月一直在海口的海甸岛静心写书，

---

* 常修泽．寻求中国当今最大的政治公约数．中国改革论坛网，2013－1－3．

一边远距离观察思考。思考的结果，好像是新一届决策者正在寻求当代中国社会最大的政治公约数（有人插话：第一个活动地点为什么没选某某地方？）如您所说，如果选在那个地方，我感觉可能公约数不够，最后选来选去选在"中华民族的伟大复兴"上。我认为，追求中华民族的伟大复兴是中国当今最大的政治公约数，第一位的政治公约数，举"民族复兴"这张牌，容易达成共识。

《研究丛书》将站在民族复兴的角度，讲昨天、今天、明天。今天是"人间正道是沧桑"，注意，近日习近平同志到深圳实地考察，到了哪儿？中国改革最前沿的地方——深圳，深圳开放最前沿的地方——前海地区。那儿是中国改革开放"开风气之先"的地区，这预示着什么？改革。

明天是"长风破浪会有时"。我们重点还是对着明天，怎么"长风破浪"，怎么为国家寻求一个美好的未来。基于此，今天会议的关键语句："大视野，以国家战略的眼光看未来；大手笔，以行业专家的身份写国情"，把握这样一个基调。

研究"战略"要讲长远性和全局性。清人陈谵然曾云："不谋万世者，不足谋一时；不谋全局者，不足谋一域"（谵然先生是光绪十九年恩科举人）。这段话第一句讲的是纵向，要有时代感。第二句是横向，要有全局观。这是视野问题，我们在视野方面应有所拓展，要结合纵向、横向一起考虑。

怎么从全球角度，从真正建设成世界的强国这个意义来写这套书，我觉得这是画龙点睛之笔。中国 GDP 变成世界第二，就能叫世界强国吗？那只是 GDP 第二而已。同时，GDP 第二，我们的代价多大？成本多高？人均如何？笔者认为，世界强国，不光看经济，还有政治强国、军事强国、科技强国、思想价值强国等等。欲真正变成世界强国，我们距离还是相当大的，说到此我还是有些汗颜。这本书怎么站在世界强国的高度来写，这个问题是需要破题的，不仅仅是 GDP 而已，那东西相对来说比较容易。还有，怎么贯彻中共十八大五位一体的总格局。现在这套《国家发展战略研究丛书》缺一个现代化强国的总体布局，五位一体的总格局。这些东西都需要我们进一步思考。

站在民族复兴的角度，有许多重大战略问题值得研究。例如，应研究人力资源的发展，梁启超先生说："一家之弟子弱，则其家必落；一国之弟子弱，则其国必亡"。这是大视野，战略思维。再如，互联网发展战略绝对不是一个小战略，这是一个很大的战略性问题。互联网发展战略事关国家全局。再如，贸易强国也是一个战略问题。从世界史看，法国大革命是新兴阶级推翻旧阶级的革命，前十年一种新的意识形态已经出现，表明新兴的工商阶级登上舞台之前已经有萌芽的东西。熊彼特说，法国大革命前十年当时法国社会经济及其意识形态的状况，呼唤着新的阶级出现。既然新的阶级要出现，新的意识形态必然产生，以此替新生的阶级鸣锣开道。

总之，以国家视野看未来，应该写成"道"，千万不要写成"术"之类的东西。"术"也很重要，但国家发展战略研究不是干那个的。如果写"生意经"，有很多行家里手。同样，写《互联网发展战略》，也不是教大家在互联网上怎么淘宝。要讲"道"而非"术"。

文风面临着变革。文风如何喜闻乐见？好多东西都要分析。前不久，开国家综合配套改革实验区座谈会，有的负责干部依然用旧的办法照稿宣读。李克强同志插话说，问你几个事，问得某同志很尴尬。现在会风依然比较僵化。文风问题同样严重。写书要讲文风。一个国家社会腐败，话语模式是表现之一。现在官方的话语模式出了问题，空话、大话、套话太多，老百姓已经听烦了；反倒是老百姓的，甚至古人外人的话语更活泼一些。人们不喜欢"党八股"的语言。

第二节 改革大局与政府职能转变

【提要】

现阶段，推进政治体制改革，从哪里切入为好？从实际出发，建议以政府的体制改革作为起点，然后由此及彼，由表及里，逐步深入。笔者把此称为"以政府改革为起点的政治体制改革思路"这是下一步全面改革的重头戏。

加快政府自身体制改革，特别是转变政府职能是整个经济社会改革的关键环节。从纵向看，它具有"中枢"性；从横向看，它具有综合性或交叉性；从具体操作看，它具有平滑性。

政府职能转变的评估，没有取得突破性进展：一是在经济调节方面尚未完全转变过来；二是在市场监管方面政府的职能没有到位；三是在社会管理方面基本上是延续传统思路。

政府职能为什么难以转变？直接的原因：干部考核体系与财税体制导致地方政府行为微观化；深层的原因：市场化缺位导致权力膨胀与既得利益集团掣肘；更为深层的原因：纵向型权力来源结构和民主监督机制缺乏。

在新的历史条件下，应把行政管理体制改革放在更加突出的位置，以公共利益导向为重点，力求在政府职能转变方面有所突破。*

围绕"政府职能转变"有四个问题需要研究：（1）政府职能转变应把握什么基调？（2）对近年来政府职能转变如何评估？（3）政府职能转变难的原因是什么？（4）如何加快转变政府职能转变？本研究报告就此提出自己的研究结论。

一、讨论政府职能转变应把握的基调

有一种观点认为应称"完善政府职能"，而不应称"转变政府职能"。虽只有两字之差，但基调大不相同。针对中国现在的政府职能现状，笔者不赞成"完善"说，主张"转变"说。不是一般的转变，是要"加快"转变。这两个词非常重要，因为这个问题与整个国家改革走势紧密相连。

---

* 本节的基础系笔者于2012年年初完成的内部研究报告。2012年2月7日，应中央机构编制委员会办公室邀请，在"加快政府职能转变"内部研讨会上提出；载于国家发改委经济研究所．经济决策参考（内部）．第9期（2012－3－14）；发表在《学习时报》（第一部分）2012－3－26，《中国经济时报》（第二、三、四部分）2012－4－6；收入中国体改研究会．未来十年的改革．北京：中国财政经济出版社，2012.

中国正处在历史的十字路口，或者说再次走到十字路口。下一步国家到底往哪里去，涉及对改革大局的把握。转变政府职能是改革的重要部分。现在社会矛盾比较尖锐，一是社会腐败严重，二是收入分配不公，三是公民权利缺乏有效保障，特别是在征地、拆迁和社会治理中的矛盾比较尖锐。现在有一句话叫做"改革与革命赛跑"，虽然讲得有点尖锐，但说明了改革的紧迫性。历史留给主事者的机会不是很多，应当珍惜。小平讲的"不改革开放就是死路一条"，具有警世意义。

改革会出现两种可能：一种是在既得利益集团和其他思潮的干扰和影响下，使改革变味、变形、搞坏，然后把改革失误的责任嫁祸于改革者，这是悲情结局。另一种是按照正确的方向和路径推进改革，使体制创新取得较好的结果，从而使国家能够避免陷入"陷阱"。现在要研究怎么避免第一种可能，争取第二种可能。

基于这样一个判断，转变政府职能，建议找两个均衡点、两个侧重点。一个是在保持路线的连续性和创新性之间寻找均衡点，一方面保持改革开放以来党的路线方针的连续性，另一方面寻求体制的创新性，要往创新性侧重。另一个是在保持大局的稳定性与突破性之间找均衡点，一方面要保持稳定，另一方面要寻求突破，要往突破上侧重。因为中国的历史惯性严重，现在僵化的东西还比较多。鲁迅讲过，如果你要想"开窗户"，只说"开窗户"是不让你打开的，只有说要拆掉这个房子，最后妥协的结果才是"开窗户"。况且，中国是一个大国，在改革方面尤其需要"雄才大略"。

加快转变政府职能是整个经济社会改革的关键环节。

——纵向看，转变政府职能具有"中枢"性。转变政府职能触及政府，而政府目前在整个国家处于顶层决策位置，如同人的"神经中枢"，牵一"枢"而动全身。从改革进程分析，政府体制改革是最大的"短板"，受其影响，垄断性行业改革、土地等要素市场化改革、收入分配制度改革陷于胶着状态，有的甚至处于"不进则退"状态。

——横向看，转变政府职能具有综合性或交叉性。牵扯到经济体制、政治体制等多个维度，是经济体制改革和政治体制改革的交叉点和接合部。

——从具体操作看，转变政府职能具有平滑性。通过转变政府职能、推进行政管理体制改革，可以比较平滑地推进其他难度较大的改革，有助于减少摩擦。

二、对近年来政府职能转变的评估

近年来，政府职能转变在公共服务、社会管理体制创新方面取得了一定进展。随着发展理念的初步转变，不少地方政府开始加强基本公共服务均等化建设，财政支出向教育、医疗卫生、社会保障等领域倾斜。广东、上海、江苏、浙江等发达地区进展比较快。部分地区在社会管理体制创新方面也开始进行探索。比较典型的，如广东在处理"乌坎事件"中，用"对话"来替代"对抗"，用"维权"来促进"维稳"。

但总体而言，政府职能转变没有取得突破性进展，并成为改革发展的制约因素，突出表现在以下几方面：

一是在经济调节方面尚未完全转变过来。决策层多次讲政府不干预微观经济活动、不代替企业经济决策、不代替企业招商引资（"三不主义"），但地方政府把招商引资作为各项工作的重中之重，甚至主要领导把自己作为第一责任人亲自从事招商。不少地方政府直接经营城市和经营土地，由于行政权力介入过多，导致"公权力"侵犯"私权利"，"行政权"侵蚀"财产权"。现实中还存在很多不合理的行政审批和微观管制。尤其是 2008 年 9 月金融危机爆发后，政府行政性干预进一步强化，当前不少地方把应对金融危机的临时举措常态化，仍然热衷于插手微观经济活动。

二是在市场监管方面政府的职能没有到位。近年来出现的三聚氰胺、假冒伪劣药品、地沟油、瘦肉精等违反市场秩序事件，是政府对市场监管不到位的典型表现。

三是在社会管理方面基本上是延续传统思路，缺乏新的思维。这里有一个问题需要研究，就是社会管理是否等同于社会控制？社会管理创新功能是否等同于政法部门的"社会综合治理"功能？社会组织在很大程度上属于公民社会的范畴，不宜由政法部门管理。随着社会不断发展进步，民众对于政府的期望愈来愈高，也愈来愈趋于多元化，那种以控制为主导的"单中心治理"模式是否能推进社会管理创新？总之，缺乏与新的社会要求相适应的社会管理体制。

三、政府职能为什么难以转变

政府职能转变进展不理想，原因十分复杂。既有干部考核体系原因，又有财税体制原因；既有生产要素市场化缺位导致权力膨胀原因，又有既得利益集团掣肘原因。从更深层来说，既有纵向型权力来源结构的原因，又有民主监督机制缺乏的原因。用制度经济学分析，大体归纳为以下三组原因。

第一组是比较直接的原因：干部考核体系与财税体制导致地方政府行为微观化。

长期以来用 GDP 衡量官员的政绩，实行分税制后，地方政府有独立的经济利益，经济利益驱动与政治晋升驱动两股力量的合流，形成"双驱动"机制。近年提出"人本发展理论"以后，一些人文发展指标和可持续发展指标开始被重视，但惯性仍然存在。

由于没有实现发展理念转换，GDP 仍在官员内心世界居核心地位。由于GDP 至上，地方政府具有强烈的增长偏好，其"经济人"特征没有变化，这是地方政府职能难以转变，以致热衷于招商引资、经营城市的原因所在。

第二组是比较深层的原因：市场化缺位导致权力膨胀与既得利益集团掣肘。

经过 35 年的改革，市场在一般竞争性领域资源配置中已经发挥较大作用，但由于市场化改革并未到位，各级权力部门仍掌握着土地、矿产、资金等重要资源，并通过投资项目审批、市场准入、价格管制等手段不同程度地干预微观经营活动，从而使当前经济呈现一种"市场性和统制性并存"的特征。

由于市场化与非市场化方式并存，形成价格双轨制，导致了套利的机会主义倾向。金融危机以来，随着临时性反危机措施的出台，市场力量有所倒退，套利的机会有所强化。假设生产要素市场化改革能够到位，垄断性行业改革能够突破，政府在经济领域的权力就不会如此膨胀。

在市场化改革滞后、停顿的情况下，某些拥有较大资源配置权及自由裁量权的政府官员，利用掌握的资源，借助权力在经济决策上、市场监管上、投资项目审批上"寻租"，并试图将公权力资本化及其带来的特殊利益定型化，形成了以"权力寻租"为特征的特殊利益集团。"寻租"利益集团与社会其他特殊利益集团（如垄断利益集团等）结合在一起，成为妨碍改革进一步向纵深推进的力量。

政府权力归位的最大阻力在哪儿？

政府权力归位的最大阻力，在于既得利益集团的干扰以及权贵资本扭曲行政权力。以房地产为例，政府在其中涉利过深、获利过重、留利过大，有形之手干预存在着过重过深的情况，当前国有资本配置出现新的变化，国有资本的配置包括"进"和"退"是有原则的，但是近年来，国有资本却出现了不合理的扩张倾向，比如竞争性比较强的房地产行业，近来国有资本进入较多，在一些城市制造了一个又一个"地王"传奇。

要实现政府权力归位，需要克服政府部门与公共利益"争利"的问题。当前经济建设费用开支比重仍然不小，而经济建设性支出，也需要具体分析，其中有具有公共性支出的，但也有一部分属于对竞争性领域的投资，政府不应该在竞争性领域"与民争利"。在这点上，要分清存量和增量。对于存量，虽然不宜激进式推出，但增量部分不宜再按照惯性进入，搞所谓"新国有化运动"。下一步应该确保新增财力投向就业服务、社会保障、教育、文化、医疗、环保以及安全方面。

来源：常修泽．建设服务型政府的难题：如何抑制政府部门权力扩张冲动．人民网理论频道，2010 - 5 - 27.

第三组是更为深层的原因：纵向型权力来源结构和民主监督机制缺乏。

研究政府职能为何难以转变，不能不触及地方政府的权力来源结构问题。按照科学发展观"以人为本"的指导理念和宪法"主权在民"的核心价值取向，政府不应是自上而下的以纵向层级为特征的官僚机构，而是以为公众服务为核心的公共治理组织。现在尽管强调秉持"为人民服务"的宗旨，近年来也提出"权为民所用，利为民所谋，情为民所系"的"新三民主义"，但是忽视了"权为民所授"或"权为民所赋"或"权为民所予"这一更根本的问题。

权力来源结构的先天缺憾，妨碍了政府基本权力配置格局转变。虽然也讲政府最重要的职责是"为人民服务"，但是由于传统的以上级"任命制"为特征的组织模式，难以建立自下而上公民参与的决策程序，在经济利益与政治晋升"双驱动"下，加之民主监督机制缺乏，自然固守原有追求 GDP 的传统职能。这涉及更深层的改革问题。

四、推进政府职能转变的几点建议

在新的历史条件下，应把政府体制改革放在更加突出的位置，以公共利益导向为重点，力求在政府职能转变方面有所突破。

一要切实改变政绩考核体系。针对长期以来"与物本位相关指标热，与人本位相关指标冷"、"与官本位相关指标热，与民本位相关指标冷"的非科学、非人本发展体系，应弱化"物本位"和"官本位"相关指标，强化"人本位"、"民本位"相关指标，构建科学合理的政绩考核制度。除了改进上级对下级政府的评价机制外，还应积极建立由公民自下而上的评价机制，从而促进政府职能更多地转到公共服务和社会管理上来。

二要按照"两层两线推进"的思路改革财税体制。"两层"指的是：中央层面要调整 1994 年以来的分成比例，适当向地方让利，地方层面要在地方财政收入与城市扩张土地经营之间建立"限制闸"和"调节阀"。"两线"指的是：一条线是建立政府（含中央政府、地方政府）财政收入增长与公共服务供给之间的"数量连接线"，另一条线是在政府（含中央政府、地方政府）与公众之间建立财政民主"制度连接线"，通过公众监督预算决策，确保按照民主程序处理财政事务。

三要加快推进要素市场化改革和垄断行业改革，压缩权力资本化的空间。针对要素类价格方面存在的价格形成机制不完善、价格水平不能准确地反映市场供求关系及资源稀缺程度等问题，推进土地、矿产、资金等要素及相关资源性产品价格改革，发挥市场在要素配置中的基础性作用。同时，要包容各种所有制经济，切实做到"两平一同"：平等使用生产要素，公平参与市场竞争，同等受到法律保护。从反垄断角度削弱"寻租"利益集团与垄断利益集团合流的基础。

四是有效开展"反腐败"斗争，切实摆脱既得利益集团的束缚。官员腐败是政府职能转变的大敌。鉴于一些部门实际上已经被利益集团所"俘获"，要研究如何把干部解放出来，使之摆脱"俘获"，不犯或少犯错误。"反腐败"应着重制度建设，尽快实行官员个人和家庭收入及财产申报、公示制度，避免干部掉到"泥潭"里去。通过"反腐败"，矫正权力与资本结盟、权力与利益交换的格局，排除特殊利益的干扰，推进政府职能转变进程。

建议官员财产申报和公示制度从上层做起

2013 年 1 月 6 日，由中国经济体制改革杂志社主办的"中国改革年会"在北京举行。在年会上，国家发改委宏观经济研究院教授常修泽接受了和讯网的视频访谈，在访谈中，常修泽表示，围绕反腐败要展开制度建设。这里面最突出的是官员的财产申报，特别是公示制度需要建立。应该从上层做起，体现中国共产党高级领导身先士卒，率先垂范；领导带头，公布财产，减轻下边操作时的阻力，领导一带头，下面也说不了什么；条件成熟，中央几位同志在媒体上宣布，我已经准备好了，只要中央一声令下我就公布。既然是这样的话，我在 1 月 3 日在凤凰卫视中文台的访谈里提出，建议官员财产申报和公示制度从上层做起，这样做可能会比较好一点。

来源：常修泽教授接受和讯网的视频访谈．和讯网，2013－1－6．

五要改变地方政府权力的"来源结构"。建议结合干部体制改革，逐步改变权力由上级"任命制"的"来源结构"，使权力真正来源于"公民的授予"。可先从基层乡镇和县级政府开始，由此倒逼它们从追求"上级赏识最大化"转向追求区内"公民拥护最大化"。

这种改革，如果一时难以在面上展开，可采取逐步推进的方式：第一步，先在福建平潭县试验区、珠海横琴地区和深圳前海地区试行；第二步，在深圳、海南等五个经济特区试行；第三步，在国务院批准的 11 个"综合配套改革试验区"试行。试验成功后，可率先在国务院批准的纳入国家战略的"战略区"推行。通过逐步推进，"墨渍扩散"，来解决面上的政府权力来源结构问题。与来源结构相匹配，实现民众的知情权、表达权、参与权、监督权，建立权力制衡、监督机制。

从"远虑"角度计，建议把改革党政关系列为政府职能转变的重要方面。党政关系问题在 1987 年中共十三大报告中有重要论述。1989 年邓小平明确指出，十三大报告一个字不要改。可见，小平同志对十三大报告是认可的。当然，改革党政关系问题比较复杂，不妨先做一些前期的理论研究和方案设计工作，待时机成熟，再在实践中探索。

第三节　政府管理和服务方式的改革创新

【提要】

目前世界上存在不同模型的政府体制，从掌握的资料中可以归纳为三种：第一种是公平为主导、兼顾效率；第二种是既讲公平，又讲效率，在一定程度上对效率看得比较重；第三种是公平和效率"平起平坐"。

中国是个"三合一"的国家：第一，是世界上最大的发展中国家；第二，又是个转型（包括体制转型和发展模式双重转型）的国家；第三，还是社会主义制度的国家，而且处在社会主义初级阶段。因此，必须从自己的国情出发，从自己所处的历史阶段，来创建自己的政府公共服务体系。

服务型政府应该有四个标志：之一：根本出发点——从全体公民的根本利益出发；之二：职能定位——强化政府的公共服务职能；之三：服务内容——建立并实施一整套切实有效的公共服务体系；之四：服务方式——不断创新政府的服务方式。*

一、人类共同文明与政府管理创新

《紫光阁》：常教授，在有关资料中了解到，几年前您曾到北欧几个国家实地考察有关创建公共服务体系情况。当时写的研究报告，通过国家发展改革委员会宏观经济研究院的内部刊物《调查、研究、建议》上报到有关决策部门。请您将有关情况介绍一下，再简要谈谈我们国家提出建设服务型政府的背景、重要意义以及应该注意把握哪些要点。

常修泽：为研究"服务型政府建设"的课题，我曾于 2004 年到北欧的瑞典、

---

* 本节内容系笔者应中央国家机关工委《紫光阁》杂志邀请在南宁全国会议上所作的报告，刊载于《紫光阁》杂志 2010（9）。《紫光阁》刊发时导语如下："随着党中央、国务院对建设服务型政府这一部署落实力度的加大，许多读者希望对这一概念有更加深入的了解。记者请教了多位专家学者后，得知著名经济学者、国家发改委宏观经济研究院常修泽教授在这一领域进行了长期潜心研究，曾在建设服务型政府的决策中起到一定作用。读过他的《人本体制论》一书关于政府转型的篇章和积累多年的论文后，我们又进行了一次让人难以忘却的谈话。"

芬兰、丹麦等斯堪的纳维亚半岛国家和地区考察。最近这十几年我对美国、欧洲、日本和"亚洲四小龙"的经济发展情况也作了一些考察，视野进一步开阔。我觉得，作为我们国家的政府研究部门，很有必要对世界上190多个国家和地区的政府在发展和建设上的新动向、新趋势作深入地学习和研究。了解学习人类创造的文明成果在政府管理方面的新动向，这应该是政府科学决策、民主决策的基础工作。

根据我阅读的文献和了解的情况，建设政府公共服务体系大致有三个阶段：

20世纪30～40年代，即第二次世界大战以前，为第一个阶段，可称为"有限的公共服务体系"阶段。

第二次世界大战之后的50～70年代，为第二个阶段。这个期间有很多著名的经济学家和社会学者，提出了关注社会发展和进步的课题。由此，有些国家建立了比较成型的公共服务体系。

第三个阶段是20世纪80年代之后。有些国家着手对它们国家曾经实行过的公共服务体系进行改革。改革的走势，是把人文关怀和经济可行性结合起来，把政府的公共职能和市场机制结合起来。

据我了解，目前世界上一些国家创造了不同模型的政府体制。从掌握的资料中可以归纳为三种：第一种是公平为主导、兼顾效率。比如瑞典、丹麦这几个北欧的国家。第二种是既讲公平，又讲效率，在一定程度上对效率看得比较重。比如美国和日本。第三种是把公平和效率"平起平坐"。比如新加坡。

中国的国情比较特殊，在借鉴国际经验时特别要强调适应性。中国是个"三合一"的国家：第一，是世界上最大的发展中国家；第二，又是个转型（包括体制转型和发展模式双重转型）的国家；第三，还是社会主义制度的国家而且处在社会主义初级阶段。因此，我们必须从自己的国情出发，从自己所处的历史阶段，来创建我们自己的政府公共服务体系。

同时，为适应国际竞争的新形势、新要求，需要建设服务型政府。我们在着眼于研究本国发展和改革问题的时候，还要看我们中国和外部世界的关系，尤其是在中国加入世贸组织之后，我们在经济上与国际社会联系更为紧密（如果考虑到将来有可能加入TPP，在经济上与国际社会联系将更为紧密）。我认为，对政府管理的挑战，甚至比对企业的挑战更为严峻。按照国际规则办事，政府对各类企业要一视同仁地遵循国民待遇原则，政府还要遵守透明化原则，等等，都对我们政府自身的体制提出了挑战。对外开放的这种深化，以及经济全球化给我们带来的新矛盾和新问题，倒逼着我们推进行政管理体制的改革，否则会出现不适应的问题。

从当前国内的主要矛盾看，人民群众日益增长的对公共服务和公共产品的需求与政府供给不足之间的矛盾，已经成为当今中国一个很尖锐的社会矛盾。这也呼唤着政府向公共服务职能转型。

二、公共利益：创新政府服务和管理方式

《紫光阁》：在实际工作中，大家好像都熟知"服务型政府"这个概念，但能够把服务型政府的内涵和标志，清楚地表达出来的人，好像还不多。希望您的回答能够给读者留下深刻而清晰的印象。

常修泽：按照我在《人本体制论》一书第十一章"中国建设服务型政府的宏观分析"中的定义，所谓服务型政府，是在以人为本基本理念的指引下，把为公共利益服务作为各级政府一切活动的根本出发点和落脚点；在资源配置和政府机构等方面强化政府的公共服务职能；建立并且实施一整套完整的、行之有效的公共服务体系；不断地创新政府服务和管理的方式，来提高公共服务的水平和能力。

按照上述定义，我认为，服务型政府应该有四个标志：

标志之一：根本出发点——是从全体公民的根本利益出发，全心全意为公共利益服务。在这里，从公共利益出发，还是从个人或者部门的、小团体的利益出发，这是一个根本宗旨问题。

标志之二：职能定位——是强化政府的公共服务职能。国家曾经对政府职能作出界定：即经济调节，市场监管，社会管理，公共服务。此后在强调这四个职能基础上，又明确指出，政府的职能更加着重于社会管理和公共服务，把公共服务这个职能进一步地凸显。前几年的政府工作报告里明确提出了"三不"：即政府不要干预微观经济活动；不要包办企业的决策；不要代替企业去招商引资。实际上就是要求各级政府要尽快摆脱过去经济干预型政府的羁绊，真正地凸显政府的公共服务职能。

标志之三：服务内容——建立并实施一整套切实有效的公共服务体系（这个题目下面专门谈）。

标志之四：服务方式——不断创新政府的服务方式，以提高公共服务的能力和水平。

借鉴"公私合作伙伴关系机制"

加强公共服务，政府固然责无旁贷，但也不可能包打天下。可行的思路是建立一种政府、市场和社会共建型模式：政府管基本保障，市场管超值服务，社会管广济善助。与这种思路相适应，在建设和运营方面可借鉴"公私合作伙伴关系

机制"，也可称为"PPP机制"。第一个P是Public（公共），第二个P是Private（私人），第三个P是Partnership（伙伴关系）。根据这种机制，政府提供公共服务，并不意味着政府一定去投资；即使政府投资，也并不意味着政府去直接经营管理。这就是说，政府提供服务，可以由民间投资，政府去购买服务；或者是由政府投资，然后委托别的机构经营管理。具体形式有公私合资合作制、托管制、特许经营制、政府采购制等。进一步探索和创新政府提供公共产品和服务的机制，目的是提高公共服务效率，满足人们日益增长的公共需求，促进基本公共服务均等化，从而为在市场经济条件下实现社会公平提供保障。

来源：常修泽．寻求经济市场化与社会公平的均衡．人民日报理论版，2009-4-21．

面对新变化、新形势，我们的管理和服务方式，也要进行变革。在信息化时代搞好电子政务，使政府的工作更加透明、更加有效率，同时也有利于建立内在的防腐机制。为了提高效率，天津南开区曾提出"超时默许制"。服务方式和管理方式的改革创新，如全国各级政府用信息化技术大力推行的"一站式服务"、"网上政府"等为企业、为公民服务的一系列先进手段，也是服务型政府的重要标志。因为，高效廉洁的服务型政府，理所应当要具备强大的实力和有效的手段治理贪污和懒惰。

三、以"人"为本：服务型政府标志

《紫光阁》：通过以上的谈话和阅读您的著作论文，让我感觉到建设服务型政府与落实科学发展观有着本质上的联系，可以这样理解吗？这种提法，是否便于大家记忆？

常修泽：可以，是这样的。科学发展观第一要义是发展，核心是以人为本，基本内容是全面协调可持续，根本方法是统筹兼顾。我在《人本体制论》一书中指出，"人"的概念有三层含义：第一，从横向来说，"人"，不是某一部分人，也不是所谓多数人，而应该是指全体公民。请注意，中央文件的明确提法不是多数人，而是全体人民共享改革发展成果。第二，从纵向来说，以人为本的"人"，指的还不仅是当代人，也应该包括下一代人。因为像资源利用、环境保护问题，这些属于可持续发展的问题，涉及我们子孙的利益和未来。第三，"人"的需求是多方面的，包括物质、精神，以及参与政治生活、社会生活等多方面的需要。

有了这样的对"人"的概念的全面认识之后，我们就可以清晰而深刻地认识我国现阶段建设政府公共服务体系的主要内容。这也是我上面提到的服务型政府建设的第三个主要标志的内容。一是提供就业服务和基本社会保障等"基本民生性服务"。二是提供义务教育、公共卫生和基本医疗、公共文化等"公共事业性服务"。三是要提供环境保护、公共性基础设施建设等"公益性基础服务"。四是在维护生产安全、消费安全、社会安全方面提供"公共安全性服务"。这些都是政府的责任。

四、建设服务型政府的体制保障

《紫光阁》：我看过许多专家关于建设服务型政府的文章，您的论文和以上这些谈话，是很有思想的。我想，您一定在如何实现服务型政府的具体措施上也有深入研究，也就是怎样从体制、机制上来保障公共服务型政府能够创建起来？

常修泽：碰巧，我也是研究制度经济学的。过去30多年重点研究三个字：一是"人"，著有《人本体制论》①；二是"产"，著有《广义产权论》②；三是"转"，即正在研究《第三波转型论》③。您提出的问题的确是一个不可忽视的问题。经过研究，我在《人本体制论》一书中建议抓好四项制度建设。一是建立公共财政制度；二是建立合理的国民收入分配制度和结构；第三个制度是城乡协调发展制度；第四个制度是政府自身行政体制改革的问题。

政府自身行政体制改革包括对政府的监督问题。这就是要"创造条件让人民有效地监督政府"。怎么创造条件？创造什么条件？我认为，一是创造让人民知情的条件，要做到行政透明化；二是创造让人民参与的条件，建立"公民社会"；三是创造让人民表达的条件，要广开言路，随时听取人民群众的批评和意见。这样才能让人民有效地监督政府。

如何测算中国服务型政府指数？新加坡南洋理工大学南洋公共管理研究生院课题组提出一个中国服务型政府指数体系。该体系由"三大维度"构成，即"服务型政府公众视角"、"服务型政府企业视角"和"基本公共服务"。公众视角包含五个子维度：公众公共服务满意度、政府效能、政府信息公开、公众参与和政府信任。服务型政府企业视角包括企业公共服务满意度、企业经营环境、企业参与以及政府效能四个子维度。基本公共服务维度在整个指数框架中作为一个维度，同时它也直接构成第十个子维度，主要指公共服务提供的投入与产出，涵盖以下十个公共服务领域：就业服务、住房、公共安全、公共教育、医疗卫生、环境保护、社会保障、基础设施、公共交通和文体休闲。

---

① 常修泽著. 人本体制论——中国人的发展及体制安排研究. 中国经济出版社, 2008.
② 常修泽著. 广义产权论——中国广领域多权能产权制度研究. 中国经济出版社, 2009.
③ 常修泽. 中国第三波转型. 北京日报, 2010 - 1 - 4.

第四节　行政体制改革深圳具备条件

【提要】

深圳的综改是中国在新的历史时期推进"五环式"改革的有益探索，其改革触及的是整个国家面临的问题，深圳的先行先试充当的是中国改革的先行试验区。

中国改革前 30 年基本上关注的是经济体制改革，第二个 30 年应该启动社会结构和社会体制的改革。深圳处在香港与内地的接合部，社会改革也更加有条件。

深圳特区成立之初在职能定位上有特别之处，但也未能摆脱传统体制的束缚，部门之间利益纠葛、盘根错节，现在改革改到自己身上，能否顺利实现转型还需要观察。*

一、深圳综改触及国家深层次问题

记者：目前全国已经有几家综合配套改革试验区，深圳综改方案的获批对于全国的综改具有怎样的意义呢？

常修泽：要探寻深圳综改在全国改革大局中的意义，必须将它放在中国第二个 30 年"五环式"改革的大格局中看待。以 2008 年 12 月 18 日召开的十一届三中全会 30 周年纪念大会为标志，中国改革的第一个 30 年"这一页"已经掀过，改革进入"下一个 30 年"的新阶段。在下一个 30 年，历史要求我们承担的，应该包括经济改革、政治改革、社会改革、文化改革和环境制度改革，这类似于奥运"五环"，我把它称为"五环式"改革，环环相扣，共进共荣。

深圳的综改是中国在新的历史时期推进"五环式"改革的有益探索，其改革触及的是整个国家面临的问题，深圳的先行先试充当的是中国改革的先行试验区。从纵向上看，深圳的综改方案是试图发挥当年"杀出一条血路"的勇气，旨在开全国风气之先。

二、社会改革深圳较沪津更具条件

记者：和其他城市已经获批的综改方案相比，深圳的综改方案有什么亮点？它要承担的使命有什么不同？

---

* 此节系笔者接受《南方日报》记者时的访谈记录。刊载于《南方日报》2009 - 6 - 1。《南方日报》刊载时导语如下："在中国改革进入第二个 30 年的关键时刻，深圳综改区将在中国改革中扮演什么样的角色？《方案》有哪些亮点？深圳综改的最大困难在哪里？带着一系列问题，记者专访了著名经济学家、国家发改委经济研究所研究员常修泽教授。"

常修泽：全国几个综改区中，长株潭、武汉都市圈是"两型"社会综改，成渝是城乡统筹发展综改，浦东、滨海和深圳是综合型的综改区。我认为，深圳的方案在以下几个层面上较为突出。

第一，关于社会转型。这是社会发展到一定程度、一定层次才会提出的问题，中国改革第一个30年基本上关注的是经济体制改革，第二个30年应该启动社会结构和社会体制的改革。深圳正处在社会转型的关键时刻，社会利益和分层结构都在变化中。社会转型改革，我对深圳寄予了比上海、天津更高的希望，深圳处在香港与内地的接合部，社会改革也更有条件。

第二，在"创新型国家"方面，深圳的创新不仅是技术创新，还有体制机制的创新。在技术创新方面，深圳走在全国大中城市的前列。中国面临的创新不能简单理解为企业技术层面的创新，而应该是创新立国、创新立市，这是比企业创新更高层次的战略追求。创新型城市自然包括了技术创新，但它的内涵更为广泛。深圳的综改方案中提到了构建开放型创新体系、创新资源的高效配置、人才管理体制、知识产权管理体制等，触及了中国在新时期打造"创新型国家"的核心问题。

珠三角目前存在着产业结构偏低、创新不足的问题，整个中国也面临同样的问题。因此国家试图在深圳趟出打造创新型城市的路子，解决创新不足的问题。

第三，深港合作，全面创新对外开放和区域合作的体制机制，这是深圳独到的优势。

第四，政府体制改革。深圳是最有条件搞改革的，如果深圳不搞，全国其他地方更难搞。近几年，深圳也陆续进行了不少行政体制改革的尝试，可以说，这里面包含了相当大的含金量。比如，要"减少行政层级"，国家规划已将其写入其中，但是几年过去，实际上基本没有动作。深圳正在探索的行政层级精简，是对减少行政层级的具体实践，将对全国产生相当大的示范效应，应在国家层面上审视深圳行政体制改革的价值。

三、克服公共服务型政府建设中的阻力

记者：在深圳综改方案确定的六大改革中，您认为哪一项阻力最大？

常修泽：行政体制改革，构建公共服务型政府。深圳的行政体制改革将对政府组织模式进行较大的改革，这可能是真正意义上的"动手术"，而不是修修补补。它涉及相当多的方面，其实质是利益格局的调整。举例来说，我上周刚好考察了宝安区，该区经济总量相当于海南省的两倍，有独立的经济权力、责任和利益，如果撤掉区级政府，会触及各方关系，需要周密计划、慎重安排，在操作上

一定要循序渐进。

记者：能否详细解释一下？

常修泽：建设公共服务型政府有四个方面必须解决。

第一是立足点，它必须从公共利益出发，强调"公共的、公用的、公众的"，这是服务型政府的根本标志。当前的一个突出问题是，少数政府部门不同程度存在"部门利益化"的现象，行使职权并不完全是从公共利益出发，而是从部门利益出发。另一个问题是，在社会利益多元化的今天，怎样把握公共利益？或者说，公共利益在哪里？代表公共利益的政府，应在多元利益关系表达和博弈的基础上，寻求社会多元利益关系的"均衡点"。

第二是职能定位问题。方案中写到要转变政府职能，可是，说起来容易做起来难。长期以来，我国各级政府基本上是"经济干预型"政府，主要精力用在参与或干预微观经济活动而不是公共服务上。时至今日，这种惯性依然存在。据我了解，深圳的某些政府部门也面临如何"摆脱过去干预经济的惯性羁绊"的问题。

深圳特区成立之初在职能定位上有特别之处，但也未能摆脱传统体制的束缚，渐渐与非特区产生"同质化"，部门之间利益纠葛、盘根错节，现在改革改到自己身上，能否顺利实现转型还需要观察。

记者：嗯，这个确实非常考验深圳市政府的勇气和智慧。

常修泽：还有第三是服务方面，建立健全符合国情、切实有效的公共服务体系。我国的政府公共服务体系主要应包括四项基本内容：第一，提供就业服务和基本社会保障等基本民生性服务。第二，提供义务教育、公共医疗、公共文化等公共事业性服务。第三，提供环境保护等公益性基础服务。第四，提供生产安全、消费安全、社会安全等公共安全性服务。深圳作为一个移民城市，非户籍人口和户籍人口严重倒挂，在民生净福利覆盖全体市民上将遇到巨大的挑战。

第四是服务方式，要在不断创新中提高公共服务的能力和水平。当今世界，经济社会各个方面都在发生深刻变革，政府管理方式和服务方式也在不断创新。特别是信息化的快速发展，为政府提高管理和服务水平提供了广阔空间。在这种情况下，建设服务型政府，应当大力推进行政体制改革，尤其是审批权下放，在社会组织登记方面做出尝试。

前面，谈了对深圳特区新阶段改革的期待，希望能发挥当年"杀出一条血路"的气魄，成为中国政治体制改革的试验区。

这里需要指出，政治体制改革，不单是行政体制改革问题。行政体制改革只是起点而已。按照笔者的"以政府改革为起点的政治体制改革思路"，下一步应逐步展开更深层的政治改革。

中共十八大报告专门设置了"政治体制改革"一节，题为"坚持走中国特色社会主义政治发展道路和推进政治体制改革"。据笔者掌握，这种表述在以往的政治报告是没有的。报告指出："政治体制改革是我国全面改革的重要组成部分。"据此报告，需把握以下理念：

（1）积极稳妥推进政治体制改革，发展更加广泛、更加充分、更加健全的人民民主。

（2）坚持党的领导、人民当家做主、依法治国有机统一，以保证人民当家做主为根本，以增强党和国家活力、调动人民积极性为目标，扩大社会主义民主，加快建设社会主义法治国家，发展社会主义政治文明。

（3）更加注重改进党的领导方式和执政方式，保证党领导人民有效治理国家；更加注重健全民主制度、丰富民主形式，保证人民依法实行民主选举、民主决策、民主管理、民主监督；更加注重发挥法治在国家治理和社会管理中的重要作用，维护国家法制统一、尊严、权威，保证人民依法享有广泛权利和自由。

（4）把制度建设摆在突出位置，充分发挥我国社会主义政治制度优越性，积极借鉴人类政治文明有益成果。

本着上述理念，着力在七大方面推进改革：（1）支持和保证人民通过人民代表大会行使国家权力。（2）健全社会主义协商民主制度。（3）完善基层民主制度。（4）全面推进依法治国。（5）深化行政体制改革。（6）健全权力运行制约和监督体系。（7）巩固和发展最广泛的爱国统一战线。

每方面都大有文章可做。但由于自身条件限制，笔者仅就其中的"深化行政体制改革"作了论述，对其他方面未能展开分析，实为憾事。笔者拟深入研究，在未来新的论著中予以探讨。

第八章

文化改革：
寻求多元文明
交融的文化体制

本章导言

文化领域的"包容性改革"，深层的问题是"文明交融"。

中国人对"文明"一词并不陌生。古代《周易》就有"文明"的记载，即："见龙在田，天下文明。"据考证，这是最早出现"文明"概念的典籍。唐代孔颖达注疏《尚书》时将"文明"解释为"经天纬地曰文，照临四方曰明。""经天纬地"可理解为改造自然；"照临四方"可理解为驱走愚昧。今天讲的"文明"有两层含义，一是广义的文化层面的含义，指人类社会发展的文化状态，如古希腊文明、中华文明等；二是狭义的道德层面的含义，指人们的道德素养。本章是从广义的文化层面的含义来使用的。

德国著名哲学家、文学家奥斯瓦尔德·斯宾格勒认为，文化是多元的、多中心的，各种文化是平等的、等价的。他曾经说过："我看到的是一群伟大文化组成的戏剧，其中每一种文化都以原始的力量从它的土生土壤中勃兴起来，都在它的整个生活期中坚实地和那土生土壤联系着；每一种文化都把自己的影像印在它的材料，即它的人类身上；每一种文化各有自己的观念，自己的情欲，自己的生活、愿望和感情，自己的死亡。这里是丰富多彩，闪耀着光辉，充盈着运动的，但理智的眼睛至今尚未发现过它们。"* 斯宾格勒这里接连用了三个"每一种文化"，深刻反映了文化的多元性和平等性，这就为"丰富多彩"的"文明交融"构建了坚实的基础。

然而，现实是与"文明交融"有差距的。我们看到的是另外一种情况。美国学者塞缪尔·亨廷顿的《文明的冲突与世界秩序的重建》一书，阐述了"文明冲突论"。亨氏认为，冷战后世界冲突的基本根源不再是意识形态，而是文化方面的差异。未来世界的冲突将是由文明间冲突引起的。**

当今，世界文明确有很大的差异性，或者说"文明的隔阂"。正是文明隔阂的现实，引发了笔者的思考：能否由"文明隔阂"走向多元基础上的"文明交融"？***

如果不是从绝对意义而是从相对性的角度来理解，人类的共同文明是存在的。如中国古典哲学讲的"天人合一"、"和为贵"等等，倡导人与自然、人与社会、人与人的和谐相

---

* 奥斯瓦尔德·斯宾格勒. 西方的没落（上册）. 北京：商务印书馆，1995：（导言）39.
** 参见塞缪尔·亨廷顿. 文明的冲突与世界秩序的重建（*The Clash of Civilizations and the remaking of World Order*）. 新华出版社，1998.
*** 参见笔者关于 21 世纪初人类文明的主流结构的谈话要点，见（香港）华夏纪实，2010（29）（30）.

处。这种价值适用于所有的人群，对此不能持虚无主义态度。

人类的"普世文明"不能简单地全部等同于西方文明。笔者的公式是："西方"发达国家文明中的精华，加上发展中国家即"东方"文明的精华，等于人类的共同文明。[*]

经济全球化和新科技革命两大浪潮，正在使多样化价值理念之间发生频繁的交集、碰撞和融合。笔者把这个命题的解，称为"文明融合论"。构建当代"新普世文明"的"大屋顶"，这是"包容性改革论"的高境界诉求。

衡量包容与否的标志是"你敢于不敢于、能够不能够包容所谓'异类'？关键是包容不同思想，包容奇特的东西"。"从一定意义上说，包容异端才是包容的真谛"。[**]在此章中，笔者引用美国学者戴维·布鲁克斯的有关"新的技术力量创造出来的新人"的论述，提出"无限制"的新人将成为21世纪创新的新现象[***]。

中国的改革是几代人从事的前所未有的创新事业，特别需要一代"喜欢变革，喜欢破除传统的东西"的新人。如果说他们属于"异类"的话，讲包容恰恰是包容这些"异类"。整个社会应当为一代"无限制"的新人的崛起和成长开辟道路。

"合抱之木，生于毫末；九层之台，起于垒土。"[****]"大屋顶"从何处"垒土"？本章提出，可从城镇化中农村文明与城市文明的交融，以及海峡两岸暨香港、澳门的文明交融开始。

---

[*] 此处的"西方"、"东方"不是一个地理概念，而是文明类型概念。

[**] 常修泽. 论转型国家均衡性改革方略（在2013年亚洲转型国家经济政策对话论坛上所作的演讲）. 共识网，2013 - 5 - 1.

[***] 常修泽. 21世纪初期中国企业创新探讨. 新华文摘，1998（12）.

[****] 老子（第六十四章）.

第一节　21世纪初人类文明的主流结构

【提要】

迄今，"21世纪初世界文明联合共同体"已经有一个雏形。未来21世纪的100年，人类文明的走势如何，随着东、西方文明在实践进程中的演变以及"东方"文明和"西方"文明中某些理论的逐步更替，这一格局还会发生结构性变化。

在尊重与保持人类文明多样性的框架内，应从多样性文明中提炼出各文明的精华，整合成"新普世文明"。*

一、关于"人类文明共同体"的构想

从2008年美国"次贷危机"的严酷现实出发，我思考了21世纪初人类文明所面临的挑战，引发了我考虑已久的关于"文明联合共同体"的构想。

我的头脑中有一个"21世纪初世界文明联合共同体"的雏形。就我迄今所读的学说而言，该共同体以"席位数"计，初步考虑，第一步，先设9席（以学说为本体），其他文明的席位逐步增加。

其中：属于西方文明的学说5席，属于中华文明的学说2席，属于伊斯兰文明的学说2席。属于西方文明学说的5席中，地处美英的学说3席，地处欧洲大陆的学说2席。

21世纪初，属于美英文明学说的3席是——亨廷顿："冲突论"；福山："终结论"；汤因比："成长论"。属于欧洲大陆文明的2席是——斯宾格勒："活力论"；列维—斯特劳斯："均衡论"。

属于中华文明的2席是——老子："道德论"；孔子："仁和论"。

属于伊斯兰文明2席的是——"信仰论"和"两世论"。

这只是我自己所知道、所理解的21世纪初人类文明的主流结构中的部分内容，除此之外尚有诸多文明类型，如美洲古老的玛雅文明以及非洲文明，等等（对于人类文明的结构，笔者虽阅读过有关书籍，但总的说研究不够，有些方面仍然孤陋寡闻。此问题拟作为今后十年的研究重点。这里只是谈初步看法）。

至于整个21世纪100年人类文明的走势如何，随着东西方文明在实践进程中的演变，以及"东方"文明和"西方"文明中某些理论的逐步更替，我估计

---

* 此节系笔者关于《21世纪初人类文明的主流结构》的谈话要点，载于（香港）华夏纪实，2010（29）（30）.

这一格局还会发生结构性变化。

二、应从多样性人类文明中提炼出"新普世文明"

21 世纪初，我一直在思考一个命题，就是在尊重与保持人类文明多样性的框架内，从多样性文明中提炼出各文明的精华，整合成"新普世文明"。

我把这个命题的解，称为"文明融合论"。

2009 年 11 月，笔者在中国海南举行的一次国际会议上提出"文明融合论"。如同 1986 年本人在向高等学校青年科研基金项目提出"关于创建社会主义人本经济学"课题申请一样，当时并未引起社会重视。

按照我的理解，"文明融合论"的对应面是"文明不兼容论"，或称"文明排异论"乃至"文明冲突论"。因此，我主张，欲论"文明融合"，必先剖析"文明冲突"；欲剖析"文明冲突"，可从文明的不兼容、排异切入。

我想从欧洲文艺复兴运动（文艺复兴一词就源于意大利语"Rinascimento"，意为再生或复兴）说起。文艺复兴发端于 14 世纪的意大利，以后扩展到西欧各国，16 世纪达到鼎盛，被公认为是欧洲兴起的一个思想文化运动。① 如同"山雨"来前的"山风"一样，文艺复兴运动刮起了欧洲崛起的新风。

文艺复兴运动 500 年来，东西方"文明博弈"的主旋律是不兼容、排异乃至冲突。19 世纪亚洲国家日本"明治维新"以后，这个岛国在欧亚"文明融合"方面作过有益探索，以致美国学者亨廷顿在《文明的冲突与世界秩序的重建》一书中把"日本文明"作为有独特性的文明单列出来论述。相比之下，中国自 1840 年鸦片战争失败后，在"晚清七十年"中，尽管提出了"中体西用"的初级版的融合理念，但最终这个中国近代史上的第一波文明融合探索却以失败而告终。由此可见："文明融合"是一道在学术上有着极高难度系数的百年命题。

世界百年史，决定了西方文明以胜者的身份站在国际大舞台的中心，以至于形成了"西方中心文明"的历史大格局。然而，对"中心论"，并非无人质疑。从 1918 年斯宾格勒出版历史学巨著《西方的没落》②，到 1922 年 T. S. 艾略特发表西方现代主义诗歌里程碑式名篇《荒原》（注：T. S. 艾略特获 1948 年度诺贝尔文学奖），都似乎在预言和佐证着什么。

---

① 西方史学界认为文艺复兴运动是古希腊、古罗马帝国文化艺术的复兴。1550 年，瓦萨里在其《艺苑名人传》中，正式使用它作为新文化的名称。此词经法语转写为 Renaissance，17 世纪后为欧洲各国通用。文艺复兴运动拉开了现代欧洲历史的序幕。

② 《西方的没落》是德国现代哲学家斯宾格勒（1880～1936）的历史哲学著作。此书以其先知式的预言和新奇的论调，广泛吸引了西方各界读者。

1991 年苏联国旗从克里姆林宫降下，美国似乎实现了独霸世界的"美国梦"。然而好梦不长，2001 年美国突发 9·11 事件，由此给了亨廷顿名著《文明的冲突与世界秩序的重建》一个"先记忆，后验证"的绝佳机会。一时间，这本书成了畅销书。

其实，在西方最早就发现危机的人是德国哲学家尼采。尼采生前曾被西方世界视为"疯子"。这位哲学大家曾经于 19 世纪末对西方文明喊出"上帝死了"。20 世纪上半叶爆发了两次世界大战，验证了尼采预言的先知性，以致尼采死后被西方世界追捧为"先知"。

自从列宁在《帝国主义论》一书提出"垂死"性论断以来，我看实践出现三种情况：（1）1929 年美国爆发"大萧条"经济危机，似乎进入"又垂又死"状态；（2）1991 年苏联解体为标志，显示西方世界似乎"不垂又不死"；（3）2008 年"次贷危机"又让如日中天的西方出现另一种情况："垂而不死"。

我将从事的"文明融合论"研究，拟分两条线展开：一条线，考察西方：研究这个"又垂又死——垂而不死——不垂又不死"的历史轮回及其复杂格局；一条线，研究东方：重点是文明融合的成功者日本和文明融合的失败者"晚清七十年"。以上述两条线为参照系，最后提出"21 世纪中华文明向何处去"的问题。这是研究"文明融合论"的出发点和落脚点。

以上所述，只是作者对"文明融合论"的初步思考的线索。我计划以此为"论题线索"，从五组文明（物质文明、思想文明、政治文明、社会文明、生态文明）各自及其总体的角度，探讨中西文明在现代中国的碰撞与融合，并将"文明融合论"作为一个"核心参数"，放进拟撰写的有关"现代中国转型"的专著中。

第二节　"无限制的新人"：21 世纪创新的新现象

【提要】

在此节中，笔者引用美国学者戴维·布鲁克斯有关"新的技术力量创造出来的新人"的论述，提出一个判断："无限制新人"将成为 21 世纪创新的新现象。*

在新的世纪，中国向信息时代的过渡会使千千万万个企业的创新主体——从经营者到劳动者得到重塑，他们将更加自由、更加平等、更加开放，这就意味着人格将获得新的解放。**

---

* 常修泽 . 21 世纪初期中国企业创新探讨 . 经济改革与发展，1998（9）；新华文摘，1998（12）.

** 摘自笔者撰写的 21 世纪初期中国企业创新探讨 . 经济改革与发展，1998（9）；新华文摘，1998（12）；人本体制论［M］. 北京：中国经济出版社，2008.

乔布斯在 2001 年推出的极具革命性的作品 iPod，不仅创造了巨大的经济价值，而且使他成为当代人类一个当之无愧的"无限制的新人"的典型。

中国的改革是几代人从事的前所未有的创新事业，特别需要一代"喜欢变革，喜欢破除传统的东西"的新人。

一、"无限制新人"的明显特征

1997 年 6 ~ 7 月间，中、美、日、韩四国在哈佛大学举行《亚太论坛》第一次会议。应哈佛大学东亚研究中心主任傅高义先生的邀请，笔者作为中国学者代表与会。本次会议的主题是："21 世纪前十年亚太地区所面临的挑战"。尽管与会代表在一些问题上看法不相一致，但在一点上有较多共识，这就是新技术革命对各国的共同挑战。

会议认为，科学技术的显著进步在 20 世纪一直是改变人类生活和国际社会的主要动力。展望 21 世纪，科技进步将比 20 世纪更为显著。正是由于新技术革命的推动，曾经对经济增长发挥作用的生产要素、交易方式、主导产业及消费领域都将或先或后地发生变化，甚至是革命性的变化。这场科技革命主要表现在信息革命和生物技术革命等方面。①

会议召开的当月，笔者看到美国学者戴维·布鲁克斯在《旗帜》杂志发表的一篇题为《无限制的资本家》的论文。其中讲到，美国管理学家迪伊·沃德·霍克宣称："我们正好处在一个历时 400 年的时代即将结束、另一个时代正冲破阻力而来这样一个时刻。"在美国一些学者看来，霍克所说的 400 年时间跨度太小了。他们认为，贝尔系统的解体是自 500 年前发明印刷机以来最重要的事件；微处理机是自两千年前出现阿拉伯符号数字以来最重要的进步；鼠标是自有老鼠以来最重要的发明。② 特别是戴维·布鲁克斯提出了"新的技术力量创造出来的新人"——"无限制新人"的命题。③

受"无限制新人"的启示，于是在翌年（1998 年）撰写的《21 世纪初期中国企业创新探讨》（《新华文摘》1998 年第 12 期转载）中，笔者提出了中国企业创新活动主体将进一步呈现"个性化"趋势的观点，并对"新的技术力量创造出来的新人"——"无限制新人"作了进一步阐述。文中指出：

在过去的改革历程中，企业的活动主体——经营者和劳动者逐步摆脱长期以来在中国形成的"左"的束缚，思想上获得空前解放，特别是在按市场经济规则组建的新兴企业中，无论是企业经营层还是员工都开始以一种独立的人格力量

① 参见常修泽. 中、美、日、韩四国亚太论坛会议综述［J］. 经济学动态, 1997（12）.
②③ 戴维·布鲁克斯. 无限制资本家［N］. ［美］旗帜, 1997－7－14；参考消息, 1997－7－31.

崛起于经济舞台，这是中国改革开放取得的最突出的成就之一。展望21世纪，可以预计，人力资本在公司资产中的比重将显著提高（甚至会超过50%）。而更重要的是，这里的人力资本不同于传统的非个性化的人力资本。根据笔者的分析、判断，在21世纪，中国企业创新活动主体将进一步呈现"个性化"趋势。这种"个性化"趋势来源于两个方面，其一是新技术革命的兴起；其二是中国国民经济市场化向纵深阶段发展的强大推动。

先看第一个方面。新技术革命的兴起不仅推动着经济和社会的发展，同时也在重塑着人自身。伴随着信息经济的推进，在美国等发达国家，一代"新人"——Cosmic Capitalists（新华社译为"无限制资本家"）开始出现。按照美国学者的分析，这种无限制资本家有如下几个特点：（1）无限制资本家是他们的社会发展到所谓"无限制资本主义阶段"的产物，是"新的技术力量创造出来的新人"；（2）这批新人"是技术专家，是商人，又是艺术家"；（3）"他们喜欢新概念，新思想，新的思维方式，喜欢变革，喜欢破除传统的东西"；（4）"他们不信仰宗教，不喜欢等级制，认为等级、职务头衔是限制性的，已经过时"。①

对美国等发达国家是否进入"无限制的资本主义阶段"，对这批新人是否可以称为"无限制的资本家"，此处不想作进一步的讨论。我这里感兴趣的是在这批新人所体现的"无限制"特点背后所隐含的思想。据专家称，新华社把 Cosmic 译成"无限制"是可以的，据查有关词典，此词也可译为"宇宙的"、"巨大的"、"自以为是的"、"我行我素的"。总之，它反映了信息革命所重塑的一代新人的基本特点，就是更富独立性和开放性。在21世纪，中国向信息时代的过渡也会使千千万万个企业的创新主体——从经营者到劳动者得到重塑，他们将更加自由、更加平等、更加开放，这就意味着人格将获得新的解放。②

二、为"无限制的新人"产生创造条件③

2000年11月，我与新华财经专家组到云南昆明盘房公司考察。考察后我感到，盘房经验中一个闪光的东西就是尊重人的个性化发展。

在新华财经专家委员会2000年12月17日北京会议上，魏杰教授讲到一个很重要的观点：随着新的生产力发展，必然要相应产生新的文化。别的不说，我

---

① 戴维·布鲁克斯. 无限制资本家［N］.［美］旗帜，1997 - 7 - 14；参考消息，1997 - 7 - 31.

② 摘自笔者撰写的《21世纪初期中国企业创新探讨》，经济改革与发展，1998（9）；《新华文摘》，1998（12）；人本体制论［M］. 北京：中国经济出版社，2008.

③ 2000年11月笔者与新华财经专家组到云南昆明盘房公司考察。考察之后对文明问题深受启发，遂在新华财经专家委员会2000年12月17日北京会议上就文化现象作了这篇发言。摘自新华财经专家委员会2000年12月17日北京会议发言汇编（昆明盘房公司总经理张彦生编）。

只说这一点：现在世界范围内正掀起一场新技术革命的浪潮。新技术革命里面内容也很丰富，包括网络经济。网络经济作为一种新的生产力，它的本质是什么？我个人认为，如果把这个问题看得透一些，网络经济的本质是"自由"和"创意"，产生一种新的文化。

当今人类文明的最新潮流

眼下我们正在面临着第三次产业革命。第三次产业革命的内容是什么？是信息和智能，智能时代即将到来。这次的革命与过去是不一样的，这次是3.0版，中国经济需要升级了，由2.0版升到3.0版。

请关注由美国学者维克托和肯尼斯合著的《大数据时代》一书。这个大数据其实就是海量的信息。那么海量数据出来之后，我们就要想办法去挖掘这些信息。这本书的副标题是"生活、工作与思维的大变革"，就是随着信息化、大数据时代的到来，每个人的生活、工作和思维都或先或后发生变革。这不是一般的变革，是大变革，是当今人类文明的最新潮流。

我最近主笔的一本书《创新立国战略》，主要思想就是针对这场重大的变革。既然人类出现这么一场新的变革，中国应该怎样面对和利用？中国的立国战略需要调整。

来源：常修泽. 中国的"新四化"之路怎么走. 经济参考报，2013-6-3.

随着新技术革命的发展，势必要产生一些新人。1997年，美国的《旗帜》杂志发表了一篇很重要的文章——《无限制的资本家》。文章中提出在发达的技术革命条件下要产生一批新人。这批新人有什么特点呢？归纳有四个特点：第一，它是新的技术力量的产物；第二，这批人既是技术专家，也是商人，同时也是艺术家；第三，这批人不喜欢传统观念，喜欢新的思维方式；第四，他们不信仰宗教，不喜欢等级制度，认为等级以及职务、头衔都是限制性的东西，已经过时。因此，新华社在翻译时把这种新人称为"无限制"的人，他们更加自由并带有新的观念。

如果我们着眼于21世纪的话，就会看到，未来在人类社会中将出现这样一批新人，而不是原来传统的那些人。用这种眼光来审视"盘房文化现象"，我感觉到有个闪光点，就是盘房不仅是对客户，甚至于对救助的希望小学的帮助对象，盘房都很尊重人的自身的发展。有的报刊用"雷锋公司"来概括。

我认为还可以换一个新的思维方式来进行宣传：就是从人的个性化发展来概括它、提炼它。根据我个人在昆明实地考察，盘房这几年的发展，实际上是在两种文化的碰撞和冲突当中成长起来的。文化的碰撞和冲突大体上有三个矛盾：一是独立性与依附性的矛盾；二是平等性与等级性的矛盾；三是开放性与封闭性的矛盾。从文化角度来讲，这三种矛盾冲突是很激烈的。正是在这样一种冲突中，即在与旧的文化斗争中，诞生了新的文化。

刚才说的盘房的"独立、平等、开放"就是一种新的文化，它符合未来社会发展潮流。这些新的文化理念包括盘房经营理念中的"三买"（即"昨天的客户买房子，今天的客户买绿化，明天的客户买文化"）以及总经理提出的三个时代（草莽时代、投机时代、素质时代）。用前瞻性的眼光来看盘房，有新的东西。建议大家对此做进一步的研究。

附记：虽然笔者20世纪90年代论述了新的技术力量正在创造出"无限制的新人"这一文明现象，但是，"无限制的新人"当时在笔者脑海中仍是模糊的。直到出现乔布斯，才使我眼睛一亮，豁然开朗。乔布斯在2001年推出的极具革命性的作品iPod，不仅创造了巨大的经济价值，而且使他成为当代社会一个当之无愧的"无限制的新人"的典型，对21世纪人类文明的这一新现象非常值得研究。

先进性与多样性：推进文化体制改革

从以人为本角度分析，为满足人们日益增长的精神文化需求，特别是提供新的价值观念和文化条件，需要推进文化体制改革。

在这方面，重点是整体价值系统的改革，也就是以构建社会主义核心价值体系为基础，推进文化的多元化。随着民众民主法制意识的增强和政治参与积极性的提高，人们思想活动的独立性和差异性越来越强。

要认识到，民主、法制等等，不是资本主义所特有的，是全世界在漫长的历史过程中共同形成的文明成果，也是人类共同追求的价值观①。在中国现阶段，提高人的文明素质，必须尊重人类普世的文化价值，把握人类共同的文明成果。

同时，深化文化事业单位改革，应划清公益性文化事业与市场性文化产业之间的界限，形成各自不同的运行机制。前者以政府为主导，旨在为全体社会成员提供基本的公共文化服务，保障其文化权益；后者以市场为导向，以满足人多方面、多层次的精神文化需求。

来源：常修泽．人本体制论——中国人的发展及体制安排研究．2008.

---

① 新华社稿．温家宝．关于社会主义初级阶段的历史任务和我国对外政策的几个问题［N］.

第三节　人的城镇化与城乡文明融合

【提要】

　　城镇化问题，从"人的发展经济学"角度来审视，它实质上是人的解放和发展，特别是农民的解放和发展问题，而农民的解放和发展，涉及文明的交融。随着城镇化水平的不断提高，中国城乡的国际化程度会进一步提升，国际之间的文明融合问题，迟早也会提上议事日程。*

一、中国城镇化的两个"苦于"

　　中国的城镇化问题，从我个人主要研究的专业——"人的发展经济学"角度来审视，它实质上是人的解放和发展，特别是农民的解放和发展问题。因为它要冲决旧体制的罗网，所以在解放发展过程中，必然产生与有关方利益的博弈。这是历史的必然。

　　在目前中国城镇化问题上，我个人存在两个"苦于"：

　　一个是苦于城镇化水平仍然不够高。2011 年，中国城镇化水平 51.5%［2012 年为 52.6%，但是这个口径是按城镇常住人口（半年以上）来统计的，如果从人的发展角度来说，中国的城镇化率仅为 35%（户籍人口），远低于 52% 的世界平均水平］，即使按官方城镇常住人口（半年以上）来统计的数据，也不过大体相当于世界平均水平。有人说这个水平已经差不多了，我不赞成这个观点。中国的城镇化仍然有很大的空间。

　　另一个是苦于城镇化过程中出现的一些新矛盾、新问题和新的挑战，不论是北京式的"摊大饼"，还是"康巴什新城"（在鄂尔多斯）式的"鬼城"，都是新的挑战。

城镇化最深刻的本质是人的城镇化

　　正是基于这方面的考虑，我们更需要高度重视"四化"同步里的城镇化。也就可以理解为什么李克强总理反复讲最大的内需在城镇化，最大的潜力在城镇化。

---

　　* 本节系作者在 2012 年 9 月 8 日新型城镇化研讨会上的发言. 群言，2013（1）. 收入中国（海南）改革发展研究院主编. 人的城镇化——四十余位经济学家把脉新型城镇化. 中国经济出版社，2013.

城镇化本身的诉求是什么？

1979 年全国城镇化率为 19%，2012 年全国城镇化率为 52.6%，但是这个口径是按城镇常住人口（半年以上）来统计的，如果从人的发展角度来说，中国的城镇化率仅为 35%（户籍人口），远低于 52% 的世界平均水平。

我在《人本体制论》中指出，城镇化最深刻的本质是人的城镇化。人是不是享受了城市的文明？是不是融入了城市？是不是跟城里人一样，享受到了城市提供的各种福利？孩子能不能跟城里孩子一样上公办的小学、初中？能不能像城里人一样到医院用医保就医？

下一步应该研究如何真正实现人的城镇化的进程。若按照每年 1 ~ 1.5 个百分点来测算，将农民工真正变成市民，在十年内应争取达到 45% ~ 50% 左右，20 年争取到 60% ~ 65% 左右。基本实现人的城镇化大约需要 20 年。

来源：常修泽. 中国的"新四化"之路怎么走. 经济参考报，2013 - 6 - 3.

新型城镇化的"新型"两个字应如何理解？倘若把这个"核桃"砸开，我认为应包括三个方面六个字，即："包容"、"公正"、"有序"。建议下一步中国的新型城镇化，按照"包容、公正、有序"的思路来推进。

二、"包容、公正、有序"推进农民工的市民化

2012 年 9 月 7 日下午，北京市政府研究室约请了四位学者座谈（笔者应邀参加），讨论关于北京市如何实现包容性发展，其中涉及农民工市民化的问题。

据我了解，北京的户籍人口目前是 1 200 万人，但是常住人口（不包括短期流动性人口）是 2 000 ~ 2 100 万人。户籍与非户籍人口的比例大体接近 1∶1。最近，据说高校某机构完成了一个研究报告，预测未来若干年后北京的人口规模将达到 5 000 万到 6 000 万人，引起大家的讨论。笔者问有关人员：这里的"北京"涵盖的地域范围多大？是否包含天津、廊坊等地区在内的"大北京"城市群？回答说，不是，而是仅指"现有北京区划"内的人口。天哪，"现有北京区划"内，5 000 万到 6 000 万人啊。

我觉得，这个问题，本身就需要很好地研究。

到底怎么样推进类似北京这样的特大城市的城镇化进程，特别是如何推进农民工的市民化问题？"7.21 水灾"对北京的考验是非常严峻的，北京光鲜、亮丽的形象也为此大打折扣。所以要重新思考北京的现代化战略问题，包括北京的人口规模问题。

如何推进农民工的市民化？2012 年 9 月 2 日到 9 月 6 日，笔者到广东进行了实地调研。我想以我实际调查的中山市的材料为例谈谈。目前，中山市现有的

320 万城镇人口中，户籍人口 150 万人，非户籍的常住人口（即有"居住证"的人口 170 万人），非户籍人口已经远远超过户籍人口。北京将来也会面临着相同的处境，怎么办？

这个问题不能再回避了，到了需要拿新思路的时候了。我主张，应本着"包容、公正、有序"的思想，来推进农民工的市民化。这里，应该重视广东尤其是中山等地的"积分入户试验"，其做法值得借鉴。

据我实地了解，中山市异地务工人员"积分制"计分标准，由三部分组成，即（1）基础分；（2）附加分；（3）扣减分。共计 26 项指标，是比较全面但同时也比较复杂的一个体系。

"基础分"类指标包括：个人素质、参保情况和居住情况三大内容，设有文化程度、职业资格或专业技术职称、参保情况、房产情况、办理居住证年限 5 项指标；

"附加分"类指标，包括个人基本情况、急需人才、专利创新、表彰奖励、社会贡献、投资纳税、卫生防疫和儿童随行卡办理八项内容，合计 17 项指标（特别是"见义勇为"表彰等，有明显鼓励性因素）；

"扣减分"类指标，包括违反计划生育政策和违法犯罪两项内容，合计 4 项指标。

他们对每项指标规定一定的分值，在此基础上，对每一类指标赋予一定的权重，再综合计分。异地务工人员可根据其积分情况享受相应的服务和管理待遇。

我了解的基本做法是，按照异地务工人员自愿申请的原则，对于积分累计超过 30 分的人员，其"政策内生育的子女"可在产权房屋所在地或工作地，申请参加入读"公办学校"的排名（即"积分入学"）；积分累计超过 60 分的人员，其本人、配偶或直系亲属在中山拥有合法房产的，在法定工作年龄内可申请积分入户排名。这就是"积分入户"。

中山市流动人口管理办公室对需要享受相关待遇的异地务工人员按其所得积分高低进行分类排名，排名在市政府每年公布的指标数内的，可按有关规定享受相应待遇。俗话说，也就是发"牌照"。今年比方说发一万个"牌照"，就数一万个，然后解决户口问题。

这样做，给农民工提供一个"入户"的通道，既体现了农民工市民化的时代包容性，也体现出了一定的公正性（积分面前人人平等），也有一定的秩序，还可以激励当地的农民工积极提高自身素质。

我很重视这个新鲜的实践，这是农民工如何顺利实现城市化的尝试，需要很好地总结提炼，找到其中带规律性的东西。

上海居住证积分制办法

2013 年 6 月 19 日，《上海居住证积分管理试行办法》（下称"积分办法"）颁布。

根据积分办法，居住证积分指标体系由基础指标、加分指标、减分指标和一票否决指标组成。

总体来看，年纪越轻、学历越高、专业技术职称和技能等级越高、缴社保年限越长的，总积分越高。此外，紧缺急需专业、投资纳税越多或带动本地就业越多、缴纳职工社保基数越高等将获得不同程度的加分。

基础指标包含年龄、教育背景、专业技术职称和技能等级、在本市工作及缴纳职工社会保险年限等指标。

年龄指标最高分值 30 分，具体来说，持证人年龄在 56～60 周岁，积 5 分；年龄每减少 1 岁，积分增加 2 分。

教育背景指标最高分值为 110 分，大专学历、大学本科学历、大学本科学历和学士学位、研究生学历学位、博士研究生学历学位分别对应 50 分、60 分、90 分、100 分、110 分。

在专业技术职称和技能等级方面，在国家职业资格一级或高级专业技术职务的最高分 140 分到国家职业资格五级的最低分 15 分之间递减。

持证人在上海工作并按照国家和本市相关规定按月缴纳职工社会保险费，每满 1 年积 3 分。

关于加分项目，上海紧缺急需专业（且专业与工作岗位及就业一致）将积 30 分；在特定的公共服务领域就业，每满 1 年积 4 分，满 5 年后开始计入总积分；全日制应届高校大学毕业生，积 10 分；配偶为本市户籍人员，结婚每满 1 年积 4 分，最高分值 40 分。

另外，持证人在上海投资创办的企业，按照个人的投资份额计算，最近连续 3 年平均每年纳税额在 10 万元人民币及以上或平均每年聘用上海市户籍人员在 10 人及以上，每纳税 10 万元人民币或每聘用本市户籍人员 10 人积 10 分，最高 100 分。

持证人最近连续 3 年在上海市缴纳职工社保基数高于本市上年度职工社会平均工资 80%～200% 的，将对应加 25～100 分。

此外，获得上海市及其以上政府表彰的将获得 30～110 分。

积分办法对提供虚假材料或持证人 5 年内有一般刑事记录，将扣减 150 分。持证人 5 年内有行政拘留记录的，每条扣减 50 分。

持证人有违反国家及上海市计划生育政策规定行为记录或严重刑事犯罪记录

的，取消申请积分资格。

总分积分规则是持证人的总积分等于基础指标与加分指标积分之和减去减分指标的累计扣减积分。

来源：解放日报，2013 -6 -20.

三、农民工市民化之后的文明融合问题

我一直力主"包容性体制创新论"。2012 年 4 月底，在海南国际会议上对此作了系统阐述（《上海大学学报》2012 年第 5 期全文发表，见本书第四章第一节）。"包容性体制创新论"的理论框架中，包括文明的交融，中华文化跟西方文化怎么交融。

农民的解放和发展，涉及文明的交融。例如，中山市就有三个层次的文明交融：

第一个是中山市自己的客家文化、潮汕文化和广府文化的交融。这主要是由于中山在历史上移民成分比较大，他们自己就有一个文明的交融问题。

第二个就是广东的岭南文化和中国其他地方的文化交融问题。前不久，以服装、家具产业为主的某镇，发生了一场事件。导火线是来自两个不同地区的孩子吵架，其实本是小事，但引起本地居民和外来居民的不睦，其中就有文明的交融问题。

第三个，也是最为重要的一个，就是中华文明与西方文明怎么交融。即如何创造一个"新的普世文明"？现在有关方面批"普世价值"，我个人认为，这是缺乏分析的，值得商榷的。人类是有"普世"价值的，有文明共同的标准，譬如，我们讲的诚信，"诚"与"信"，不就是"普世"的吗？我们讲的"天人合一"，不就是"普世"的吗？为什么要批呢？匪夷所思。当然，如果有人借"普世价值"搞别的名堂，那是另一个问题，这不能混为一谈。

我主张，对"普世价值"的内涵可以结合时代发展给出一个界定。在《包容性体制创新论》中，提出了我的公式——"东方文明的精华加上西方文明的精华构成人类的共同文明"（参见《上海大学学报》2012 年第 5 期）。这个问题值得研究。随着城镇化水平的不断提高，我国城乡的国际化程度会进一步提升，国际之间的文明融合问题，迟早也会提上议事日程。

第九章

生态体制改革：
寻求以天地人产
权为基础的环资体制

本章导言

19世纪中后期，自然辩证法大师恩格斯在多年对自然科学深入研究的基础上发出一个忠告："我们不要过分陶醉于我们人类对自然的胜利。对于每一次这样的胜利，自然界都对我们进行了报复。"（《自然辩证法》，1873～1886）

言词过激吗？耸人听闻吗？否。在该书中，这位革命导师用无情的事实告诉我们："美索不达米亚、小亚细亚以及其他各地的居民，为了得到耕地，毁灭了森林，但是他们做梦也想不到，这些地方今天竟因此成为不毛之地，因为他们使这些地方失去了森林，也就失去了水分的积聚中心和贮藏库。阿尔卑斯山的意大利人，当他们在山南坡把在山北坡得到精心保护的那一种枞树林砍光用尽时，没有预料到，这样一来，他们就把本地区的高山畜牧业根基毁掉了；他们更没有预料到，他们这样做，竟使山泉在一年中的大部分时间内枯竭了，同时在雨季又使更加凶猛的洪水倾泻到平原上。"（《自然辩证法》，1873～1886）这是多么可怕的景象啊。

20世纪前期，世界著名哲学家伯特兰·罗素（Bertrand Russell，1872～1970）在与人合著的《工业文明的前景》（1923）也讲过一段深刻的话：不是社会主义与资本主义的斗争，而是工业文明与人性的斗争；工业主义过度浪费世界资源；科学发展（scientific outlook）是人类的最后、最佳希望。（《工业文明的前景》，1923）。

依笔者在《天地人产权论》之论述：当代人的生存发展，是一个包括人的生存发展环境（"天"）、人的生存发展资源（"地"）和人的生存发展自身（"人"）在内的完整体系*。人类生态环境正面临前所未有的挑战。

2008年，在《人本体制论》中，笔者提出了包括经济、社会、政治、文化、环境"五环式改革"的理论，建议把生态环境单独列出，与经济、社会、政治、文化同等规格。2012年11月，中共十八大对"生态文明建设"极为重视，把"生态文明建设"放在突出的位置。

---

* 冯友兰曾提出人生四境界：自然境界、功利境界、道德境界、天地境界说，对中国知识界的影响很大。他的天人合一思想与后期海德格尔哲学所提出的"天—地—神—人"四重奏理论和现代西方的生态主义思想不谋而合。本人的思想，既得益于中国传统文化之熏陶，又得益于海德格尔理论和现代西方的生态主义。

2013年7月，笔者曾到青海省贵德县考察，发现该县有一座玉皇阁，通高26米。上有三层楼阁。三层楼阁中，顶层奉"天"，立玉皇神位；中层奉"地"，立土地神位；下层奉"人"，立皇帝牌位。"天地人"共奉，包含着"天人合一"的重要思想。观后，对笔者的"天地人"产权制度很有启发。

经研读，我发现在"三个向度"上有所突破。一则，在横向上，把生态文明建设纳入"五位一体"的中国特色社会主义现代化建设总体布局，有新的宽度；二则，在纵向上，把生态文明建设提到"关系人民福祉、关乎民族未来长远大计"的战略地位，有新的高度；三则，在内向上，提出把生态文明建设贯穿到或说"融入"到经济、社会、政治、文化各领域和全过程中，就是把经济建设"染绿"，把社会建设"染绿"，把政治建设"染绿"，把文化建设"染绿"，有新的深度。这是国家对社会主义建设规律在实践和认识上不断深化的重要成果。

按照人类发展学的理论，生态文明是一种尊重自然、顺应自然而又特别注重保护自然的一种新的文明形态。作为一种新的文明形态，应该说，它是对传统的农业文明和工业文明的超越，其核心是人类尊重自然并与自然和谐相处，实现天人合一。

根据笔者这些年的研究以及与生态界学者的交流，深感生态文明建设是一个完整的体系，大体包括五个要点：第一是先进的生态文明理念（人与自然和谐发展是生态文明遵循的核心理念）；第二是完善的生态治理；第三是发达的生态经济；第四是适度的生态消费；第五是良好的生态环境。习近平主席在海南讲，良好的生态环境是最公平的公共产品，是最普惠的民生福祉。

探讨人类可持续发展，有四条路线：技术创新路线、结构调整路线、政府规制路线、市场机制路线（包括产权与价格路线）。市场路线是四线中的"短线"，而"产权"则是"短线中的短线"。生态环境体制，需要向产权拓展。

"天"上有环境产权吗？"地"下有资源产权吗？"人"有自身产权吗？本章告诉您：

"天"上有环境产权。应建立环境产权界定、环境产权交易、环境产权保护制度。

"地"下有资源产权。瞄准"五项权能"：农民土地经营的流转权、林地经营权和林木转让权、矿产资源的探矿权和采矿权、水资源产权、海洋"用益物权"。

"人"有自身产权。重点是劳动力产权、管理产权和技术产权，还有环境人权。

以"天"、"地"、"人"产权破解生态困局。

第一节 以天地人产权破解生态困境

【提要】

我们生活在一个夹杂着阴霾的空间。多年以来实际存在的以"物本主义"和"官本位"为特征的发展模式，造成了资源的大量耗费和环境的严重污染。当今，人类正面临着环境问题（"天"）和资源问题（"地"）的严峻挑战。

2013 年 4 月《人民论坛》推出了大型系列性专题《当前改革理论难题》。经调查统计得出当前八大改革理论难题。其中，资源环境理论是八大难题之一。

如何应对资源环境的严峻挑战？如何实现中共十八大提出的"五位一体现代化"格局的第五位——生态文明？如何在 21 世纪的今天寻求"天人合一"的境界？需要有新的思路。

探讨人类可持续发展，有四条路线：技术创新路线、结构调整路线、政府规制路线、市场机制路线（包括产权与价格路线）。市场路线是四线中的"短线"。

生态环境体制，需要向产权拓展。*

一、四条路线："短线中的短线"

我们生活在一个夹杂着阴霾的空间。多年以来实际存在的以"物本主义"和"官本位"为特征的发展模式，造成了资源的大量耗费和环境的严重污染，特别是 2012 年冬至 2013 年春，包括京津冀地区在内、超过百万平方公里的漫天雾霾，更使我们的父老乡亲痛心疾首，以致笔者在剖析中国"资源环境红利近于枯竭"时，用"天怒人怨"四个字来表达。[①]

其实，资源环境问题不只中国存在。看一看日本核危机造成的污染，看一看美国海上石油大面积漏油造成的污染，看一看气候变暖酿成的海面上升，看一看热带雨林等各种资源的缩减和损失，可以说，当今，人类正面临着环境问题（"天"）和资源问题（"地"）的严峻挑战。与此同时，在一些发展中国家，诸如"超低劳动力成本"等所引发的社会矛盾，也在触及"人"的尊严底线。

如何应对资源环境的严峻挑战？如何实现中共十八大提出的"五位一体现代化"格局的第五位——生态文明？如何在 21 世纪的今天寻求"天人合一"的境界？

探讨人类可持续发展的出路，可以有四条路线，即：（1）技术创新路

---

* 本节文稿刊登于人民论坛，2013（12）.

① 参见中国"红利家庭"剖析. 人民论坛，2013 - 3 - 5.

线——通过科学发明或技术创新来寻找出路；（2）结构调整路线——通过调整需求结构、供给结构（产业结构）、要素投入结构以及城乡区域结构等来寻找出路；（3）政府规制路线——通过政府的法令、政策、税收等强制性手段来寻找出路；（4）市场机制路线——通过产权、价格等经济机制来寻找出路。

在上述四条路线中，技术、结构、规制路线相对成熟、相对清晰些，人们比较重视，特别是其中的政府规制路线，更成为"主导型"路线，而市场路线则相对薄弱，人们往往关注不够，成为四线中的"短线"；尤其是其中的"产权"则显陌生，相比更为薄弱，笔者称之为四条路线中"短线中的短线"。

有鉴于此，笔者经多年探讨，出版了《广义产权论》（中国经济出版社 2009年版），提出了包括"天"——环境产权、"地"——资源产权、"人"——劳动力产权、管理产权等在内的"广义产权理论"，并有幸被《人民论坛》遴选为2010 年度经济类十大理论观点之一。《人民论坛》在阐述其"关注理由"时指出："'广义产权论'，进一步深化了人们对产权的认识。搞社会主义市场经济，一个绕不过去的重要问题就是要明晰各种'产权'。"

现在，需结合中国乃至世界资源、环境领域出现的新情况、新矛盾，就天地人产权理论继续进行探讨。

二、"天"上有产权吗

长期以来，环境领域没有明确提出"产权"概念，人们排放的碳，虽然作为一种气体，也是一种物质存在，但这种物质原本在世界上并无产权关系：既没有产权界定，也没有产权交易。道理很简单，因为它既不是商品，也不是资产。于是，环境产权制度成为一个长期被忽视的问题。

天上有"环境产权"吗？答曰：有的。而且，这种环境产权制度，并非某一国家所特有，它属于人类共同拥有的制度文明。

那么，"环境产权"是一个什么制度体系？我认为主要包括三个制度。第一是，环境产权界定制度：对环境产权贡献者暨受益者，以及破坏者暨受损者的权益界定。第二是，环境产权交易制度：在利益边界比较清晰的情况下，确立相应的环境产权利益交换机制——对于那些自己付出代价而使他人受益的，应该使之得到补偿；对于那些自己享受环境外溢收益而使他人转移成本的，应该使其支付"对价"。第三是，环境产权保护制度：对环境产权取得的程序、行使的原则、方法及其保护范围等予以法律保护。在这三个制度中，环境产权界定制度是前提，环境产权交易制度是核心，环境产权保护制度是保障。

这种理论玄虚吗？它能推向实践吗？告诉读者，并不玄虚，是很实的。鉴于国际上的碳交易离得远，暂不说，只举个身边最近的案例。

例如说，植树能吸收二氧化碳、改善生态环境，按环境产权理论，凡是为创造良好的环境（"天"）作出贡献的企业或个人，应该对其贡献作出界定，并通过"交易"使其获得环境产权的收益。如今，有的地方已经开始试验这种"交易"。比如农民新种植一棵树，给予补偿一块钱；原有的树，维护得好，树没有死，继续改善环境的话，一棵一年补五毛钱。假定一个农民在荒山上新种一万棵树，则获补偿一万块钱；再维护一万棵存活的话，则另获补偿五千块钱。

这叫什么？这叫生态价值补偿，或叫环境产权交易，就是"环境产权"的应用案例。如果把此"环境产权"理论，推广到各行各业，推广到各城各乡，推广到13亿乃至70亿人身上，大家都从利益关切的角度减少碳排放，大家都千方百计创造生态价值，这样做，会不会对环境有所改善呢？我想会的。

三、"地"上"地"下：五项产权权能

中国先哲云：天之道在于"始万物"，地之道在于"生万物"。按照笔者的广义产权理论（不仅包括"广领域"产权，而且包括"多权能"产权），中国资源产权领域，存在比较严重的"产权残缺"问题。针对此，笔者主张应重点锁定以下五个方面的权能。

（1）农民土地经营的流转权。2013年中共中央一号文件的最大突破就在这里。

（2）林地经营权和林木转让权。不仅包括集体林权，而且包括国有林权，相比之下，国有林权制度的改革更具探索性。注意：要区分国有林地和上面的林木，"林地"只转让"经营权"（不转让所有权），林木可交易"所有权"，将来中国可产生一个新的"活立木"市场。那时，"活立木"就会变成"绿商品"、"绿资本"。

（3）矿产资源的探矿权和采矿权。中国为什么存在矿产过度开发的状况？为什么存在矿老板暴富的状况？关键在于矿权包括探矿权、采矿权等还未完全到位，没有"交足足够的费用"。为此，必须完善矿产资源有偿使用制度，特别是建立完备的矿产资源的探矿权和采矿权制度，以促进矿业权合理设置。

（4）水资源产权制度。必须实行最严格的水资源"水权"制度，在保障灌溉面积、灌溉保证率和农民利益的前提下，建立健全工农业用水"水权转换"机制。水资源产权，有利于提高用水效率，促进科学用水。

（5）海洋的"用益物权"。发展海洋经济，要有制度创新。用《广义产权论》的"多权能"来分析，国家对海域拥有最终所有权，但法人和个人可以取

得海域使用权。这是创新涉海产权制度、推进海域使用权物权化改革的新构思。建议以搞活海洋的用益物权为起点，建立现代海洋产权制度，促进海洋经济发展。

四、建立"天地人合"的产权体系

天有天之权，地有地之权，人有人之权。撇开政治方面人权（政治学者关注的），仅就人的经济产权而言，至少包括劳动力产权、管理产权和技术产权等（因篇幅所限，不再展开）。这里强调的是，当代人的生存发展，是一个包括人的生存发展环境（"天"）、人的生存发展资源（"地"）和人的生存发展自身（"人"）在内的完整体系。因此，要研究"三合一"的天—地—人产权关系的贯通性及其作用。

至于如何发挥"三合一"的天地人产权之作用，建议，可从以下三方面开拓：

一是在改革中发挥作用。下一步改革将是"五位一体"改革，其中，生态文明是重要"一位"，应尽快建立资源产权和环境产权制度，以寻求在环资领域取得突破性进展。

二是在发展中发挥作用。通过"三合一"的天地人产权，减少碳排放，促进绿色发展，实现中国经济从"量"的过度扩张，转到"质"的提升。

三是在社会管理中发挥作用。针对一些地区因环境污染而酿成的"黑色乱源"，以及因土地的违规占用、矿产资源的滥开滥挖、水资源的不合理截流和开发而引发的冲突和矛盾，以天—地—人产权理论，加强"源头治理"，解决群众合法合理诉求，及时化解社会矛盾，防止和减少社会问题的产生。

"广义产权论"被列为十大理论观点之一

2011 年 1 月 24 日出版的《人民论坛》杂志遴选了 2010 年度经济类十大理论观点，常修泽教授的"广义产权论"被列为其中之一。《人民论坛》杂志遴选关注理由："广义产权论"，进一步深化了人们对产权的认识。搞社会主义市场经济，一个绕不过去的重要问题就是要明晰各种"产权"。

依据的主要观点出处：

长期以来，由于受"狭隘产权观"的影响，不少人把"现代产权制度"等同于"现代企业产权制度"，忽略资源环境领域的产权问题。现在的产权概念包括天上的环境产权，地下的资源产权，人间的劳动力产权、知识产权和管理产权等。对寻找新交易品种的产权交易机构来说，算得上"遍地是黄金"，只要勇于创新，产权市场前景广阔。

作者观点来源：产权导刊，2010 – 10.
来源：人民论坛，2011 – 1 – 24.

第二节　天地人产权论：系统理论探讨

【提要】

上一节，提出了"以天地人产权破解生态困境"的命题，这一节系统阐述天地人产权理论。

当代人的生存发展是一个包括人的生存发展环境（"天"）、人的生存发展资源（"地"）和人的生存发展自身（"人"）在内的完整体系，从宏观层面审视，期间蕴涵着多维产权关系：环境产权、资源产权、人力产权。

人类正面临着资源环境的严峻挑战。与此同时，一些国家"低劳动力成本"引发的矛盾，也在触及"人"的尊严底线。报告针对当前世界和中国"天地人"三界所出现的新情况、新矛盾，按"天、地、人、合"四大部分，系统阐述其理论观点。

第一，"天"：环境领域存在"产权缺失"。理论探讨表明，建立环境产权制度具有客观依据。其制度框架为"三大支柱"，即环境产权界定、交易和保护制度，同时在顶层实现产权路线与技术路线、结构路线、规制路线的整体协调。

第二，"地"：资源领域存在"产权残缺"。按照作者的广义产权论的"多权能"要义，应重点完善"五项权能"，即农民土地经营的流转权、林地经营权和林木转让权、矿产资源的探矿权和采矿权、水资源产权、海洋"用益物权"。

第三，"人"：人力产权是以人为"本体"和"轴心"的产权，重点是劳动力产权、管理产权和技术产权。应确立人力产权拥有者在经济社会中的主体地位，寻求人力资本转化为企业资本的通道，建立金三角制度结构。

第四，"合"："天—地—人"产权关系具有内在耦合性。报告就如何发挥"天—地—人"产权在科学发展、体制改革以及社会管理和创新中的耦合作用提出了自己的见解。[*]

当代人的生存发展，是一个包括人的生存发展环境（"天"）、人的生存发展资源（"地"）和人的生存发展自身（"人"）在内的完整体系。从宏观层面分析，其间蕴涵着多维产权关系：环境产权、资源产权、人力产权。两千多年前，中国的先哲曾率先提出了"天、地、人"的哲学理念。借用这组概念来研究当今中国和世界现实，就会发现：人类正面临着环境问题（"天"）和资源问题

---

[*] 本节文稿先内部刊发于国家发改委经济研究所《研究报告》2011 年 001 号；公开发表在《上海大学学报（社会科学版）》2011（3）；《新华文摘》2011（17）全文转载。

（"地"）的严峻挑战。近年来爆发的一些事件再次将环境问题（"天"）和资源问题（"地"）尖锐地摆在了人类面前。与此同时，在一些发展中国家（包括中国在内），诸如"超低劳动力成本"等所引发的社会矛盾也在触及人类尊严和幸福的底线。"天"、"地"、"人"三界所出现的诸多新情况、新矛盾向人类的生存和可持续发展提出了新课题。

探讨人类的生存和可持续发展问题可以有四条路线，即：技术创新路线、结构调整路线、政府规制路线、产权运作路线。在上述四条路线中，技术、结构、规制路线相对成熟、相对清晰些，但唯独产权路线相对陌生、相对薄弱，某些领域甚至处在混沌状态。有鉴于此，笔者拟以拙作《人本体制论》和《广义产权论》[1] 为立论依据，围绕当代人的生存发展这一主题，结合当今中国资源、环境和社会人文领域的新情况，就"天"、"地"、"人"的产权格局及其耦合关系作进一步探讨。

一、"天"——环境产权

（一）环境产权：一个需要探索的新命题

《庄子·达生》曰："天地者，万物之父母也。"《易经》则更强调"三才之道"：天之道、地之道、人之道。然而，在古代"天之道"中，有"环境产权"之道吗？没有。莫说古代"天之道"中没有，即使现代产权理论体系中对"环境产权"也是语焉不详。在这种思想束缚下，长期以来，环境领域不仅没有明确提出产权的概念，而且普遍认为对于环境[2]这种无形之物可以"无偿"或廉价获取，于是环境产权制度成为一个长期被忽视的问题。这是研究产权问题的一个重大缺憾。

笔者在《广义产权论》一书中指出，在当今人类面临气候危机的条件下，环境产权问题成为一个亟须着力探索的命题。我们可以通过碳产权来看环境产权的真谛。环境中排放的碳，虽然作为一种气体，也是一种物质存在，但这种物质原本在世界上并无产权关系，既没有产权界定，也没有产权交易。道理很简单，因为它既不是商品，也不是资产。这是此前传统的情况。

然而，"天"是可变的，"天之道"也是可变的，所谓"天不变，道亦不变"只是陈腐的信条而已。《联合国气候框架公约》及《京都议定书》的签订，改变了人类几千年来对碳的认识，碳排放被赋予了经济价值。原因何在？这是因为依

---

① 常修泽. 广义产权论——中国广领域多权能产权制度研究 [M]. 北京：中国经济出版社，2009.

② 约翰·伊特韦尔等. 新帕尔格雷夫经济学大辞典（第三卷）[Z]. 北京：经济科学出版社，1992.

据《联合国气候框架公约》及《京都议定书》等文件规定，为了应对人类共同面临的气候危机，碳排放被限制，碳减排被强制，碳排放权成为稀缺资源，按经济学的"稀缺资源理论"自然就有了内在的经济价值。在这种情况下，排放指标就变成了稀缺的"经济资源"。

这种经济资源一旦形成，它会产生一个质的转变：由非商品向商品转变，由非资产向资产转变，由非产权向产权转变。于是人类创造出了一种新的产品——排放权，简称为碳资产，或称碳产权。以碳产权为轴心，一种新的经济模式——"低碳发展"——开始出现①。在中国，2010 年 10 月通过的国家"十二五"规划建议书中虽然没有采用"低碳经济"的提法，但采用了"低碳发展"的命题，这是在中国共产党中央全会的文件中第一次出现"低碳发展"的概念，应该说是一个新突破。随之，"碳"引起人们的广泛关注。

由此我们可以明确回答一个"天问"：天上有"环境产权"吗？答曰：有的。而且，这种产权制度，并非某一国家所特有，它属于人类共同拥有的制度文明。

（二）理论支撑与实践支撑：环境产权制度的两个支撑

1. 理论支撑：环境领域存在"使自己或他人受益或受损的权利"

论及产权的内涵，学术界有不少论者是用《新帕尔格雷夫经济学大辞典》中的一段话来界定的，即"产权是一种通过社会强制而实行的对某种经济物品的多种用途进行选择的权利"②。笔者认为，这段话中的关键词"经济物品"需要拓展，否则很容易被窄化。实际上，目前"经济物品"一词已经被窄化。人们一讲产权马上就想到"经济物品"的产权，如物权、债权、股权等等，而与天相关的"环境产权"则被忽视。正是由于"产权实物观"的影响，环境领域长期没有明确提出产权这一概念。

在这里，我要特别提到产权经济学家、美国加利福尼亚大学经济学教授哈罗德·德姆塞茨（Harold Demsetz）。他于 1967 年在《美国经济评论》杂志上撰文对产权理论探讨时讲过，产权是一种社会工具，其重要性就在于事实上它们能帮助一个人形成他与其他人交易时的合理预期，规定其"受益或受损的权利"。从上述定义可以看出，产权不但是对"经济物品"的占有和使用，而且是"使自己或他人受益或受损的权利"（如果用最直白的语言来表达，"哪里有利益，哪里就有产权"）。在此处，德姆塞茨虽然没有明确提出"环境产权"的命题，但是依此产权定义来衡量，环境领域也有"使自己或他人受益或受损的权利"，也

---

① 常修泽等. 中国企业产权界定 [M]. 天津：南开大学出版社，1998.
② 约翰·伊特韦尔等. 新帕尔格雷夫经济学大辞典（第三卷）[Z]. 北京：经济科学出版社，1992.

存在产权界定、产权交易、产权保护的问题。从这个意义上说，环境产权在理论上是能够成立的。

2. 实践支撑：中外经济体已尝试运用环境产权来应对环境挑战

面对日趋强化的环境约束，人们正在研究如何以绿色、低碳为发展理念，以节能减排为重点，通过建立激励与约束机制，加快构建环境友好的生产方式和消费模式问题。在现实经济中，对于环境污染等"外部性"问题的处理，过去人们比较重视由政府进行干预，这是必要的（作为中国来说，今后仍需要推进环境税费改革），但对另一条思路，即通过产权关系来解决环境污染等"外部性"问题，则重视不够。近年来情况有新的变化。据笔者调研，虽然相当部分生态环境依然是无偿使用在惯性运作，但是在一些地方已经出现一定范围的环境补偿。①

当然，现在较多的环境补偿还没有借助于产权市场，而是采取了迂回的形式。与这种相对迂回的交易方式不同，国际上一些国家则采取了更直接的市场交易方式，如碳产权交易（排污权交易）制度。排污权交易制度首先被美国环保署（Environmental Protection Agency，EPA）付诸实施，而后德国、澳大利亚、英国等国家也相继进行了排污权交易制度的实践。2007 年，欧洲的碳交易量达 27 亿吨，单位价格已经到 14.82 欧元一吨，市场交易价值 400 多亿欧元。可见，运用环境产权来应对环境挑战，不仅有理论支撑，而且也有中外经济体的实践支撑。

（三）"三柱一顶"：环境产权制度的基本架构

那么，需要创建的环境产权制度，应当是一个什么样的基本架构呢？笔者主张建立"三柱一顶"的制度框架。

1. "三柱"之一：环境产权界定制度

产权界定制度是对产权体系中的诸种权利归属作出明确的界定和制度安排，包括归属的主体、份额以及对产权体系各种权利的分割或分配。1998 年由笔者主笔出版的《中国企业产权界定》② 一书探讨的产权界定，还属于狭义的（"企业"范畴）产权界定，现在需要扩展提升，扩展到对环境产权贡献者暨受益者以及破坏者暨受损者的权益界定。

具体来说：（1）凡是为创造良好的环境作出贡献的地区、企业或个人，应该对其贡献作出界定，以便使其获得环境产权的收益；（2）凡是享受了环境外部经济效用的地区、企业或个人，应该对其受益作出界定，以便向环境产权贡献者支付相应的"回馈"；（3）凡是对环境造成侵害的地区、企业或个人，应该对

①　Y. 巴泽尔. 产权的经济分析 [M]. 上海：上海三联书店，1997.

②　常修泽等. 中国企业产权界定 [M]. 天津：南开大学出版社，1998.

其侵害作出界定，以便使其支付相应的经济赔偿；（4）凡是遭受了环境损害的地区、企业或个人，应该对其受损作出界定，以便向环境产权侵害者索取相应的补偿。简言之，贡献者获益，侵害者受损；无贡献而"搭便车"获益者应付出费用，无侵害而无辜受损者应获得补偿。

著名产权经济学家巴泽尔（Y. Barzel）曾讲过一段意味深长的话："产权界定越明确，财富被无偿占有的可能性就越小，因此产权的价值就越大"[①]。2011年通过的国家"十二五"规划纲要提出的"约束性指标"只有 16 个，但在这极少的约束性指标中，资源节约环境保护指标就有 11 个，占 70%。这 11 个指标是：（1）耕地保有量保持在 18.18 亿亩；（2）单位工业增加值用水量降低 30%；（3）非化石能源占一次能源消费比重达到 11.4%；（4）单位国内生产总值能源消耗降低 16%；（5）单位国内生产总值二氧化碳排放降低 17%；（6）（7）化学需氧量、二氧化硫排放分别减少 8%；（8）（9）氨氮、氮氧化物排放分别减少 10%；（10）森林覆盖率提高到 21.66%；（11）森林蓄积量增加 6 亿立方米。这是在中国历史上第一次将 11 项资源环境指标列入国家规划中的约束性指标，充分显示了中国应对气候变化挑战、发展绿色经济的决心。特别是，把大幅降低能源消耗强度和二氧化碳排放强度作为重点约束性指标，应该说抓住了问题的症结。

现在的问题是，如何将这一规划落到实处。笔者建议，在总量控制目标确定之后，应建立资源节约、环境保护指标分解落实机制，即将上述指标逐级分解到地方，有的应分解到企业，从而为考核、评估地方与企业的贡献与否提供依据。在此基础上，做好环境产权的贡献界定和损害界定工作：界定贡献者作出多大贡献；界定侵害者造成多大损害；界定无贡献而"搭便车"者获得多少"搭车"收益；界定无侵害而无辜受损者遭受多少外部损害。只有做好贡献界定和损害界定工作，才能在低碳发展中更多地发挥市场机制的调节作用，这是下一步实施环境产权交易的前提。

2. "三柱"之二：环境产权交易制度

环境产权交易制度是指环境产权所有人通过一定程序的产权经营运作而获得产权收益的制度。这里的关键是，在利益边界比较清晰的情况下，确立相应的环境产权利益交换机制——对于那些自己付出代价而使他人受益的，应该使之得到补偿；对于那些自己享受环境外溢收益而使他人转移成本的，应该使其支付"对价"。在这种市场运行过程中，产权所有人可以通过一定程序的产权经营运作而获得产权收益。通过这样的制度安排，给千千万万个企业以及地方的身上安上一个"马达"，促使它自动来减排。

---

① Y. 巴泽尔. 产权的经济分析 [M]. 上海：上海三联书店，1997.

中国从 20 世纪 90 年代初在上海成立产权交易所以来，20 年间各类产权交易市场呈现出从无到有，从小到大的势头。至 2010 年，各类产权交易机构已达 240 余家。但现在产权交易市场的格局仍然比较狭小，环境产权尚未完全纳入交易市场范围。现在需要拓展视野，建立相应的环境产权交易体系。笔者曾指出，"长期以来，由于受'狭隘产权观'的影响，不少人把'现代产权制度'等同于'现代企业产权制度'，忽略资源环境领域的产权问题。现在的产权概念包括天上的环境产权，地下的资源产权，人间的劳动力产权、知识产权和管理产权等。对寻找新交易品种的产权交易机构来说，算得上'遍地是黄金'，只要勇于创新，产权市场前景广阔"[①]。应尽快建立健全包括碳排放权在内的环境产权交易机构，并在完善温室气体排放统计核算制度的基础上，规范产权交易价格行为，促进环境产权有序流转和公开、公平、公正交易。

3. "三柱"之三：环境产权保护制度

这是对环境产权取得的程序、行使的原则、方法及其保护范围等所构成的法律保护体系。现在有诸多问题没有解决，以致成为当今比较尖锐的社会矛盾之一。因此，要切实按照"广义产权论"，建立包括"领域"和"权能"方面在内的更广泛的环境产权保护制度和法律体系。

要实施环境产权保护，至少涉及环境保护的四个重点领域：第一，应实施天然林资源保护工程，保护好植被和河湖、湿地；第二，实施草原生态保护，运用补偿奖励机制搞好草原管护，强化自然保护区建设监管；第三，加强生物安全管理，加大生物物种环境保护和管理力度；第四，加大环境执法力度，健全重大环境事件和污染事故责任追究制度，建立环保社会监督机制。在此过程中，建立以生态补偿和环境付费为主要机制的产权保护，对环境造成损害的地区、企业或个人，促进其整改并作出相应的经济赔偿或行政处罚。

4. "一顶"：四位一体顶层配套

这里要声明：发展绿色经济、推动"低碳发展"是一个系统工程，必须顶层设计、协调配套。大体涉及四条线路：其一，技术线路，通过低碳技术创新来控制和减少工业、建筑、交通和农业等领域温室气体排放；其二，结构线路，通过调整产业结构和能源结构大幅度降低能源消耗强度和二氧化碳排放强度；其三，规制线路，通过法令、税收（如环境税）等政府管制或社会强制手段来促进可持续发展；其四，产权线路。依上述所论，通过建立包括碳排放在内的环境产权机制等手段，用市场的办法来促进可持续发展。这四个方面是连在一起的。建立环境产权制度，只是"四位一体"系统中的一个方面，需要与其他几个方面

---

① 常修泽. 国有林权制度改革如何启动——以伊春林区改革为例［N］. 经济参考报，2010 – 10 – 15（A08）.

协调配套。具体来说，在实践中要与技术创新结合，与结构调整结合，与税费改革结合，与加强法制结合，还要与公民参与结合，这样，才能促进"低碳发展"。

二、"地"——资源产权

天有天之道，地有地之道；中国先哲云：天之道在于"始万物"，地之道在于"生万物"。那么，与"地"相连的资源产权，情况如何呢？

（一）资源产权体系现状：存在"产权残缺"

所谓资源产权，是指附着在自然形成、可被开发利用，并具有某种稀缺性的实物资源之上的产权。资源产权范围很广，大体包括五个类别：（1）土地资源产权；（2）矿产资源产权；（3）森林资源产权；（4）水资源产权；（5）海洋资源产权。

通过对中国资源产权的调查研究可以看出：资源产权领域的矛盾与环境产权领域的矛盾是不同的。如上所述，环境产权领域是一个尚待认识、有待开拓的领域。从一定意义上说，还是一片"处女之天"。而资源产权，应该说人们是有认识的，而且从法律层面看，资源产权——不管是国家所有还是集体所有——最终的所有权关系是明晰的。但是，按照笔者的广义产权理论（不仅"广领域"产权，而且"多权能"产权，即是说，产权不是"一朵花"，而是"一束花"）来分析，中国资源产权领域，存在比较严重的"产权残缺"问题：

（1）从资源产权界定的视角看，根据现行法律规定，土地（除农村集体所有的土地外）、矿产、水、森林、海洋等自然资源都属于国家所有，国务院代表国家行使占有、使用、收益和处分的权利。但在具体操作中，却存在着资源的所有权与收益权之间在相当大程度上的偏离，使得自然资源最终所有者从资源开发和使用中得到的收益——本应由全体公民共享的公共利益——未能完全实现。比如，在很长的一段时间内，资源税税率较低，资源企业红利上缴水平也偏低。由此造成社会公共利益方面从此行业的高额收益中分享到的红利并不充分，有一部分收益流入部门或相关利益者手中，出现一定程度的利益部门化。可见，这里存在明显的资源产权"主体归属"与"收益归属"的"非对称性"问题。

（2）从资源产权交易视角看，突出表现在资源价格成本构成残缺。目前中国资源企业的成本以及安全成本一般都只包括资源的直接开采成本，而像矿业权有偿取得成本、环境治理和生态恢复成本等尚未体现，形成不完全产品成本。

（3）从资源产权保护视角看，突出表现在对农民土地权利的保护不力上。土地对国家来说是资源，但对农民来说则是其赖以生存和发展的资产。当前，在这方面，土地征用随意性强，范围不断扩大，对农民的补偿标准过低，补偿款拖欠、克扣、截流等问题屡屡发生，这些矛盾使农民的利益严重受损。

（二）完善资源产权体系：重点瞄准"五项权能"

按照笔者"广义产权论"的观点，广义产权除了包括第一要义"广领域"之外，还包括第二要义，即"多权能"产权。"多权能"多到哪里？不仅仅包括原始的所有权，而且包括占有权、支配权、使用权、收益权、处置权等各种各样的财产性权利，即：从原始所有权到各种各样的受益或受损权利。但要突出重点，笔者主张应重点锁定以下五个方面的权能。

1. "五项权能"之一：农民土地经营的流转权

中国第一个 30 年的改革，是从农村的土地改革启动的，无论是安徽省的"大包干"，还是四川省的"归还农民自主权"，触及的都是土地问题。中国是一个人均占有耕地面积较少的国家，必须实行最严格的耕地保护制度，划定永久基本农田，建立保护补偿机制，确保 18 亿亩耕地保有量不减少。为此，除了实行各种最严格的节约用地政策之外，必须在土地制度上做文章。今天土地制度的深刻矛盾并未解决，受到的约束也很严重，出路在哪里？承认并尊重农民的土地经营的流转权是一条出路。[①]

中国农村土地归集体所有，农民个人不能开展"所有权"的转让，但是在此前提下，农民的土地经营权可以拿出来交易。在成立土地承包经营权流转服务中心、土地托管中心、土地代管所等中介的基础上，可以建立农村土地经营权交易市场，或放在现有产权市场交易，让土地经营权流转起来，逐步走上土地市场化和土地集约化之路。笔者认为，这是节约用地的根本之道。

2. "五项权能"之二：林地经营权和林木转让权

此处说的林权，既包括集体林权，也包括国有林权，相比之下，国有林权制度的改革更具探索性。笔者曾四次到黑龙江伊春林区进行调研，该林区正在进行一项试验，就是把国有的林地（包括土地和上面的林木）转让给职工，"林地"只转让"经营权"（不转让所有权），林木卖的是"所有权"，到 2009 年已经实行了八万公顷的试验。这个试验如果取得成功，将来会产生一个新的"活立木"市场。这里有个眼光问题。用实物观来审视，"满山尽是绿树林"；但用广义产权论来看，则"满山尽是绿资本"——至少林木转让这一部分将来可以作为"绿色资本"。[②]

---

① 蔡继明等. 论中国土地制度改革［C］. 北京：中国财政经济出版社，2009.

② 常修泽. 国有林权制度改革如何启动——以伊春林区改革为例［N］. 经济参考报，2010 - 10 - 15（A08）.

3. "五项权能"之三：矿产资源的探矿权和采矿权

西方产权经济学者阿梅思·A·艾尔奇安曾提出过一个"渔民在没有所有者的湖里过量捕捞"的例子，引起我的思考。他说："如果每一条鱼都有一个独立的所有者，或者鱼自己就是所有者，那么，除非一个人交足了足够的费用，否则是不会允许他捕鱼的，过量捕捞也就不会发生了。"[1] 中国为什么存在矿产过度开发的状况？关键在于矿权包括探矿权、采矿权等还未完全到位，没有"交足足够的费用"。为此，在对重要矿产加以保护和进行开采管理过程中，必须完善矿产资源有偿使用制度，特别是建立完备的矿产资源的探矿权和采矿权制度，以促进矿业权的合理设置。这是健全矿产资源市场配置机制的重要方面。

4. "五项权能"之四：水资源产权制度

中国是一个缺水的国家，水资源分布也不合理，对水资源的调节和配置不可避免。必须着手最严格的水资源"水权"制度建设。首先，应加强用水总量控制与定额管理，严格水资源产权保护。同时，强化水资源有偿使用和水资源产权交易。此外，在保障灌溉面积、灌溉保证率和农民利益的前提下，建立健全工农业用水"水权转换"机制。只有建立健全水资源产权制度，才能提高用水效率，促进科学用水。

5. "五项权能"之五：海域使用权即海洋的"用益物权"[2]

中国不仅有960万平方公里陆地面积，还有300万平方公里的海域面积。国家"十二五"规划纲要第一次提出"制定和实施海洋发展战略"。如何发展海洋经济，需要有制度创新。用《广义产权论》的"多权能"来分析，国家对海域拥有最终所有权，但法人和个人可以取得海域使用权。这就是说，海域产权可以实行所有权与使用权的分离。法人和个人获得的海域使用权也可以交易。这是创新涉海现代产权制度、推进海域使用权物权化改革的新构思。如果能交易海域使用权，以及岸线、滩涂、海湾、岛屿等的开发使用权，沿海地区非蓝色区以及内地不靠海的省和自治区，也可通过产权交易得到相应的用海权，打造"海上飞地"，解决中国内陆地区"无海可用"的问题。可以以搞活海洋的用益物权为起点，建立现代海洋产权制度，促进海洋经济发展。

（三）资源性产品价格改革：资源产权体系之魂

建立和健全资源产权制度，除了完善上述"五项权能"之外，还必须解决更深层次的与资源产权相关的价格问题。突出的是资源性产品价格成本构成、价格形成机制以及"税、价、费、租联动"三个问题。

---

① 约翰·伊特韦尔等. 新帕尔格雷夫经济学大辞典（第三卷）[Z]. 北京：经济科学出版社，1992.
② 马克思，恩格斯. 马克思恩格斯全集：第39卷 [M]. 北京：人民出版社，1974：189.

1. 通过"成本还原"构造资源性产品价格完全成本

目前中国资源性产品价格中存在严重的不完全成本，像矿业权有偿取得成本、环境治理和生态恢复成本等尚未体现，形成不完全的价格成本①。资源性产品价格成本构成不完全，导致利益分配不合理。为此需要"四个还原"：（1）还原资源成本，进一步扩大矿业权有偿取得的范围，并适当提高探矿权、采矿权受让标准和矿产资源补偿费费率；（2）还原环境成本，建立矿区环境治理和生态恢复的责任机制，推进矿山地质环境恢复治理和矿区土地复垦，完善矿山环境恢复治理保证金制度；（3）还原安全成本；（4）还原人工成本。通过还原上述相关成本，使资源性产品价格成本构成趋于合理。

2. 完善资源性产品价格形成机制

资源性产品价格形成机制不合理，是资源产权残缺的深层原因。具体表现为该市场调节的未进行市场调节，即使市场交易部分，价格也不尽合理。例如，供水行业2011年工业成本费用利润率为5.87%，比全国各行业平均数（7.71%）低近2个百分点。另一部分资源性产品则存在价格偏高的成分，公众反映收费过高。为此，需要实施资源性产品价格改革。一是推进水价改革，完善水资源费、水利工程供水价格和城市供水价格政策，推行居民用水"阶梯价格"制度。二是推进电价改革，完善输配电价形成机制，推行大用户电力直接交易和竞价上网试点，推行居民用电"阶梯价格"制度。三是按市场化思路改革成品油价格形成机制。四是理顺天然气与可替代能源比价关系。

3. 建立价、税、费、租联动机制

完善资源产权体系，除了价格改革以外，还需要在更大的范围实行价、税、费、租联动。在这方面，重点是适当提高资源税税负，完善计征方式，将重要资源产品由从量定额征收改为从价定率征收，促进资源合理开发利用。从国家宏观层面分析，这也有利于协调中央和地方的利益关系，使资源属地能够从资源的开发利用中获取应得的利益，进而缩小地区之间的收入差距，促进区域的协调发展。

三、"人"——人力产权

（一）人力产权：一个以人为"轴心"和"本体"的产权命题

这里讲的人力产权包括三个组成部分：劳动力产权、管理产权和技术产权。人力产权的凸显与新经济时代的来临及其引起的产权关系新变化有关。在以

---

① 常修泽．人本体制论——中国人的发展及体制安排研究［M］．北京：中国经济出版社，2009.

知识为基础、以智力为资源的社会，人力资源将成为第一资源、第一资本和第一财富，它将带来产权关系的重大变革，从物力产权到人力产权的演变将呈加剧趋势。至于人力产权是否能超越或消融物力产权，以及人力产权承载者是否能在企业中集人力产权与物力产权于一身，尚需观察和研究。

在国际经济理论界，舒尔茨曾揭示了制度变迁与人的经济价值之间的互动关系，指出经济发展过程中人的经济价值上升要求产权制度做出相应的回报。之后，出现了若干有代表性的人力产权思想，如技术决定论思想①、分享经济论思想②、二元经济论思想③以及人本主义思想④等。根据笔者了解的相关文献，西方学者对人力产权问题进行过比较深入的探讨，尤其是舒尔茨、罗森、巴泽尔等理论家都曾从不同的角度论述过人力资本（产权）问题。这对中国同仁探讨人力产权是颇有启迪的。

中国是以创建新社会作为价值取向的。马克思在阐述新社会的本质要求时，曾明确指出：新社会是"实现""人的自由的全面发展"的社会，在这一社会中，人们可以"在最无愧于和最适合于他们的人类本性的条件下来进行这种物质变换"，"在那里，每个人的自由发展是一切人的自由发展的条件"⑤。虽然，在当今中国所处的社会主义初级阶段，我们还不可能完全做到"实现"人的"自由的全面发展"，也不可能达到"最无愧于"和"最适合于"的境界，但是，以此作为基本价值取向，"促进"人的发展则是我们担负的历史使命⑥。正是基于这种"人本体制论"的思想，2003年5月，笔者在撰写有关产权问题的基础性研究报告——《论建立与社会主义市场经济相适应的现代产权制度》时，建议在产权内涵上，除包括物权、债权、股权、知识产权之外，还应补充劳动力产权和管理产权，强调只有把"劳动力产权"和"管理产权"也纳入产权，才能"使要素产权体系完整化"⑦。虽然理论界对"劳动力产权和管理产权"纳入产权内涵有争议，但有关产权的权威决策中，特意在"物权、股权、债权、知识产权"后面加了个"等"字，也就在一定程度上保留了产权问题继续探索的空间。在推进以人的发展为导向的经济社会转型过程中，特别是在追求人的尊严和幸福的征程中，探讨人力产权更具有社会价值。可以说，这是一个以人为"轴心"

---

① 方文（徐振方）. 社会主义商品生产存在的原因（1959–6–2）[C]//张问敏，张卓元，吴敬琏. 建国以来社会主义商品生产和价值规律论文选. 上海：上海人民出版社，1979.

② 迟福林. 中国收入分配制度改革与职工持股 [M]. 北京：中国经济出版社，2000.

③ 常修泽等. 现代企业创新论——中国企业制度创新研究 [M]. 天津：天津人民出版社，1994.

④ 老子. 道德经 [M]. 长春：吉林文史出版社，2004.

⑤ 马克思，恩格斯. 马克思恩格斯全集：第39卷 [M]. 北京：人民出版社，1974：189.

⑥ 常修泽. 人本体制论——中国人的发展及体制安排研究 [M]. 北京：中国经济出版社，2009.

⑦ 常修泽. 产权人本共进论 [M]. 北京：中国友谊出版公司，2010.

和"本体"的产权命题。

（二）劳动力产权和管理产权：人力产权重点分析

人力产权有三大构成：劳动力产权、管理产权和技术产权。鉴于理论界和实际部门对技术产权争议不大，这里重点讨论劳动力产权和管理产权。

1. 劳动力产权

劳权，或称劳动力产权，是经济关系中基本的"元素"之一。据笔者看到的文献，早在20世纪50年代，国内就有学者阐述"劳动者的劳动力个人所有"，并以此作为"社会主义商品生产存在的原因"①。此后，有其他学者从新的角度探讨"劳动者的劳动力个人所有权"或"劳动力产权"问题。②

把"劳动力产权"纳入"广义产权论"体系中，其深层的考虑是什么？是人的主体性问题。第一，劳动力产权一旦确立，劳动与资本即取得了对等地位，劳动者就成了自己劳动力产权的拥有者。如此，企业事实上就成为一个具有特别合约性质的人力资本与非人力资本的共同体。这两个不同产权的拥有者唯有组合在一起，才能在经济活动中共担其责、共享其权、共谋其利。第二，一旦明确了劳动力产权，劳动与资本即具有对等地位，资本可以雇佣劳动，劳动也可以"雇佣"资本。这里最大的变化在于，劳资双方的合作过程成了双方博弈的过程，势必要求交易价格合理。第三，不仅相互交易，而且实行产权保护，包括对每个劳动者劳动力产权的保护。按照劳动者拥有自己劳动力产权的理论，在各类企业（特别是国企）改制过程中，对于解除"身份"（所谓"买断工龄"）的劳动者，企业应相应给予足够补偿。

2. 管理产权

与"劳权"相比，管理产权更复杂一些。创新大师熊彼特以及经济学家奈特曾分别从不同的角度提出了企业剩余索取权由企业家按贡献拥有的思想，他们的这一"企业家利润理论"成功地将企业家之人力资本引入分配体系，具有创新意义。此处所谓"企业家之人力资本"，实际上即为"管理产权"。笔者在《现代企业创新论》一书中曾指出："创新型的企业家是现代经济社会的特殊资源，具有稀缺性、能动性和长期性的性质。""中国：要为企业家的形成和发展开辟道路"，为此，具体提出"管理资本化"的基本思路③。这都涉及管理产权问题。

① 方文（徐振方）. 社会主义商品生产存在的原因（1959-6-2）[C]//张问敏，张卓元，吴敬琏. 建国以来社会主义商品生产和价值规律论文选. 上海：上海人民出版社，1979.

② 迟福林. 中国收入分配制度改革与职工持股 [M]. 北京：中国经济出版社，2000.

③ 常修泽等. 现代企业创新论——中国企业制度创新研究 [M]. 天津：天津人民出版社，1994.

（三）创建人力产权制度的三个着力点

1. 确立人力产权所有者的主体地位

是否承认并尊重人力产权，涉及劳动者、管理者、技术创新者在经济社会生活中的主体地位问题。如果人力产权所有者感到自己处于主动地位，才会自觉地推动自身解放和全面发展。把"劳动力产权"纳入"广义产权论"中去，正是基于这样一种认识：计划经济从根本上否定劳动者作为"劳动力产权"的主体按自己贡献参与分配的权利；在社会主义市场经济体制下，"劳动力产权"所有者应成为"要素按"贡献参与分配的主体，而不应是被别人"按"（所谓"按要素"）的对象。

这不仅是一个纯理论问题，而且具有重要的实际意义。笔者于 2003 年 5 月13 日在《光明日报·理论周刊》上指出，如果"劳动力产权"所有者不是分配的行为主体，或者说，主体是凌驾于要素所有者之上的"计划者"，那么，其行为的过程势必是"计划配置"；反过来说，如果我们确立包括"劳动力产权"在内的要素所有者为主体，则行为过程势必是"市场博弈"。而市场博弈过程实则是市场公平交易的过程。初次分配是劳资双方博弈的结果。关键就在于能否界定清楚参与分配的主体，使劳动者自己掌握自己的命运。唯有确立主体地位，才能实现劳资公正博弈。

2. 寻求人力资本转化为企业资本的有效通道

20 世纪 60 年代，美国路易斯·凯索尔等人认为，劳动与资本都是生产要素（"二元论"），人力资本者不仅可以通过他们的劳动获得收入，而且还可以凭借其人力资本的投入来分享企业股权。另一位"分享经济理论"的提出者魏茨曼更明确认为，"人力资本"是一种投资，应同物质资本一起共同分享企业产权，特别是剩余索取权。当前，在中国，人力资本转化为企业资本的通道尚不顺畅，需要明确承认和保护人力产权，增强对经营管理人才、科技人才和其他普通劳动者的激励机制。

关于企业经营者或技术创新者的物质激励通道，大体有两类：（1）有财产关系的物质利益激励（如股权的分派、股金分红等）；（2）非财产关系的物质利益激励（年薪、奖金、福利等）。前一段时间，已经开始实施非财产关系的物质利益激励。下一步，随着法人治理结构的完善，应该增加采取现股、期股或期权等办法。可以根据经营管理者或技术创新者的业绩，由资产所有者采用现股的方式给予相应的激励；也可以考虑将经营管理者或技术创新者自身的未来财富，与公司业绩及公司长远发展有机地结合，实行管理或技术期权制（特别是在高新技术企业中）。

　　至于对企业中的劳动力产权，也可实行"劳权"的"期权制"。企业利润创造出来之后，在管理者按比例提取"管理股权"、技术创新者按比例提取"技术股权"的同时，也应按照一定比例，给实际上操作的职工，按贡献提取相应的股权或者期权。如果把前面称为"管理资本化"、"技术资本化"的话，那么，这一基本思路可称为"劳权资本化"。对此，我们需要进行试验和探索。

3. 建立包括利益攸关者在内的"金三角"制度架构

　　欲使劳资双方能够"公正博弈"，要有相应的保障性制度安排，使人力产权所有者和资本产权所有者都能有尊严地劳动、经营或投资。为此，需要建立三大利益攸关者即劳方—资方—政府"金三角"制度架构。人力产权所有者可以以工会的形式与资本要素所有者进行平等谈判和议价，政府只作为中立的一方来监督谈判的过程。由此涉及工会的转型问题，即从过去那种福利性的、"活动"型的、附庸型的组织，转变成跟资本管理层并立的真正代表"劳权"力量的工会组织。

四、"合"——天地人产权关系之耦合

（一）天地人产权关系具有内在耦合性

　　这里笔者借用科技界使用的"耦合"一词。"耦合"本意是指两个或两个以上的电路元件或电网的输入与输出之间存在"紧密配合"与"相互影响"，并通过"相互作用"传输能量的现象，其实质是相互贯通。通过对中国古典哲学关于"天地人"关系的研究，笔者发现三者之间是具有内在耦合性的。老子说："人法地，地法天，天法道，道法自然。"（马王堆出土《老子》乙本）即表明人与自然的一致与相通。虽然天、地、人三者各有其道（"天道曰阴阳，地道曰柔刚，人道曰仁义"），但又是相互对应、相互联系的。

　　在产权体系中，天地人产权关系也是各有其道、又相互联系的。笔者在《广义产权论》"题记一"中曾写道："如何破解中国发展和改革的体制难点？我想提供一个广义产权的路径选择：国民共富绕不开物权、股权、债权和智权；社会平衡绕不开劳权和其他人力产权；打破垄断绕不开垄断行业特许经营权；农村改革绕不开土地流转权和抵押权；创新立国绕不开各行各业的技术产权；永续发展绕不开资源产权和环境产权。上述种种，构成这部《广义产权论》初探。"

这六个"绕不开"既点了各自的特性，也点了"破解中国发展和改革的体制难点"的共性。共性在哪里？在于以人的发展为导向，寻求经济、社会、人、自然之间的全面协调发展，其中人的解放和全面发展乃核心价值取向。对于作为根本导向的"人"，笔者曾提出三层含义：横向上"全体人"，纵向上"多代人"，内核上"多需人"。

从总体上说，天地人产权都着眼于"全体人"、"多代人"和"多需人"，其中，相比而言，环境产权更着眼于"多代人"；资源产权更着眼于"多需人"；至于包括劳权、管理产权、技术产权在内的人力产权更着眼于"全体人"。综上所述，广义产权论所涉及的"天地人"产权关系，关注的侧重点虽然有所差异，但是彼此都是围绕着"人"这个共同的轴心而展开的，在这个根本问题上是"相互贯通"的，足见其具有内在耦合性。

（二）发挥天地人产权在经济发展中的耦合作用

中国是一个拥有13亿人口的发展中大国，现在正处于并将长期处于社会主义初级阶段，人民日益增长的物质文化需要同落后的社会生产之间的矛盾仍是现阶段的主要矛盾。从这个意义上说，发展仍是解决所有问题的关键。这是没有问题的。问题在于，我们到底追求什么样的"发展"？纵观第二次世界大战结束以后人类发展理念的演变，大体可以看出一个基本的脉络：战后相当长一段时间，各国都强调经济总量的增长，但随着人口资源环境压力的增大，实践呼唤人类"可持续发展"，节能环保、绿色低碳遂成为新的追求。随后，人自身的发展问题凸显，如何使人活得有尊严，如何使人活得幸福，成为时代的主题。中共十七届五中全会在阐述科学发展涵义时，系统地提出完整的新内涵："更加注重以人为本，更加注重全面协调和可持续发展，更加注重统筹兼顾，更加注重保障和改善民生，促进社会公平正义。"这四个"更加注重"，特别是第一次把"促进社会公平正义"纳入科学发展的内涵之中，与传统的发展观形成两种不同的思路。

2008年全球金融危机爆发之后，笔者在《广义产权论》扉页"题记二"中写道："反思全球性金融危机和环境危机，我发现：美国人透支的是家庭资产，中国人透支的是国民资源——从人力资源到自然资源到环境资源……透支资产的困于当前，透支资源的危及长远。为寻求有未来、有尊严的发展，本书尝试着探索广义产权。"① 题记二当前，中国正处在新的发展理念与传统发展理念博弈的

---

① 常修泽. 广义产权论——中国广领域多权能产权制度研究［M］. 北京：中国经济出版社，2009.

时刻，到底是单一的 GDP 挂帅，还是科学发展？中国到了从"量"的过度扩张到"质"的战略提升的新阶段。"十二五"规划应成为国家经济发展模式转型的分水岭。新的经济发展模式，核心是八个字，即：人本、创新、绿色、协调。天地人产权制度对于上述新的发展模式具有支撑意义：劳动力产权有助于实现人本发展；管理产权和技术产权有助于创新发展；环境产权和资源产权有助于绿色发展；而包括天地人产权在内的"广义产权"则有助于协调发展。

（三）发挥天地人产权在体制改革中的耦合作用

中国的改革正处在攻坚阶段。不仅要推进经济体制改革，而且要积极稳妥地推进政治体制改革，并加快推进文化体制、社会体制改革，以寻求在重要领域和关键环节取得突破性进展。面对新阶段的改革任务，必须要有新的思维，要做好顶层设计和深层谋划。笔者在《产权人本共进论》题记中写道："老子论道：既讲'抱阳'，又讲'负阴'；[①] 斯密论经济：既有《国富论》，又有《情操论》。笔者论改革：一则讲'产'，一则讲'人'。产——《广义产权论》，人——《人本体制论》。如何熔'两论'于一炉，用之于中国创新实践？本书尝试提出：'产权人本共进论'。"[②]

下一步应沿着天地人产权的思路，思考新的问题。比如，在国有经济战略性调整和国企改革中，如何打通人力产权通往企业资本的通道，实现劳权资本化、管理资本化和技术资本化？在收入分配制度和社会保障制度改革创新中，如何发挥劳动力产权的根基性作用，提高劳动要素在初次分配中的比重？在资源性产品价格改革和环境税创立过程中，如何体现资源产权和环境产权的经济价值，满足资源产权和环境产权的内在要求？等等，都需要探讨。而且按照天地人产权的思路进行改革，改到深处，可能还会涉及社会体制改革和政治体制改革问题，对此要有深层思考。

（四）发挥天地人产权在社会管理和创新中的耦合作用

当前，中国社会正处在内部结构大变动、利益格局大调整的过程中。如何创新社会管理体制和机制、加强社会管理能力建设，使社会既充满活力又保持基本稳定，是一个需要着力解决的问题。当前社会问题中的一些矛盾，与天地人产权

---

① 老子. 道德经［M］. 长春：吉林文史出版社，2004.
② 常修泽. 产权人本共进论［M］. 北京：中国友谊出版公司，2010.

有直接关联。比如，一些地区和企业的环境污染，直接酿成了某些局部的"黑色乱源"；土地资源（特别是农地）的违规占用、矿产资源的滥开滥挖、水资源的不合理截流和开发，也引发了一些局部冲突和矛盾；此外，劳动者报酬的低下和劳动条件的恶劣也导致了一些群体性事件，等等，凡此种种，都给当今的社会管理制造了新的麻烦。

针对上述问题，需要从天地人产权出发，加强"源头治理"（须知，天地人产权即是源头之一），解决群众合法合理诉求，及时化解社会矛盾；化解消极因素，防止和减少社会问题的产生。在这一过程中，要努力寻求"经济市场化线"与"社会公平绿色发展线"之间的最佳均衡点。一方面，应继续坚持社会主义市场经济的改革方向，不能动摇；另一方面，要正视社会公平和绿色发展方面的矛盾和问题。按照经济市场化与社会公平绿色发展双线均衡的思路，学会在经济市场化与社会公平绿色发展两个"鸡蛋"上跳舞，而不要把任何一个"鸡蛋"打破。须知，打破了经济市场化这个"鸡蛋"，中国的现代化进程就会受到影响；打破了社会公平绿色发展这个"鸡蛋"，中国的社会稳定与和谐就难以得到保证。

古代哲人云：天之道在于"始万物"，地之道在于"生万物"，人之道在于"创万物"。借古人之智慧，探现代之新知，作上述《天地人产权论——当代人的发展多维产权探讨》，以求教于各位先进。

[补充]

在越南的学术报告：资源环境产权制度
及其在中国的现实启动点

[提要]

应越南中央经济研究院邀请，笔者于 2008 年 4 月 1～5 日出席了在河内举行的"第五届中越经济改革及亚洲转轨国家经济政策对话会议"。会上，应越方要求，作了《论资源环境产权制度及其在中国的现实启动点》的学术报告。先作为补充材料放在本章。

本报告分析了中国资源环境状况及其创建"两型"社会的宏观背景；着重阐述了作者提出的建立"资源环境产权制度"的理论考虑；提出了资源环境产权制度的基本内容及在中国的五个现实启动点。①

---

① 应越南中央经济研究院邀请，笔者于 2008 年 4 月 1～5 日出席了在河内举行的"第五届中越经济改革及亚洲转轨国家经济政策对话会议"。会上，应越方要求，作了《论资源环境产权制度及其在中国的现实启动点》的学术报告。此报告先刊于经济决策参考，2008（19）（4 月 28 日）；发表于宏观经济管理，2008（9）.

关于"资源环境产权制度"问题，这是一个新课题。笔者不是资源环境业务方面的专家，只是近年来将我长期从事的"产权理论研究"拓展到资源环境领域。2003 年在为有关方面起草工作提供的内部研究报告——《论建立与社会主义市场经济相适应的现代产权制度》中曾提出了"广义产权体系"的思想①。2006 年，结合资源环境与收入分配问题，撰写了有关"建立资源环境产权制度"的研究报告②。2007 年，针对环境产权这一薄弱环节，又发表了《再论建立环境产权制度》③。资源环境问题是当今世界各国经济社会发展中普遍关注的问题，自然也引起中越两国政界、商界和学者的关注。为使越南同志更好了解本人阐述的资源环境产权制度的观点，这里先对中国资源环境状况及其中国创建"两型"（资源节约型和环境友好型）社会的背景作一简要分析，然后着重探讨建立资源环境产权制度问题。

一、中国资源环境状况及其创建"两型"社会的背景

（一）中国资源状况

这里讲的资源，指自然形成、可被开发利用、并具有某种稀缺性的实物资源统称。按照资源分类标准，分为土地资源、矿产资源、森林资源、水资源和海洋资源。研究资源产权制度，要首先把握资源的基本状况。

（1）土地资源。根据中国土地利用调查的资料，2005 年大陆部分（未包括港澳台）耕地 12 208 万公顷；此外还有园地、林地、牧草地、居民点及独立工矿用地、交通运输用地、水利设施用地及其他用地等。中国土地资源的特点：一是绝对数量较大（总面积约占世界土地总面积的 7% 左右），但人均占有量较小（耕地仅为 1.4 亩）；二是土地资源质量不平衡；三是各类土地资源分布不平衡，耕地资源的大部分布在东部和中部的湿润、半湿润地区。

（2）矿产资源。截至目前，中国已探明资源储量的矿产共 150 余种，其中能源矿产 10 种，金属矿产 54 种（大家关注的铁矿石储量达 607 亿吨），非金属矿产 91 种。资源地区分布不平衡，陆上石油主要分布在东北、华北和西北；煤主要分布于西北和华北；铁集中于东北、华北和西南；铜主要分布在长江中下游地区。

（3）森林资源。根据森林资源清查，中国现有森林面积 1.75 亿公顷，森林蓄积量 125 亿立方米。最大的问题是总量不足，森林覆盖率仅相当于世界平均水平的 61.52%。

---

① 参见常修泽. 论建立与社会主义市场经济相适应的现代产权制度（为中共十六届三中全会决定起草工作提供的内部研究报告，2003 年 5 月由中国国家发改委宏观院上报）. 宏观经济研究，2004（1）.

② 参见常修泽. 资源环境产权制度的缺陷对收入分配的影响及其治理研究. 中国国家发改委网站 www. sdpc. gov. cn，2006 – 12 – 31，中国经济导报 2007 – 5 – 1 发表，瞭望周刊 2007 – 5 – 14 报道.

③ 参见常修泽. 再论环境产权制度. （中国国家发改委经济研究所内部刊物）经济决策参考 2007 – 7 – 12，中国经济时报 2007 – 7 – 24 发表，中国人民大学书报资料中心. 生态环境与保护 2007（10）转载.

（4）陆上水资源。水资源总量为 2.7 万亿立方米，占全球水资源的 6%，但人均拥有水资源量不足。同时，水资源的分布也不均衡。占全国面积 1/3 的长江以南地区拥有全国 4/5 的水量，而面积广阔的北方地区只拥有不足 1/5 的水量。

（5）海洋资源。据有关资料，海洋能源理论蕴藏量 6.3 亿千瓦，但海洋资源开采难度较大。

（二）环境状况[①]

环境主要涉及 4 个字，即"气"（大气环境，影响空气质量的首要污染物是颗粒物）、"水"（淡水环境，环境监测七大水系，即，珠江、长江、辽河、淮河、黄河、松花江水质）、"渣"（固体废弃物）、"声"（噪音等环境），不一一列举。

（三）建立"两型"社会的提出

关于"资源节约型和环境友好型社会"的提法，是在 2005 年 10 月《中共中央关于制定国民经济和社会发展第十一个五年规划的建议》中明确提出的。其提出的背景是全面贯彻落实中共提出的科学发展观。这里，我想指出："环境友好"这个命题比"环境保护"涵义更深刻，"环境保护"是把环境作为一个被动的客体来对待，而"环境友好"则不仅把环境作为一个被动的客体来对待，而且把环境也作为一个能动的主体来对待，在这里是把自然界看作是人类的朋友，彼此要友好相处。如果人类对环境友好，那么，环境也对人类友好；反之，人类对环境不友好，那么环境也对人类不友好。这是一种"双向"的互动关系。

根据这一思想，中国国家发展和改革委员会进行了具体规划，在"十一五"发展纲要中，第一次把节能和减排作为约束性目标。一个是节能指标，单位国内生产总值能耗 5 年降低 20%。另一个指标是化学需氧量（COD），要求到 2010 年排放量要由 2005 年的 1 414.2 万吨减少到 1 269.5 万吨，降低 10.2%。另一个指标是二氧化硫，要求到 2010 年排放量要由 2005 年的 2 549 万吨减少到 2 260 万吨，降低 11.3%。平均而言每年也要降低 2% 以上。

2007 年 10 月中共十七大再次强调指出，"坚持节约资源和保护环境的基本国策，关系人民群众切身利益和中华民族生存发展。必须把建设资源节约型、环境友好型社会放在工业化、现代化战略的突出位置"。根据这一精神，中国正在全面贯彻。此前，中国国家发展和改革委员会批准中国的武汉城市圈和长株潭城市群作为"全国资源节约型和环境友好型社会建设综合配套改革试验区"，试图通过试点推动面上的工作。2008 年 1 月份，我到长株潭进行了城市群综合配套改革试验区的调研工作。

目前，"两型"社会建设的区域试点正在进行中，同时面上以节能减排为重点的工作正在稳步推进。过去两年，中国已提出并实施节能减排综合性工作方案，建立节能减排指标体系、监测体系、考核体系和目标责任制，颁布应对气候变化国家方案；同时已淘汰一批落后生产能力，启动重点节能工程。经过努力，2007 年中国单位国内生产总值能耗比上年下降 3.27%，

---

① 取自国家环保总局等部门发布的《2005 年中国环境状况公报》。

化学需氧量、二氧化硫排放总量比上年分别下降 3.14% 和 4.66%，这是中国近年来首次出现"双下降"，应该说，节能减排取得初步进展。

当然，未来中国建立"两型"社会的任务仍十分艰巨。这里我重申我的基本观点：资源环境问题是一个很复杂的问题，其复杂性在于，它不仅仅是一个简单的自然生态和资源问题，而是一个集自然、经济、社会、制度、人权等诸多问题于一体的复杂体系，其中牵涉着深刻的产权关系。下面对资源环境产权制度的建立问题进行分析。

二、提出建立"资源环境产权制度"的考虑

为什么要提出建立"资源环境产权制度"？我是从以下三方面考虑的：

第一，从理论上分析，"资源环境产权制度"是整个现代产权制度体系的重要组成部分。

我在 1995 年和 1998 年相继主笔完成的《产权交易理论与运作》等书中，曾对"产权体系"作过论述。长期以来，由于受"狭隘产权观"的影响，不少人把"现代产权制度"等同于"现代企业产权制度"，忽略资源环境领域的产权问题，这是一种狭隘的观点。同时由于受根深蒂固的"产权实物观"（即把产权仅仅理解为一种实物形态的东西）的影响，环境领域一直也没有明确地提出产权概念，普遍认为对于环境这种无形之物可以"无价"或廉价获取，于是资源环境产权制度（特别是环境产权制度）成为一个被忽视的问题。这也是研究产权问题的一个重大缺失。

在弥补产权缺失的过程中，资源领域的产权争议稍小一些，新华社《瞭望》周刊报道我的"资源环境产权制度"时，采用的重点是"资源产权制度"，而对"环境产权制度"则预留空间。这涉及"产权"的内涵问题。产权经济学家哈罗德·德姆塞茨（Demsetz, Harold）讲过，产权是"使自己或他人受益或受损的权利"（哈罗德·德姆塞茨，1967），我是赞成这一定义的。我认为，如果用最直白的语言来表达，"哪里有利益，哪里就有产权"。依此衡量，环境领域也有"使自己或他人受益或受损的权利"，即是说也有产权界定、产权交易、产权保护制度的问题。

在现实经济中，对于环境污染等"外部性"问题的治理，有两条思路：一条思路，由政府进行干预，如对排污者征收"环境污染税"等；另一条思路，就是以"交易成本"分析的方法，即通过产权关系来解决环境污染等"外部性"问题。对于前一条思路，人们比较熟悉、比较重视；而对于后一条思路，即通过产权关系来解决环境污染等"外部性"问题，人们过去比较陌生、比较忽视。

现在中国的情况正在发生变化。在中共十七大报告中提出一个新的理念——"建立和健全资源有偿使用制度和生态环境补偿机制"，一个是"资源有偿使用制度"，一个是"生态环境补偿机制"，都涉及产权的实质——"使自己或他人受益或受损的权利"问题。所以，我说"提出建立资源环境产权制度正是现代产权制度体系的题中应有之义"。

第二，从实践上分析，提出建立"资源环境产权制度"有助于缓解和克服当前中国资源环境领域的矛盾。

中国正处在工业化的中期阶段，这一时期，既不同于工业化初期，又不同于工业化后期或后工业化社会，恰恰是工业化迅猛发展的时期，特别是重化工业发展迅速。这就对资源利用和环境保护带来极大的挑战。从目前实际情况看，中国资源环境领域存在的问题是比较严重的。我在《中国发展模式论纲》中曾讲"资源短缺、环境恶化成为经济发展的首要瓶颈"。特别是石油更是经济发展过程中的瓶颈。由于石油消耗与产量之间的缺口，中国（大陆）从1993年开始就成为石油净进口国，近几年石油对外依存度持续处于40%以上（2006年为47%）。目前中国（大陆）已是全球第二大石油进口体（我2007年到台湾访问，了解到台湾地区每年进口石油5 500万吨）。据测算，中国（大陆）即使石油消费弹性系数从"十五"期间的0.75下降到0.6，"十一五"期间中国石油需求将年均增长为5%，石油年需求总量将达3.7亿吨，石油供需仍将存在缺口。在这一点上，中国的资源远不如同为"金砖四国"中的俄罗斯，也不如其中的巴西（大体与印度相仿）。环境问题也成为中国下一阶段经济社会的重要因素之一。造成这种局面的原因是非常复杂的，除有阶段原因、结构原因、特别是传统的政绩观的原因外，不可否认的也有产权制度方面的原因。按照"涉及什么问题解决什么问题"的思路，产权方面的问题需要靠产权制度来解决。

第三，从国际上分析，一些国家在资源环境产权制度方面已有所探索。

面对世界资源紧张和地球变暖和温室效应的突出，一些国家也在资源环境产权方面进行了探索，如有的国家已提出并实行排污权的交易，这都涉及资源环境产权问题。著名产权经济学家巴泽尔（Y. Barzel）曾讲过一段话：产权界定越明确，财富被无偿占有的可能性就越小，因此产权的价值就越大[①]。从这个角度分析，"资源环境产权制度"，并非某一国家所特有，而属于人类共同的制度文明。

基于以上三方面分析，中国如欲实现"资源节约型"、"环境友好型"社会，作为战略构思之一，需要着手建立和健全资源环境产权制度。

三、资源环境产权制度的基本内容及现实启动点

根据笔者的以往研究，结合环境实际，我认为，完备的资源环境产权制度应主要包括以下三个方面的制度：

（1）资源环境产权界定制度。资源环境产权界定制度主要是对资源环境产权体系中的诸种权利归属作出明确的界定和制度安排，包括资源环境归属的主体、份额以及对资源环境产权体系的各种权利的分割或分配。这里包括资源环境产权体系中的所有权，也包括所有权以外的其他经济权利，如使用权等。[②]。

（2）资源环境产权交易（或称产权流动、流转）制度。资源环境产权交易或流转制度主要是指资源环境产权所有人通过一定程序的产权运作而获得产权收益。一些国家实行的开采

---

① ［美］Y. 巴泽尔. 产权的经济分析. 上海三联书店，1997.
② 常修泽等著. 中国企业产权界定. 南开大学出版社，1998.

权转让、排污权的交易，就涉及环境产权交易问题。资源环境产权交易体系最基本的要素有三：一是资源环境产权交易价格问题；二是资源环境产权交易市场供求问题；三是资源环境产权交易市场竞争问题。

（3）资源环境产权保护制度。这一制度是对各类产权取得程序、行使的原则、方法及其保护范围等构成的法律保护体系。

笔者认为，完整的资源环境产权制度是由上述三大支柱构成的。正是由于现行资源环境产权制度在产权界定、产权交易和产权保护等方面存在的缺陷，导致现实中出现一些问题。基于这种分析，建立资源环境产权制度，我认为有四个现实启动点：

第一，做好资源环境产权的贡献界定和损害界定工作。

产权经济学强调产权是"使自己或他人受益或受损的权利"。这种"受益或受损的权利"必须界定清晰。对于那些自己付出代价（受损）而使他人受益的，应该得到补偿；反之，对于那些自己享受环境外溢收益而使他人转移成本的，应该支付"对价"。实践中，则存在"产权模糊"状态。比如，有些地区和企业在生态环境保护方面做了诸多贡献，包括生态公益林的建设、创建各种自然保护区，以及先进企业在污染减排方面做出了突出贡献等，但却未能获得与这种"环境贡献"相对称的收益；与此同时，那些享受到这种生态环境外溢收益的其他地区和企业却未支付相应的费用。于是，为生态环境保护做出贡献的主体和享受溢出效应的主体之间存在着利益的不平衡。

为此，需要做好贡献界定和损害界定工作。凡是为创造良好的环境作出贡献的地区、企业或个人，应该获得资源环境产权的收益，把权力和利益明确界定下来。反之，凡是对环境造成损害的地区、企业或个人也应把其责任明确界定下来。这是建立资源环境产权制度的基础。目前正在着手资源环境产权的科学界定。

第二，促进资源环境产权的公平交易。

在此方面，突出的问题是价格问题。目前，涉及工业化中三大要素——土地、水、矿产资源消耗过程和生态环境的补偿，在价格成本的构成方面呈现不完全状态，缺了几块，其中缺了"环境治理和生态恢复成本"。一些矿业企业没有将矿区环境治理和闭坑后的生态恢复等投入纳入生产成本。综合估算，目前矿产品中被湮没的"环境治理和生态恢复成本"相当可观。据我在中国河南永煤集团实际调研，该集团用于生态环境恢复和治理——"复垦"方面的投入，每年1.2亿元，目前已修复耕地3 500亩。由此使我想到，务必要落实环境成本的科学还原。应强制企业从销售收入中提取一定比例资金用于矿山环境的恢复和生态补偿，逐步使矿业企业合理负担其开发过程中实际发生的各种成本，形成"完全成本价格"。

第三，实施资源环境产权的严格保护。

从当前实际情况看，主要问题突出表现在对环境主体权利的保护不力上。中国正在加强土地、水、草原、森林、矿产等资源的保护和节约集约利用，严厉查处乱采滥挖矿产资源等违法违规行为。随着天然林资源保护、退耕还林还草以及各种自然保护区和生态保护工程项目的展开，建立生态补偿和环境付费机制更为迫切。这里的关键是要确立相应的资源环境产权利益补偿机制，包括环境外部经济的贡献者和受益者之间直接的"横向利益补偿机制"以及以国家为主体的间接的"纵向利益补偿机制"。前者主要是在利益边界比较清晰的情况下，由环境外部经济的受益者直接向贡献者进行补偿（这是一种市场化的产权收益实现机制）。中国着手建立"生态环境补偿机制"。凡是对环境造成损害的地区、企业或个人，特别是那些高污染、高耗能产业，除促进进行整改外，应该作出相应的经济赔偿或行政处罚。要"完善能源资源节约和环境保护奖惩机制"。

第四，做好与创建资源环境产权制度的协调配套工作。主要是"五个结合"：

一是与税费改革结合。重点是改革"资源税费制度"，并且由过去的"从量计征"改为"从价计征"，同时适当提高排污费、污水处理费和垃圾处理费标准，现在正在运作。

二是与结构调整结合。重点是实施电力、钢铁、水泥、煤炭、造纸等行业淘汰落后生产能力计划，同时着力发展节能服务产业和环保产业。在建立淘汰落后产能退出机制、完善和落实关闭企业的配套政策措施方面，涉及资源环境产权。

三是与技术创新结合。重点是促进开发和推广节约、替代、循环利用资源和治理污染的先进适用技术，实施节能减排重大技术和示范工程。开发风能、太阳能等清洁、可再生能源，并且发展循环经济。这也涉及利益协调问题。

四是与加强法制结合。创建资源环境产权制度必须建立在法制基础上。当前重点是建立节能减排监测制度和审计、监察体系，加大执法力度。同时建立"节能减排工作责任制"。

五是与公民参与结合。创建资源环境产权制度核心是利益问题，而利益和精神不可割裂。中国正在采取措施增强全体公民的资源节约和生态文明观念，并发动公民参与，这是资源节约型、环境友好型社会建设的伟力之所在。

第三节　长株潭两型社会建设改革实验评估

【提要】

长株潭"两型社会"综合配套改革实验区，是国家 11 个（截至 2013 年 6 月）综合配套改革实验区之一。设置该区的目的是试图通过"先行先试"，摸索一套新型的资源环境制度，为创建生态文明作出表率。

笔者曾数度到长株潭调研，依据调研资料，对该城市群"两型社会"综合配套改革实验区予以评估。在评估基础上，就"两型社会"配套改革提出了四点建议。*

几年来，曾几次去长株潭，或是讨论"两型"社会改革实验的规划方案，或是作报告、调查研究，这次听了情况介绍，感觉很振奋。谈三个问题。

---

* 此节系笔者在长株潭两型社会建设改革实验评估会上的发言。载于中国改革论坛，2012 – 6 – 10。

一、有关评估的几个基本问题

国家发改委领导部门及其系统应该好好研究中期评估这个问题。因为国家发改委制订了国家"十二五"总体规划，也制订了各种各样的专题规划，包括区域发展规划，还有若干个综合配套改革的规划，到底执行如何？过了一段时间，就要评估。这个长株潭两型社会改革实验，也已四年，需要评估。

评估有这么几个事。

第一，谁来评？评估的主体是谁？

可以有三类主体：

第一类是自评，长株潭三市各自自己评，或长株潭作为一个整体自己评。

第二个就是互评，包括在国家发改委或省的领导下，长株潭与武汉城市群或其他城市互评。包括老百姓的评价，利益相关者对长株潭的评价。

第三个是第三方评估。既不是自评，也不是利益相关者的互评，请第三方来评。这次对长株潭评估，我把它看作类似第三方评估。相类似的，还有国际上的评估机构，他们都属于第三方评估。第三方评估应该招标。

这是第一，谁来评。

第二，评估的客体是什么？

评的客体：总的规划，还是专题规划？国家发改委定的"十二五"规划，有总的规划，也有专题规划，包括区域发展规划，综合配套改革的规划。到2013年的7月，就两年半了。应对国家发改委"十二五"总的规划及其一些专题规划进行评估。但现在国家"十二五"规划的制定工作是迟缓的。为什么说迟缓呢？有些规划才刚刚颁发，如战略性新兴产业规划，才刚刚出来。有的到现在还没有出台。但是不管怎么说，2013年中期要评估。总的规划、专题规划都应评。

第三，怎么评？用什么标准来评？

评估用什么体系、用什么尺度？我的建议：（1）总的规划，要用国家发改委当初制定"十二五"规划的时候所提出的那套"人本、绿色、创新、协调"的体系（包括量化指标）；（2）专题规划，如两型社会改革，还要有标准指标（包括模型）。初衷是什么，标准指标（模版）是什么。拿那个尺子来量，看看做得怎么样，这是一个尺度问题。

第四，评估以后要发现什么？

这个比较关键。一方面要通过评估，总结经验。另外一方面，通过评估，能发现在实践中出现的一些新情况和新矛盾，以便对下一步工作有所推动。

所以，评估过程实际上是一个研究的过程，是一个探索的过程，也是一个促进的过程。如现在攀登，爬到半山腰，到了一个关键的时刻，看看爬得怎么样，到什么程度，有什么好的经验，关键是我们怎样达到原来定的目标，这里包括新的情况、新的矛盾、新的问题，恐怕还要有新的思路。

"评估"四条：谁来评，评什么，怎么评，评了以后做什么。

二、对于总体评估报告的看法

我现在来评估这个报告。

第一，这个报告对于前四年长株潭在改革实验的总体进展，做了比较系统的归纳和分析。

长株潭改革实验的总体进展，包括六个部分。这给我们做了一个扫描——到底这四年长株潭两型社会建设，建设得怎么样。发改委体改司是发方包，长株潭是承包方，现在工程进展怎么样？我感觉工程进展总体来说不错。报告花了大量的篇幅，用了很多数据、很多案例，来阐释进展情况。尽管顺序有待调整（不宜一开始就讲经济增长），但总体进展这部分写得较丰满。

第二，这个报告初步总结了两型社会建设的一些经验。

这个经验一开始就讲改革，因为长株潭是综合配套改革的实验区，不是一个区域发展规划，跟地区司操盘的不是一个系列，地区司操盘的是地区发展上升为国家战略这么一个思路。台湾朋友闹不清楚，大陆怎么这么多区。所以我跟台湾朋友说两个系列：

第一个系列叫做综合配套改革试验区系列。天下没有这个实践，我们在这个地方搞试验，这是一种创新的实践，主要是在体制上寻求突破，这个操盘手是国家发改委（体改司）。据我所知，综合配套改革试验区有11个，沿海6个：上海浦东、深圳、天津滨海、沈阳、义乌、厦门。内地5个：长株潭、武汉，还有成都、重庆、山西。

另一个是区域经济纳入国家发展战略的系列。我给一个简称，第一组叫试验区，第二组叫战略区。长株潭这个是试验区，抓住综合改革试验区的特点，第一是改革，第二是发展。

第三，评估以后，能拿出自己的建议来。

这个报告也有了四条建议。相对来说第一部分写得较丰满，第二部分次之，第三部分较弱，有可操作性的建议不足，需要加强。这是我对这个报告的评估。

三、个人的几点建议

第一点建议，建议把长株潭四年的试验结果做一下分类。

长株潭城市群两型社会建设综合配套改革试验区，关键词叫试验。既然是试验，实际干的应该是前人没有干的事，先试试。所以这个"试"很好。如果说这个事天下已经有人办过，我再照着办，这个不叫试验。试验就是"天下本无此，我来先行之"，这就是试验。如果"天下已有之"，那叫"复制"。

这种试，可以有三种结果：

（1）试了以后，站在顶层的决策角度，从这里发现试验当中那些有生命力的东西，对全国有借鉴意义的，有普遍价值的东西，从这里发现了好东西。要理出这样一个东西来。这叫成功的经验，可以借鉴、可以推广的，就像当年的小岗村，在全国推广。

（2）试验以后发现不行，不能这么干。其实这也是试验的一种成绩，试试不行，缩回来。这也是一个工作的成绩，不试，怎么知道不行？

（3）在这个地方行，但是在全国不行，就是局部经验，对局部有价值，推广起来有难度。

现在可以分为这么三类。从我们已经搞的材料来看，重点还是第一类，重点还是从这里理经验。这个地方试验也要拿三类东西。

第二点建议，两型社会建设试验有价值的东西，按"五环"来梳理。

我建议"五环"，由小到大，而且把体制变革、体制创新或者叫改革，跟科学发展两个绑在一块，以改革促发展，把改革的内容和发展的内容结合起来。哪"五环"呢？

第一环，首先是重新塑造"人"方面的经验。把"人"重新塑造成为"两型人"。两型人，也是"生态人"，有什么新特征？我特别看重这一条，人是这个问题的根本。在计划经济时代，GDP深入人心，但资源怎么节约、环境怎么友好，两型这个东西没有深入人心。刚才说，居民见了垃圾就捡，人的变化很大，可喜。这是一环。北京城，中南海就在一环里面，这是灵魂。重新塑造人，是两型社会建设试验的灵魂。可惜报告这个视角不突出。

第二环，我建议把资源节约和环境保护本身的改革经验提到此处。因为我们是两型社会建设的试验区，继"两型人"之后，第二个环就得上资源节约、环境保护，两个方面到底有什么改革、有什么发展。资源要打开：土地资源、水资源、能源；环境要打开，包括水环境、大气环境、噪音环境等等。这部分还是需要强化的，首先是资源这块，土地资源、水资源和矿产资源，以及由它们变成的二次能源，到底节约如何？环境方面，大气环境、水环境、噪音环境到底变化怎么样？二环这块还需要展开，需要细化，现在还不解渴。

第三环，城市环。用两型的思想来改造长株潭城市，这部分写得可以。长株潭有很多好的社区，要把这些社区写到里边。

第四环，经济环。经济里面，突出是用两型的思想来改造长株潭产业，这部分写得比较丰满。长株潭有很多好的产业，要把这些企业写到里边。到了经济层面，包括产业，但超越产业。经济生活的其他方面，如市场、宏观等也要分析。

第五环，社会环。

我建议一环一环往外走，人是中心（两型人、生态人），资源环境本身、城市、经济、社会。这是第二点建议。

第三个建议，用市场的手段推进两型社会建设。

从工作来说，我看到了一只有力的手，政府这只手，发挥了很大的作用，包括政府加强组织，领导重视，采取了很多措施，有一些行政手段。相比之下，我觉得怎么用市场这只手，用看不见的手，来促进资源的节约和环境保护，这只手虽然有，但不明显。

刚才说的那个事例（提供一个环境垃圾的信息，手机升值3元），点燃我心中的火花。其实，这是一条很宝贵的经验。咱们这个稿子里面没有总结这个。这就是用市场的手段，"不用扬鞭自奋蹄"。不用强制性手段，用市场化的手段、用利益的手段，实践中有，需要进一步强化，这只看不见的手，应该高高举起来。

建议把资源产权、环境产权这两个概念引入，我对这个情有独钟。用资源产权、环境产权的理论来促进资源的节约和环境的保护。就是用一种机制，让人高高兴兴地去节约资源、环境保护；而不是由政府逼着去节能环保。中国比较喜欢用强制性的东西。就是办好事，也不要强制。

用市场手段，除了资源、环境产权外，还有"两型金融"，报告当中应重视这个东西。长株潭金融问题做了一些尝试，如搞基金，搞债券，还可以把思路打开。这是一个硬骨头，中国还没有环境银行、生态银行。可去试，名字可以另外起，可以叫生态银行、环资银行。银行、债券、保险、各种各样的基金，把两型金融的旗帜举起来。

第四点建议，建议吸收国家发改委两个课题提出的好方法。

国家发改委现在有两个相关的课题。一个课题是发改委给有关方面提供的"生态文明的战略思想研究"，我参加过讨论。一个课题就是我参加论证的，由环资司操盘的《国家"十二五"循环经济发展规划》，也是重点专题规划之一，那里有很多循环经济的做法。

国家发改委现在这两个东西，跟我们两型社会的建设比较直接，这两个我都参与了研究讨论，感觉专业性很强。建议吸收这两个课题中的好思想、好做法、好招数，渗透到报告中，并用之于下一步的试验，会有所裨益的。

[补充]

在长白山国际生态论坛阐述"环境产权"理论

由国家环保部、中国科学院、吉林省人民政府等单位联合主办的长白山国际生态论坛 9 月 15 日~18 日在吉林省长白山举行。常修泽教授应邀作为经济学界的代表出席会议，与中外生态学家共同探讨生态环境问题。

从产权角度研究生态环境是常教授近十年的科研重点之一。2009 年他出版的《广义产权论》一书，系统阐述了"天"（环境产权）、"地"（资源产权）、"人"（各种人权）的理论，2010 年被《人民论坛》评为十个理论创新观点之一。

在此次会议上，常教授根据自己的理论和实际调查，从国家发展战略的角度，作了《关于创建长白山国家生态文明建设试验示范区的建议》的主题发言。报告分三部分：第一，战略提升：建议将 1964 平方公里的国家级自然保护区，拓展并提升为 13 478 平方公里的国家生态文明建设试验示范区；第二，试验示范区的六大试验要点：总体布局、产业转型、绿色社会、生态保护、基础设施、体制和政策；第三，"四线推进"方略——技术路线、结构路线、规制路线、市场路线。强调指出，在市场路线中要特别重视环境产权，寻求天、地、人三合一的产权制度安排。针对此，侧重阐述了他的环境产权理论。

常教授的发言引起关注。9 月 17 日，新华网在《中国通过国际合作加强对长白山生态保护研究》的新闻中，报道了他的建议和主张。9 月 18 日，吉林省人民政府长白山管理委员会主任谢忠岩等领导会见常教授并进行了交流。

第三篇 运作篇

第十章

包容性
改革的运作：大均衡
改革方略

本章导言

前面九章，探讨了包容性改革论的第一要义——包容性思想（海纳百川　包容互鉴）和第二要义——包容性制度（公正市场　社会共生等），下面研究包容性改革论的第三要义——包容性运作（超越惯性　均衡运作）。

研究包容性改革的运作，必须认清大势。未来10~15年，中国改革面临极其复杂的格局。两极都是悬崖：一极，恢复计划经济；另一极，搞休克疗法，造成整个社会的动荡，甚至出现乱局（2013年"埃及之夏"出现的国家"被撕裂"的情况，值得警戒）。为避免掉入悬崖，需采取大均衡改革方略，找准各自"均衡点"。

基于上述观点，本章一开始就强调，新阶段的改革战略应该是更具时代"大智慧"、更有宏观"大视野"的改革战略。

大均衡改革战略包括五大"均衡点"：经济改革，找准市场化和公正化的均衡点；政治改革，找准"深刻改革"与"自我完善"的均衡点；社会改革，找准多元阶层"社会共生"的均衡点；文化改革，找准东西方文明交融的均衡点；资源环境制度改革，寻求"天地"与"人"的均衡点。

"均衡点"不等于中间点，它是动态均衡的。跟"跷跷板"一样，哪边失衡要适当地往哪边移动一下，找准平衡。

尤其是，要学会在市场化公正化"两个鸡蛋上跳舞"，实质就是寻求建立包容性的经济制度。从更深层来说，"在操作过程中要注意防止两种现象：第一，要经济市场化，但要防止'权贵'；第二，要实现社会公正，但要防止'民粹'。无论是'权贵'还是'民粹'，对中国广大人民群众来说，都是不利的。"*

腐败是当前民众最关注、最痛恨的问题，其中最难的在于解决体制性腐败问题。权力与资源的结合，产生体制性腐败，成为均衡改革中突破的重点。从现实情况看，现今社会的一些"手脚"已经烂掉。切除它恰好可以防止这种溃烂祸及全身、特别是伤及头脑。从这个意义上说，"切除烂手烂脚"这种手术是"非做不可的"。

---

* 人本体制论（前言）：11.

第一节　探索具有时代智慧和宏观视野的改革战略

【提要】

要研究包容性改革论的第三要义——包容性运作，不能陷入具体的"术"的方面，首先需要有"道"的思维。本节运用访谈录的形式，提出：探索具有时代智慧和宏观视野的改革战略。

现在改革越往前越困难，至今仍然存在争论，主要有三方面的原因：一有思想、理论认识方面的原因，二具体操作本身也有值得内省的地方；但是，关键还是既得利益格局的掣肘，特别是存在"权力与资本合谋、权力与利益交换"的严重腐败和种种不公正现象。如何排除既得利益格局对改革的干扰，实现社会公平正义，成为新的战略问题。

面对经济社会领域利益关系和社会矛盾多元交织的复杂局面，急需突破改革僵局，按照正确的方向和路径推进改革。这就需要探讨创新性的理念。

下一阶段建立更趋完善的社会主义市场经济体制，以及更大范围的政治社会文化领域的新体制，需要有新的超越。不应再是前一阶段思维定势的简单延续和惯性运作。

从这个意义上说，下一步需要提升为更具时代"大智慧"、更有宏观"大视野"的改革战略。*

一、向社会主义市场经济转变：有进展亦有缺憾

《中国经济时报》：1992 年，中共十四大确立了社会主义市场经济体制的改革目标，这个时间是在 1978 年十一届三中全会后的第 15 年，说明我们选择社会主义市场经济体制这一目标模式经历了艰辛过程。距离 1992 年，又有 20 年了，依您个人的观察，对中国的改革大局，有什么结论性的看法？

常修泽：1992 年，邓小平说大约需要 30 年左右的时间，我们就可以建立一个完善的、成熟的、定型的社会主义市场经济体制，特别是"定型"这两个字，值得琢磨。

我觉得，中国向社会主义市场经济转变，是在曲折中展开的，有进展亦有缺憾。进展当然值得肯定，但是，也应该实事求是地指出：1992 年所设定的建立社会主义市场经济体制目标的任务，有几个大的方面还没有完成，尤其是一些关

---

　　* 2012 年上半年中共十八大之前，笔者在实际调研和理论探讨的基础上，初步形成了自己的改革战略思路，并提出"探索具有时代智慧和宏观视野的改革战略"。《中国经济时报》理论部主任柏晶伟为此对笔者作了深入访谈。本节文稿系笔者接受访谈的实录，载于《中国经济时报》2012 年 7 月 4 日。此文发表后，国家有关部门将此文上报国务院高层参阅。

键性的、要害性的领域和环节，"攻坚"之战可以说打得比较艰苦，一些"坚"并没有攻下来。经济领域一些深层次的体制性"瓶颈"依然存在，与当初确定的社会主义市场经济体制目标相比，还有相当大的距离。主要有三大矛盾：

第一，作为市场经济微观基础的国有经济改革远未到位，特别是垄断性行业改革基本没有"破题"。从产权结构看，垄断性行业基本上是国有资本"一股独大"，有的行业甚至是"一统天下"。我最近根据《中国统计年鉴2011》的最新数据作了计算，从2010年有关行业固定资产投资情况看，民间资本进入具有明显的有限性。如社会普遍关注的铁路运输业，仅占2.1%；电信和其他信息传输服务业，也只占3.7%；特别是航空运输业，2008年为2.5%，2010年反而下降到仅占0.5%。请注意，这组数据还是在国务院两次提出"非公发展36条"之后的新数据，可见民营资本进入垄断性行业之艰难。

第二，作为市场经济重要支撑的要素（包括资本、土地及其他资源、技术等要素）市场化改革滞后。虽然最近在存款利率浮动方面有所启动，但总体分析，各类要素价格（包括利率、地价、资源性价格等）仍处于"半市场半统制"状态。

第三，作为市场经济改革"关键环节"的政府职能转变严重滞后。一些部门仍然通过如审批等手段，直接干预企业的微观经营活动。近一时期，网上流传某地方官员在京城"亲吻"投资项目文件的照片，我看了很不是滋味，内心很痛苦。我随手记下两句"随感"：地方官员对审批权力的亲吻，绝不是中国的福音；审批制的喧嚣，也绝不是中国行政体制改革的目标。

二、改革争论原因：关键在既得利益格局

《中国经济时报》：从改革开放至今，关于市场化改革的争论和质疑从未停止过，现在改革越往前越困难，至今仍然存在争论，主要原因是什么？

常修泽：根据我的研究，争论来自三方面的原因：

第一，有思想、理论认识方面的原因。从全球范围来看，以社会主义市场经济为目标的转轨国家，不论中国也好，越南、老挝也好，都属于在社会主义这个框架之下的改革。这个改革不能不触及原来马克思、恩格斯设想的社会主义经济模式。他们认为，社会主义与商品经济（市场经济）是"水火不容"的，公有制与商品经济（市场经济）是"格格不入"的。这种理论被斯大林推向实践，造成了原社会主义计划经济国家灾难性的厄运。中国经过33年的改革，在克服这一传统思想方面有了很大进步，但是我要说的是，市场经济与社会主义"不相容"的思想，在我们社会当中仍然是存在的，而且有的地方还比较严重，可谓根深蒂固。应该说，现在社会上的一些认识，并没有完全突破上述传统思想的"牢笼"。

第二，具体操作本身也有值得内省的地方。中国确立社会主义市场经济体制的改革大目标是正确的，但在一些改革的具体领域，也存在一些操作性的问题。比如，就国有经济改革来说，理想的目标是将国有企业定位于公益性，但现实状况却相当复杂。在 2010 年全国 11.4 万户国有企业、64 万亿元总资产中，哪些属于公益性的，需要按照公共性原则来运作；哪些属于竞争性的，需要逐步予以调整，迄今并没有划分清晰，从而造成公益性和市场性的混淆。至于腐败分子冒"国企改革"之名，行侵吞国有资产之实，搞"伪市场化改革"，虽在理论上有所揭露，但在实践上监管打击不力。再比如，在住房方面，前些年对于保障房与商品房的制度安排也不像现在这样清晰。我的基本看法是，政府干了很多不该干的事，如热衷于代替企业招商引资等，但是在公共服务、市场监督方面又存在严重的"缺位"，需要认真反思。

第三，改革受到现存利益格局的掣肘。为什么垄断行业的改革如此艰难？原因在于垄断行业受到有关力量的牵制。在行政体制改革上，学界一再呼吁要改革审批制，但是为什么真改审批制却如此艰难？原来依赖审批制寻租的力量不那么痛快。老子《道德经》第 57 章有一句话："我无事，而民自富；我无欲，而民自朴"。意思是说，"我（指执政者）不胡折腾，百姓自然就富裕了；我（指执政者）没有私欲，百姓自然就淳朴了"。为什么政府有些部门热衷于揽审批之类的"事"？实质在一个"欲"字。

在以上三点中，关键是既得利益格局的掣肘。可以这样说，不打破既得利益的格局，深化改革很难。

三、需要更具时代"大智慧"和"大视野"的改革战略

《中国经济时报》：您的分析很深刻，对近年改革的新情况，您有何观察？

常修泽：确实，近年来中国改革领域出现一些新情况。根据我的观察，主要有三个方面：

其一，围绕是否坚持"以社会主义市场经济体制为目标取向"的改革问题，学术界再次出现争论。一些论者对坚持社会主义市场经济体制的改革目标取向有所动摇，一些领域的改革有所停顿。

其二，在改革过程中，出现了"权力与资本合谋、权力与利益交换"的严重腐败和种种不公正现象。如何排除既得利益格局对改革的干扰、实现社会公平正义，成为新的战略问题。

其三，转轨的"三不足"，即转轨动力不足；转轨队伍不足；转轨共识不足。我在今年亚洲转型国家对话会议上提出此问题，值得深思。

《中国经济时报》：在缺乏改革共识的情况下，您对改革的大思路有什么思考？

常修泽：面对经济社会领域利益关系和社会矛盾多元交织的复杂局面，急需突破改革僵局，按照正确的方向和路径推进改革。这就需要探讨创新性的理念。我认为，下一阶段建立更趋完善的社会主义市场经济体制，以及更大范围的政治社会文化领域的新体制，需要有新的超越。就是说，不应再是前一阶段思维定势的简单延续和惯性运作，而是需要基于新情况、新矛盾，以"海纳百川，有容乃大"的胸怀，来构建更大范围和更高境界的制度框架，以此来促进中国的制度创新。从这个意义上说，下一步需要提升为更具时代"大智慧"、更有宏观"大视野"的改革战略。

《中国经济时报》：您提出"需要提升为更具时代'大智慧'、更有宏观'大视野'的改革战略"，很有启发。那么，它的基本内容是什么呢？

常修泽：基本内容有三个方面：一是寻求市场化和社会公平"双线均衡"的改革新思维；二是开拓"天"、"地"、"人""三合一"的改革新视野；三是确立经济、社会、政治、文化、环境"五环式改革"的大框架。这三方面，在我的《人本体制论》、《广义产权论》和《中国第三波转型论》中分别有论述。

四、在市场化和社会公平"两个鸡蛋上跳舞"

《中国经济时报》：请您首先谈一下"双线均衡"的新思维，好吗？

常修泽：好的。这个思维，重点是就经济体制改革领域而言的。

从市场经济本身的逻辑和属性来说，它应该是以机会平等、地位平等、交易规则平等作为基础的。如果背离了这几个平等，就不能叫市场经济了。

但是市场经济解决不了结果的不平等，或者说克服不了自身带来的收入分配差别问题。再加上当今社会腐败风气的存在，产权制度性的缺陷，等等，就更强化了目前收入分配不公的问题。

不久前，我对台湾地区的经济社会状况进行了实地考察，发现台湾的贫富差距也在明显拉大，基层民众对此意见较大。其实，这也不仅是两岸的问题，现在，从全球范围来看，主要经济体社会公平方面的矛盾和问题都比较突出。2011年，美国为什么爆发"占领华尔街运动"？英国为什么爆发"伦敦骚乱"事件？还有北非变革，等等。这一系列事件表明，尽管各地民众诉求的侧重点和表现形式不尽相同（如发达经济体的民众主要不满于经济不公平，发展中经济体的民众除不满于经济不公平外，还不满于政治不公平），但民众呼唤"社会公平正义"的诉求是共同的、本质的。应该说，追求"社会公平正义"是当今世界的潮流。

孙中山讲，世界潮流，浩浩荡荡，顺之者昌，逆之者亡。中国大陆应当顺应这股潮流。这就是我在前面讲的"时代智慧"。

几年前，我曾提出"双线均衡"理论，当时我用了一个形象的说法，叫做"在社会公平和市场化两个鸡蛋上跳舞"。我的《人本体制论》第十九章，在"社会公平与市场化改革兼容"一节中曾写道："在中国，社会公平和下一步推进的市场化改革是可以兼容的。在这一点上，我的基本想法是'两线均衡论'：中国的宏观决策层需要学会在市场化和社会公正'两个鸡蛋上跳舞'。要兼顾两个方面，并把握'两个鸡蛋'的均衡点。"

这就是我一再讲的，中国要在市场化和社会公正"两个鸡蛋上跳舞"，而不要把任何一个"鸡蛋"打破。并且，"如果打破了经济市场化这个'鸡蛋'，中国就会倒退；打破了社会公平这个'鸡蛋'，中国就会动荡"。

[中国改革论坛网 2012-8-1] 报道：《中国经济时报》刊发后，当天，新华网、光明网、香港凤凰网、中国改革论坛网等予以转载。据国家有关部门 2012 年 7 月 19 日反馈的信息，常修泽教授的《探索具有时代智慧和宏观视野的改革战略》，日前被有关部门上报高层。

第二节　转型国家应实行均衡性改革方略

【提要】

现在中国、越南等转轨国家面临两极都是悬崖。一极，恢复计划经济、倒退、甚至复辟中国的"文革"，这是悬崖；另一极，搞休克疗法，造成整个社会的动荡，也是悬崖。故转型国家要实施均衡性改革方略。

均衡性改革要把握五大"均衡点"：经济改革，找准市场化和公正化的均衡点；政治改革，找准"深刻改革"与"自我完善"的均衡点；社会改革，找准多元阶层"社会共生"的均衡点；文化改革，找准东西方文明交融的均衡点；资源环境制度改革，寻求"天地"与"人"的均衡点。*

转型国家均衡性改革方略，是包容性改革论第十章有关改革运作部分的主要观点。提出三个问题讨论。

---

* 2013 年 4 月 27 日，由中国（海南）改革发展研究院、德国国际合作机构合作举办的"2013 亚洲转型国家经济政策对话"暨"第 77 次中国改革国际论坛"在海口召开，会议邀请亚洲转型国家的政府官员和改革发展研究机构的专家学者，围绕如何在城镇化快速发展中促进包容性增长涉及的重大课题进行广泛交流和对话。笔者应邀在大会演讲，题为《论转型国家均衡性改革方略》，本节为报告实录，载于共识网，2013-4-29。

一、为什么提出转型国家均衡性改革方略

从三个方面来分析探讨，即理论、国际、现实：

(一) 理论

(1) 中国思想家的平衡理论。我比较看重老子的《道德经》，这部书里有阴阳平衡理论，这是中国的大智慧。中国以老子哲学为依据的道家有"太极图"，太阳和月亮平衡、男人和女人平衡等等，这是规律，可把它称为"均衡规律"。

(2) 国外思想家的均衡理论。据笔者看到的著作，发现国外的一些大思想家、哲学家、人类学家也提出过一些均衡思想。比如法国人类学家、结构主义的创始人列维·斯特劳斯就写过一本《均衡论》，里面阐述了相当深刻的均衡思想。

(3) 个人在研究《包容性改革论》中形成的"大均衡改革"思想。我正在撰写的《包容性改革论》从理论框架来说，包括四大部分：

(1) 改革思想的包容性。包容天下。例如，讨论城镇化过程中的农民工市民化问题，就应探讨改革户籍制度。我们不妨想一想：中国城市户籍制度是包容性的吗？

2012 年，以常住人口统计的城市化率为 52.57%，而城镇户籍人口占比仅为 35.29%。这就意味着占总人口 17.28% 的 2.34 亿人为非城镇户籍的常住人口。由于户籍制度的障碍特别是户籍身份上所附着的福利差异，这 2 亿多人并没有平等地享受城市的各种基本公共服务。调查显示，半城市化人口享受各类社会保障的比例明显低于全城市化人口。就养老保险而言，全城市化人口的享有率为 63.1%，而半城市化人口仅为 30.2%，还不足前者的一半；其医疗保险享有率名义上和全城市化人口相差不大，但其中 81.1% 的人享有的是"新农合"，享受城镇职工医保和城镇居民基本医保的仅占 17.6%，而在全城市化人口中享有上述两项医保的比例合计为 81.2%。其余在失业保险、工伤保险、生育保险等方面的待遇享有，也和全城市化人口相去甚远。

二元分割的户籍制度，在城乡居民之间形成这么大的鸿沟，直到今天把 2 亿多农民工排除在户籍制度之外，这是包容性的吗？由此而造成的权利不平等，是公正的吗？当然，它形成有一个历史的过程，今天克服它、解决它也要有一个历史过程，不可能"速战速决"，下一步路将很难走，但是，深层的包容性思想没有完全解决。

从理论深层探讨，包容性思想的关键点在哪里？个人认为，衡量的标志是你敢于不敢于、能够不能够包容"异类"？关键是包容不同思想，包容奇特的东西。比如，2013 年春，冰岛女总理带着她的同性恋第一夫人到北京，包容不包

容这种奇特的现象？这是一个考验。从一定意义上说，包容异端才是包容的真谛，要解决"排异反应"的问题。

（2）制度创新的包容性。这是包容性改革最核心的部分。笔者主张建立"包容性制度"。未来几年除个别城市外，一般城市里要取消户籍制度，建立以"人口登记"为主要标志的制度。叫人口登记制度也好，叫居住证制度也好，叫身份证制度也好，这都是包容性的制度，尤其是以身份证为唯一标识，更是包容性的制度。笔者在台湾地区住过一段时间，那里也有户口制度，但是户口只是一个登记的功能，没有别的功能。

（3）改革方略的包容性。就是改革在运作的时候要包容，这个地方讲的就是均衡。本节的重点在讲均衡，是操作层的问题（下面会展开的）。

（4）改革成果的包容性。改革的成果怎么惠及最大多数人？在我的心目中这实际上是一个共建共享的问题。世行、亚行讲的包容性增长，主要指的是这一层的包容性。

下面侧重点在讲第三部分改革方略的包容性，即均衡改革问题。

（二）国际

国际上有很多的经验教训，比如，前几年笔者到南美智利考察，了解到，阿连德搞计划经济结果被炸死，证明计划经济死路一条；后来皮诺切特搞刺刀下的激进的市场经济，证明也走不通。后来他们提出均衡改革方略，在"两个鸡蛋上跳舞"，取得了不俗的改革绩效。

（三）现实

中国、越南、老挝这些转轨国家情况很复杂，有一种"纠结"，改革者既是改革的推动者，同时它所赖以支撑的体制基础又是改革的对象。现在社会上讲"把权力关在笼子里"，这个思想是从美国传来的，但转轨国家的情况不太一样。从转轨改革角度分析，谁关？关谁？我在研究中发现，拿"钥匙"的权力主体和被关进去的权力主体，具有一定的同一性。

现在中国、越南等转轨国家面临两极都是悬崖。一极，恢复计划经济、倒退，甚至复辟"文革"那一套，这是悬崖；另一极，搞休克疗法，造成整个社会的动荡，也是悬崖。因此，中国、越南等这些国家怎么能够避免掉入悬崖，是今天我们这个时代要讨论的问题。

二、均衡性改革方略的五大要点

首先要指出：均衡性改革的前提是"五环改革"，即推进经济、社会、政治、文化、资源环境"五环"改革。在推进五环改革中，建议研究转轨的朋友要找"均衡点"，每一条线上的改革都要找准两个方面的均衡点。

特别要提出，"均衡点"不等于中间点，它是动态均衡的。跟"跷跷板"一样，哪边失衡要适当地往哪边移动一下，找准平衡点。

具体来说，要把握如下"五大均衡"：

第一，经济改革：要找市场化和社会公正的均衡点。

学会在市场化和社会公正化"两个鸡蛋上跳舞"。中国、越南等转轨国家前些年出现的问题，就是这个"平衡点"没有完全找好。有时忽视公正化，有的地方甚至搞"伪市场化"；有时又忽视市场化，自觉或不自觉地搞一些计划经济的东西。从转型来讲，笔者非常看重混合所有制经济（参见本书第五章第四节《包容性经济体制的基础：混合所有制经济》），包容国有与民营，包容国富与民富。公正化不仅在社会领域，而且在经济领域本身也要贯彻。

第二，政治改革：找准"深刻改革"与"自我完善"的均衡点。

改革，不是传统的那种暴力革命，当然它也是一场另一种含义的深刻的革命；改革，不是传统意义上的维新变法，仔细研究又有某些变法的特征，因为它是在大的框架下推进变革，官方的语言叫"社会主义制度的自我完善"。这就需要在两者之间找准平衡。

第三，社会改革：寻求多元阶层"社会共生"的均衡点。

中国、越南等转轨国家社会已经分层，这一点不能不承认，因此要谋求社会共生。穷人不能再穷，富人不能出走，中产必须扩大，这三个阶层让他们各得其所。有人提出警惕"高福利"，要针对不同阶层具体分析，对穷人来说，不是"高福利"而仍是"低福利"的问题。

第四，文化改革：寻求东方文明和西方文明精华交融的均衡点。

笔者简化为"文明交融"论。2012年4月，笔者在海南国际论坛上提出构建三个"大屋顶"，其中第三个就是建议构建"文明交融"的大屋顶。中共十八大有一个进步，就是把"自由、平等、民主"正式写入中国的核心价值观，当然还要看实践。

在笔者看来，人类是有共同文明的，对此不应该否认。但人类普世文明不完全等于西方文明的全部，我的公式是西方文明精华加上东方文明的精华。这是一种包容性思维。2013年4月25日，在海南建省25周年纪念大会上，笔者建议海南成为创建东西方文明交融的试验地，真正把海南打造成一个国际文化交流大平台，不同文明交融、融合的大平台。

第五，资源环境制度改革：寻求"天地"与"人"的均衡点。这方面已经讲过，这里不再重复。

三、如何实施均衡改革的战略

第一，树立"容乃公"的思想。

我多次强调《道德经》中的"知常容，容乃公，公乃王"。这里要害是"知常"，知道把握这个规律。要克服"社会排斥"，建议研究包容中的"排异反应"。美国社会学家戴维讲"主导群体不愿意别人分享之"，这个问题要解决。

第二，突破固化利益格局的羁绊。

这个利益格局相当复杂。一方面是从新旧两种体制之间"套利"中得到好处的既得利益者，另一方面是传统体制的既得利益者。两股力量的合流，无疑将加大改革的难度。担心移民带来的格局变化，也是一种掣肘因素。

第三，要有可操作性的突破口。

下一步改革要取得实实在在的进展，突破口就要像以色列的灌溉一样，要滴灌，而不是大水漫灌。那么，突破口在哪里？我建议大家一个一个领域地研究，有两个点可以作为突破口：第一个是，经济上要"结构性破垄"。就经济领域研究，建议把推进垄断性行业的改革作为经济领域改革的突破口，我研究了2011年垄断性行业的固定资产投资结构，最后的结论是，民营资本在这些领域投资只有百分之几，最高的百分之十几。第二个是，官员的财产公示制度可作为操作的突破口，咱们可以研究。总之，我们要做些实际的工作。

第三节　平衡中寻求突破：实质性改革

【提要】

深化重要领域改革，将会遇到一些障碍，其中，固化的利益格局的障碍可能是最大的障碍。改革能否突破的关键所在，是能否摆脱利益格局中某些"障碍力量"的束缚。近年来产生了新的固化利益格局。其中的一小部分人，期望从这种"未完成的改革"状态中获得好处。这种情况对政策的制定产生某种程度的影响。要尽可能减少既得利益集团的干扰破坏，必要时应采取"壮士断腕"的举措。*

这里，提出五个问题与大家讨论。

---

* 本节的基础系笔者在"中国改革20人论坛——收入分配及相关领域的改革"座谈会上的发言文稿。

一、怎样寻求改革的实质性

现在应该是提出这个问题的时候了。中共十八大强调改革开放之后，改革舆论开始升温，受此激发，社会各界对改革的期待值明显提升。问题是如何因势利导，推动改革向实质方面突破，而不是仅仅停留于一种口号。现在决策层讲改革的三"性"：系统性、整体性、协同性，从宏观上说是很需要的，但依我之见，还可以补充一性：改革的"实质性"，这是一开始就想强调的问题。

"空谈误国，实干兴邦"。改革，也要靠实干才能兴邦。鉴于前些年，中国改革走的是一条"边际演进"的渐进式改革之路，到今天，容易改的差不多已经改完，余下的都是"硬骨头"。在改革的"战车"跨越边缘性障碍之后，现在需要推进到核心部位的"堡垒"面前。"攻坚克难"呐，这场攻坚战将会打得十分艰苦。改到深处，就需要"自己砍自己的手"，这是一个很严肃的问题。

建议务必要增强改革的实质性，寻求有实质性的突破，这是当前老百姓和我们这个时代最期待的东西。要选好突破口，一个一个地突破，而不停留在一般口号。这里需要做的事情很多，托克维尔不是有本《旧制度与大革命》吗？现在从某种意义上说，改革和革命正在赛跑，要讲"实质性"，太"虚"了就会很麻烦。

二、如何防止和克服权贵主义和民粹主义两种倾向

权贵主义和民粹主义，这两种倾向在中国都有，有些领域可能表现得比较突出。问题是，主要提防什么，对此要有一个比较清醒的头脑。

近年，国际、国内都出现了一些事件，包括美国的"占领华尔街运动"、"伦敦的骚乱"以及阿拉伯世界一系列变化。以美国的"占领华尔街运动"为例，为什么会爆发？"占领运动"的民众（特别是青年人）为什么喊出了"99%：1%"的口号？原因十分复杂，但剖开这一系列事件的表象，可以看到：尽管各地民众诉求的侧重点和表现形式不尽相同，但民众呼唤"社会公平正义"诉求的本质是共同的。讲公平正义，对着谁？我看是权贵主义，包括资本权贵和政治权贵。这是当今世界潮流。

在这个问题上，个人觉得，当前中国的主要矛盾恐怕还是权贵主义。

当然，民粹主义也值得注意。应当承认，人民是历史的创造者，也是中国改革的真正主体。尤其是新阶段的改革，就其深度和广度来说，更是13亿人自己的事业。因此一定要尊重、发挥人民的主人翁精神和首创精神，并针对现在存在

的问题，切实保障人民权益，包括经济权利、社会权利、政治权利、文化权利以及生态环境权利。但是，讲这些，与民粹主义所强调的对社会情绪和意愿的迎合和"绝对顺从"是两码事。这种民粹化的倾向不可避免地带有某些非理性、情绪性的意识，最终可能阻碍社会进步，并损及平民大众的长远利益。

2007 年，笔者到南美去考察，发现了一个值得深思的规律性现象：上面是权贵，底下是民粹，上面越权贵，刺激底下越民粹；底下越民粹以后，上面的权贵也更厉害，甚至专权。这两个东西是恶性互动的。中国怎么样排除这两种倾向的干扰？应该清醒地认识，前者主要是反的问题，后者主要是防的问题，要防止在一些国家出现的"民粹陷阱"。

三、怎样按照"包容性"的思维推进改革

2013 年，笔者在《上海大学学报》上发表了《包容性体制创新论》一文，引起媒体关注，台湾报纸和香港有关通讯社作了报道。那篇文章讲了三个"大屋顶"。就改革而说，有个"海纳百川"的问题。现在，中国社会已经分化，虽然尚未完全定型，但三个阶层的雏形已经出现。这就是高收入阶层、中等收入阶层和低收入阶层。对高收入阶层需要调节，对低收入阶层需要救助，对中产阶层需要扩大。这都是需要做的，不再重复。

这里提出来供大家思考的是，在目前的体制下，中国共产党作为执政党，如何协调上述三个群体的利益？在笔者看来，三部分都是执政党代表的阶层，穷人是被代表的，中产阶层是被代表的，富人也不能说不是执政党服务的公民吧？因此，怎么兼顾这三方面的群体利益？现在情况非常复杂，这三个方面都得兼顾才行。

笔者曾提出一个"社会共生论"的观点。如何"共生"？三句话：第一，穷人不能再穷；第二，富人不能出走；第三，中产不能受挤压。要把这三个方面都照应到，就需要有包容性。这是一个很大的问题。

四、收入分配不公的深层产权问题怎么解决

从实践分析，中国收入分配不公的要害之一在于产权问题。有三个重点：

一是农村的土地产权。为什么城乡收入差距过大？关键在于农民土地产权体系中某些权利的缺失。虽然法律规定农民集体拥有土地的所有权，但是在现实生活中，有很多权利，如支配权、处置权以及部分的收益权等是虚置的。从中国的土地征地就可以看出来，"征地"矛盾中表现出来的问题是产权未能到位。由于

土地归属权不清,政府凭借行政权力介入集体土地所有权,权力和资本合谋"与民争利"的局面,成为当前政府与农民之间矛盾的核心。

二是资源产权严重的缺失。首先是探矿权和采矿权长期通过行政划拨的无偿方式得到,只是近年来才推行招标、拍卖、挂牌等市场竞争方式有偿取得的制度,但转让的价格依然较低;此外,采矿企业应当承担的成本比如,说人工的成本、矿山安全成本、环境治理和生态修复成本没有完全到位。这是中国的"煤老板"、"矿老板"暴富的深层原因。

三是垄断行业经营权制度问题。根据笔者对垄断性行业投资结构的分析,产权结构多元化和平等竞争问题并没有实现。

四是国有资本经营预算制度不完善。根据 2010 年 12 月财政部《关于完善中央国有资本经营预算有关事项的通知》,上缴企业税后利润的比例:第一类企业 15 户(烟草、石油石化、电信、电力)15%;第二类企业 78 户(钢铁、运输、电子、贸易、施工)10%;第三类企业 33 户(军工、设计研究、邮政、出版等)5%;第四类企业 2 户(中储棉和中储粮)0。从国际上看,国有企业利润上缴比例一般在 35% ~ 40%。尽管各国国情不同,但目前的上缴比例似有偏低。

怎么办?

一是要解决农民的土地产权问题。应以确权到户为基础,确保农民对土地的占有、使用、支配和收益的完整"权利束"。

二是要解决资源产权制度问题。有四个支柱,产权界定要清楚,产权配置要合理,产权交易价格要科学,产权保护要严格。

三是垄断性行业改革问题。这是中国目前经济体制改革最"短板"的地方,虽然搞了多年,但没有取得实质性的突破。应该为民资提供进入垄断行业的机会,并确保有效竞争的实现。

四是进一步改革国有资本经营预算制度,这涉及分红权和收益权的问题。横向提高范围,纵向提高比例。

五、怎样突破固化的既得利益格局

深化重要领域改革,将会遇到一些障碍,其中,固化的利益格局的障碍可能是最大的障碍。改革能否突破的关键所在,是能否摆脱利益格局中某些"障碍力量"的束缚。近年来产生了新的固化利益格局。其中的一小部分人,期望从这种"未完成的改革"状态中获得好处,这种情况对政策的制定产生某种程度的影响,要尽可能减少既得利益集团的干扰破坏,必要时应采取"壮士断腕"的举措。

在笔者看来，我们现在某些政府部门实际上或多或少已经被利益集团所"绑架"，这恐怕不是个别的现象，某些部门在相当大程度上代表了它这个部门所属的利益。更值得深思的是，部门利益为什么打不破？恐怕有更高层的问题。例如，收入分配改革方案，有些部门不赞成就缩回来了。谁之过？应该有一种应对的机制，我们现在还缺乏，看不到一种强有力的机制来摆脱利益格局的掣肘，来打破利益格局的羁绊。这个问题要是不解决的话，改革还可能处于胶着状态。收入分配改革方案八年难产，2013 年年初千呼万唤出台之后仍与各界的期待存在不小的落差。在这种情况下，中国改革史将怎样写？写出来会不会有些尴尬？大家不妨想一想。

附　　录

附录1　那个改革的十字路口

[中国改革论坛　按] 2013年9月2日出版的《三联生活周刊》（第35期）推出了《重温艰难改革时刻：朱镕基在上海》专号，发表了该刊主笔专访著名改革研究学者常修泽教授的文章《那个改革的十字路口》。文中，常教授从大历史观的高度，深刻分析了当时中国的经济改革和政治改革，对今天制定中长期全面改革战略具有重要意义。现转载于此，以飨读者。

《三联生活周刊》：1987年12月到1991年4月，朱镕基主政上海的这段日子，中国的改革开放事业也走到了一个关键的十字路口上，我们该如何评价那段时期的重要性？

常修泽：这段时期是中国经济、政治、社会改革的关键时期，尤其是经济改革，可以说是一段高潮期，很多重要领域的改革都处在酝酿中。我更愿意把这段时期分成两个时段部分：一个时段部分是1987年的"十三大"到1989年"那场风波"；第二时段部分是"那场风波"之后，可以一直延伸到1992年年初邓小平视察南方。尤其第一段时期，为后来邓小平视察南方后掀起新一轮改革开放的高潮，做了很多理论和实践的准备。

在经济改革领域，我们可以从微观、"中观"和宏观这三个层面去分析。

首先看微观领域，也就是企业改革，主要指国有企业。经过20世纪80年代上半期的经营机制改革，在放权让利和承包经营的基础上，开始向产权改革的阶段跃升。1987年，我写了一篇论文，题为《关于建立企业产权市场与经营权市场的构想》，发表在次年4月的《经济参考报》上，明确提出企业也可以进行产权买卖，这就从一般的经营制度变革上升到产权制度变革，是个质的飞跃。1988年10月，在京西宾馆召开的全国经济体制改革研讨会上，我又在此基础上发表了《产权市场论》。值得一提的是，上海是第一个对这篇论文做出反应的城市，当年12月上海的《学术月刊》全文刊载。后来，上海也是全国第一个成立产权交易所的地方。

《三联生活周刊》：从经营机制改革到产权改革，对国有企业来说意味着什么？对整个经济体制改革的意义何在？

常修泽：在此之前，对国有企业的改革主要停留在经营层面，无论放权让利还是承包经营，都是计划经济框架下的措施，在政府权力主导之下进行，叫作"松绑"，意味着企业仍然是政府的附属品。但是，按照现代经济学理论，企业是一个自主经营、自负盈亏的独立的产权经营体。究竟是在计划体制内修修补补，还是真正发挥市场的主导作用，明确企业是一个有自主产权关系的主体，也可以进行产权的买卖，这是两个完全不同的改革思路。可以说，后来朱镕基主导的国有企业改革工作，建立现代企业制度，首要解决的就是产权问题。这些思想在当时还处在酝酿、交锋中，但放到后来的市场经济体制建设历史中看，是一次历史性的跨越。

《三联生活周刊》：当时与企业改革并行的主战场是价格改革，这两者是什么关系？

常修泽：这就是我想讲的"中观"层面，即以价格改革为代表的市场改革。市场（包括价格）本是微观经济学的命题，但在当时条件下，市场是处在国家和企业之间的中间环节。这里是借用"中观"一词，特指这种"中间环节"。当时价格体制僵化，不能反映商品的价值和市场供求关系。1984年召开的"莫干山会议"，突破点就是讲价格改革。当时的主张大概有三大派，一派主张慢慢调整，一派主张尽快放开，还有一派主张二元，也就是让计划价格与市场价格同时并存，搞价格双轨制。将这一理论构想推向实践，在1987年左右迎来了阵痛期，例如通货膨胀严重，邓小平提出1988年"价格改革要闯关"。

当时，因为整个国民经济处于短缺状态，商品供给不足，形成计划价格与市场价格之间的差价，也为政府的权力寻租创造了便利条件。一些人，包括一部分高干子弟参与倒卖，左手低价拿到批条，右手就可以高价卖出，由此也引起了一些社会问题。

价格"双轨制"，对企业改革造成的直接影响就是陷入两难境地，一部分放开管制的原材料要涨价，还有一部分没有放开的产品价格则不能涨价，由此导致企业生产困难，利润率下降，整个经济陷入困难。这也是朱镕基主政上海时遇到的问题，他不得不在"涨价"与"稳价"之间左右为难，涨价就可能造成社会动荡，稳价又让企业无利可图。也是在这种形势逼迫下，朱镕基选择了大力发展外向型经济，希望通过引进外资，打开国际市场，来"杀出一条血路"。

《三联生活周刊》：当时有关计划与市场、社会主义与资本主义的争论，是否限制了朱镕基在上海的施政空间？当时，他在上海进行了哪些探索？

常修泽：我觉得这两者没什么必然联系。争论主要存在于理论界和中央高层，当时朱镕基主政一方，所做的都是探索性的具体工作，反而会远离争论，可以放开手脚大干一番。

除了我前面讲的微观和"中观"层面，宏观层面的体制改革当时也处于激烈关键时期。上海在这方面可以说是走在前列。宏观经济管理主要包括财税、金融和计划三大方面。首先，在财税上，当时上海实行财政包干，可以说是对传统的中央与地方财政关系的突破，也为后来建立分税制财政体系建立了铺垫，属于一个重要的探索和过渡阶段。其次，在金融上，1990年8月我曾经去上海考察，当时就有非正规的资本市场，还只是柜台交易。后来，在朱镕基的积极争取下，上海建立了证券交易所，中国的股票市场由此起步。再者，在计划调控上，朱镕基是计划经济调控部门出来的，对此非常熟悉，他一方面对下积极主张分权，另一方面对上争取自主性，如桑塔纳轿车的国产化问题，还专门打报告给国务院请求扩产，在浦东开发问题上积极向中央争取特殊政策。这些都是朱镕基主政上海时所做的有益探索。

《三联生活周刊》：除了经济改革，那段时间也是中国的政治与社会改革比较活跃的时期，这个大环境对朱镕基主政上海有什么影响？

常修泽：以1987年10月召开的中共"十三大"为标志，启动了中国政治改革的大幕，核心就是党政关系问题，尤其是在党的领导体制上、在党政分开问题上，当时的改革气氛很浓。甚至可以说，迄今为止，"十三大"报告中有关政治改革的内容，仍然不过时，仍然是标杆。

当时我还在南开大学经济研究所，一些当年一起参加"莫干山会议"的朋友被抽调去中央政治体制改革办公室，交流起来大家都很兴奋。我还记得当时的中宣部部长朱厚泽讲过一个"三宽论"，即对待思想宣传战线要宽厚、宽松、宽容。从某种程度上讲，这种宽松的政治气氛和浓厚的改革氛围，也为朱镕基在上海施展才干提供了一个好的大环境。

《三联生活周刊》：1989年那场风波之后，中国的经济改革遇到了什么问题？当时朱镕基在上海的应对之策有哪些？

常修泽："八九风波"之后，中国的经济改革陷入了一个徘徊期，甚至在某些方面出现了倒退。比如，1987年"十三大"就提出"国家调节市场，市场引导企业"，到1989年改为"计划经济为主，市场调节为辅"，这等于说修正了中国经济改革的市场体制方向。反对资产阶级自由化和"反和平演变为纲"的提法又多了起来，一直到1992年年初邓小平发表南方谈话，才又重新回到市场经济体制改革的道路上来。

上海是中国的经济重镇，当时稳定大局肯定是第一位的。另外，值得提出的是，在当时那种国际社会封锁、国内社会彷徨的特殊时期，朱镕基按照邓小平意见积极推动浦东开发，实际上是选择一个小块区域作为"突破口"，与当年邓小平在深圳搞特区的做法有点儿类似，都是从小处入手，借此"破局"，用开放来倒逼改革。

来源：《三联生活周刊》2013 年第 35 期（采访者：魏一平），中国改革论坛网、光明网、共识网等加按语转载。

附录2 史料版1984年莫干山会议

[中国改革论坛 按] 1984年召开的"中青年经济科学工作者学术讨论会"（史称"莫干山会议"），是中国改革史上的一个重要事件。2012年出版的《新中国经济学史纲（1949~2011）》（张卓元等著），发表了当年莫干山会议的亲历者、著名学者常修泽教授撰写的《1984年中青年经济学者讨论会——"莫干山会议"》（第14章），在学术界引起重视，被称为"史纲版1984年莫干山会议"。但由于《新中国经济学史纲1949~2011》的字数限制，一些史料未及纳入。此后，笔者根据自己亲历和保存的历史资料并参考相关文献，完成了这篇《史料版1984年莫干山会议》。日前《学术研究》杂志刊登了这篇有史料价值的文献。现征得常修泽教授同意，本网转载于此，以飨读者。

[《学术研究》 摘要] 20世纪80年代是中国现代史上思想解放、开拓创新的年代，在那个开启改革开放新纪元的年代，发生了若干流传后世的事件。1984年的"中青年经济科学工作者学术讨论会"（史称"莫干山会议"），不仅是中国改革开放以来，也是新中国成立以来的第一次中青年经济科学工作者学术讨论会。在中共十二届三中全会前夜中国改革所处的关键时期，由中青年经济学者自己发起、自己组织召开的这次学术讨论会，标志着中国中青年经济学者作为一个有时代责任感的群体的历史性崛起。这次会议，不仅为此后国家改革开放思路提供了重要的咨议，更重要的是，会议所体现的精神，作为一种思想财富对后世产生重要影响。笔者根据自己亲历和保存的历史资料并参考相关文献，在其撰写的《新中国经济学史纲（1949~2011）》之第14章"1984年莫干山会议"的基础上，补充新的史料，进行了系统回顾和阐述。
[关键词] 莫干山会议 中青年 经济改革 后世影响
〔中图分类号〕F129
〔文献标识码〕A
〔文章编号〕1000－7326（2012）11－0063－12

20世纪80年代是中国现代史上思想解放、开拓创新的年代，在那个开启改革开放新纪元的年代，发生了若干流传后世的事件。其中，1984年9月3日至

10 日，笔者有幸参加的"中青年经济科学工作者学术讨论会"（在浙江省德清县莫干山召开，史称"莫干山会议"）就是其中之一。① 这次会议不仅是改革开放以来第一次，也是新中国成立以来第一次中青年经济科学工作者的学术讨论会。用历史的眼光来看，在中共十二届三中全会前夜中国改革所处的关键时期（是继续坚持计划经济体制，还是实行社会主义商品经济体制，当时正处在博弈时刻），由中青年经济学者自己发起、自己组织召开的这次学术讨论会，标志着中国中青年经济学者作为一个有时代责任感的群体的历史性崛起。这次会议不仅为此后的改革开放提供了某些重要的思路，也对后世产生了重要影响。

事隔多年之后，"莫干山会议"一再被提起：在纪念中国改革开放 30 周年的时候，"莫干山会议"被称作"中国改革开放三十年三十件大事之一"。继之，有专门论者以"莫干山会议"为典型和切入点，探讨并展现"80 年代中国经济学人的光荣与梦想"。2012 年 8 月，著名经济学家张卓元等著的《新中国经济学史纲（1949～2011）》把笔者撰写的《1984 年莫干山会议》列为"史纲"专门一章（第 14 章），学术界称为《史纲版 1984 年莫干山会议》。2012 年 9 月，在中共十八大召开前夕，国家发展和改革委员会国际合作中心和《第一财经日报》等单位，重举"莫干山会议"之旗，在 28 年前的会议地址举办"中青年改革开放论坛"，堪称一次新的"莫干山会议"。②

那么，1984 年的"莫干山会议"究竟是一个什么会议？都有哪些中青年学者"上山"？会议当时的背景及过程是怎样的？会议到底围绕哪些学术问题展开了理论争辩？各方的主要观点是什么？会议的理论成果如何进入中央决策进程？这次会议对后世产生了什么深远影响？这些都是学术界乃至于社会各界，特别是年轻一代颇为关心的问题。笔者根据自己亲历和保存的历史资料，以及其他与会朋友的回忆，并参考相关文献，再作一阐述。

一、莫干山会议的背景、筹备及会议召开概况

（一）会议的背景

在大会开幕式上，主办单位之一《经济学周报》主编王瑞荪先生在讲话中，曾提到会议背景（见图 1）。他说，"这次会议是在我国经济体制改革深入发展、经济科学研究十分活跃的情况下召开的。"笔者当时作为南开大学经济研究所一

---

① 笔者曾对"莫干山"名称由来产生过兴趣，后了解得知：春秋时期，有一对铸剑夫妻名为莫邪和干将，为吴王在此铸剑，煅锤成雌雄宝剑，雌号莫邪，雄号干将，合则为一，分则为二。后干将被吴王迫害致死，后世为纪念他们，遂将此山命为"莫干"。鲁迅先生曾著有《铸剑》一文，引述此传说。

② 在这次新的"莫干山会议"，笔者首次提出"莫干山会议精神"，包括时代责任精神、公平竞争精神、自由争鸣精神和官学互动精神。《论莫干山会议精神》一文已在 2012 年 8 月 28 日、29 日连载于《第一财经日报》。

名青年研究人员，此前几年恰好在谷书堂教授带领下从事经济体制改革的理论和实践研究。从研究情况看，当时中国经济体制改革确实面临"战略转型"的宏观背景。

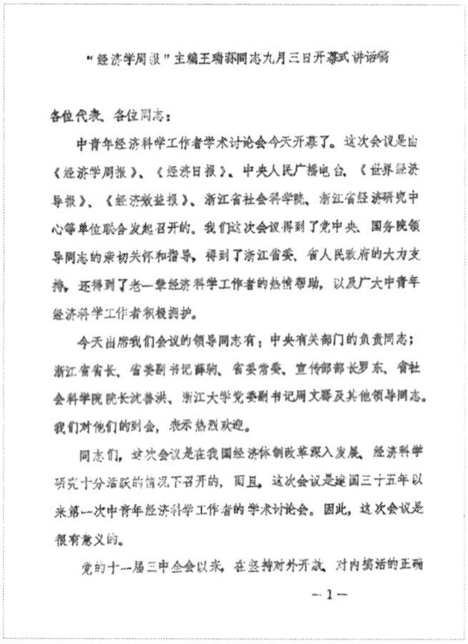

图1　王瑞荪先生的讲话稿（原件影印片段）

1978年12月，中共十一届三中全会作出经济体制改革的决策，开启了改革开放的新纪元。最初几年，改革主战场在农村，城市只进行了企业层面局部的放权让利试验。到1984年，农村改革已有起色，但城市改革总体尚未起步。随着改革的深化，整个国家面临着如何由农村改革和企业局部试点拓展为全面改革的历史性课题。邓小平适时指出："改革要从农村转到城市"。但从当时情况看，由于计划经济体制根深蒂固的影响，加上意识形态原因（在1983年"清污"运动中，党内有人把商品经济理论当成"精神污染"来批判），整个改革举步维艰。此时此刻，无论是在理论上还是实践上，都遇到一些前所未有的新情况和新问题。1984年春节，邓小平南方视察，返京后于2月24日发表关于特区和增加开放城市的讲话，吹响了改革开放的号角。如何把中国改革开放事业推向新阶段，这一战略任务历史性地落在决策层身上。基于上述背景，中共高层作出决定，拟在1984年10月召开中共十二届三中全会，对经济体制改革若干重大问题进行讨论和决策。

从理论上来说，当时遇到的突出问题是关于中国经济体制改革的目标模式问题，即到底是继续按照传统的计划经济体制（或计划经济体制的变形"计划经济为主，市场调节为辅"）惯性运作，还是另辟社会主义商品经济新路？本来，在20世纪80年代初期，学术界就已经提出了以"社会主义商品经济"作为改革的理论依据。例如，老一代经济学家薛暮桥在《关于经济体制改革的初步意见》的说明中，就指出"现在我们提出现阶段的社会主义经济，是生产资料公有制占优势，多种经济成分并存的商品经济，是对30年来占统治地位的教条的挑战。"① 但是，这种观点受到党内另一势力的坚决反对。例如，参加中共十二大报告起草的袁木给胡乔木写信说，"绝不能把我们的经济概括成商品经济"，如作此概括，"必然会削弱计划经济"。胡乔木批转了这封信，此后"社会主义商品经济论"受到批判。到1984年起草中共十二届三中全会《关于经济体制改革的决定》时，就不可避免地遇到这一重大问题。据史料记载，"这一文件的起草于1984年6月开始。用了一个多月时间提出了一个提纲，但这个提纲：没有脱离原来的'计划经济为主，市场调节为辅'的调子，当时的中共中央总书记胡耀邦对此很不满意，因此，重新调整了文件起草班子"。写什么？写"计划经济"，还是写"商品经济"？莫干山会议前夜，国家正面临历史性抉择。

从实践上来说，遇到的问题更多。1984年6月，中央领导提出："现在更需要的是大胆探索。"为此，在中共十二届三中全会拟作出经济体制改革决定之前，需要社会各方面，包括中青年经济学者能够"大胆探索"，为中央献计献策。

中共十一届三中全会以后，随着思想解放运动的展开，一批中青年经济学者开始崭露头角，积累了相当多的人才。此时，大体有三支经济科学工作者队伍引人注目。一是高等学校的青年教师和研究生（例如我所在的南开大学经济研究所青年学者办有"读书会"，探讨世界和中国的发展问题）；二是中国社会科学院及地方社科院青年研究队伍；三是在京的中央和国家部委的相关研究机构，以及挂靠在相关部委、具有民间"基因"的研究组织（如"中国农村发展问题研究组"，简称"农发组"）的青年研究人员。除上述专业研究队伍外，在民间还有大量关心改革的中青年在执著探索。

这些不同系统、不同方面的经济科学工作者，深深扎根于中国大地（其中有不少亲身经历过农村生活的磨难），对中国社会底层的真实情况有比较深刻的洞察，对传统计划经济体制所造成的经济衰退及人性遭受的压抑有比较深切的体会。他们思想解放，知识新颖，他们敢想敢说，提出了不少有价值的见解。例如，20世纪80年代初期，京城青年经济学者朱嘉明、王岐山、翁永曦、黄江南（时称"京城四君子"）提出了《关于中国经济调整与改革若干阶段问题的看

---

① 在各省市自治区书记会上的说明，1980年9月。

法》。据笔者了解，当时国务院负责同志曾约见上述几位青年学者，就改革开放听取他们的意见。类似有价值的成果，在上海、天津、广东、浙江、内蒙古、陕西等地青年经济学者中，也有显露。所有这些都为召开莫干山会议提供了坚实的思想和组织基础。

（二）会议的酝酿和筹备

从笔者掌握的历史资料和亲身经历来看，莫干山会议是由中青年经济学者民间发起、新闻单位和地方研究机构出面主办、中央和国家有关部门相关人员参与和支持的一次"民办官助"会议。中心议题是"城市经济体制改革"。

现有文献表明，"中青年经济科学工作者学术讨论会"的名称及会议地点"莫干山"，是由当时国务院技术经济研究中心（后并入国务院发展研究中心）朱嘉明、浙江省经济研究中心刘佑成、中国社会科学院工业经济研究所黄江南、《经济学周报》张钢等最初商议提出，并得到中共中央书记处农村政策研究室王岐山支持。

"最初商议"是什么时间？笔者一直在追根溯源。2012年8月27日，笔者在朋友聚会时得知，"最初商议"是1984年2月，地点为浙江杭州。参加者包括朱嘉明、刘佑成、黄江南和孙皓晖（陕西三原人，著有长篇历史小说《大秦帝国》）[1]，照片见图2。

图2　1984年2月杭州初次商议时照片
（从左至右：刘佑成、黄江南、朱嘉明、孙皓晖）

回京后，朱嘉明、黄江南又与张钢、王岐山等商议，并获得支持。这种支

---

① 柳红在《80年代：中国经济学人的光荣与梦想》第4页附了一张4人照片，说明称"朱嘉明、刘佑成、黄江南等"，"等"是谁？笔者经追溯，得知是孙皓晖先生，这里特补上。

持，既包括思想和组织上的，也包括实务上的（如中央书记处农研室所支助会议经费，重视程度可见一斑）。

说来也巧，会议的酝酿与南开大学经济研究所的青年学者有一定瓜葛。因该所青年的学术活动比较活跃，遂引起京城中青年朋友关注。1984年初夏的一天，朱嘉明、黄江南、张钢来到该所进行学术交流，还与研究生见面座谈。所里的李罗力、杜厦、金岩石和笔者（此时四人都已是研究人员），还有其他同仁，出面与之对话，彼此讨论甚欢。讨论中，朱嘉明等表露出希望中青年聚会的意思，南开诸君欣然赞同。临别时大家有点儿依依不舍，南开诸君一直把嘉明、江南、张钢送到天津火车站的站台上。后来得知，正是在"从天津回北京的火车上"，他们形成比较清晰的构思，并起草了关于召开"青年经济科学工作者会议"的有关材料。

在当时的情况下，由中青年经济学者民间主办这样一个全国性的学术讨论会，实有困难。于是采取由中央级新闻单位和地方研究机构出面主办的会议模式。《经济日报》、《经济学周报》、中央人民广播电台、《世界经济导报》、《中国青年报》、《中国青年》、《中国村镇百业信息报》、《经济效益报》、浙江省社会科学院、浙江省经济研究中心等单位先后参与作为联合主办单位。

为保证会议按流程顺利进行，会议成立筹备工作组。从现存文字材料看，组长：张钢；副组长：徐景安（国家体改委）、黄江南；成员：卢健（中央财经领导小组办公室）、周其仁（中国农村发展问题研究组）、高善罡（经济日报）、崔维德（中国青年杂志社）、陆微微（中国青年报）、朱杏清（世界经济导报）、周平（中央人民广播电台）、刘佑成、王小鲁（中国社会科学杂志社）、孙祥剑（国家经委财贸综合局）、胡世英（《自学》杂志社）、周小川（清华大学）、卢迈（北京经济学院）。

1984年6月12日，《经济日报》在总编辑安岗、副总编辑丁望的主持下，发布了一条颇为引人注目的新闻，题为《本报等五单位将召开中青年经济学术讨论会，广泛征集论文邀请入选者作为正式代表出席》，消息指出："将于9月上旬在浙江省联合召开'中青年经济科学工作者学术讨论会'。讨论的中心内容是我国经济体制改革中的重大理论问题和现实问题。从本月中旬开始，向全国广大中青年经济科学工作者广泛征集论文。论文入选将作为正式代表应邀出席会议。"

这里最值得关注的是"以文选人"的模式。尤其是提出：不讲关系、不讲学历、不讲职称、不讲职业、不讲名气。就是这条"唯才是举"、"英雄不问来路"的征文启事，给各行各业、各个层面的中青年带来不小吸引力，在全国各地引起反响。从6月12日向天下"征文"到8月15日，短短两个月内，会议筹备组收到了来自全国各地的1 300多篇论文，平均每天20余篇。论文作者既有从事理论研究的专业人员，也有在各条战线基层工作、利用业余时间从事理论研究的人士，反映了他们"位卑未敢忘忧国"、愿为改革大业贡献才智的使命感。

会议筹备组日常工作由北京的中青年学者承担。论文评审组任务繁重，该组组长为王小鲁、周其仁，副组长为朱嘉明、卢迈、宋廷明、高粱。其中，王小鲁负责基本理论方面，周其仁负责农业经济方面，朱嘉明负责工业经济方面，卢迈负责财金商经方面，宋廷明和高粱负责宏观经济体制改革方面。由于来稿踊跃，遂扩大阅稿队伍，张少杰、蒋跃、夏小林、高善罡等先后参与审阅。

在选文章的过程中，执行了"以文选人"的原则。经过两个月的认真审阅和选拔，至8月中旬会议敲定名单。除通过论文入选的代表以外，还有一部分是发起、组织、筹备会议的中青年学者和少数当时已经有一定成就的中青年学者。两部分共计124人（笔者现存名单12页，节选开头，见图3）。

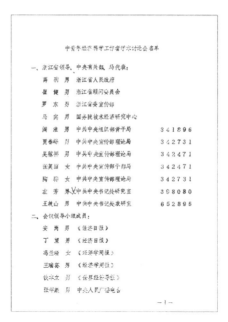

图3　"中青年经济科学工作者学术讨论会"名单
（原件影件印片段）

笔者曾对这124名代表作了结构分析。按系统分：高等学校38人，占30%；中国社科院和地方社科院30人，占24%；政府所属事业性研究机构18人，占14%；党政机关干部20人，占16%（如当时在北京市西城区计委工作的马凯）；企业界12人，占10%；此外还有新闻界等8人，占6%。按地区分：北京53人，占42%；上海11人，占9%；天津7人，占6%；此外来自改革开放先行地区的代表也较多，如浙江10人、广东8人；陕西、新疆、西藏等西部地区也有一定数量的代表参加，如陕西6人。

除上述124位代表外，另确定邀请中央有关部门代表和浙江省代表。特邀的中央有关部门，主要有中共中央书记处农研室、中共中央书记处研究室、中共中央组织部青年干部局、中共中央宣传部理论局和宣教局以及团中央书记处等。会议特邀浙江省委和省政府领导及有关方面负责人出席。会前，筹备组成员向浙江省委省政府领导报告了会议的准备情况，获得支持。到8月底，各项筹备工作准备就绪。

（三）会议的召开概况

经过前期的精心准备，莫干山会议如期举行。[①] 1984年9月3日，"中青年经济科学工作者学术讨论会"在莫干山450号（大教堂，见图4）内正式召开。[②] 出席会议的有前述论文入选作者及一部分筹备会议和受邀学者代表124人、中央有关部委代表8人、浙江省特邀及列席代表19人，加上会议领导小组成员、新闻界代表、浙江省有关方面负责人等，共计180余人。

图4　当年开会的主会场：莫干山450号（大教堂）外景

这里需要指出，在与会者中，有部分在中央和国家有关部门工作的人员，如中共中央书记处农村政策研究室王岐山、中共中央书记处研究室左芳、中宣部理论局贾春峰、中央组织部青干局闫淮、中央办公厅李英汤等。

---

① 笔者是在开幕式前一天，由天津乘火车到达杭州。下车后在杭州火车站附近的红楼招待所报到集合，然后集中乘车前往位于杭州市西北方的德清县莫干山。在红楼招待所和前往莫干山的汽车上，遇到来自各省市的朋友，从笔者保存的资料看，有《经济学周报》马力、陕西社科院张宝通、湖北社科院郭庆汉、中共中央书记处研究室左芳、辽宁大学王东民、四川财院张素芳等，彼此交流各自单位情况，使笔者视野开阔。

② 2012年9月，笔者重上莫干山，在莫干山管理局局长王惠良先生和办公室主任刘建林先生的陪同下，终于找到了当年开会的主会场450号建筑物（大教堂）。该局拟作为"莫干山会议"主会场保护。

除中央有关部门负责人参加外，时任浙江省省长、省委副书记薛驹，省委常委、宣传部长罗东，以及浙江省社会科学院、浙江省经济研究中心、浙江大学的领导也出席了会议，浙江省为此次会议是作出重要贡献的。

在开幕会上，有关各方相继讲话，有的是祝贺性的，有的是实质性的。我印象比较深刻的有主办单位代表《经济学周报》主编王瑞荪的讲话和中宣部理论局副局长贾春峰的讲话（见图5）。开幕式后，全体会议代表合影留念（见图6）。

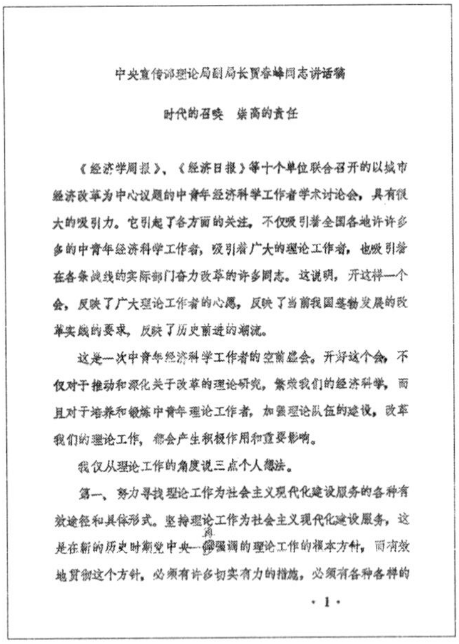

中央宣传部理论局副局长贾春峰同志讲话稿

时代的召唤　崇高的责任

《经济学周报》、《经济日报》等十个单位联合召开的以城市经济改革为中心议题的中青年经济科学工作者学术讨论会，具有很大的吸引力。它引起了各方面的关注。不仅吸引着全国各地许许多多的中青年经济科学工作者，吸引着广大的理论工作者，也吸引着在各条战线的实际部门努力改革的许多同志。这说明，开这样一个会，反映了广大理论工作者的心愿，反映了当前我国整体发展的改革实践的要求，反映了历史前进的潮流。

这是一次中青年经济科学工作者的空前盛会。开好这个会，不仅对于推动和深化关于改革的理论研究，繁荣我们的经济科学，而且对于培养和锻炼中青年理论工作者，加强理论队伍的建设，改革我们的理论工作，都会产生积极作用和重要影响。

我仅从理论工作的角度说三点个人想法。

第一，努力寻找理论工作为社会主义现代化建设服务的各种有效途径和其体形式。坚持理论工作为社会主义现代化建设服务，这是在新的历史时期党中央一再强调的理论工作的根本方针，而有效地贯彻这个方针，必须有许多切实有力的措施，必须有各种各样的

·1·

图5　贾春峰先生的讲话稿（原件影印片段）

图6　全体会议代表合影留念

为保证会议按既定目标顺利举行，会议期间设有领导小组，由发起单位的领导组成。会议领导小组成员共11人，包括《经济日报》总编辑安岗和副总编辑丁望、《经济学周报》社长冯兰瑞和主编王瑞荪、中央人民广播电台理论部副主任张学廉、《经济效益报》负责人刘与任、《中国青年》副总编王文起、《中国村

镇百业信息报》总编白若冰、浙江省经济研究中心主任张奇、浙江省社会科学院经济研究所所长方民生等。秘书处由张钢任秘书长，刘佑成、徐景安、黄江南为副秘书长，朱嘉明、周其仁、王小鲁等为主要成员。

大会后，转入围绕城市经济体制改革的中心议题专题讨论。在北京筹备阶段，初步构想分为5个组，即基本理论组、宏观经济体制改革组、工业经济组、农业经济组、财政金融商经组。到了莫干山上，考虑到改革的全局性和迫切性，加之会议人员较多，故专题讨论组有所拓展，增加到7个，而且顺序有所调整：第一组，主要讨论经济体制改革的关键性问题——价格改革的战略问题；第二组，主要讨论工业管理体制和企业活力问题；第三组，主要讨论对外经济开放问题；① 第四组，主要讨论发挥中心城市多功能问题；第五组，主要讨论金融体制改革问题；第六组，主要讨论农村产业结构变动问题，以及农村经济体制改革与城市经济体制改革的接口问题；第七组，主要讨论经济体制改革涉及的一些基本理论问题，如商品经济、所有制问题、政府经济职能问题等。

讨论中，打破传统的会议模式，在会上不宣读论文，不作空泛议论，而是紧紧围绕专题，各抒己见，会议还创造了"挂牌讨论"等新鲜形式，洋溢着年轻人特有的朝气和活力。会议期间，大会会务组印发类似简报类的"会议情况"，交流各组讨论的信息，加上会外交流比较频繁，与会者对其他组的讨论情况是了解的。9月8日，会议领导小组、各组召集人和会议秘书处曾召开碰头会，对会议前一阶段进行小结。会议领导小组丁望、冯兰瑞、王瑞荪、张奇、方民生、王文起、张学廉以及中央办公厅李英汤等先后发言，对会议成果充分肯定，对下一步讨论和总结做出安排。

二、讨论的主要问题及进展（上）：价格改革"放调结合"的提出

说来令人颇为感慨，当初在北京开始筹备阶段，原设计的5个组中并没有价格组，但是中国经济体制改革的"时势"，使价格改革问题成为会议讨论最热烈，也最富有成果的专题。那么，是一种什么"时势"呢？后来我在有关文献中找到了答案。1984年9月9日，国务院主要领导人在给中央常委的报告中，提出经济体制改革的三个重要问题，其中，价格改革是重中之重。他说："理顺经济的主要标志是建立合理的价格体系。价格改革难度最大，是整个经济体制改革

---

① 笔者本来分在第五组（金融组），且在9月3日晚上的小组见面会上，与小组主持人蔡重直、沈水根、刘渝等朋友见了面；但当夜，南开的同事罗力、杜厦找到笔者，提出南开大学经济研究所的四位应集中力量，与会议发起者朱嘉明以及天津的代表郝一生等，共同突破对外经济开放问题。当时笔者恰好从广东深圳经济特区调研回来，上山时背来了刚写的关于对外经济开放的研究报告材料，于是经会务组同意，便被调整到对外经济开放组参加讨论。

成败的关键。……近几年来，国外许多不同学派的经济专家，都建议我们在适当时候进行价格改革。他们认为，改革价格最好选在经济发展较顺利、人民生活水平提高较快的时候。现在中国有此条件，正处在价格改革的黄金时代。"

非常巧，9月9日正好是在莫干山会议期间，但国务院主要领导人的构思应该是在莫干山会议之前酝酿已久的。这就是会议所面临的巨大"决策需求"。而从"供给方"来说，莫干山上恰好集中了一批国内"不同学派的经济专家"。这些青年学者不负众望，在"价格改革的黄金时代"，提出了各自看法，成为会议"亮点"。

关于价格改革讨论的主要观点，我在《1984年中青年经济学家讨论会——"莫干山会议"》中有记载，这里只提纲挈领地提及。

一是关于价格改革的背景及其改革的现实迫切性问题。在会议上，对"价格体系必须改革"，中青年是有共识的。

二是关于价格改革的目标模式及其理论依据问题。一种主张"以计划价格为主体"同时"放开部分价格"，另一种侧重于强调"导入市场机制"。

三是关于价格改革的路径问题。这是会议讨论最深入、争论也最激烈的问题，形成三种意见：一是主张"以调为主"（以国务院价格研究中心田源为代表）；二是主张"以放为主"（以西北大学经济系研究生张维迎为代表）；三是主张"调改结合"（以中国社科院研究生院研究生华生、何家成等为代表）。

四是价格改革报告的形成、上报及中央决策层批示。在讨论基础上，会后，会议副秘书长徐景安以会议讨论的有关价格改革的思路（加上他自己的考虑）专门撰写了一份报告，题为《价格改革的两种思路》，指出"上述两种思路，侧重点有所不同，但并不互相排斥和对立，在改革中可把'调'与'放'结合起来，能放的先放，能调的先调，互相促进、相辅而行。"

实践表明，在调放结合、双轨推进的改革思路形成过程中，无论是"以调为主"，还是"以放为主"，还是"调改结合"或"放调结合"，都从不同方面、程度作出了贡献。从更大视野审视，中国价格双轨制改革的思路是莫干山会议诸多中青年学者共同讨论、集体智慧的结晶。

三、讨论的主要问题及进展（下）：其他领域的改革思路

关于其他领域改革思路讨论的主要观点，笔者在《1984年中青年经济学家讨论会——"莫干山会议"》中有记载，这里也只提纲挈领地提及。

（一）关于进一步扩大对外开放问题

莫干山会议的讨论，除了价格改革争论激烈之外，还有一组讨论也十分活跃，这就是"对外开放组"，会场设在329牧师别墅（见图7）。

图 7 "对外开放组"开会的 329 号牧师别墅会场

大会印发的《会议情况》第一期，就是"第三组（对外开放组）的讨论综述"，题为《以沿海开放地带为先导 推动我国经济体制的全面改革》。可见这组在会议上的活跃程度。该组组长是会议主要发起人之一朱嘉明，成员有上海的陈申申、陈平、蔡乃中，天津的杜厦、李罗力、金岩石、常修泽、郝一生、杨海田，广州的张向荣，香港招商局蛇口工业区的梁宪等（除沿海城市外，内蒙古的郭凡生、陕西的张宝通等内地代表也曾到组参与讨论）（主要成员见图 8）。

图 8 "对外开放组"主要成员"六友图"，摄于 329 号牧师别墅阳台
（从左至右：常修泽、金岩石、朱嘉明、杜厦、郝一生、李罗力）

由于该组成员总体而言有国际视野，开放意识比较强（有人戏称该组为"当代洋务派"），而且在此前多数成员对深圳经济特区和沿海开放地区作过实际调查和理论研究，因此讨论的焦点并不在于要不要扩大对外开放，而是如何进一步实施扩大开放的战略问题（如前所述，1984 年春节，邓小平提出了进一步扩大开放的问题，本组讨论即是对邓小平广东视察谈话的回应）。

笔者参加了这组的讨论，且有写随记习惯，掌握情况比较详细。一是关于沿海地带的开放战略问题。与会代表提出了许多使沿海地带形成一个既有分工又有联系的有机结构与系统的建议。二是关于沿海开放城市的改革问题。与会代表一致认为，沿海开放城市作为中国战略发展的前沿阵地，需要一整套新的经济体制与之适应。不仅如此，沿海开放城市的改革，还可能成为全国改革的突破口。有必要在"区域的整体改革"和"整体的局部改革"两个方面摸索新的改革路子。三是关于沿海地区开放与内地协调发展问题。上海代表陈申申等十分重视沿海地区吸引外资的重要作用，郭凡生（内蒙古自治区党委研究室）对经济界长期以来存在的"梯度推移"理论提出了挑战。在上述讨论基础上，朱嘉明执笔的专题报告指出，沿海对外开放，内地也应对外开放。这是一个大宏观决策，需要国家统筹考虑。

（二）关于国有企业改革问题

与上述价格改革和对外开放战略问题相连的，是企业改革，特别是国有企业（当时称国营企业）改革问题。会议组织者在确定选题时意识到，价格改革和对外开放需要相应的微观基础，那就是国有企业必须成为"自负盈亏"的市场主体。唯有此，才能对价格信号和国内外市场作出理性的反应。围绕此问题，讨论中要点有三：一是关于国有企业改革的基本方向和启动点问题；二是关于"利润留成"和"股份制"两种改革方式问题；三是关于国有企业破产问题。

（三）关于金融体制改革问题

也许是与金融改革组曾经聚会的原因，笔者在会议期间一直关注并钟情于金融改革的讨论。这个组有一批金融专家，包括中国人民银行总行金融研究所的蔡重直、刘渝、齐永贵，广东深圳市国际信托投资公司的沈水根，武汉大学经济系的肖帆等。9月4日，全组首先从宏观上讨论"我国经济体制改革的基本路子"。9月5日在蔡重直主持下，重点讨论"我国经济体制改革和商品生产对金融提出了哪些最为迫切的要求"、"我国应建立什么样的金融体系"、"当前金融改革主要抓哪些环节"等问题。9月6日在沈水根主持下，重点讨论"区域性金融中心"和"开放金融市场"问题。9月7日在肖帆主持下，重点讨论由开放金融市场（资本市场）引发的"股份经济"问题。从发言看，这些代表对金融体制改革尤其是银行体制改革和发行股票问题，颇为积极。这是本次会议触及的最为敏感和最有挑战性的议题之一。

（四）关于农村改革和发展问题

依笔者在莫干山上之观察，农发组和中央书记处农研室的力量，是本次会议上一支很有影响的力量。由于有一批对农村发展素有研究的学者如王岐山、陈一谘、周其仁、裴长洪、白南生、左芳等代表参加，所以农业和农村改革发展问题讨论比较深入且居于前沿。一是关于农村改革和发展总体形势判断问题。会议认为，我国农村面临着新的转折。连续几年成功的改革，一方面提出了深入改革农村经济体制、全面改组农村产业结构的新历史任务，另一方面也为完成这个更深刻的变革准备了条件。特别是整个经济体制全面改革的酝酿，城市和大工业中长期受到束缚的巨大生产力的初步释放，同农村已经实行的改革汇聚到一起，相互激发、势不可当。新的形势提出了一系列新的问题，迫切需要在系统的调查研究基础上，提出可供决策参考的思想认识和解决办法（注意：本组一开始就提出"决策参考"问题）。二是关于农产品（首先是粮食）购销体制改革问题。三是关于变革农村产业结构问题。讨论成果最后由王岐山、周其仁执笔完成题为《改革粮食购销体制和农村产业结构》的报告，上报中央。3 个月后，1985 年中央一号文件明确提出"农村进行第二步农产品的统派购制度改革"。

除上述议题外，会议还讨论了关于发挥中心城市功能问题、关于政府经济职能问题以及基本理论组讨论的社会主义基本理论问题等。因篇幅所限，不再一一阐述。当然，在当时的背景下，对于与"人的发展"相关的公平与效率关系，以及收入分配和社会保障体系的建立问题，还没有顾及。笔者在会上结识了浙江大学经济系的姚先国（一天早晨相遇时他正在读德文，准备到德国某大学进修），他曾提交了《社会主义劳动基金的两重性与我国工资改革》论文，会议未能设小组专题讨论，有点儿遗憾。

四、莫干山会议的效应和影响

（一）直接为中央改革决策提供思路和方略

莫干山会议结束后，根据会议讨论的情况，徐景安、朱嘉明、王岐山、黄江南、周其仁等负责起草拟向高层汇报的专题报告，杜厦、蔡重直、田源、华生、蒋跃、刘渝等多位青年学者参与了执笔（或提纲写作）。经过几天紧张的分析和整理，于 9 月 15 日完成 8 份专题报告：《价格改革的两种思路》、《与价格改革相关的若干问题》（后有两个附件）、《关于沿海对外开放城市的建议》、《实行自负盈亏应从小企业（应有"国营"二字——笔者注）和集体企业起步》、《金融体制改革的若干意见》、《发展和管理股份经济的几个问题》、《改革粮食购销体制与农村产业结构》、《关于我国现阶段政府的经济职能》（原件影印见图9）。[①]

---

① 《经济研究参考资料》1985 年第 52 期（总第 1252 期）以《中青年经济科学工作者学术讨论会报告》为题选载 7 个报告（1985－4－3）。

图9　会议形成并上报中央的 8 篇报告，即《中青年经济科学工作者学术报告》，载于经济日报编辑部《经济文稿》第 1 期

8 份专题报告完成后，遂派代表向主管国家计委和国家体改委的国务委员张劲夫做了汇报。张劲夫听后，问了一些情况，于 9 月 20 日首先批示："中青年经济工作者讨论会上提出的'价格改革的两种思路'，极有参考价值。"继之，10 月 10 日国务院主要领导人批示："'价格改革的两种思路'很开脑筋。总题目是如何使放调结合，灵活运用；因势利导，既避免了大的震动，又可解决问题。广东的从改物价管理体制入手、江苏乡镇企业走过的路、协作煤价的下浮，以及粮棉油大量搞超购价的结果带来了比例价，都实质上是放调结合的成功事例。"可以说，莫干山会议从一个方面为中央决策提供了有力的智力支撑。

当然，在看到"价格双轨制"改革思路积极效应的同时，也应看到其历史局限性和给改革带来的负面效应，特别是从双轨价格中套利所产生的寻租行为，导致社会腐败问题的滋生，从而带来新的社会矛盾，对此要有客观的评价。

（二）推动中国经济改革理论研究的深化

莫干山会议除了为中央献计献策以外，还推动了中国经济改革理论的深入探讨。就在会议开过不久，《经济日报》接连开辟五个专版，以《探讨经济改革中的理论问题——中青年经济科学工作者学术讨论会论文摘登》刊登会议 18 篇理论成果（其中1篇原件影印如图10所示）。9月25日，选登了2篇，分别是郭振英的《自负盈亏与企业扩权》、吴克的《计划管理中综合运用各种经济杠杆》；9月28日，选登了4篇，分别是常修泽的《从蛇口工业区的开发得到的启示》，郭凡生的《谈谈技术的梯度推移规律》，夏禹龙、谭大骏、陈平、蔡乃中的《沿海开放地带的战略地位》，陆丁、张一宁的《引进外资引力何在》；9月29日，选登了3篇，分别是周小川、楼继伟、李剑阁的《价格改革无需增加财政负担》，张维迎的《价格体制改革是改革的中心环节》，田源、陈德尊的《关于价格改革思路的思路》；10月4日，选登了3篇，分别是张宝通的《联产承包制适合当前生产力状况》、张太平的《农村家庭经济及其发展趋势》、王长远的《县级经济管理体制改革的趋势》；10月11日，选登了6篇，分别是郝一生、杜厦的《搞好沿海开放城市的产业配置》，夏禹龙等的《借鉴特区形式，开发新兴工业》，朱嘉明、何伟文的《引进先进技术与保护民族工业》，金岩石的《内地资源开发与沿海对外开放》，沈水根的《对外开放与人民币汇兑制度的改革》，李弘、蔡重直的《建立我国的金融中心》；其他报刊也有论作发表。

图10　《经济日报》专版刊登的18篇会议理论成果之一

上述刊发的会议成果，涉及改革发展的重要理论问题。发表之后引发了对其他一些重要问题，如宏观经济调节与控制、财政金融体制改革、产业结构调整以及所有制关系改革基本理论问题的研究，在研究中开始注意引进西方经济学的有益成分，中西结合，洋为中用。不少青年经济学者积极发表文章阐释其观点，形成了20世纪80年代中后期中青年经济学者从事深度学术研究的高潮，并对20世纪90年代乃至21世纪前期的经济学研究产生影响。

（三）促进中青年经济学者队伍的成长

从历史长河来分析，在 20 世纪 80 年代前半期，青年一代的崛起是必然的，莫干山会议则对当时青年一代的崛起起了相当大的助推作用。

首先，把一批中青年推上历史舞台。此次会议涌现出一批人才，中央领导不仅重视会议的成果，也开始重视这批中青年，并找中青年座谈。会后，一批中青年进入政府部门（比如田源被任命为国家体改委委员）。体改委还专门成立了中国经济体制改革研究所，吸纳"上山者"参加，如张维迎就是在西北大学研究生毕业后到体制改革研究所工作的。这些中青年进入政府部门和相关机构后，注入了新鲜血液（当然，同时也面临着如何应对"体制同化"的考验）。

除中央外，地方政府也注重发挥青年学者的作用。有两个典型事例，一是莫干山会议之后，河南省委书记刘杰、省长何竹康，曾到北京邀请莫干山会议骨干组成河南咨询团，团员包括王岐山、朱嘉明、黄江南等（笔者曾参加了在全国政协礼堂的河南咨询团会议）；二是会议刚刚开过，上海市委、市政府就委托《经济日报》社组成"上海经济工程组"，探讨上海振兴与发展方略。北京、天津等中央直辖市和有关省份也纷纷成立中青年经济学会。

其次，直接催生《中青年经济论坛》创刊。根据莫干山会议上商量的意向，会后不久，由中青年自己创办的刊物——《中青年经济论坛》于 1985 年 4 月在天津创刊。它的横空出世，标志着中国中青年经济学者有了自己的学术阵地。这个事实上民间的学术刊物，以京津沪为核心，聚集了全国各地有影响和活动力的中青年经济学者。

第一届编委会由 36 位中青年学者组成，总编辑为丁望，副总编辑为王小鲁、邢元敏、陈申申、金观涛、郝一生，委员中有 24 位是"莫干山会议"参加者（占全体编委的 67%），包括（以姓氏笔画为序）丁望、王小鲁、卢健、田源、刘安、刘佑成、乔桐封、朱嘉明、李罗力、杜厦、杨沐、陈一谘、陈申申、陈伟恕、周天豹、周其仁、金岩石、金观涛、张钢、郝一生、郭凡生、黄江南、常修泽、蔡重直，以及王洛林、王战、左志、邢元敏、孙恒志、刘景林、朱民、巫继学、罗保铭、姚林、张朝中、高铁生 12 人。

第二年即 1986 年，编委会有所调整，朱嘉明改任总编，增加罗保铭、黄江南任副总编，另增加孙衔、朱小平、伍晓鹰、华生、何凌、杨小凯、陈琦伟、张向荣、张炜、张思平、徐景安、袁中印、散襄军 13 人为编委，其中，华生、张向荣、徐景安 3 人是"莫干山会议"参加者。《中青年经济论坛》成为当时颇有影响的经济理论刊物之一。

最后，促进新人才进一步涌现。莫干山会议所展现的中青年"闪亮登场"的情形，唤起了更多中青年学者的热情。1985 年，第二届中青年经济科学工作者学术讨论会在天津举行。笔者受命担任论文评审组组长，与另一组长金岩石等十几位青年学者一起，在《红旗》杂志社地下室招待所内精心审稿，从 2615 篇论文中，选出 125 位作者，其中有 30 多位是"莫干山会议"参加者（戏称"双连冠"），名单如下（以姓氏笔画为序）：马凯、田源、贝多广、卢健、孙鸿武、刘安、朱嘉明、华生、李克华、李罗力、李剑阁、李晓西、杜厦、时正新、何家成、陈申申、陈晓梅、周其仁、张钢、张少杰、张向荣、张宝通、张维迎、周小川、金岩石、郝一生、杨海田、郭凡生、高粱、夏小林、徐景安、梁秩森、黄维德、常修泽、蒋跃、楼继伟、蔡重直。总计曾经"上山者"占入选者近三成。

其余七成多的代表，是评审组从全国来稿中新选出来的。其中包括（以姓氏笔画为序）：马飚（现广西壮族自治区政府主席，研究员）、马建堂（现国家统计局局长，研究员）、王战（现上海市政府经济研究中心主任，研究员）、冯仑（现万通集团董事长）、刘伟（现北京大学副校长，教授、博导）、朱民（现国际货币基金组织副总裁）、卢中原（现国务院发展中心副主任，研究员）、宋国青（现北京大学国家发展研究院教授、博导，曾任货币政策委员会委员）、李江帆（现中山大学教授、博导）、李维森（即韦森，现复旦大学经济学院副院长，教授、博导）、沈骥如（现中国社会科学院世界经济与政治研究所研究员、博导）、吴晓求（现中国人民大学金融与证券研究所所长，教授、博导）、卓勇良（浙江省发展和改革研究所所长，研究员）、洪银兴（现南京大学党委书记，教授、博导）、陈琦伟（现亚商集团董事长，上海交通大学安泰经济与管理学院教授、博导）、唐杰（现深圳市政府副市长，教授、博导）、郭振英（国务院研究室工业交通司前司长）、郭树清（现中国证监会主席），等等。

这些入选的论文作者，除个别因事外，都参加了在天津举行的"第二届中青年经济科学工作者学术讨论会"，其论文被收入论文集，书名为《腾飞的构想》。当然，这里的"腾飞"是指国家的"腾飞"，但我想，就个人成长而言，何尝不是他们自己人生中"腾飞"的一步呢。而这一步，是与莫干山会议的牵动效应直接相关的。

（四）形成一股新的会风并影响后世

莫干山会议的会风和文风是比较独特的，这群年轻的经济科学工作者携带一股清新的空气，向长期以来国内盛行的沉闷、僵化的会风和党八股的文风提出挑战。中共中央宣传部理论局贾春峰先生当时曾专门写了一篇《理论界，一股新风扑面来》，予以赞扬。

突出的有两点：一是"以文选人"。这是会风最闪光之处。在充斥着"等级制"、"关系学"和"学历至上"的社会氛围中，"五不讲"无疑是一道亮光。此后"第二届中青年经济科学工作者学术讨论会"的 125 位代表，就是依据"以文选人"原则筛选出来，并在《经济日报》上昭示天下。为此，老一辈经济学家薛暮桥先生题写了著名题词："济济英才，满腹经纶，青出于蓝，后继有人。"

二是自由讨论。莫干山会议除了"以文选人"以外，还特别鼓励学术争鸣，注重维护学术民主和学术自由。王岐山说，保持学术研究的独立性很重要，"怀才不遇可怕，身不由己更可怕"。会议倡导批评，追求真理，注意"头脑风暴"的作用。贾春峰说："当我听到那些富有哲理和激情的发言时，阅读到那些来自改革第一线的调查报告时，似乎有一种清新的空气迎面而来"。由于争论非常激烈，会议还发明"挂牌辩论"的方式，并延续下来。这种自由讨论、追求真理的会风对日后的学术研究产生重大影响。

当然，在阐述莫干山会议历史作用的同时，也应该进行冷静的思考。当时有学者曾指出，"在这一代经济科学工作者中，应当产生经济学大师。"28年过去了，到目前为止，经济学大师还没有产生的迹象。或许时间依然短暂，或许条件还不成熟，但这也恰好说明，中国经济学未来的发展路程还很漫长，还很艰难，有待于全体经济学人，特别是中青年学者矢志不渝的探索和努力。

附录3 向80年代和莫干山精神致敬

——在2012莫干山会议开幕式上的讲话[*]

[摘要] 80年代，那是一个什么年代啊？我觉得，那是中国现代史上一个思想解放的年代，一个开拓创新的年代。那个年代开启了中国改革开放的新纪元。中国知识分子在此前压抑了30多年的智慧和激情像火山一样爆发出来了。1984年的莫干山会议，只是那个黄金时代其中的一个产物。回顾当年的莫干山会议，首先我要感谢那个时代，感谢那个火红的、令人激动的年代。在此，我向20世纪80年代致敬！

2012年9月15日，中青年改革开放论坛（莫干山会议）在浙江莫干山举行，笔者应邀出席会议，并应主办单位安排在开幕式上代表28年前（即1984年）出席莫干山会议的中青年学者讲话。在讲话中，我特意向80年代致敬，向莫干山精神致意。以下是在新浪现场速记的基础上根据录音整理的讲话实录。

出席今天论坛的新老莫干山会议的各位嘉宾、各位朋友：

大家好！

来到莫干山后，会议主办单位临时通知我，要我代表1984年莫干山会议的参加者讲话，我没有准备，简单列了一个提纲，和诸位交流。

我要感谢国家发改委国际合作中心和《第一财经日报》社邀请我参加这次会议，这给我提供了一个与老友聚会和向年轻人学习的机会。

事隔28年，重上莫干山，见到了当年参加莫干山会议的一些老朋友，像华生同志、罗力同志、小鲁同志，还有浙江大学的姚先国同志等，以及出席今天会议的各位新朋好友，十分高兴。在此，我首先以1984年莫干山会议参加者的身份，向今天的论坛，向新一代莫干山的朋友们，表示热烈的祝贺！

来到莫干山，我住在芦花荡老100号，看到了老朋友和新朋友，内心很是激动。此情此景，不由得使我回到了20世纪80年代。80年代，那是一个什么年代啊？我觉得，那是中国现代史上一个思想解放的年代，一个开拓创新的年代。你

---

[*] 此讲话发表在（香港）经济导报，2012.

397

看，高尚全先生（也是体改会名誉会长），在这本书——《80 年代：中国经济学人的光荣与梦想》写的序言，他第一句话是什么呢？他说，"80 年代是中国改革的黄金时代"。因为那个年代开启了中国改革开放的新纪元，中国知识分子在此前压抑了 30 多年的智慧和激情像火山一样爆发出来了。1984 年的莫干山会议，只是那个黄金时代其中的一个产物，类似的事件还很多。因此，回顾当年的莫干山会议，首先我要感谢那个时代，感谢那个火红的、令人激动的年代。在此，我向 20 世纪 80 年代致敬！

我是一位莫干山会议的普通参与者。我跟罗力等朋友说过，与诸位相比，我是一个"相随者"。你看，柳红女士所撰写的这本书（指《80 年代：中国经济学人的光荣与梦想》）里面，搜集了当年莫干山会议的一些照片，其中就有"对外开放组"几位朋友的合影，朱嘉明、杜厦、李罗力、金岩石、郝一生和我，我们六个人的合照。2010 年书印出来，柳红送给我以后，我一看里面有我们的合照，感到很亲切，但我发现一个很有意思的现象，李罗力等 5 位朋友，当时都翘着腿，而我则是手脚都垂着（没敢跷腿），所以当即我就写了一首诗，前两句是：

"忆得当年山上会，诸君跷腿我双垂。"

写完以后，打算给几位发手机短信。接着一想，这样的诗缺乏韵味，有点儿像某大诗人晚年写的那种诗，难登大雅之堂。于是，我就改了 3 个字，把"腿"改成了"楚"，楚国的"楚"，这样，"跷腿"就变成了"翘楚"；并把"双垂"改成"相随"，于是就成了：

"忆得当年山上会，诸君翘楚我相随。"

是的，我是一个"相随者"，他们是"翘楚"，但就是这次相随，这次风云际会，对我的学术生涯产生了深刻的影响，以至影响到后来二三十年的学术研究。

我比较喜欢研究问题和保存资料，当时，我预感到这个会可能会载入中国历史之史册的，所以，当时就珍藏了有关莫干山会议的原始资料，并且向王小鲁等朋友搜集他们的资料。几年前，我在国家发改委宏观经济研究院，向院里的青年学者讲了当年莫干山会议的情况和学术贡献。他们听了我的报告，受到启发。我们单位还在《经济决策参考》（增刊 2）印发了我这个报告，后来流传出来。

这个报告被中国社科院学部委员张卓元先生看到。他给我写信说，要写 1949年以来《新中国经济学史纲》，莫干山会议应该载入新中国的史册，由你来写1984 年的莫干山会议。所以，两年前，我就根据张卓元先生的意见撰写。经过比较艰辛的写作，终于写出了《新中国经济学史纲》的第 14 章，题目叫《1984年"莫干山会议"》。正好上个月（2012 年 8 月），我拿到了刚刚出版的《新中国经济学史纲（1949~2011）》。这是由张卓元先生所主持的，共 70 多万字，其中有2万字是我写的当年莫干山会议。这个被媒体称作《"史纲版"1984年莫干山会议》,《第一财经日报》从9月3日起开始连载。

在写作这一章的过程当中,我一直在思考一个命题。就是:1984年莫干山会议,它体现的是一种什么样的精神?是什么样的一种价值取向?于是,我前面写"史",后面写"论","论从史出"。论什么呢?《论莫干山会议精神》。写完以后,给了《第一财经日报》的秦朔先生及评论部徐以升先生,请他们指教。非常有意思,找到知音了。刚才秦朔先生发言说,中国知识分子应该"为天地立心,为生民立命,为往世继绝学,为万世开太平",他有这种情怀。于是乎,在上个月的28日、29日,连载了《论莫干山会议精神》。我在文中提出了四种精神:

第一种精神"时代责任精神"。在文章里面,我引了李大钊先生的名言,"铁肩担道义,妙手著文章"。1984年10月,中共召开十二届三中全会之前,中国正处于到底是搞计划经济,还是搞商品经济的历史关头。莫干山的青年们勇敢地担当了这种历史责任。因为在80年代初期,党内就有人给主管意识形态的领导写信,说坚决不能写上商品经济,否则,这个国家就会发生方向性的错误。非常遗憾的是,当时主管意识形态的领导人居然批转了这封信。到1984年的夏天,最初提出的十二届三中全会决定的提纲,就是按照"以计划经济为主,市场调节为辅"的基调起草的。耀邦同志看了以后,很不满意,决定另组班子重写。于是乎才由党内思想开明的同志主持,按照社会主义商品经济的思路来起草。在当时的背景下,围绕"到底是搞计划经济,还是搞商品经济"的这个历史抉择,莫干山的中青年学者从各自研究的角度(如价格改革、国企改革、对外开放等角度)担起了时代责任,推动了中国改革的车轮向前行进。

第二种精神"公平竞争精神"。所谓公平竞争,就是莫干山会议有几个"不讲":不讲学历、不讲职称、不讲职务、不讲关系,不讲名气,"以文选人"。这种"英雄不问来路"的做法,就是清代思想家龚自珍先生诗中所云,"我劝天公重抖擞,不拘一格降人才"。这次会议把一些默默无闻的人推到了历史舞台上,改变了不少人的人生命运。这是一种什么精神?这是一种公平竞争精神,也就是今天我们所呼唤的社会公平、社会公正精神!当今的中国,怎样实现机会平等、地位平等?怎样为社会底层的草根朋友创造一种上升的通道?需要破题。"公平竞争精神"非常重要。

第三种精神"自由争鸣精神"。理论的生命力在于自由争鸣。中国在2000多年前春秋战国时期曾经有过百家争鸣,非常之波澜壮阔。但是在20世纪50年代以后"左"的路线影响下,理论界有点儿万马齐喑,缺乏百家争鸣的环境。但是,在1984年莫干山上,争论得十分激烈。比如,关于价格改革问题的争论,不管是主张以"放"为主的也好，以"调"为主的也好，还是"调放结合"也好，争得面红耳赤。正是这种自由争论，才提出了比较符合国情的价格改革新思路。今天我们特别呼唤自由争鸣精神。

第四种精神"官学互动精神"。 当时的领导，如胡耀邦等同志，有一种"兼听"的气魄，有给青年人提供舞台的远见卓识。我看了几位领导关于莫干山会议报告的批示，张劲夫同志的批示中强调："极有参考价值"；赵紫阳同志的批示也强调："很开脑筋"。这些都不是一般的批语，这表明了当时中央的高层和中青年经济学者之间心心相印的互动精神，这是非常难得的。

最后，既然见到了新老莫干山的朋友们，我想说几段心里话，针对过去的和现在的几批朋友说几段话。

第一，首先向当年参加莫干山会议的一些英年早逝者致哀。 1984年下山以后，有一部分同志由于身体方面的原因，过早地离开了我们。第一个是重庆社科院的周天豹兄弟，1987年6月因肝癌去世，当时我在南开大学经济研究所从事理论研究，并参与主办《中青年经济论坛》，闻讯后，我即代表《论坛》前往重庆，向这位英年早逝的经济学家致哀……柳红的书中记载了这段史实。这几年又陆续听到几位朋友去世的噩耗，他们是：广东社科院的李克华兄弟；原在华南师大（后来移居香港）的梁秋森兄弟；原农发组成员、后在中国人民大学任教的白南生兄弟；在银行系统从事金融研究的齐永贵兄弟；还有原来在体改所，中途下海，后来又回到国家发改委体管所的张少杰兄弟，先后离开了我们。除此之外，还有几位当年会议领导小组的老同志，特别是支持我们的《经济日报》第一副总编丁望先生，《世界经济导报》总编辑钦本立老先生，他们在28年前鼎力支持我们，对于早逝的这些年轻朋友和作古的老先生，在此，向他们寄托我深深的哀思。我要说，我们怀念他们！

第二，向当年支持过我们的一些老领导老专家致意。 其中，第一主办单位《经济学周报》社长冯兰瑞女士，她是1920年生，今年已经92周岁了，她是一位著名经济学家；《经济日报》社总编辑安岗先生，他是1918年生，我听说他在海南三亚休养；还有1984年参加莫干山会议最老的代表，当年是71岁，现在是99岁的马宾先生，他是1913年生，尽管马宾先生现在的理论观点和倾向本人不赞成，但是在28年前这些老同志都支持过我们。我们不能忘记他们的呵护之情，因此，我向这些老同志表示崇高的敬意，祝他们健康长寿！

第三，向至今旅居海外的莫干山朋友问候。 28年来，当年的莫干山朋友，出于各种不同的原因，采取不同的渠道，到了不同的国家，现在有不同的境遇。我这些年出国的时候，也打听他们在那里的状况，也见到了个别朋友。我今天要说，不管他们当初出于什么目的，通过什么方式，到了哪个国家，现在情况怎么样，我们都是莫干山的兄弟姐妹，我想念他们……希望他们能够回来！

同时，我建议国家有关部门，要以"海纳百川"的胸怀来包容他们。历史总会搞清楚的。我给会议提供了一篇论文，题为《包容性体制创新论》。我对"包容性"格外钟情。我建议有关方面胸怀更宽广一点，要包容他们。

第四，向今天与会的老莫干山会议的代表和新莫干山会议的年轻朋友们致意。我调查了解了一下，我们今天这个会，可以说是"四世同堂"。中国人一般是以 20 年为一代，我们恰好有 20 后，如高尚全先生；有 40 后，如几位老莫干山会议的代表；有 60 后，如秦朔先生；还有 80 后（刚才主持人说，现在最年轻的是 20 多岁）。再过 10~15 年，我们会有 00 后（或称"蛋蛋后"）参加。

中国人最圆满的大家庭就是"四世同堂"。我们今天恰好是"四世同堂"，20、40、60、80，这四代人坐在一起是一种缘分。今天会议给我们提供了一个济济一堂、共商改革大计的机会。特别是看到这里面更多的是年轻人，我对年轻人寄予厚望。我记得 1985 年天津主办第二次全国中青年会议的时候，薛暮桥老先生的题词是："济济英才，满腹经纶；青出于蓝，后继有人"。今天我们看到了经济学界乃至社会科学界后继有人，非常开心。昨天我看了新的莫干山会议代表名录，并阅读了许生博士写的一篇文章：《承接：莫干山新一代的历史使命》，令人兴奋。他的一个关键词，就是"承接"。在此，我希望 28 年前所体现的那种莫干山精神，能够在年轻一代的身上得到继承、弘扬和光大。莫干山是一座灵山，是一座英雄的山、光荣的山。这个地方曾经闪耀过历史的光荣。我希望年轻的朋友们再创辉煌，争取更大的光荣！

好，就讲这些，谢谢大家！

附录4　担起国家转型的"道义"

——在 2013 莫干山会议开幕式上的讲话*

由国家发展和改革委员会国际合作中心联合财政部财政科学研究所共同举办的"中青年改革开放论坛（莫干山会议·2013）"9 月 7 日下午在浙江德清县莫干山开幕，笔者再次应邀作为 1984 年莫干山会议参加者的代表出席会议并作主题演讲。以下是讲话实录：

各位嘉宾，各位新老莫干山会议的代表：

大家下午好！

我今天发言的题目是《担起国家转型的"道义"》。

（一）

刚才主持人说，我是第三次到莫干山参加会议。我看了一下会场，今天三次参加"莫干山会议"的有三位，就是贾康先生、小鲁先生和我，我们三位可说是"老三届"了。

三次莫干山会议"时间窗口"非常好，每一次都是在历史关头召开的。

今天下午到这儿我突然想起一句古诗："山雨欲来风满楼"。我预感到中国一场改革开放的"山雨"即将到来。我今天感觉这个会的气氛有点儿类似于 29 年前。那个时候也是给中共三中全会献计献策，不过那是给十二届三中全会，这次是给十八届三中全会。有意思的是，每次偶数党代会的三中全会，都要出一个重要的改革决定。这次又到了关键性的历史时刻。今天见到了多年没见的当年莫干山的朋友，还有 200 多位新的朋友，非常开心。首先我要向这个论坛，向各位新一代朋友表示衷心的祝贺。

去年，我在莫干山会议开幕式上，代表 1984 年莫干山会议的参加者作了一个主题演讲，题为《向 80 年代和莫干山精神致敬》，新浪网播发后，光明网、人民网等多家网站转载，国合中心出版的论文集收载了这篇讲话。有意思的是，前两天，即 9 月 5 日，今天参加会议的《领导者》杂志社社长兼共识网主编周志兴

＊　该讲话在光明网、共识网、中国改革论坛网刊登（2013 – 9 – 10）。

先生，把我在去年的演讲——《向80年代和莫干山精神致敬》一文重新转载。

什么缘由呢？今年6月我完成了一篇研究报告《给三中全会全面改革方案的四点框架性意见》，目前中共中央政治局作出11月召开三中全会之际，香港《经济导报》杂志全文发表了这个报告。因为那个报告里面提到了1984年莫干山会议，因此有些年轻的学者希望更多了解会议的情况和80年代的精神，于是乎共识网重新把它转载。我的这篇讲话之所以能够产生并流传开来，还是去年论坛引发和促进的结果。在此，我要向论坛主办单位国家发改委国际合作中心，向各位与会朋友表示衷心的感谢。

（二）

今年我们面临新的挑战、新的命题。今天我想和诸位实实在在地讨论一下，我们应该怎么样担当起国家转型的历史责任。我这句话是受当年李大钊先生的诗句"铁肩担道义，妙手著文章"启发的。

今天我们要担的道义是什么？我认为，我们国家正面临新的历史性转型。今年6月我完成的那份报告，曾由国家有关部门上报领导参阅。围绕未来全面改革的决定框架，我那个报告建议把握十二个字："中长期、大视野、攻重点、讲新话"。

先说"中长期"。未来十年对我们这个民族来讲是非常关键的十年，我们这个国家、这个民族能不能上得去，我看就取决于这10～15年的工作。从历史长河来说，这10～15年是一个什么时期？我在2008年出的《人本体制论》中曾提出"第三波转型论"和"五环式改革"的观点。

从中国现代史来看，1919年"五四"运动之后，我们已经经历了两波转型。以1949年中共建政为标志的第一波转型，我把它称为"社会制度转型"。第二波转型是1978年12月开始的经济体制转型。现在第二波转型已经35年，但任务还远未完成。

根据我对国家未来转型问题的研究，我认为，下一步可能面临着第三波转型。所谓"第三波转型"是指什么呢？包括经济、政治、社会、文化和生态环境制度在内的全方位转型。所以我在《人本体制论》当中讲到，中国未来应该是"五环"改革，就是经济改革、政治改革、社会改革、文化改革和生态环境制度的改革。未来10～15年中国正好处在第二波转型和第三波转型的交叉期，从前瞻性的眼光来看，也是第三波历史性大转型的启动期。我们应该担起这样的历史重任，这是时代赋予的责任，这是我谈的第一句"中长期"。

第二句，"大视野"。分三个层次：

第一层是全球视野。要点有三：一是市场经济。尽管这次金融危机暴露出市场体制那么多弊端，但从经济运行来说，从资源配置来说，朋友们，人类迄今恐怕还没有找到比市场经济更好的资源配置方式。二是公平正义。三是包容互鉴。今年6月，习奥在安纳伯格庄园会谈所达成的共识，其内核就是包容互鉴精神。在新的历史条件下，冷战时期那种你死我活的大国关系已经不存在了，我们要包容、要互鉴。昨天我非常高兴地听到习近平主席在圣彼得堡与奥巴马会见中，再次重申安纳伯格精神。在制定改革决定的时候，我认为应该体现这种精神。用这个视野来衡量，当前的一些说法、一些做法，是否符合以上三条？需要认真研究。

在全球视野中，我提出一个新的问题，也是近年来我比较关注的一个问题，就是关于"跨太平洋战略经济伙伴协定（简称TPP）"。国家有关研究机构曾组织专人研究，我作为评审专家看了研究报告，我发现，跨太平洋战略经济伙伴协定（TPP）对相关参与国家的影响是很大的。中国是不是要参与这个协定的谈判，我不得而知，那是决策层的事情。但是我认为，不管你参与谈判与否，不管你将来加入与否，都对相关协议国家的内部体制，产生强大的压力。就中国来说，主要涉及5个方面的体制：第一，知识产权问题；第二，环境保护问题；第三，劳工权利问题；第四，政府采购问题；第五，国有企业公平竞争问题；等等，要有全球视野。

第二层，我建议增加社会主义转型国家改革的视野。我们看一看共产党执政的国家，现在全世界有五个，除了朝鲜固守原体制以外，其他四个都是转型国家。在这四个国家里面，我建议大家关注越南。我们在讨论改革问题，越南在干什么？据我所知，他们在讨论修改《宪法》，《宪法》草案提出来征求全党、全国人民意见。到6月，已收集上来2600万条意见。我七次到越南交流讲学，他们比我们改革晚八年，但在某些方面已经走在了我们前头。

第三层，是我前面讲的"五环式"的改革视野。如果不推进"五环式"改革，就会落在这个时代的后面，这是我讲的第二句。

第三句，"攻重点"。

未来我们担负的任务很重，急迫的、老百姓意见很大的、有重点的、有操作性的"五环改革"现在应该推出来，要抓重点。

经济方面，我认为列为第一重点的是垄断性行业改革，这是我的个人学术见解。中共十五大、十六大、十六届三中全会和十七大都把垄断性行业作为改革的任务之一。但是我在十八大报告里没有发现相关内容。我在研究报告里写道，除了政治方面的原因和利益方面的原因之外，是不是与我们学者没有说清楚有关？根据我的研究，我提出"结构性破垄"论，即，把垄断分成三大类、六种情况，叫做"三破、三不破"，作为一个方略提出来供大家讨论。

我认为不能回避垄断性行业改革，现在似乎有一种现象，改革试图绕过垄断性行业领域。最近，中石油几个高管接连出事，更加重了我对垄断性行业问题的忧虑。当然，中石油高管出事，具体情况我并不清楚。但仅从经济上来说，再一次告诉我们，不合理的垄断不仅影响经济发展，而且对社会腐败，对社会贫富差别都有很大影响，怎么能回避这个问题呢？总之，垄断性行业改革我觉得是一个关键点。

第二，就是农村土地制度改革，主要是使用权人的土地用益物权的改革。

第三，今天大家关注的财政税收的改革。

第四，金融体制的改革。

第五，资源性产品价格改革。

如果能够抓住以上五点，经济体制改革基本就 Hold 住了。

这里需要指出，把未来的改革仅仅归结为经济改革，又把经济改革仅仅归结为宏观管理改革（如价税财金联动改革）是不够的，我们现在要防止这样一种简单化思路。

经济以外，第二大领域就是社会改革。1984 年莫干山会议没有涉及就业和社会保障问题，在 124 篇论文里面，有浙江大学姚先国先生的一篇关于薪酬制度改革的论文，可惜没有在会上讨论。我们当年的会议重点在价格领域的改革，而对于社会方面的人文关怀是不够的，我曾对此作过反思，这次论坛我们可以补上。

在社会改革方面，其核心理念我用了四个字来表达，叫"社会共生"。目前中国社会已经分层，不管承认与否。关键是在社会分层的情况下，国家的战略思想怎么定？我的建议是，不要用过于虚飘的概念，而用比较实实在在的概念，比如"社会共生"。怎么个共生法？三句话：穷人不能再穷，富人不能出走，中产必须扩大。

社会改革里面有很多改革任务，比如说如何改革收入分配制度？如何建立社会保障制度？如何改革户籍制度？特别是如何推进社会管理体制创新？这些都应列为改革的内容。我们现在的这套事业单位体制，这套社团组织体制，在我看来弊端甚多，到了必须"去行政化"的时候了。

第三方面是政治改革，政改不是我们讨论的主题，但我想也要有实实在在的内容。比如党内民主化的改革（在这方面十三大报告的精神有些还是值得学习的）。再如，官员财产申报制度问题，公正独立的司法制度改革问题，等等，都应提到议事日程上来。

还有文化、生态等不再讲。

总之，我认为新的三中全会应该抓一些重点问题，切实取得突破。

第四句，"讲新话"。1984 年十二届三中全会讲了新话，讲了老祖宗没讲过的话。这次三中全会能不能讲些新话？我对此充满期待。

（三）

最后，我想与莫干山会议的新老代表说几句感思的话。

第一是"缅怀"。去年我在讲话中缅怀了几位已故去的当年莫干山的老同志。当时会议第一主办单位《经济日报》总编辑安岗先生，是会议领导小组的领军人物。我去年讲话中还说到他在海南三亚休养，但不幸的是，今年 4 月 28 日在海南去世，永远离开了我们。安岗先生参加过一二·九学生运动，1949 年 10 月就担任人民日报副总编。29 年前他鼎力支持我们。没有他和老一辈学者的指导和提携，就没有莫干山会议的成功。因此，今天再次举行莫干山会议的时候，我想我们要以莫干山的名义，向这位老的领导、老的新闻学者，致以深深的敬意。

第二是"珍惜"。珍惜友情，珍惜莫干山的情分。我们第一次是 124 位代表，去年是 150 人左右，今年是 200 余位，加起来有 400 余位。希望这 400 多位新老莫干山朋友能够加强联系。特别是年轻朋友，可能这里边会出优秀的从政者、优秀的经营者、优秀的学者。不管你将来做什么，我们都是朋友，祝大家在未来的岁月里友谊长存。

第三是"保存"。我建议大家好好保存莫干山会议的材料，这些东西将来都是很珍贵的史料。我保存了 1984 年莫干山会议的一些资料。去年出了《史料版1984 年莫干山会议》，引起学术界很大关注。将来是否有人会出一本《莫干山传》？如果要出，我认为要写三卷，第一卷《上山》；第二卷《山上》；第三卷《下山》，也许我们这代人写不了，但以后或许有人会写的。

第四是"苦干"。真要担负起国家转型的责任，还是要苦干。

我这里展示一张照片，最初参与商议 1984 年莫干山会议的四个人，但过去发表的照片下只注明了三个人，有一个人没有提名，而是用"等"来进行标注，我非常关注这个"等"是谁，后来经多方了解，终于得知这位朋友是孙皓辉，他是当年最初会议的商议者之一，不过他没有参加当年的莫干山会议。他是陕西三原人，在大学教书。后来，他到海南，在海口市闷头十年干了一件大事，写出了五百多万字、共六卷本的《大秦帝国》，这两天中央电视台一套正在热播。由此我想到，我们年轻朋友，你要想做大事吗？想成为大学者吗？你要耐得住寂寞，坐得住冷板凳，真正踏踏实实地去干，不要迁就眼前的微小事务。

现在我们国家正处在重大的历史转型时期，作为理论学者，应该用理论的方式为国家服务，更好地担起促进中国转型的历史重担。

我就讲这些。

谢谢大家！

附录5 给三中全会全面改革方案的
四点框架性意见

本文系笔者 2013 年 6 月完成的一份研究报告《关于中长期全面改革方案的四点意见》。曾于当年 6 月 10 日在京举行的"改革攻坚的行动路线"研讨会上阐述报告的主要观点。会后，国家发改委经济研究所内部刊物《经济决策参考》和《改革内参》先后刊载，并由国家有关部门上报国务院领导以供参阅。2013年 8 月下旬中共中央政治局决定 11 月召开三中全会之际，香港《经济导报》杂志 2013 年第 17 期全文发表①，引起广泛关注。本书附录于后。

[香港《经济导报》提要] 对于十八届三中全会制定中长期全面改革方案的问题，笔者提出了"中长期、大视野、攻重点、说新话"这四点框架性建议。笔者强调改革方案的价值和贡献在于说新话，这就必须要解放思想，如同当年开展"真理标准讨论"、冲破"两个凡是"一样，破除眼下我们心中"凡是"的阴影。

中共十八届三中全会将于年底召开，结合十八大以后的新情况，对于中共十八届三中全会制定中长期全面改革方案问题，我谈四点框架性意见。简单说，十二个字："中长期、大视野、攻重点、说新话"。

中长期：10 ~ 15 年

新阶段全面改革方案，时间跨度如何把握？现在有四种选择：（1）短期方案（2~3 年）；（2）中期方案（5 年左右）；（3）中长期方案（10 ~ 15 年）；（4）长期方案（瞄准 2030 年或 2050 年）。我建议，不搞短期的、中期的和长期的，可锁定在"中长期"。从现实来讲多长？十到十五年，基点是十年。

为什么？从中国改革史来看，过去三十多年搞了三个改革决定，即 1984 年十二届三中全会《关于经济体制改革的决定》、1993 年十四届三中全会《关于建立社会主义市场经济体制若干问题的决定》、2003 年十六届三中全会《关于完善社会主义市场经济体制若干问题的决定》。大体上是十年一个决定，而且都是偶数的三中全会——"二"、"四"、"六"。这次是十八届三中全会，按历史规律，

---

① 常修泽. 给三中全会全面改革方案的四点框架性意见.（香港）经济导报，2013（17）（2013 - 8 - 26）.

应该着眼十年。

从未来看，十八大产生的领导集体，按通常情况，其主要成员的执政期要十年（不排除部分成员可能到十五年）。而未来10～15年，恰好是中国改革攻坚的关键期，也是关系中国前途和命运的"一道大坎"。在这样一个关键期内，中国的改革到底如何推进？该来的终究要来。这个历史性课题摆在了人们的面前，需要制定一个与执政期大体一致的改革方案。

从历史长河来看，未来十到十五年，是一个什么样的时期呢？以中国现代史分析，中国（大陆）已经经历了第一波历史大转型（以1949年为标志的社会制度转型）和第二波历史大转型（1978年以来的经济体制转型）。现在，经济体制转型的任务尚未完成，同时第三波历史大转型的任务又提上日程。

所谓"第三波历史大转型"，按我的定义，就是包括经济、政治、社会、文化、生态环境制度在内的"全方位转型"（参见笔者《中国正面临第三波历史大转型》，2010）。未来十到十五年正是第二波历史大转型和第三波历史大转型的交叉期，也可以说是第三波历史大转型的启动期。经济体制改革没有完成的任务，可以在全方位转型的大框架下，与社会改革和政治改革等一并突破和深化。如果说，第二波历史大转型是以社会主义市场经济体制为核心的话，那么，第三波历史大转型则是以社会主义市场经济体制和社会主义民主政治体制为"双核心"，在市场化和民主化基础上解决中国的问题。以这样的大历史观观察，中共十八届三中全会制定的中长期改革方案，应该比前三个经济改革的决定，更带有战略性和历史性。

大视野：从全球到"五环改革"

包括三个层次：

第一层次，全球视野。

21世纪，全球面临的是一个与冷战时期不同的新格局。尽管个别大国还有称霸世界的野心并提出再平衡战略，但是国际关系的实质表明：世界已经不可能是冷战时期的那种"你死我活"的关系了。我个人认为，当今世界，有三个大趋势必须认清：

（1）市场经济。到目前为止，人类还没有找到比市场经济更有利于资源配置的机制。即使是经过此轮金融危机的反思、进一步认清市场经济的局限性之后，对于市场经济体制的基础性作用，也不应该动摇。当前各国寻求利益的共同点和汇合点、实现互利共赢，都是建立在市场经济这一基础上的。

（2）公平正义。无论是欧美还是发展中国家，尽管各国民众表达形式不尽相同，但民众呼唤"社会公平正义"诉求是本质的、共同的。

（3）包容互鉴。最近，习奥安纳伯格庄园会谈表明，一种区别于以往大国冲突的新型大国关系正在构建当中。基于此新型大国关系，不同文明的包容互鉴，势在必行，这是打造新型大国关系的社会文明基础。如何包容互鉴，涉及文明交融问题。我认为，应重视"安纳伯格精神"，并进一步挖掘这些东西背后深层的文明价值。如果真的包容互鉴，而不是外交辞令的话，现在的一些思路是否符合"包容互鉴"的精神？

市场经济、公平正义、包容互鉴，这三条是世界潮流。它对中国的改革产生何种"倒逼"作用？改革研究者不能不思考这些问题。

第二层次，社会主义转型国家视野。

目前，世界上共产党领导的社会主义国家共 5 个，除朝鲜迄今依然在固守原体制之外，其他四个包括中国、越南、老挝、古巴，都属于转型国家。这里要特别关注一下越南。我们在此讨论改革方案，越南在做什么？据我了解，他们在讨论修改《宪法》，以民主的现代化的文明社会作为核心理念，开门征求全党、全国人民的意见（已经收上来的意见达 2600 万条），由此激发人们的改革激情，形成一个强大的改革氛围。我曾七次去越南学术交流，他们的"革新"起于 1986 年，比我们晚 8 年。现在中越改革在赛跑，有一个谁跑赢的问题。我感觉在某些方面（不是全部）他们已经跑在我们前面，需要高度关注并予以重视。一个拥有 8 880 万人口的邻国的改革新举措，不能不对中国产生影响。这一新动向应纳入我们的视野。

第三层次，中国"五环改革"视野。

新阶段历史赋予中国的，是类似奥运"五环"的改革，包括经济、政治、社会、文化、生态环境制度改革，20 个字：经济转型、政治变革、社会共生、文明交融、天人合一。"五环"的改革，环环相扣，融为一体。2013 年 3 月，人民出版社推出的《改革是中国最大的红利》一书，收录了笔者的《新阶段改革战略与"五环式"改革运作》。这里不再重复。只是想强调，要树立"五环式"改革的视野。

攻重点：力争有所突破

改革方案的内容写什么？我曾假设了四种情景：第一种情景，回避垄断行业改革的宏观经济体制改革（例如"价财税金联动"改革方案）；第二种情景，包括垄断行业改革在内的经济体制改革方案；第三种情景，紧迫的、有重点的、可操作性的"五环"改革方案；第四种情景，全方位的、系统的"五环"改革方案。

按照目前中国改革的情况和未来 10～15 年的任务，我的意见是，第一种情景内容过窄，第二种情景虽有进步，但仍然局限在经济领域，内容单一，似不足取；第四种情景虽然带有全面性和系统性，但当前客观条件并不完全具备，施行有一点难度。我建议可以考虑实施第三种，即紧迫的、有重点的、可操作性的"五环"（经济、社会、政治、文化、生态环境制度）改革方案，其中尤以经济、社会、政治为主体，文化、生态贯穿其中。具体意见如下：

（一）经济改革：围绕"公正性的深度市场化"改革，突出5个重点：

第一，垄断行业改革。垄断行业改革是中国经济体制改革的重要领域。从十五大提出"打破行业垄断"，到十六大"推进垄断行业改革"，从十六届三中全会"加快推进和完善垄断行业改革"，到十七大"深化垄断行业改革"，几次报告都讲垄断行业改革，但阅读了十八大报告后，发现并没有此项内容，令我困惑不解。除政治和利益关系另需研究外，从学者自身角度反思，这是否与我们没有阐述清楚有关？

这里，我依自己对"垄断行业改革"的研究，提出"结构性破垄"方略，即对中国垄断的三大类、六种情况区别对待，"三不破、三破"：

（1）对真正的自然垄断性环节，可暂时不破垄（但要实行一定范围的"争夺市场的竞争方式（competitionforthemarket）"）；而对过时的、假冒的所谓"自然垄断"和垄断性行业中的竞争环节，要坚决破垄。

（2）对法令性的垄断（如烟草），可不破垄；但对不合理的行政垄断（存在不少），要坚决破垄。

（3）对竞争基础上形成的产业集中，不应破垄，还应进一步加强，以提高中国产业的国际竞争力；但对阻碍和限制竞争的经济性垄断（厂商串谋、寡头垄断）等，应坚决破垄。在此，要消除社会上包括一些领导干部将"产业集中"等同于"垄断"的误区，化解以"提高国际竞争力"为由而排斥垄断性行业改革的"心结"。

第二，农村土地制度改革。重点是锁定使用权人的土地用益物权，要尊重农民对承包土地的占有、使用、收益和处置权利。这里我提出两点：其一，建议改换"赋予农民权利"的提法，这种提法带有自上而下的"恩赐"色彩，"农民的权利"是"天赋"的，建议采用"承认"、"尊重"、"保障"的提法。其二，不要武断地排斥农民的土地抵押权，而应根据新情况修改《物权法》，予以确认。

第三，资源性产品为重点的价格改革。这是要素价格改革的重要内容，也是将市场体系建设进行到底的重要方面。注意，这里不仅包括资源本身，而且包括基于资源的产品，故"性"字不可少。

第四，财税体制改革。重点改革分税制，开征房产税、遗产税、环境税，以及改革资源税等。

第五，金融体制改革。重点是打破大银行垄断，推进私人及草根金融发展；同时推进利率、汇率市场化。注意，利率市场化改革的两个抓手：尽快推出存款保险制度，强化 SHIBOR 为基准的市场化利率。

（二）社会改革：围绕"社会共生"和社会组织创新，五个重点：

（1）收入分配改革；（2）户籍制度改革；（3）事业单位改革；（4）城乡基本公共服务制度创建；（5）社会组织改革（如各种社团组织，重点是"去行政化"、实行登记制、取消主管部门、经费自筹等）。

（三）政治改革，围绕"把权力关进制度的笼子里"，突出四个重点：

（1）政府自身体制改革（可从改革审批制度切入）；（2）官员及亲属的财产公开制度和子女留学返国制度；（3）以独立公正为旗帜的司法体制改革；（4）有关党内民主化改革等。

文化和生态领域，不一一列举。

讲新话：多少有超越

改革方案的价值和贡献在于说新话，说些过去没有说过的实事求是的新话。

这里，历史的经验值得今天借鉴。29 年前即 1984 年，中共十二届三中全会制定第一个改革决定前，中国的政治舞台发生过什么？我在《史料版 1984 莫干山会议》中曾写道：当时遇到的突出问题是继续按照传统的计划经济体制（或计划经济体制的变形"计划经济为主，市场调节为辅"）惯性运作，还是另辟社会主义商品经济新路？这涉及改革方案的基本方向问题。当时曾参加十二大报告起草的一位部门负责人给有关部门写信说，"绝不能把我们的经济概括成商品经济"，如作此概括，"必然会削弱计划经济"。主管意识形态部门负责人批转了这封信，此后"社会主义商品经济论"受到批判。到 1984 年起草中共十二届三中全会《关于经济体制改革的决定》时，就不可避免地遇到这一重大问题。

据张卓元先生主持的《新中国经济学史纲（1949～2011）》记载，"这一文件的起草于 1984 年 6 月开始。用了一个多月时间提出了一个提纲，但这个提纲，没有脱离原来的'计划经济为主，市场调节为辅'的调子，当时的中共中央总书记胡耀邦对此很不满意，因此，重新调整了文件起草班子"。最后按"商品经济"思路统领改革决定。通过后，邓小平在评价这次会议文件的时候说，"这次经济体制改革的文件好……有些是我们老祖宗没有说过的话，有些新话。过去……会被看做'异端'"。

29 年后的今天，十八届三中全会关于改革的决定，写哪些新话？写哪些"老祖宗没有说过的话"？写哪些"过去……会被看做'异端'"的东西？胡耀邦同志那种挽狂澜于既倒的精神值得学习，这关系到改革战略的科学性问题。

　　至于这次写哪些新话，大家可以讨论。近年来我一直在思考：比如，总论部分是否可以写"以人的自由发展为导向"（或简称"公民本位论"）？经济领域是否可以写"结构性破垄"或"两平一同"、"混合所有制经济"？政治领域是否可以写"把权力关进制度的笼子里"和"建立最大政治公约数体制"？社会领域是否写"社会共生"和"公平正义制度"？文化领域是否可以写"文明交融"？生态领域是否可以写"资源环境产权"？更大范围是否可以写"包容性体制创新"？等等。

　　而要说新话，必须要解放思想，如同当年开展"真理标准讨论"、冲破"两个凡是"一样，现在也需要解放思想、实事求是、破除心中"凡是"的阴影。①

---

　　①　此文发表后光明网、共识网、中国改革论坛网等均全文转载。

参 考 文 献

［1］老子．道德经［M］．长春：吉林文史出版社，2004．

［2］［美］尼古拉斯·R·拉迪．隆国强等译．中国未完成的经济改革［M］．北京：中国发展出版社，1999．

［3］科勒德克．刘晓勇等译．从休克到治疗——后社会主义转轨的政治经济［M］．上海：上海远东出版社，2000．

［4］恩斯特·卡西尔．甘阳译．人论［M］．上海：上海译文出版社，1985．

［5］恩格斯．致卡内帕（1894－1－9）［C］//马克思恩格斯全集（39）．

［6］马克思，恩格斯．共产党宣言［C］．马克思恩格斯选集（1）．

［7］马克思，恩格斯．德意志意识形态［C］．马克思恩格斯全集（42）．

［8］阿马蒂亚·森．任赜等译．以自由看待发展［M］．北京：中国人民大学出版社，2003．

［9］高尚全．民本经济论［M］．北京：社会科学文献出版社，2005．

［10］谷书堂，杨玉川，常修泽．社会主义商品经济和价值规律［M］．上海：上海人民出版社，1985．

［11］IMF．中国经济改革的新阶段［M］．中译本．北京：中国金融出版社，1994．

［12］俞可平主编．海外学者论中国经济改革［M］．北京：中央编译出版社，1997．

［13］张卓元主编.21 世纪中国经济问题专家谈［M］．郑州：河南人民出版社，1999．

［14］戴维·布鲁克斯．无限制资本家［N］．参考消息，1997－7－31（7）．

［15］D. Goulet. The Cruel Choice：A New Concept in the Theory of Development［M］. New York：Atheneum, 1971.

［16］F. Perroux. A New Concept of Development：Basic Tenets［M］. London：Croom Helm, 1983.

［17］邓小平．邓小平文选：第二卷［M］．北京：人民出版社，1994．

［18］邓小平.邓小平文选：第三卷［M］.北京：人民出版社，1993.

［19］国家统计局.中国统计年鉴2011［M］.北京：中国统计出版社，2011.

［20］张卓元等著.新中国经济学史纲（1949～2011）［M］.中国社会科学出版社，2012.

［21］林毅夫，董先安.信息化、经济增长与社会转型：国家发展研究院（原中国经济研究中心）讨论稿.北京大学国家发展研究院，2003.

［22］新华社.中共中央办公厅、国务院办公厅印发《2006—2020国家信息化发展战略》［EB/OL］.（2006－05－08）［2012－12－25］.http：//www.gov.cn/jrzg/2006－05/08/content_275560.htm.

［23］Stiroh K. J. Ressessing the Impact of IT in the Production Function：A Meta-Analysis and Sensitivity Tests［J］. Annales Deconomie et de Statistique，2005，79/80：529－561.

［24］孙立平.怎样面对"转型陷阱"［J］.学习月刊，2012（3上）：23－28.

［25］约翰·伊特韦尔等.新帕尔格雷夫经济学大辞典（第三卷）［M］.北京：经济科学出版社，1992.

［26］Y. 巴泽尔.产权的经济分析［M］.上海：上海三联书店，1997.

［27］方文（徐振方）.社会主义商品生产存在的原因（1959年6月2日）［C］//张问敏，张卓元，吴敬琏.建国以来社会主义商品生产和价值规律论文选.上海：上海人民出版社，1979：386－392.

作者与本书相关论文、著作索引（部分）

（一）著作类

[1] 常修泽．人本体制论——中国人的发展及体制安排研究．中国经济出版社，2008.

[2] 常修泽．广义产权论——中国广领域多权能产权制度研究．中国经济出版社，2009.

[3] 常修泽．产权人本共进论——谈国有制改革．中国友谊出版公司出版，2010.

[4] 常修泽等．创新立国战略．学习出版社、海南出版社联合出版，2013.

（二）论文类

只限于 2008 年《人本体制论》和 2009 年《广义产权论》两部著作出版后新发表的部分论文和研究报告，此前论文略。

[1] 常修泽．探索中国"人本导向"的体制创新之路．改革与战略，2009（1）．

[2] 常修泽．寻求社会公正与经济市场化之间的最佳均衡点——拉美改革的进展及其对转型国家的启示．（香港）中国评论，2009（9）；"在两个鸡蛋上跳舞"——南美改革的考察与分析．新华月报，2012 - 12.

[3] 常修泽．中国下一个 30 年改革理论探讨．上海大学学报，2009（3）；新华文摘，2009（20）全文转载；收入转型与改革．华文出版社，2010 - 1；收入（香港）华夏记实，2010 增刊（8、9 合刊）．

[4] 常修泽．促进人的自由全面发展 才是社会主义经济的根本．光明日报，2009 - 9 - 8.

[5] 常修泽．中国垄断性行业深化改革研究//中国经济：战略、调控与改革．经济科学出版社，2009.

[6] 常修泽．中国面临"第三波转型"．北京日报，2010 - 1 - 4；（访谈）中国正面临第三波历史大转型．经济参考报，2010 - 3 - 12.

[7] 常修泽．从中国未来第三波转型看发展方式转变//30 位著名经济学家

会诊中国经济发展方式. 中国友谊出版公司，2010.

[8] 常修泽. 论以人的发展为导向的经济发展方式转变. 上海大学学报，2010（3）；新华文摘，2010（15）转载；收入30位著名经济学家会诊中国经济发展方式. 中国友谊出版公司，2010.

[9] 常修泽. 用产权人本协调共进理论探讨国有制改革. 改革与战略，2010（5）.

[10] 常修泽. 中国经济发展模式转型提升论. 中共中央党校学报，2010（8）.

[11] 常修泽. 缩小贫富差距，远离"社会容忍红线". 经济参考报，2011-1-4.

[12] 常修泽. "四双"破垄理论. 宏观经济管理，2011（1）；人民日报（理论版）2011-2-21. 转型自然垄断性行业也可以引入竞争.

[13] 常修泽. 中国：如何迈向"幸福国家". 光明日报，2011-3-23.

[14] 常修泽. 科学发展观：十二五规划的灵魂. 人民日报，2011-4-18；新华文摘，2011（14）.

[15] 常修泽. 天地人产权论. 上海大学学报，2010（3）；新华文摘2010（17）全文转载；人民日报2011-8-16转载. 环境产权：一个值得探讨的新问题.

[16] 常修泽. 以体制创新支撑包容性发展. 人民日报，2012-2-3；改革内参（文摘版），2012-2-16.

[17] 常修泽. 改革大局与政府职能转变. 宏观经济管理，2012（5）；收入未来十年的改革. 中国财政经济出版社，2012.

[18] 常修泽. 包容性体制创新论. 上海大学学报，2012（5）.（台湾）旺报，2012-10-18；收入创造公平、开放与可持续发展的社会——2012莫干山会议论文集，2013-2.

[19] 常修泽. 十八大后的中国改革战略探讨——一种超越革命和变法的新思维. 国家发改委经济研究所. 研究报告（内部）（2012年005号）；未来十年的中国改革战略财经，2012-10-29；新时期改革的战略思维. 人民日报，2012-11-27//改革是中国最大的红利. 人民出版社，2013-3.

[20] 常修泽. 再论构建聚兴中华两岸"大屋顶". 中国评论（月刊），2012年12月号.

[21] 常修泽. 剖析中国"红利家族"释放制度创新红利. 人民论坛，2013-3.

[22] 常修泽. 以高端开放倒逼"五环式"改革——中国（上海）自由贸易试验区之我见. 经济决策参考；（香港）瞭望中国，2013-10.

[23] 常修泽. 创新立国战略导论. 上海大学学报，2013（5）.

后　　记

自从拙作《人本体制论》和《广义产权论》于 2008 年和 2009 年出版以后，我就开始思考如何按照"人本体制论"和"广义产权论"思想来推进中国全面改革的问题。经过近五年的探讨，这本《包容性改革论》书稿终于完成。

本书的写作大纲出来后，曾征求了中国改革思想界一些前辈和我的老师的意见。主要有：中国经济体制研究会名誉会长高尚全先生，中国社会科学院学部委员张卓元先生，国家发改委宏观经济研究院前常务副院长林兆木先生，国家教育部社科司原司长、中国人民大学教授奚广庆先生，南开大学教授谷书堂老师，著名文学评论家夏康达老师等。他们或当面或书面或电话提出意见，使自己受益匪浅。

在本书写作过程中，得到我的四个学术研究依托单位的领导和同仁的帮助与支持，主要有：南开大学经济研究所谷书堂教授、徐振方教授、逄锦聚教授等，国家发改委经济研究所所长刘树杰研究员、副所长宋立研究员、臧跃茹研究员、孙学工研究员等，清华大学魏杰教授、刘震涛教授等，中国（海南）改革发展研究院院长迟福林教授等。独立学者牛彦先生专程从昆明飞到北京，就全书的提纲与我逐章逐节讨论三天，提出很多尖锐意见，几个月后他送来数万字的点评和参考资料（装订三册），对我颇有帮助。

本书是在深入调查研究的基础上完成的，在调研过程中，我曾教过的各地学友给予很多帮助，主要有，珠三角地区：熊峰（公司董事长）、吴子魁（银行高管）、唐明琴（大学教授）、丁凯（团市委书记）、杨国明（大学教授）、刘旭东（大学教授）、罗江（公司高管）、尹竹（大学教授）；长三角地区：杨小勇（公司董事长）、杨彪（总行上海总部处长）、周耀平（公司董事长）、徐斌（省政府处长）；京津地区：黄伟民（律师）、孟华强（国资委处长）、霍洪敏（公司总经理）；东北地区：孙德兰（副市长）、齐牧（公司董事长）等。其中，有的学友直接参加了我的调研活动。对于调研后的问卷，我的同事郭丽岩博士帮我进行了数据处理并制成图形。中国（海南）改革发展研究院匡贤明所长也就内容提出建议。他们的帮助使本书得以接上"地气"。

本书系笔者独立完成。需要说明的是，有两处是学术对话或合作完成。一处是第二章中的"改革再出发"一节，系笔者与高尚全先生在"21世纪圆桌论坛"的对话；另一处是第六章中的"信息化对中国社会发展的影响"一节，系我的两位年轻同事曾铮博士和顾严博士与我共同完成；另外，书中收录的几篇访谈录，得到《中国经济时报》理论部主任柏晶伟女士、《经济参考报》理论部主任田如柱先生等新闻界朋友的帮助。

2013年7月，本书初稿完成后，笔者特意约请十位年轻的朋友按各自专业审读（请求挑错）：第一章，曾红颖博士；第二章，宋海蛟博士生；第三章，邓智华博士；第四章，许生博士；第五章，刘惯超博士；第六章，顾严博士；第七章，郭丽岩博士；第八章，常爽硕士；第九章，高红梅博士；第十章，常欣博士。此外，中国政法大学博士、香港亚太法律协会会长邝家贤律师审读了提纲和部分书稿。

特别需提及的是，经济科学出版社总编吕萍女士秉承"科学"的出版宗旨，给本书以鼎力支持，本书责编刘莎女士、二审王长廷先生和终审漆熠女士也提出了宝贵意见，在此深表谢忱。

"谁言寸草心，报得三春晖"。在中国全方位改革"三春"来临之际，修泽以感恩之心，谨向所有支持和帮助过我的人士表示感谢。

常修泽

2013年9月20日于北京·世纪城